從帝國廢墟中崛起

從梁啟超到泰戈爾，喚醒亞洲與改變世界

潘卡吉・米什拉——著

黃中憲——譯

From the Ruins of Empire

The Revolt Against the West and the Remaking of Asia

Pankaj Mishra

國際讚譽

米什拉以敏銳、博學又有趣的態度呈現亞洲思想家如何回應西方逐漸衰頹的霸權，這位著名的當代印度知識份子是「薩依德的繼承者」。

——《經濟學人》

米什拉反轉了長期由西方角度看東方的視角，呈現了世界上大多數民眾——從土耳其到中國——所感受並認同的現代歷史。

——奧罕・帕慕克（Orhan Pamuk，諾貝爾文學獎得主，土耳其文學大師）

一本非常棒且突破創新的著作。這不只是一部卓越的亞洲史，更是一部為亞洲人所寫的生動歷史。

——莫欣・哈密（Mohsin Hamid，美國小說家，貝蒂特拉斯克獎得主）

《從帝國廢墟中崛起》以極具說服力的言辭，描繪一群亞洲最有教養、最有洞見的知識份子令人好奇且複雜之思想歷程。

——茱莉亞・洛弗爾（Julia Lovell，英國歷史學家，《鴉片戰爭》作者）

富有深入的研究及令人印象深刻的原創性……任何想了解今日我們處在什麼樣環境的人，都應該將這本具洞察力又令人不安的書列在必讀書單上。

——約翰・格雷（John Gray，《獨立報》專欄作家）

繼薩依德的經典著作《東方主義》後，《從帝國廢墟中崛起》提供另一種令人振奮的現代歷史觀點。米什拉相當博學……是善於抓住讀者目光的敘事者。

——汪暉（北京清華大學思想史教授）

米什拉機敏且幽默地結合被忽略的歷史材料，傳達出「二十世紀最重要的發展乃是亞洲的知識覺醒和政治覺醒」的重要主張。

——哈里・昆茲魯（Hari Kunzru，《紐約時報》專欄作家）

細膩深入的學術研究……這本書對歐洲帝國主義是如何無情地侵略亞洲國家的激情描述，不但發人省思、讓人覺得羞愧，也非常具有說服力。

——邁克爾・賓陽（Michael Binyon，《時代雜誌》專欄作家）

米什拉以其說服力及豐富的故事性，加上令人難以置信的大量史料，交織出前後一致的論點。

——約書亞・科蘭茲克（Joshua Kurlantzick，美國外交關係協會東南亞項目研究員）

本書震撼了讀者的歷史想像……富含令人驚奇的資訊和令人愉快、不可思議的歷史聯想，將為解放運動的疆界帶來全新定義。

——哈米德・迪巴希（Hamid Dabashi，美國哥倫比亞大學伊斯蘭研究教授）

這是本豐富且發人深省的書。

——諾埃爾・馬爾科姆（Noel Malcolm，《每日電訊報》專欄作家）

本書挑戰了以西方為中心的論述習慣。米什拉斷言，對世界大多數的人們而言，上世紀的主要歷史事件，即是亞洲在智識與政治上的覺醒使之得以從亞洲帝國與歐洲帝國的崩壞中崛起。這樣的論點對於解讀當代歷史事件，包括蓋達組織的形成以及中國的崛起，提供了極關鍵、也是過去難以企及的觀察視角。

——貝倫・費南德茲（Belen Fernandez，*Jacobin* 雜誌專欄作家）

知識淵博且引人入勝的好書……一位睿智的歷史學家有技巧地為讀者建立背景知識，大膽而簡潔地呈現出對於過去歷史的深刻洞察力，是一本雅俗共賞的作品。

——班・薛波（Ben Shephard，《觀察家報》專欄作家）

生動、引人入勝……《從帝國廢墟中崛起》同時擁有引領讀者與震撼讀者的力量，為大家在反殖民這個陌生的領域中提供了令人興奮的觀察，而這樣的思想正是形塑現在「後西方時代」的重要一環。

——馬克・馬紹爾（Mark Mazower，《金融時報》專欄作家）

米什拉這樣的作者是令人感激的，《從帝國廢墟中崛起》是一本博學、刺激、激勵人心且繁複的作品。在這個雜亂時代中，堪稱非小說類書籍的典範，也可預見，在多年後，仍足以被視為替同類書籍定調的傑作。

——史都華・凱利（Stuart Kelly，《蘇格蘭人報》專欄作家）

米什拉建立了新穎而耀眼的脈絡，寫出了引人入勝的陳述，他以睿智的觀點和清晰的道德立場追溯著這段競爭歷史的知識軌跡。我們終究理解到，我們在閱讀的不僅是一本有高度娛樂性且深具人性的作品，更是一份屬於殖民主義意識形態本質的資產負債表。

——希沙姆・馬塔爾（Hisham Matar，《一分為二的童年》作者）

【目次】

中國史看不出有何進展，因而我們不能再把心思放在那上面……中國和印度可以說位在世界史的進程之外。

——黑格爾，一八二〇

歐洲人想逃離他們的歷史，一部以鮮血寫成的「偉大」歷史。但其他人，數億之多，正首度接受它或回歸它。

——雷蒙·阿宏，一九六九

前言

一九〇五年五月的某兩日，在對馬海峽的狹窄水域，今日世界的格局開始定型。在這裡，當今世上最繁忙的航運路線之一，由艦隊司令東鄉平八郎統率的一支日本小艦隊，對上繞過半個地球來到遠東的俄羅斯海軍艦隊，把後者打得幾乎全軍覆沒。對馬海戰，德國皇帝口中自百年前特拉法爾加海戰以來最重要的海戰，美國羅斯福總統口中「世界史上最重大的現象」，實質上結束了自一九〇四年二月即開打，主要在決定朝鮮半島、滿洲由俄羅斯或日本掌控的一場戰爭。自中世紀以來，首度有歐洲以外的國家在重要戰爭中擊潰歐洲強國；這項消息傳遍了已被西方帝國主義者——和電報的問世——緊密結合在一塊的世界。

在加爾各答，守衛大英帝國最重視之領土的印度總督柯曾勛爵（Lord Curzon），擔心「那場勝利的回聲已像雷鳴一般傳遍東方竊竊私語的觀眾」。[1] 冷漠不愛與人交往且常出大紕漏的柯曾，難得一次探問當地民意，而把民意表達得最清楚者，乃是人在南非而當時仍沒沒無聞的律師甘地（Mohandas Gandhi，一八六九～一九四八）。他預測「日本戰勝的根已蔓生得太遠太廣，因而它會長出哪些果實，如今已無法完全預見。」[2]

在大馬士革，後來人稱阿塔圖克（Atatürk）的年輕奧圖曼軍人穆斯塔法．凱末爾（Mustafa Kemal，一八八一～一九三八）欣喜若狂。急欲改革、強化奧圖曼帝國以抵抗西方威脅的凱末爾，和許多土耳其人一樣早把日本視為榜樣，日本打敗俄國使他深信果然沒看錯。當時十六歲，後來會出任印度第一任總理的尼赫魯（Jawaharlal Nehru，一八八九～一九六四），在家鄉看報，興奮追蹤日俄戰爭的早期進展，幻想自己為「印度與亞洲擺脫歐洲枷鎖」貢獻心力。[3] 得知對馬海戰的消息時，他正在火車上，從多佛前往他就讀的英格蘭哈羅公學途中，那消息使他立即「心情大好」。[4]中國的民族主義者孫中山（一八六六～一九二五）聽到這消息時，人也在倫敦，同樣的雀躍。一九〇五年晚期搭船返華途中，蘇伊士運河的阿拉伯搬運工以為他是日本人，向他道賀。[5]

土耳其、埃及、越南、波斯、中國的報紙上，充斥著對日本戰勝可能造成之影響的興奮猜測。印度村莊裡有新生兒以日本艦隊司令之名命名。在美國，黑人領袖杜博伊茲（W. E. B. Dubois）提到全球各地迸發「有色人種的自豪」。反戰詩人（和後來諾貝爾獎得主）泰戈爾（Rabindranath Tagore，一八六一～一九四一），顯然也有類似的感受，在得悉對馬海戰的消息後，在孟加拉鄉間帶著他的學生，在小校園裡即興展開勝利遊行。

那和他們屬於哪個階級或哪個種族沒什麼關係，世上遭宰制的人民強烈體會到日本戰勝的更深層意涵——道德上和心理上的意涵。這些人出身的差異之大令人吃驚：尼赫魯出身親英的富裕婆羅門家庭；他父親是英國統治印度的受惠者，甚至據傳將襯衫送到歐洲乾洗。孫中山是貧農之子，當時不少中國苦力赴加州淘金，他有個兄弟就死於加州淘金熱時。當時最傑出的泛伊斯蘭主義知識分子，一九〇九年前往日本以結交日本政治人物和行動主義者的阿卜杜雷希德・易卜拉欣（Abdurreshid Ibrahim，一八五七～一九四四），出生於西伯利亞西部。凱末爾來自薩洛尼卡（今屬希臘），雙親分屬阿爾巴尼亞裔和馬其頓裔。他後來的同志，以日本艦隊司令的姓——東鄉——替自己新生兒取名的土耳其女小說家哈莉德・艾迪普（Halide Edip，一八八四～一九六四），是個不受宗教約束的女權主義者。緬甸的民族主義象徵烏・奧塔瑪（U Ottama，一八七九～一九三九），受日本戰勝俄國的鼓舞，一九〇七年搬到東京，而他是個和尚。

為俄國戰敗而歡欣鼓舞的諸多阿拉伯、土耳其、波斯、越南、印尼民族主義分子中，有一些人的背景更為分歧。但他們都有一共同的經驗：遭他們長久以來視之為暴發戶、甚至野蠻人的西方人宰制。他們都從日本的戰勝得到一個教訓：征服世界的白種人不再是所向無敵。遭歐洲人控制國土而敢怒不敢言的有志有識之士，如今心裡綻放出無數幻想，民族自由、種族尊嚴或純粹只是報復洩恨的幻想。

鑑於十九世紀遭西方列強欺凌，且凜於西方列強對中國的粗暴對待，日本從一八六八年起展開浩大的內部現代化工程：廢除半封建的幕府將軍體制，代之以立憲君主制和統一的民族國家，創立高生產、高消費的西式經濟體。在一八八六年暢銷書《將來之日本》中，日本最著名的記者德富蘇峰（一八六三～一九五七）詳述了日本若漠然無視西方所立下的「普世」潮流，可能會有什麼負面影響：「那些藍眼紅鬍種族將像巨浪般入侵我們國家，把我們的人民趕到海中孤島。」[6]

一八九〇年代，日本日益壯大的工業、軍事力量，已激起歐美「黃禍」降臨的想像，亞洲人席捲白種西方的可怕情景。俄羅斯戰敗正證明日本迎頭趕上西方的計畫已取得驚人成果。「我們要戳破非白種人劣等的迷思」，德富蘇峰嚴正宣告，「我們要以自己的力量躋身世界強權之林。」[7]

對許多非白種人來說，俄羅斯的慘敗似乎正打破西方的種族階層觀，大大嘲弄了歐洲人欲將據認「落後」的亞洲國家「文明開化」的傲慢。印度的社會學先驅貝諾伊・庫瑪爾・薩卡爾（Benoy Kumar Sarkar，一八八七～一九四九）嚴正表示，「白人的負擔」一說「已和時代脫節，如今只有最盲目的狂熱分子不這麼認為」。[8]日本已證明亞洲國家能找到自己通往現代文明之路和自己的特殊活力。青年土耳其黨（Young Turks）的行動主義者，後來出任部長的艾哈邁德．里札（Ahmed Riza，一八五九～一九三〇），扼要說明了這一迴蕩於眾人心中的欽敬之情：

遠東的情勢已證明，歐洲頻頻但有害的介入，無益於改造一民族。相反的，一個民族愈是和歐洲入侵者、掠奪者少接觸，愈是不和他們接觸，就愈可能走上理性革新之路。[9]

甘地在白人所統治的南非與制度化的種族歧視進行抗爭時，從日本的戰勝得到類似的道德教訓：「當日本境內的每個人，不管是富是窮，都開始相信該自尊自重，這個國家就得到自由。她能甩俄羅斯一巴掌……同樣的，我們也必須有自尊心。」[10]中國哲學家嚴復（一八五四～一九二一）回憶起從鴉片戰爭到燒毀北京圓明園，西「夷」加諸於中國的百年羞辱，推斷「當是之時，所不食其肉而寢其皮者，力不足耳。」

日本已證明如何富國強兵。對許多受苦於昏庸專制君主和掠奪成性之歐洲商人的亞洲人來說，日本的憲法是其躋身強國之林的秘鑰。在日本改革有成的鼓舞下，亞洲各地的政治行動主義者協助推動一連串人民立憲革命，以對抗食古不化的獨裁政體（戰敗的俄國本身於一九〇五年突然成為君主立憲國家）。奧圖曼統治者，阿卜杜勒哈米德二世（Abdulhamid II，一八四二～一九一八）蘇丹，已緊緊追隨日本的現代化腳步，特別是在歐洲列強日益升高的需索使伊斯坦堡的主權地位如同虛設之時。但在穆斯林世界，許多景仰日本者是極世俗化、甚至反宗教的民族主義者，例如流亡國外的青年土耳其黨黨員暨作家阿卜杜拉・傑夫戴特（Adbullah Cevdet）。在他筆下，日本是「對抗壓迫者，對抗傲慢入侵者的利劍；指引受壓迫者，指引有意看清自己的火炬」。在日本戰勝的鼓舞下，高舉民族主義大旗的青年土耳其黨，一九〇八年逼阿卜杜勒哈米德二世蘇丹重新施行一八七六年起就遭擱置的憲法。波斯人受立憲日本擊敗獨裁俄國的鼓舞，於一九〇六年創立全國代表大會。

同年，埃及出現第一次反英國占領的大規模群眾示威。在埃及的民族主義穆斯林眼中，日本是「旭日」：日俄戰爭爆發前不久，埃及的民族主義領袖穆斯塔法・卡米勒（Mustafa Kamil，一八七四～一九〇八）寫了以此為書名的一部著作。穆斯林國家的學生，在此刻前往東京學習日本進步的秘訣。連在最近才被荷蘭殖民主義者統一的印尼群島，都感受到日本戰勝的骨牌效應，該地的上層爪哇人於一九〇八年創立了第一個民族主義政黨。

最深遠的改變出現於中國，一九一一年推翻滿清建立民國。一九〇五年後，數千中國人前往日本取經，造就出當時最大的集體留學潮。推翻帝制後的中國第一代領袖，有許多將出自這群留學生。一九一〇年，湖南省一個小鎮上的學童毛澤東（一八九三～一九七六），學會曾留學日本的音樂老師教他的一首日本歌：

> 麻雀唱歌，夜鶯跳舞，
> 春天裡綠色的田野多可愛。

石榴花紅，楊柳葉綠，
展現一幅新圖畫。[11]

幾十年後日本威脅中國時，毛澤東仍清楚地記得其歌詞，說「在那個時候，我感覺到日本的美，我也從這歌曲中感覺到它對於戰勝俄國的光榮和武功的發揚。」[12]

在其他地方，日本戰勝俄國一事也激發愛國情操，甚至將這份情操推向極端。西化的本土菁英分子所心嚮往之但未能實現的自由民族主義，乃是這一新情操下的犧牲者之一。暴動和恐怖攻擊，證實了印度國大黨一直以來只敢委婉表露的反殖民情緒，自一九〇五年起變得日益強硬。在加爾各答和達卡，激進分子開始支持孟加拉學生前往東京，以歐美為大本營的反殖民鼓動者，與愛爾蘭、俄國革命分子和中、日領袖搭上線，以便將武器偷偷運到孟加拉。

法屬印度支那的文人也開始追求革命暴力。越南民族主義先驅潘佩珠（一八六七～一九四〇），於一九〇五至一九〇九年間落腳日本，教導許多在其東遊運動號召下赴日的法屬印度支那學生。社會達爾文主義的種族戰爭觀和生存鬥爭觀，開始污染儒家中國、伊斯蘭埃及和佛教錫蘭境內的政治論述。在開羅，拉希德・里達（Rashid Rida，一八六五～一九三五）興奮寫到使日本皈依伊斯蘭，把歐洲人腦海裡的「黃禍」轉化為擺脫異教徒宰制的泛亞洲運動的可能性。後來，他的著作成為埃及穆斯林兄弟會誕生的推手之一。[13]

對馬海戰十年後，第一次世界大戰的殺戮，將使歐洲在亞洲人眼中僅剩的道德威望喪失大半。第二次世界大戰期間日本征服亞洲之舉雖然落敗收場，卻將有助於使亞洲大陸許多地方擺脫國困民疲的歐洲帝國日益薄弱的掌控。但長遠來看，為西方的退場讚美詩奏出退場樂者似乎是對馬海戰。

對馬海戰所未能立即扭轉者，乃是在十九世紀大半歲月令亞洲、非洲無力招架的西方武器及商業優勢。德國出兵教訓反西方的中國義和團、美國鎮壓菲律賓境內的一場叛亂、英國在印度士兵協助下攻打非洲南部的荷蘭殖民者，這幾場戰爭為二十世紀揭開序幕。到了一九〇五年，這些戰爭都已結束，中國、菲律賓臣服，南非被納入英國統治，西方則要再過許多年才會放掉其所占有的東方領土。但日本戰勝俄國使一個無可逆轉的過程加快——那即使還談不上是政治去殖民化的過程，但至少是知識去殖民化的過程。

孫中山於一九二四年赴日演講時，回憶起十九世紀死氣沉沉的最後十年，說那時候「我們亞洲全部的民族思想便大不相同（於現今），以為歐洲的文化是那樣進步，科學是那樣進步，工業上的製造也是那樣進步，武器又精良，兵力又雄厚，我們亞洲別無他長，以為亞洲一定不能抵抗，一定不能脫離壓迫，要永遠做歐洲的奴隸。這種思想是三十年以前的思想。」[14]

孫中山說，日本擊敗俄國給了亞洲人民「大希望」：「要脫離歐洲人的束縛，不做歐洲的殖民地，要做亞洲的主人翁。」他還說，不到二十年，埃及、土耳其、波斯、印度、阿富汗、中國境內的獨立運動也已壯大。一如甘地於一九〇五年所預測的，「東方人民」終於要「從昏睡中醒來」。[15]柯曾勛爵所憂心的東方人的竊竊私語，將在不久後升高為敞開喉嚨喊出的主張和要求。一盤散沙的眾人將集合起來組成群眾運動和造反，他們將以驚人迅猛之勢激起革命，扭轉現狀。

歐洲對亞洲的控制，將從二十世紀初的最盛期急劇衰退；到了一九五〇年，印度、中國都已成為主權國家，歐洲在亞洲將淪為無足輕重的勢力，完全靠最新的西方強權美國支撐，且日益倚賴由軍事基地、經濟壓力、政變構成的非正式帝國。歐洲人、美國人將先後發覺他們低估了亞洲人消化現代思想、技術、建制（institution）——西方稱雄的三個「秘鑰」——然後用它來對抗西方本身的能力。他們未能注意到，從黑格爾到馬克思到穆勒的歐洲大部分有影響力的思想家，眼中不適於自治的那些人，追求平等與尊嚴的強烈念頭。諷刺的是那些思想家的思想將對這些「受支配民族」產生意想不到的強烈影響。

如今，從土耳其到中國的諸多亞洲社會，似乎生氣勃勃且自信。但十九世紀把奧圖曼帝國、清帝國斥為「生病」、「垂死」的那些人，對亞洲社會的觀感並非如此。經濟支配權從西方轉到東方這個備受期待的轉變是否真會發生還說不準，但世人觀看世界史時無疑有了新的視角。對歐美大部分人來說，二十世紀史大體上仍以兩次世界大戰和其與蘇聯共產主義的長期核僵局為主軸。但如今的情勢愈來愈清楚表明，對世上過半數人口來說，二十世紀最重要的發展，乃是亞洲的知識覺醒和政治覺醒，以及亞洲從亞洲帝國、歐洲帝國兩者的廢墟中站起來。承認這點，就表示不只從世界的現狀來理解世界，還理解到世界正如何以符合過去受支配民族之抱負與渴望的方式，而非按照西方的模式，繼續被改造。

在這場漫長的現代亞洲改造過程中，誰是主要的思想家和改造者？他們眼中我們所置身的世界和後代子孫所將置身的世界，是什麼樣的世界？本書致力於解答這兩個疑問，而方法是從亞洲的幾個不同角度檢視現代世界史（本書所謂的亞洲大陸，根據希臘語對此詞的原始定義來界定，以愛琴海為歐、亞分界，以尼羅河為亞、非交界——這一地理觀與今日的地理劃分並無不同）。

西方人透過其自身戰略利益、經濟利益的狹窄視角來看亞洲，而未檢視——且沒有想到過——亞洲諸民族的集體經驗和主觀想法。繼續用這一來自他者的視角來看亞洲，可能會感到茫然，而本書無疑會用到許多西方讀者所不熟悉的人名和事件。但本書無意以同樣站不住腳的亞洲中心視角來取代歐洲中心或西方中心視角，反倒欲以多種視角看過去和現在，因為本書深信西方霸權論愈來愈站不住腳。這不再是可靠的觀點，甚至可能帶來危險的誤導。

從西方觀點看，西方的影響可能既是不可避免且是必要的，不需要徹底的歷史審核。歐美人習慣將他們的國家和文化視為現代性的來源，且以他們文化擴散全球的特殊現象來證實他們這一看法：如今，除開婆羅洲或亞馬遜雨林裡某些與世隔絕的部落，每個社會幾乎都至少局部西化，或渴求躋身西方的現代境界。但曾有一段時期，西方只意味著一個地理區，且其他民族潛意識裡以自己的價值觀為中心構想世界秩序。晚至十九世紀，以伊斯蘭教或儒家學說之類信仰體系為核心的社會——占已知世界的大半——其人民仍可以認定，人間仍與由他們的祖先或神所界定的更大的神定秩序或宇宙秩序不可分割合為一體。

本書欲以宏大視野呈現東方某些最聰穎、最敏感者如何回應西方對他們社會的侵逼（有形的侵門踏戶和對知識領域的無形入侵）。本書描述這些亞洲人如何理解他們的歷史和社會存在（social existence），如何回應一連串特殊的事件和運動——印軍譁變、英國—阿富汗戰爭、奧圖曼現代化、土耳其與阿拉伯的民族主義、日俄戰爭、中國革命、第一次世界大戰、巴黎和會、日本軍國主義、去殖民化、後殖民時代的民族主義、伊斯蘭基本教義派的興起——它們共同決定了今日亞洲的格局。

本書的主角是兩位遊歷四方的思想家和行動主義者：哲馬魯丁．阿富汗尼（Jamal al-Din al-Afghani，一八三八～一八九七）和梁啓超（一八七三～一九二九）。前者是穆斯林，十九世紀下半葉將漫長人生投注於新聞報導和政治勸誡，筆鋒犀利；後者或許是中國最傑出的現代知識分子，參與了眾多促成中國舊帝制毀滅和促成中國經過許多災難後重新崛起為世界性大國的事件。阿富汗尼與梁啓超的觀念，有許多成為改變的主要推手。當時，一般民眾痛恨西方、痛恨西方宰制的心態，還有對國家衰敗不振的憂心，開始轉化為群眾民族主義運動和解放運動，以及亞洲各地雄心勃勃的建國大業，而這兩位現代亞洲人躬逢其時，正處於這一轉化過程開始時。

書中也談到其他許多亞洲思想家和領袖。其中有些人，在本書出現的時間很短，例如後來人稱胡志明的那位越南工人，一九一九年在巴黎穿著租來的晨禮服，試圖向威爾遜總統請願，以結束法國在印度支那的殖民統治。其他人，例如孫中山、印度詩人泰戈爾、伊朗思想家阿里．沙里亞蒂（Ali Shariati）、埃及理論家賽義德．庫特卜（Sayyid Qutb），在多變的背景前一閃而過。甘地之類重要人物，則在這齣大戲裡扮演配角；他把現代西方文明稱作「魔鬼」文明一說，在穆斯林世界和中國，早有更富影響力的評論道出同樣想法。

本書把焦點放在較不為人知的人物上有其用意，我相信那使人得以看出主要的政治、知識趨勢。那些趨勢比完全支配並限制我們對印度、中國、穆斯林世界之認知的較有名人物還早存在，且在他們作古後仍賡續未絕。梁啓超將其建國執念傳給毛澤東和毛在共產中國的接班人；阿富汗尼對西方的憂心和對穆斯林自強的執念，為凱末爾、納塞和何梅尼的上台打好有利條件，且如今仍在推動諸伊斯蘭社會的政治發展。

本書探討這些亞洲人漫長且多事的一生，而他們所走過的人生，體現了對西方支配現象的三個主要回應：一是反動保守的信念，認為如果亞洲人真正信守自己的宗教傳統——他們眼中優於其他所有文明之傳統的宗教傳統——亞洲人會再度強盛；一是中庸的觀念，認為亞洲人的傳統已為社會、文化提供堅實的基礎，亞洲人只需要些許西方技術；一是毛澤東、凱末爾之類激進的世俗主義者所抱持的強勢看法，斷定必須掃除整個舊生活方式，才能在弱肉強食的現代世界舞台上與他國競爭。

本書的形態既論歷史，也介紹知識分子的生平，而這樣的安排，主要基於如下信念：歷史的諸多行進路線匯聚於個人的一生，儘管個人的一生有其自己的樣貌和衝勁。書中描述的這些現代亞洲的早期人物，遊歷廣，著作豐，不斷評估自己社會和別的社會，思索權力的腐化、族群的衰敗、政治正當性的喪失、西方的誘惑。他們的汲汲探索，事後來看，像是一條將看來各不相干的事件和地區織成富有意義之單一網絡的線。因此，在描述十九世紀晚期、二十世紀初期亞洲的知識、政治整體氣氛時，我最希望的是重探他們在現代歷史、思想的旁支小徑裡走過的足跡，因為這些人雖然較不為人知，卻協助打造了我們所置身的世界，不管其結果是好是壞。

第一章

亞洲臣服

王位在他們手裡，整個國土在他們手裡。國家、人民謀生工作的分派在他們手裡……希望與恐懼的泉源在他們手裡……誰該卑下、誰該尊崇的決定權在他們手裡……我們的人在他們手裡，教育在他們手裡……如果讓西方、東方都照現狀繼續下去，總有一天全世界會在他們手裡。

阿克巴・伊拉哈巴迪，一八七〇年

埃及：「一連串大災難的開始」

一七九八年五月五日清晨，拿破崙悄悄溜出巴黎，與航往埃及的四萬餘法國大軍會合。在北義大利拿下幾場勝仗後，這位極得人心的將領一直遊說其文官上司入侵英國。但英國皇家海軍仍然太強，法國人還未準備好與其正面交手。在此同時，誠如法國外長夏爾・莫里斯・德・塔里蘭（Charles Maurice de Talleyrand）所深信的，法國需要殖民地以壯大國力，而駐兵埃及將不只彌補法國人在北美洲失去的領土，且能大大挑戰在印度領土生產高獲利商品作物的英國東印度公司。

英國人在印度開疆拓土，這時已將法國人從他們位在印度沿海地區的大部分早期基地趕走。一七九八年，英國人與提普蘇丹（Tipu Sultan）鏖戰，難解難分。提普蘇丹是英國最狡猾的印度對手，也是法國的盟友。法國若控制埃及，能使形勢轉為不利於在印度的英國人，同時嚇阻覬覦奧圖曼帝國的俄國人。拿破崙嚴正表示，「一讓英格蘭憂心印度的安危，我就會立即回巴黎，給這敵人致命一擊。」除了法國本身的地緣政治目的，拿破崙個人對征服東方懷有憧憬。他深信「威名只能在東方取得；歐洲太小。」[1]他打算從埃及東進，仿亞歷山大大帝的方式入侵亞洲，騎著大象，手裡拿著經他個人修訂過而將是新宗教先驅的新可蘭經。

拿破崙帶了大批科學家、哲學家、藝術家、音樂家、天文學家、建築師、土地測量員、動物學家、印刷工、工程師同去埃及，以記錄下法國啟蒙之光初臨落後東方的盛況。拿破崙也體察到此事的意義重大——這是現代化之歐洲與亞洲首次的重大接觸。航行於地中海時，他在船上告誡其士兵：

「你們就要去征服，此舉對世界文明及商業的影響無可估量。」[2]他還草擬了打算向埃及人民發表的恢宏聲明，文中他向先知穆罕默德與整個伊斯蘭致以最崇高的欽敬，同時描述了以自由、平等精神為立國根基的新法蘭西共和國。他宣稱，法國人拒斥基督教聖三一主張，因而也是穆斯林。他還針對如何拯救埃及人民，使其擺脫獨裁君主宰制一事有所著墨——那是經過兩百年以人道介入為幌子的帝國主義戰爭後，我們已很熟悉的說詞。

一七九八年七月，法國人突然出現於亞歷山卓，往開羅進發，一路勢如破竹，擊敗所有反抗勢力。埃及當時名義上是奧圖曼帝國一部分，但實質上由一群名叫馬木魯克（Mamluk）的奴隸兵直接統治。埃及薄弱的軍隊不敵人數較多且有最先進軍事技術為後盾而身經百戰的法國軍隊。

秋風掃落葉般攻抵開羅後，拿破崙徵用了當時阿茲巴基亞湖（Azbakiya Lake）畔的一棟豪宅當住所，將與輜重隊同行的學者安置在新設的埃及研究院（Institut d'Égypte），著手依據共和原則改造埃及的政治體制。他設計了由賢明之士組成的迪萬（Divan）來治理埃及，也就是當時在巴黎執行行政權的督政府（Directoire）的埃及翻版。但在已被統治階層奧圖曼馬木魯克拋棄的開羅，去哪裡找賢明之士？於是，令當事人甚感困惑的，開羅的主要神學家和宗教法學家獲授官職，常被拿破崙召去諮詢——這是據稱政教分離的西方人，在亞洲第一次出於一時的需要，試圖賦予伊斯蘭政治權力，而這類權宜之舉後來出現多次。

拿破崙隱瞞其對啓蒙運動的服膺，大力安撫保守的穆斯林神職人員，冀望他們成為埃及親法勢力的中堅。他在先知誕辰換上埃及袍服，並在某場彌撒時暗示法國可皈依伊斯蘭，令他底下那些持世俗立場的士兵聽得大感不安。有些諂媚（和大概帶著嘲弄之意）的埃及人，以先知的女婿阿里之名，尊他為阿里．波拿帕。拿破崙受此鼓舞，向伊斯蘭神職人員建議艾資哈爾清真寺（al-Azhar Mosque）——伊斯蘭最神聖的建築之一——的星期五講經，以他的名義宣講。

虔誠的穆斯林目瞪口呆。迪萬首長謝赫沙卡威（Sheikh al-Sharqawi）回過神後說道：「你想得到先知的保護……你希望阿拉伯穆斯林在你的旗幟下出征，你想恢復阿拉伯半島的榮光……成為穆斯林！」[3]拿破崙不願正面答覆其提問，回道：「有兩個難處使我的軍隊和我無法成為穆斯林。第一個是割禮，第二個是酒。我的士兵從小就有喝酒習慣，我沒辦法要他們戒掉。」[4]

拿破崙欲讓埃及穆斯林接受法國世俗主義與共和制度一事，同樣注定失敗。開羅人痛惡他驟然改變市景，痛惡法國人帶來的整個腐化歪風。誠如某觀察家所寫道：「開羅已成為第二個巴黎，女人不知羞恥跟法國人一起四處拋頭露面；會醉人的飲料公開販售，人們犯下天主所不會容許的事。」[5]一七九八年夏，拿破崙強制規定所有埃及人別上三色花結，即法國擁護共和政體者愛別在身上的花結。他邀迪萬的成員到他宅邸，想為謝赫沙卡威披上三色披巾。沙卡威擔心褻瀆聖教，滿臉通紅，將其丟在地上。拿破崙光火，堅持要這些神職人員即使不戴披巾，至少得別上三色花結。最後雙方達成未言明的妥協：拿破崙將花結別在神職人員胸前，他們一離開他面前，就把花結拿下。

這些伊斯蘭要人或許想幽他們奇怪的歐洲征服者一默，同時保住自己的性命。其他許多穆斯林則很坦白地將埃及臣服於來自西方的基督徒視為一場浩劫；法國士兵鎮壓埃及第一場反法國人占領的暴動時，衝進艾資哈爾清真寺，把馬拴在聖龕上，踐踏可蘭經，喝酒喝到茫然，然後在地板上撒尿。此舉正坐實了那些穆斯林的看法。

拿破崙不惜燒掉與他作對的村莊，處死犯人，為拓寬馬路拆掉清真寺，但他在埃及所犯下的暴行，比他在其他地方犯下的來得少；他總是急切地欲表現他對伊斯蘭的敬仰。但埃及的神職人員暨學者，逐月記錄拿破崙入主埃及後之歷史的阿卜杜勒．拉赫曼．賈巴爾蒂（Abd al-Rahman al-Jabarti），稱那段歷史是「大戰役、恐怖事件、災殃、災難、不幸、苦難、迫害、混亂、恐怖、革命、失序、破壞——一言以蔽之，一連串大災難的開始」。[6]而這還是稍帶諒解之心的目擊者的反應。拿破崙入主埃及的消息傳到漢志（Hejaz）時，麥加人民扯下蓋住天房（Kaaba）的黑色綢布——傳統上製於埃及的綢布。

這一戲劇性的動作，清楚表達了許多穆斯林將如何看待拿破崙入侵埃及。那已不折不扣打亂存在已久的伊斯蘭宇宙秩序——這是已為人類史證明，而不只是普遍抱持錯覺的東西。

用來統稱全球各地種種穆斯林信念與習慣作為的「伊斯蘭」一詞，在十九世紀之前還未出現。但千百年來，不管是哪個地方，都少有穆斯林會懷疑他們共同擁有既集體且個人的生活方式，基於某些共同的價值觀、信念、傳統而擁有強烈的休戚與共感。只要是好的穆斯林，就同屬一個由志同道合者組成的社團，社團成員對道德秩序、社會秩序有同樣的信念。只要是好的穆斯林，就自然參與由信士組成的正道社會的塑造和擴張，且進而參與自真主初次命令先知穆罕默德照祂的計畫生活以來的伊斯蘭史。這段歷史始於驚人的事功，而千百年來，真主的世界計畫似乎得到實實在在的落實。

西元六二二年，伊斯蘭教曆元年，穆罕默德與追隨他的部眾在阿拉伯半島上一個小鎮，建立了第一個信士社團。不到百年，西班牙已出現阿拉伯穆斯林。波斯、拜占庭這兩大帝國都被迅速壯大的穆斯林社團消滅。伊斯蘭迅即成為從庇里牛斯山到喜馬拉雅山這廣大地區的新權威象徵，而它所創立的秩序不只是政治秩序或軍事秩序。征服耶路撒冷、北非、印度的穆斯林，創生了有自己之語言標準、法律標準、行政標準、有自己之藝術、建築、美學的新文明。

十三世紀，蒙古人挾兵威闖入這一獨立自足的世界，瞬間結束了伊斯蘭的古典時代。但不到五十年，蒙古人就皈依伊斯蘭，成為伊斯蘭最有力的捍衛者。蘇非（Sufi）教團散播整個伊斯蘭世界，在非阿拉伯地區激起伊斯蘭復興。從庫法（Kufa）到加里曼丹（Kalimantan），拜巡遊學者、商人、聚禮日（星期五）之賜，伊斯蘭迅速往外傳播。

事實上，作為一種意識形態，過去伊斯蘭普世化的程度和今日西方的現代性一樣高，它成功塑造出獨具特色且遍及一遼闊地區的政治制度、經濟體、文化態度：十四世紀的摩洛哥旅行家伊本·白圖泰（Ibn Battuta）在印度或西非的帝國朝廷覓得官職，就和今日哈佛大學企管碩士在香港、開普敦覓得工作一樣容易。在「伊斯蘭地區」（Dar al-Islam）——有別於偏遠、邊緣的「戰爭地區」（Dar al-Harb）——人稱烏瑪（umma）的普世性穆斯林社團，生活在哈里發的象徵性權威底下。這一觀念有助於從摩洛哥到爪哇的各地穆斯林自認居於世界中心，自認他們擁有共同的價值觀。

晚至十七世紀，來自印度而四處經商的穆斯林商人，仍在印尼、甚至印度支那境內傳播伊斯蘭，趕走印度教和佛教。遼闊的經商網和從世界各角落通往麥加的朝覲路線，確立了「伊斯蘭地區」的一體性。事實上，過去的世界貿易倚賴穆斯林商人、海員、銀行家來運行。對北非、印度或東南亞境內的穆斯林來說，歷史除保有時間的一致性，也保有其在道德上、精神上的一致性；歷史可被視為按照真主之計畫漸漸運行之物。

諸穆斯林帝國於十八世紀時雖苦於國內問題而元氣大傷，卻還是認為當時歐洲人的野蠻，只比他們組成十字軍東征而鎩羽而歸的先民稍低一些而已。因此，拿破崙入主埃及，在他們眼中是無法想像之事：西方人仍很粗魯，但已開始往前竄。

在十九世紀，隨著時日的推移，歐洲將透過其在技術、立憲政體、政教分離國家、現代行政治理上的多重成就，表達自身的理念；而這個誕生自美國、法國革命且似乎使西方竄升到世界前列的理念，將愈來愈難駁倒。一七八九年，法國人民和革命後的法國政府，就已表現出高度組織化的特色，法國人正以看來通行全國的語言、領土、歷史為基礎，合力建造獨具一格的「民族國家」。

眼見歐洲居於上風，穆斯林最初感到困惑，無法給予正確評估。奧圖曼的歷史學家阿西姆（Asim）於一八〇一年承認，「法蘭西新建立的共和國，不同於其他法蘭克政體。」但接下來他說：「其最根本的基礎，乃是主張揚棄宗教、主張貧富平等的邪惡原則。」至於議會審議，那就「像不適欲嘔的胃發出的轆轆聲、劈啪聲」。[7]阿卜杜勒·拉赫曼·賈巴爾蒂以親身見聞寫成的拿破崙入主埃及記，仍流露些許這種文化傲慢。對於法國的慣常作為，這位神職人員普遍覺得反感，甚至野蠻粗鄙。他寫道：「他們的習俗，不埋葬屍體，而是把屍體像狗屍、獸屍那般丟在垃圾堆上，或丟進海裡。」[8]「他們的女人不遮住身體，不端莊……他們（法國男人）只要看上哪個女人，就和那女人交媾，反之亦然。」[9]賈巴爾蒂也嘲笑法國帽、歐洲人愛隨地小便、用衛生紙。他語帶不屑的將拿破崙所謂保護伊斯蘭的主張斥為不值一顧，嘲笑法國人聲明中不通的阿拉伯語法。法國人某次展示歐洲科學實力時未能讓熱氣球升空，則招來他的竊笑。

賈巴爾蒂有限的政治建制經驗，使他未能正確理解法國的革命理想：他遽然推斷道：「他們的『自由』一詞，意指他們不是像馬木魯克那樣的奴隸。」[10]他在拿破崙「上帝眼中人人平等」的主張中，察覺到對他所信持之伊斯蘭價值觀的敵意。「騙人的東西，無知、愚蠢，」他忿忿寫道。「真主既已使某些人的地位高於其他人，這怎麼可能？」[11]

但在艾資哈爾大學受過教育的賈巴爾蒂，參觀埃及研究院時不可能不感到佩服。那裡有豐富的藏書供拿破崙帶來的大批知識分子使用。

> 誰想查閱書籍，想要借幾本書，館長都拿給他……他們時時都很安靜，沒人干擾旁人……我在那裡所看到的東西，包括一本包含先知傳記的大書……榮耀的可蘭經翻成他們的語言！我看到他們其中有些人背下可蘭經文。他們對科學，特別是數學和語言學，興趣濃厚，極用心學阿拉伯語和方言。[12]

賈巴爾蒂也驚嘆於法國軍隊的效率和紀律，且抱著強烈好奇心了解拿破崙所創立之迪萬的表決過程，向其阿拉伯讀者說明迪萬成員如何在紙條上寫下他們的選擇，如何採取多數決。

對於拿破崙入主埃及所帶來的教訓，賈巴爾蒂也注意到：作為世上第一個現代民族國家，法國政府不只收稅、收貢，維持法律與秩序；它還能以強徵入伍的方式建立軍隊，為受過充分訓練的軍事人員配備現代武器，制訂民主程序以選出行政首長。從兩百年後的今天觀之，賈巴爾蒂似乎正站在一長列困惑亞洲人的最前頭：這些人習慣於神定的安排、神秘莫測的運勢、政治上的興衰循環，而歐洲小型民族國家驚人強大的國力，將令他們認識到有組織的人力和人為，加上技術，造就出能徹底操控社會環境、政治環境的力量。這些人最初對歐洲痛恨不屑，最終將不滿於自己怠惰、因循苟且的王朝統治者和軟弱政府；他們將得出一大同小異的信念：他們的社會得奮發圖強，才能迎接西方的挑戰。

印度、中國的緩慢受創

拿破崙對埃及如此大國的占領，始終很不穩。他雖讚美伊斯蘭，當地人民仍敵視他。各大城爆發叛亂，法國人隨之回以可怕的報復，包括在艾資哈爾清真寺惡意破壞文物和縱酒狂歡。英國海軍封鎖埃及，使拿破崙與法國本土斷絕聯繫，得不到補給，終於使他撐不下去。到了一七九九年八月，拿破崙和當初離開巴黎一樣悄悄離開埃及以奪取法國政權時，他的印度盟友提普蘇丹也已敗於英國人之手。他不再用兵於亞洲，將從此專注於歐洲，用土耳其駐巴黎大使的憂心之語說：「日夜像隻猛咬人的狗，（拚命）在周遭地區搞出各種亂子，使所有國家淪落到和他那個受詛咒國家一樣混亂的境地。」[13]

事後看來，拿破崙在競奪亞洲領土的競賽中起跑太早。一七九八年時，荷蘭、西班牙、葡萄牙、英國都已在亞洲取得重要的據點。但要到一八一五年拿破崙遭徹底擊潰之後，歐洲人才會全力開始征服亞洲。打仗打得疲累不堪的歐洲五大國——英、法、普、俄、奧——將同意在歐洲維持均勢。西方諸國的好鬥性格在歐洲受到條約的約束，在東方他們將更為積極擴張勢力，不再滿足於只是在廣大的亞洲大陸建立灘頭堡。已在東印度站穩腳跟的英國人，一八二四年開始啓動其對緬甸的漫長征服大業。同年，英荷條約確立由英國控制新加坡和馬來半島諸邦，由荷蘭控制爪哇。而英國或荷蘭都未曾妨礙法國支配越南。

等到一八一五年拿破崙兵敗滑鐵盧時，英國人已征服印度三分之一土地，不久後會將印度其他地區也納入控制，自此成為亞洲大陸上一股強大勢力，從而有助於他們逼中國對歐洲商人敞開大門，使亞洲其他地區成為歐洲的屬地。鑑於先前幾百年在南亞次大陸上始終保持低調，英國人征服印度之迅猛，也就更讓人吃驚。湯瑪斯·羅（Thomas Roe）爵士，第一個派駐印度的英國大使，一六一六年抵達亞格拉金碧輝煌的蒙兀兒皇廷後，即努力讓英國國旗繼續飄揚於當地。當時的英格蘭國王詹姆斯一世想與蒙兀兒皇帝賈汗季（Jahangir）締結正式的通商條約，於是要羅「慎勿損及我們的名譽與尊嚴」，[14]而在蒙兀兒皇廷，羅的確未照該皇廷對外國大使的一貫要求卑躬屈膝以對，但他強烈感受到他從英格蘭帶來送給懂得欣賞藝術的賈汗季的禮物太過寒傖。羅口中的偉大英格蘭國王，竟拿如此微不足道的東西做買賣，實在令蒙兀兒皇帝對這位國王的偉大心生懷疑，而羅也無法完全打消這份懷疑。

晚至一七〇八年，英國東印度公司的董事長仍覺得對蒙兀兒皇帝講話時得態度卑微，因而自稱是「最小顆的沙粒……額頭乖乖磨地。」[15]一七五〇年蒙兀兒帝國因接連不斷的戰爭和外敵入侵而國力大衰，分裂為多個獨立小國，這時，英國人唯一能完全掌控的地方，乃是當時還沒沒無聞的漁村孟買。接下來幾年，英國人終於轉運。與孟加拉的穆斯林總督打了一仗之後，一七五七年英國東印度公司得到了比英格蘭還大兩倍的一塊地。不到十年後，該公司運用政治詐騙和軍事雙管齊下的同一套辦法，削弱蒙兀兒帝國最大省奧德（Awadh）的統治者。

後來，英國人控制了東印度大片地區，並在經濟上無情剝削該地。孟加拉的小說界先驅班基姆·昌德拉·查特吉（Bankim Chnadra Chatterji，一八三八～一八九四）後來寫道：「在印度創建不列顛帝國的那些人，其專橫、強勢的程度是史上所未見……那時來印度的英格蘭人，得了一種傳染病——偷別人錢財。道德一詞已從他們的詞彙裡消失。」[16]查特吉任職於英國在孟加拉的治理機關，不得不壓低其批評力度。時任英國國會議員的愛德蒙·勃克（Edmund Burke），則沒有這層顧慮，仗義直言，火力全開。他在一七八八年寫到孟加拉時說道：「那裡由年輕小伙子（幾乎是男孩）在管，」

他們不與當地人往來，對當地人沒有同情心……他們懷著十足成年人的貪婪和十足年輕人的衝動，前仆後繼，一波波湧進該地；在當地人眼中，未來只會見到一批批新的鳥兒飛來掠食然後飛走，無助而不知盡頭。[17]

穆斯林歷史學家古拉姆・侯賽因・汗・塔巴塔巴伊（Ghulam Hussain Khan Tabatabai，一七二七～一八〇六），也為孟加拉的英國人效力，對他上面的英國人之腐敗、不與本地人往來，也深有同感。他在一七八一年出版的印度史中寫道：「征服者與被征服者之間不可能有堅定不移的愛和同盟。」[18]英國人對此不大在乎。哈吉穆斯塔法（Haji Mustapha）是出生於美洲、後來皈依伊斯蘭的歐洲人，一七八六年將塔巴塔巴伊的著作譯成英文。誠如他在該書譯者序中所指出，「在印度，英國人普遍來講似乎打從骨子裡瞧不起印度人。印度人被視為無異於滯銷的存貨，可不必施予多大關心，隨你高興予以處置。」[19]英國人對印度的掌控愈來愈穩固，有能力在中國走更侵略性的路線。在華的歐洲商人，被清廷限制只能在廣州通商，老早就想著將他們的商品打進潛在巨大的中國內陸市場。英國人占據了東印度豐饒的農業區，因而特別急於替他們的農產品，特別是鴉片，找到買家，而清廷專斷、不透明的一貫作風，令英國人惱火。在印度的成功令英國人信心大增，面對中國統治者時，從最初的敬畏跳到後來的鄙視，時間比在印度時短了許多。

綿延兩千多年的中華帝國，面積雖不如伊斯蘭地區來得廣，專注自身事務而漠視外界的程度卻很高。外邦人遠從緬甸等地前來獻貢，使中國人得以自認位居「天下中心」。事實上，就連伊斯蘭，在存世之久和活力之強上，都比不上中國的儒家思想。儒家思想規範從家人關係到政治、道德問題上的種種事物，過去在朝鮮半島、日本、越南曾受到積極的師法。

一七九三年，英國特使馬嘎爾尼勛爵（Lord Macartney）率外交代表團來到北京，致上英王喬治三世的信函，信中請求乾隆皇帝與英訂立通商條約，開放更多口岸給英國人通商，讓英國派使節長駐北京。一如他之前的湯瑪斯．羅爵士，馬嘎爾尼碰到許多有損他尊嚴的事。清朝官員在他的船上插了寫有「英吉利貢使」等字的旗子。馬嘎爾尼與清朝官員周旋了一段時間，才得以單膝下跪的方式晉見皇帝，免於行三跪九叩之禮。他送上多種足以說明英國工藝、製造技術之先進的禮物，例如銅造榴彈炮和天文儀器。當時已過八十歲的乾隆皇，在某場「豪奢」的盛宴中，親切問起英王喬治的健康狀況，送了馬嘎爾尼米酒。那場盛宴令這位英國人覺得「平靜而莊嚴，具有體現亞洲偉大之處的莊重盛大，那是歐洲的高雅教養所還未能達到的境界。」[20]

這支英國代表團又得到幾天殷勤但乏味的款待，然後突然被打發走，且收到乾隆皇的回信。信中乾隆皇毫不含糊地表示，他「從不貴奇巧」，不「需爾國製辦物件」。「西洋人」仰慕且有心學習天朝文化，是件好事，但他無法容忍言語、打扮和「天朝禮制」如此格格不入的英格蘭大使駐在京城。乾隆皇還說，希望英格蘭國王「善體朕意，益勵款誠，永矢恭順」。[21]

這封信早在馬嘎爾尼勛爵抵京之前許久就已擬好。倨傲的語氣反映了中國菁英對自己國家凌駕萬邦的得意之情，他們欲保護舊政治制度的決心。在這一舊制度下，有錢人家與地主為朝廷供應受過良好教育的治理人才，經由陸路、海路與鄰邦貿易。中國人也知道西「夷」在亞洲勢力日盛；歐洲人在亞洲的海上貿易已取得領先，在印度沿海和東南亞設立了軍事要塞和商館。乾隆皇在下給軍機大臣的諭旨中寫道：「英吉利在西洋諸國中較為強悍，且聞其向在海洋有劫掠西洋各國商船之事，是以附近西洋一帶夷人畏其恣橫。」[22]這位皇帝認為最好將這類具侵略性的冒險之徒拒於門外。

英國人不死心，一八一六年又派了另一位特使使華。這一次，中國人堅持非行叩頭之禮不可，特使不肯在中國皇帝面前自貶身分，最後未獲准進京。

但外強中乾的中國就要被掀開底牌。原任英屬印度馬德拉斯（清奈）省督的馬嘎爾尼勛爵，在其使華期間就已洞見這個國家是艘「破舊不堪的一級戰艦」，「純粹靠其龐大身形和外表……嚇倒其鄰邦」，很容易就會隨波漂流，「撞到岸上而粉碎」。[23]將中國比喻為海上之船，實是貼切。黑格爾說明為何中國已退出世界歷史時，指出其對海上探險的不感興趣。不久後，歐洲列強就是從海上探測中國的弱點，抓中國的傷口。而一如蒙兀兒人和奧圖曼人，滿清將會嚐到無視西方以國家支持工業、商業的新作法所帶來的苦果。

一如更晚近時中國人所將會重拾的作為，當時中國人出口到歐洲的商品——以茶葉、絲、瓷器為主——比他們進口自歐美者要多上許多，使西方面臨了國際收支嚴重失衡的問題。西方發覺這樣的貿易格局使其珍貴的白銀流失到中國手裡。英國東印度公司對東印度肥沃農業地區的控制更為嚴固之後，立即想到另一種付款方式，即鴉片。鴉片生長茂盛，可用廉價成本加工成可吸食的膏狀物，迅速運送到華南，透過位在廣州的中間人賣給中國大眾。

靠著鴉片出口，英國收入暴增，英國對華的貿易赤字隨之銳減；使中國廣大人民迷上鴉片，成為英國外交政策的最重要考量。但這種毒品輕易就可取得，很快就在中國國內帶來毒癮問題。一八〇〇年，中國禁止鴉片進口、生產；一八一三年，完全禁止吸食鴉片。

但英國人繼續賣：一八二〇年，偷偷進口到中國的鴉片已足夠讓一百萬人滿足毒癮，白銀的流向倒轉。[24]一八三〇年代，鑑於國內白銀愈來愈少，道光皇帝考慮將鴉片合法化。但他得說服朝中極力反鴉片一派。據某位奏請皇帝禁鴉片者所述，賣鴉片是紅毛夷的危險陰謀，「其初，（爪哇）土人輕捷善鬥；紅毛製為鴉片煙，誘使食，舉國爭趨如騖，久遂疲羸受制，（該地）竟為所據。」另一位主張嚴禁鴉片者主張「英吉利人將鴉片引入中國，意在使中國羸弱。若不早早覺察這危險，不久後中國離滅亡將只剩一步。」[25]

反鴉片一派建議以死刑阻絕吸食鴉片之風，但吸鴉片者太多，若均處死，難以想像。一八三八年，道光帝決定完全禁止鴉片的走私和吸食。中國的反毒戰爭最初手段平和；清朝官員搬出儒家節制、順從的觀念，勸許多上癮者戒鴉片煙，勸本國籍中間人不再從事鴉片買賣。他們也對西洋人提出同樣的道德請求，包括廣州的欽差大臣林則徐寫給維多利亞女王的一封信。

以儒家傳統的標準來看，林則徐是位好官，先前在華中擔任數省巡撫時已贏得正直、幹練的美名。他在《諭英國國王書》中表示，商人「為獲利之厚」遠從英國前來中國，令他感到吃驚。[26]他天真的以為英國政府不知其走私者在廣州的不道德行徑，以為英國政府會像中國皇帝一樣積極奉行儒家的道德原則。他寫道，希望英國國王在其國民來中國之前先「詰奸除慝」，汰除奸惡之人。[27]他籲請英國國王拔除位於馬德拉斯、孟買、帕特納、貝拿勒斯的鴉片株，改種五穀。

對於洋商，林則徐則採強硬手段。洋商不從，即派兵封鎖他們在廣州的商館，直到他們交出鴉片存貨為止，而沒收的鴉片迅即丟入海裡銷毀。不願具結保證不再走私鴉片者，則遭草草驅逐出境：就在那時，首度有群英國人在名叫香港的多岩島嶼上住下。

但中國人低估了鴉片貿易對英國經濟的重要性，也不大了解英國擊敗拿破崙，成為印度最高統治者之後，自信的大增。例如，英國收到林則徐的《諭英國國王書》後，連告知收悉都沒有。整體來講，科技實力的提升和貿易的成功，已使西方人開始改變對中國的看法。這時，中國已非伏爾泰、萊布尼茲眼中最開明的文明，而被視為落後之地。誠如某美國外交官所說的，把它當平起平坐之人，就像是「把小孩當老人來對待」。[28] 此外，在英國經濟於十九世紀初日益壯大之際，「自由貿易」似乎就像今日的「民主」一樣，是個放諸四海而皆準，且該透過武力來落實的好東西。

較保守的東印度公司於一八三四年失去其在亞洲貿易的獨占權之後，廣州一群主張強勢作為的民間商人鼓吹擴大在華銷售量。這些商人和其雇請的遊說者極力宣說中國作為會帶來的傷害，令英國政府心生驚恐，覺得非派一支艦隊前去教訓中國不可。一八四〇年六月艦隊抵華，封鎖廣州，沿海岸航行到華北，最後威脅到天津和天津後方的北京皇廷。清廷自知軍力不如人而求和，將香港割讓英國，同意支付六百萬英鎊的賠款，重開廣州給英國商人通商。

英國政府並不滿足。在英國，中國可為英國商品提供廣大市場的幻想，已無可抑遏的增長。首相帕麥斯頓勛爵（Lord Palmerston），主張強勢作為的帝國主義者，得知他的代表在擊敗中國後未從中國人那兒要到更為嚴苛的條款大為光火。一八四一年，他派另一支艦隊去，艦隊拿下上海，封鎖長江下游的航行，揚言攻打中國故都南京。

打了更多敗仗後，中國人再度低頭，一八四二年簽署了屈辱的南京條約，同意對洋人開放包括上海在內的五個口岸通商，將香港永久割讓英國。印度商人傑其博（Jamsetjee Jejeebhoy）寫信給其位於英國怡和洋行的生意夥伴，提醒道「中國人在這件事情上已受夠我們的苦頭……如今保持距離遠比展現威脅來得適當。」[29]中國人仍困惑於英國人看來安撫不了的貪婪。誠如代表中國皇帝的耆英在寫給英國人的信中所說的：

惟我皇上柔懷遠人，無非準是非之公，使薄海胥受恩澤，蒙覆庇者當何如向化輸誠，永享樂利。乃英吉利國夷人……因在廣東被查禁鴉片，隨稱兵犯順……兩年以來，爭持不已，其意究屬何居，恐歷次查辦之各大臣等，亦均未深悉底蘊。[30]

皇帝收到的報告，說明了英國人強硬的談判風格，但內容經過大幅修改；他的談判代表寫道：「該夷……雖係貪得無饜，而其意不過求賞碼頭，貿易通商而已，尚非潛蓄異謀。」事實證明這太樂觀。英國人要求賠償鴉片遭銷毀的損失後，還要求別的賠款，包括要求清廷付贖金以拿回英國人並未占領的那些城市（例如杭州）。其他西方國家也跟進，要求援例辦理，特別是自脫離英國統治而獨立之後，即在廣州駐有兵力的美國。美國人堅持要清廷讓新教傳教士在通商口岸傳教。法國人要求給予天主教徒更多權利，使中國人自此一想到西方人，就想到要中國人改信基督教之事。

這些條約給了西方列強支配接下來百年裡中國通商政策、社會政策、外交政策之重要層面的權利。一如後來的發展所表明的，中國君主如此卑屈投降，仍未令那些主張自由貿易者滿意。那所謂其大無窮的中國市場未成為事實，那些條約中所未提到但為各方所心照不宣接受的鴉片貿易，仍是西方最大的貿易活動。到了一九〇〇年，中國有一成人口吸鴉片；其中三分之一成癮。[31]

英國商人愈是未能如願擴大對華貿易，就愈大聲要求放寬剩下的貿易限制。一八五四年，清廷面臨日益壯大的太平天國叛亂時，英、法、美三國代表要求修改南京條約，以讓外國人可以自由進出中國各地，可暢行無阻航行長江，可派公使長駐北京，將鴉片買賣合法化，將在華招工出洋合法化（鴉片戰爭末期，招工出洋屬於非法，中國男子遭擄到海外或騙至海外，最遠至加州和古巴，以供應當地的廉價勞力需求）。

清廷可想而知不接受這些要求。但英國人以清朝官府非法搜查在香港註冊的船隻「亞羅號」為藉口，再度出兵，且這次有法國人一起動手。在拿破崙三世當政下，法國正急欲展現他們的武力。一八五九年，額爾金勛爵（Lord Elgin），即那位將大理石雕橫飾帶從希臘帕德嫩神廟運到英格蘭的額爾金伯爵之子，率艦隊抵華，迅即攻下廣州，且往北進抵天津。

不幸的中國人派出直隸總督，再度主動表示願意談判。但額爾金決意與朝廷直接打交道，不想與地方總督談判。清朝皇帝讓步，派欽差大臣締約，同意讓外國商船在長江各口岸往來，持有通行證的外國人可自由在中國內地遊歷，加開六個通商口岸，允外籍傳教士入內地自由傳教，公使長駐北京，外國人不受中國司法管轄。在法國人陪同下，額爾金提出別的要求。他的談判人員於戰爭混亂之際遭中國人擄走並處死，讓他找到進軍北京的藉口。

與中方的談判正進行之時，法國人首先抵達北京東北郊，見到了耶穌會傳教士為乾隆皇設計的優美夏宮圓明園，迅即入內洗劫。法國官兵在廣達三十七英畝的圓明園裡，在亭閣、花園、廟宇之間亂闖三天，簡直不敢相信自己這麼走運。有位樂不可支的洗劫者寫道：「要把我們吃驚的眼睛面前所有漂亮堂皇的東西都描寫出來，我得把所有已知的寶石溶於金液裡當墨水，然後用筆尖帶有東方詩人之幻想的鑽石筆蘸那墨水。」[32]

額爾金抵達時，法國人表示願平分劫得的寶物，額爾金得到中國皇帝的青玉權杖。來華之前協助敉平印軍譁變的額爾金，從他當時的標準來看，是個為時勢所逼的帝國主義者。他認為英國對華政策的大方向「愚蠢」。轄下的英國軍艦於廣州炸死兩百平民時，他在日記裡寫道：「我對這整件事痛恨至極，到了不敢將它形諸筆墨的地步」，[33]但得悉歐洲俘虜死於中國人拘押之下時，額爾金僅剩的良心不安瞬間消失無蹤。

得好好教訓中國人一頓，於是英軍放火燒了圓明園，而法國人藉故未加入這場報復。燒了圓明園後，額爾金與清廷簽約，使英國取得更多賠款、另一個通商口岸（天津），讓西方列強均得以在北京長駐公使。圓明園燒了兩天，使北京籠罩在濃濃黑煙之中。某英格蘭觀察家寫道：「爆裂、竄燒的聲音非常嚇人……陽光穿過團團濃煙，使每株草木都帶有慘白的顏色，紅色火焰照亮動手官兵的臉龐，使他們看去像是在為毀掉他們所還不了的東西而洋洋得意的惡魔。」[34]

中國人遲遲才意識到他們在世上處境的艱險。新奇的英國汽船已溯長江而上，深入內陸，威脅中國內陸城市，且英國人迅即動員印度士兵來對付中國人。此事說明了英國是有全球資源為後盾的海上強權，但顯然仍沉浸在天朝思想的儒家文人魏源，從這些事件只得出以下感想：「西南諸國，近在九州之外，尚非八荒之外也。」[35]晚至一八九七年，也就是日本擊敗中國，曝露滿清不堪一擊的兩年後，梁啓超仍主張「中國非印度、土耳其之比也」。[36]經過國內外種種政治震撼——太平天國叛亂、在朝鮮半島敗於日本之手、接下來歐洲列強爭相瓜分中國領土——的累加效應，中國菁英才對變動中的全球格局有新的認識。

到了一八九八年晚期，清朝「百日維新」看來已注定失敗之時，在梁啓超看來，中國終於和土耳其、印度一樣擋不住西方的入侵，中國的困境是西式資本主義、帝國主義所造成的全球困境的一部分。不久後，梁啓超被迫流亡日本，開始密切注意人民叛亂遭美國鎮壓的菲律賓情勢，尋找該地與中國的相似之處。哲學家嚴復描述了中國人對鴉片戰爭的觀點，那是在一八九〇年代晚期已在中國社會裡日益普及的觀點：

> 方西人之初來也，持不義害人之物，而與我搆難，此不獨有識所同疾，即彼都人士，亦至今引為大詬者也。且中國蒙累朝列聖之庥，幅員之廣遠，文治之休明，度越前古。遊其宇者，自以謂橫目冒耏之倫，莫我貴也。[37]

自一八九〇年代起，鴉片戰爭和燒毀圓明園就被當作十九世紀西方人加諸中國的奇恥大辱，長留中國人心中。在寫於一八八一年的〈死亡買賣〉（Death Traffic）一文中，年輕的泰戈爾驚訝於「整個中國為英國所迫而接受鴉片毒——只因為貪求通商之利。」泰戈爾知道他的祖父就是靠將鴉片運到中國致富的印度商人之一。泰戈爾寫道：「無能為力的中國人可憐的宣布：『我不需要鴉片。』但英國店家老闆回道：『胡說八道，你非收下不可。』」[38]

保守的孟加拉作家布德夫・穆霍帕德雅（Bhudev Mukhopadhyay）解釋歐洲為何日益支配世界時哀嘆道：「這場中國戰爭仍是說明正不必然勝邪的理想事例。事實上，邪往往勝正。」[39]對許多印度人來說，一八五七年的印軍譁變亦是如此。這場暴動使穆斯林對印度數百年的統治就此結束。

英國東印度公司成為南亞次大陸上最強的軍事力量時，穆斯林是最大的輸家。印度中部、南部兩位穆斯林統治者的落敗，為該公司之成為印度境內的霸主清出了坦途，然後英國人行動迅速，透過戰爭或條約逐步蠶食內陸地區，一八四八年終於征服由穆斯林占多數且面積遼闊的旁遮普。

整個十九世紀上半葉，北印度的穆斯林統治階層，若非遭英國人輕蔑的罷黜，就是權力受限而如同傀儡。最惡劣的兼併，一八五六年發生於奧德。自十八世紀晚期起，奧德省就受英國的商業、政治利益擺布，且如英國總督所說的，「是個老早就成熟而終有一天會落進我們嘴裡的櫻桃。」[40]歷任的什葉派穆斯林國王以勒克瑙（Lucknow）為奧德省首府。勒克瑙以其雜糅波斯、歐洲風格的獨特建築而著稱，也以文化昌明而吸引北印度一部分最出色詩人、藝術家、音樂家、學者前來的宮廷而聞名。勒克瑙的末代國王瓦濟德・阿里沙（Wajid Ali Shah），歌、舞、詩三藝都很出色，但在英國人眼中，這些成就只是說明他不適合當君主的另一個表徵。奧德省的有地貴族大多支持瓦濟德・阿里沙，老早就憂心英國人意圖不良。最後，英國人不再等其自然落下，動手摘下這顆櫻桃，將得民心的國王放逐到加爾各答，然後迅即著手從地主、農民身上刮取最大的土地稅收。

文化領域也未能倖免於英國人所帶來社會上、經濟上的更大改變。在印軍譁變前幾十年，勒克瑙已取代德里，成為北印度的首要城市。但德里仍是北印度穆斯林的知識、文化中心，該城的伊斯蘭經學院吸引來自數省的最有天賦學生就讀。領土與影響力的喪失，已使德里的蒙兀兒皇帝在十八世紀中葉時就淪為傀儡，但英國人仍給予蒙兀兒人豐厚的津貼，讓他們定期辦盛大活動和典禮。蒙兀兒皇帝已是老弱之人，但在英國人眼中，仍具有象徵價值：屬於印度最悠久、最顯赫的統治王朝。公開舉行的詩歌朗誦會（mushaira）吸引大批人觀賞，而蒙兀兒皇廷兩大詩人藻克（Zauq）、加利卜（Ghalib）的較量，成為德里街頭巷尾的談資。有位名叫阿爾塔夫・侯賽因・哈利（Altaf Husain Hali）的年輕詩人，從家鄉走數哩路到德里，就讀該地著名的教育機構，與詩人、知識分子一起談詩論藝。後來他寫道：「與他們的會晤和聚會，令人想起阿克巴、沙迦汗在位的年代。」這兩人是最有文化自信的蒙兀兒皇帝。[41]

但誠如哈利所寫的，這終究是「德里最後一抹文藝光輝」。英格蘭日記作者艾米莉・伊登（Emily Eden）於一八三八年經過德里時，哀嘆該城逐步被併入利潤掛帥的帝國中。「過去留下的如此龐大的權勢、財富消失，而不知為什麼我總覺得我們可惡的英格蘭人大刺刺『跑過去搶了它』，把它當商品賣，當收入來源，完全毀了它。」[42]隨著教育和司法機構世俗化，烏里瑪（ulema），即所有穆斯林神職人員，發覺難以謀生。英語取代波斯語成為官方語言，也削弱了印度穆斯林的傳統文化世界。誠如哈利所憶道：

我是在堅信阿拉伯語、波斯語知識是學問唯一基礎的社會裡長大……沒人想過受英語教育，如果說對它有什麼看法，可以說它就是在政府裡謀得工作的手段，而非獲得任何知識的工具。[43]

但似乎也在這時，過去受穆斯林統治的子民——印度教徒——受到新統治者的特別照顧，迅即接受西式教育，接下新統治者指派的低階行政職務。英國人已開始用航運、銀行、保險、貿易、行政治理上的獨占事業，取代其純粹掠奪性的經濟、政治體制。他們招募願與他們合作的本地人為其效力，例如使印度境內種植的鴉片出口中國的有利可圖事業更為蓬勃發展的中間人，但這些人往往是印度教徒、錫克教徒或帕西人（Parsi），而非穆斯林。

英國人對印度社會和文化的冷漠——愛德蒙．勃克和印度歷史學家古拉姆．侯賽因．汗．塔巴塔巴伊在前一世紀就注意到此現象——這時被更為強勢的文化性、種族歧視性取代。麥考利勛爵（Lord Macaulay）把印度學問斥為毫無價值的東西，要印度境內的英國人創造「一群印度血統、膚色但英格蘭品味、想法、道德、知識的人」。英國人深信自己較優越，在印度，只要是能讓他們以深度的社會、文化改革確立這一優越地位的地方，他們就努力這麼做。印度境內的英式學校、學院、大學，很快就大量製造出麥考利所希望的那種假英格蘭人，而這些教育機構往往由基督教傳教士經營。

許多穆斯林擔心被拔掉文化的根，斷然拒受這一現代教育。他們大部分人看著英國人設立大種植場，鑿運河，鋪馬路，把印度打造成英國產業的原物料供應地和獨占市場，而無力改變。隨著英國的製造品大量湧入印度市場，北印度城鎮的工匠淪為貧民，而這些工匠往往是穆斯林。後來，捍衛本土工匠極力的甘地，在一九三〇年的印度獨立宣言中，扼要說明了英國統治加諸印度的多重傷害：

> 村落產業，例如手紡業，已被毀……且一如在其他國家，沒有東西替代遭如此毀掉的工藝。關稅和貨幣遭操弄，以加重農民負擔。英國製造品構成我們的進口大宗。關稅表明偏袒英國製造業者，關稅收入未用於減輕人民大眾的負擔，而是用於支持極度奢華的行政機關。更為專斷獨行的乃是對匯率的操控，導致本國流失數百萬元……所有具治理長才者都遭殺害，人民大眾不得不滿足於卑微的村辦事處和辦事員職位……教育制度已使我們失去支柱。

在其他地方，這些令人痛苦的民間改造及社會改造，對習慣於按照習俗、傳統過活者是承受不起的創痛。埃及、奧圖曼土耳其、伊朗初興的本土產業，得不到關稅保護——因為英國堅持降低當地關稅——因此敵不過從歐洲進口的製成品。不足為奇的，開羅、納傑夫（Najaf）兩地市場裡的商人、織工、工匠，感受到來自歐洲商人、主張自由貿易者的直接威脅，成為十九世紀晚期反西方運動的先鋒。

十九世紀印度最著名思想家辨喜（Swami Vivekananda，一八六三～一九〇二），抒發了亞洲人對其歐洲主子共有的道德反感：

陶醉於新近取得而讓人飄飄然的權力美酒，可怕如看不出善惡之別的野獸，女人的奴隸，色欲薰心而失去理智，從頭到腳一身酒氣，毫不講究儀禮，不乾淨，物質主義，沒有物質活不下去，搶別人的地，不擇手段賺錢……把肉身當自我，只關注自己的欲求——這就是印度人眼中西方惡魔的形象。[44]

在亞洲，西方人愈來愈被視為是刻意破壞本土原有生活方式的人。本地人的挫折和埋怨不可避免地透過宗教來抒發，而誠如馬克思所精闢點出的，宗教遠不只是個信念體系：宗教是「世界的總論，它包羅萬象的綱要，它以通俗形式呈現的邏輯，它攸關名譽的唯靈論問題，它的熱情，它的道德約束，它的莊嚴補充，它藉以得到安慰和辯護的普世根據。」[45]本地人的怒火悄悄悶燒之後往往以暴力宣洩：中國的義和團之亂、十九世紀末期東印度中部的部落騷亂、蘇丹的馬赫迪派（Mahdist）叛亂、一八八二年埃及的歐拉比（Urabi）叛亂、一八九一年伊朗的菸草革命，將表明非組織化反西方仇外心態的強大，且那心態往往伴隨著欲恢復正在式微或已失去之社會—文化秩序的急切念頭。

一八五七年的印軍譁變，正是這種積怨的宣洩。十九世紀初期，邊緣化且滿懷憤懣的穆斯林，已開始接受當時在阿拉伯半島變成主流勢力，觀念極保守且主張恢復原始教義的伊斯蘭改革派，即今日所謂的瓦哈比派（Wahhabis）。穆斯林神學家和行動主義者宣稱印度是「戰爭地區」，一八〇三、一八二六年兩度對英國人和與英國合作的印度人宣布發動聖戰。這批聖戰士占領印度西北部部分地區，最後於一八三一年在巴拉科特之役（Battle of Balakot）中遭消滅。後來，在南亞伊斯蘭傳說中，這場戰役取得和西元六八〇年伊瑪目侯賽因在卡爾巴拉（Karblala）殉教一樣的悲劇光環。

印軍譁變的規模，大過這些由印度穆斯林發動的零星反英叛亂。譁變的導火線是謠言：謠傳英國印度軍隊所用的新彈殼紙，抹了以豬油、牛油製成的潤滑油。但對印度的許多舊菁英分子來說，由於英國人霸道重擬印度的社會、政治、經濟地圖，譁變之事已悄悄醞釀多年。德里報紙《德里烏爾都語消息報》（*Delhi Urdu Akhbar*）全盤報導了此事。該報主編大毛拉巴卡爾（Maulvi Baqar）屬德里舊菁英，一八五七年由枯燥乏味的宮廷編年史家搖身一變成為激烈的反帝國主義小冊子作家。他寫道：「事實上，英格蘭人已遭神罰……他們的傲慢已使他們遭神報復。」[46]巴卡爾帶其讀者重溫了英國人的許多罪行——失信違背與本地統治者簽的條約、將利潤外送到英國——和印度教徒、穆斯林如今正如何扭轉情勢，反使英國人居於不利處境：「他們（英國人）把國家和政府從治理無方的統治者那兒搶走，表面上看來紓解了他們子民的痛苦。如今，同樣的道理反過來套用在他們身上，我們要說你們治不好這國家。」[47]奧德省一位被剝奪得一無所有的地主，從憤怒暴民手中救出一名英國官員，然後向他抒發了同樣滿腔報仇之意的道理：

> 這位大人，你的同胞來到這國家，趕走我們的國王。你派軍官巡迴各地區，調查土地所有權。你一下子就拿走從不復記憶的久遠年代就屬於我家的土地。我認了。然後，突然，你落難了。這土地的人民起來反抗你。你找上已被你剝奪掉家產的我。我救了你。但如今，我帶著我的隨員在勒克瑙遊行示威，想把你趕出這國家。[48]

譁變士兵未放過英國婦孺。他們為全面叛亂發布了多則措詞激昂的宣言，其中一則宣言要印度人組成一支勞動隊，其「職責」是

挺身而出，殺死英格蘭人……其中有些人應該用開槍……用刀、箭、小刀……將他們殺死……有些人應用矛將他們高高舉起……有些人應和敵人扭打，把敵人分屍，有些人應用粗短棍棒打他們，有些人應甩他們巴掌，有些人應把土丟進他們眼睛裡，有些人應用鞋子痛打他們……簡而言之，為了消滅敵人，給敵人最大的苦頭吃，人人都應不遺餘力。[49]

譁變士兵往往由印度教徒帶領，但穆斯林，特別是因英國統治而落魄的穆斯林，大批投入叛亂，而這場凌亂的革命在遭殘酷敉平之前，曾以蒙兀兒皇帝為中心，短暫拋下歧異，同心協力。在國內民意和狄更斯之類名望之士的敦促下，在印度的英國人驅散譁變士兵時，施以殘酷的報復。報仇心切的士兵將數萬譁變士兵綁在火炮炮口，轟成碎片；他們穿村過鎮一路燒殺，在北印度留下一道長長的破壞痕跡。

英國士兵紮營於德里郊外，等著攻下該城時，夢想著從「淺黑膚色的有錢老傢伙」那兒弄到「一兩顆漂亮的小鑽石」。[50]他們繼續大肆殺人、洗劫，凶狠駭人。在中國讀到英國人殘酷鎮壓印軍譁變的消息時，額爾金勛爵疑惑說道：「我能做什麼來使英格蘭不致因對另一個衰弱的亞洲種族施暴而招來上帝的詛咒？或者我的所有努力只是使英格蘭人在更大的地區，讓世人見識他們的文明和基督教都

何等的空洞、膚淺？」[51]額爾金以燒掉中國圓明園回答了他自己的疑問。一如後來的發展所表明的，清帝國又苟延殘喘了半世紀。但印軍譁變後英國人的憤怒和蓄意破壞文物的行徑，使連蒙兀兒帝國的象徵都再也保不住。一名英格蘭士兵處決了造反的蒙兀兒皇帝——最終成為蒙兀兒末代皇帝——諸子，任由他們的屍體腐爛於德里街頭，穆斯林在印度的統治隨之正式告終。

新全球階層體系

印軍譁變雖有廣大的群眾基礎，且叛軍人數遠多於英國人，但不團結且欠缺英明領導，使這場叛亂注定失敗收場。阿卜杜勒·哈利姆·沙拉爾（Abdul Halim Sharar）是最早的烏爾都語小說家之一，以編年體撰寫了勒克瑙日益沒落的歷史。他在一九二一年寫到譁變印軍時悲嘆道：

> 他們之中沒有懂得戰爭原則或能將各自為政的勢力統合為有組織打擊力量的勇武之人。另一方面，為保命而戰的英國人頑抗不屈。面對最大的危險，他們擊退來犯者，以行動證明他們嫻熟最新的兵法。[52]

英國人勝過其印度對手之處，不只軍事。誠如沙拉爾所忿忿寫道：

碰上印度的無知、自我謙避，這些外國人的才智和他們的規畫周全、行事條理，必然占上風。當時，世界已採用新的工業化文明模式，且向各國大聲疾呼採用這模式。印度境內沒人聽到這宣告，全軍覆沒。[53]

但這段話再怎麼誇張，都是對歐洲勢力極切實的評估。靠新科技、較高明的情報蒐集、吸引人的通商條件，十九世紀中葉時歐洲人已在挑戰中國人，將波斯趕出其位在高加索的勢力範圍，入侵北非，迫使奧圖曼人打開市場，在印度支那宣傳基督教，瞄準長期鎖國的日本。拿破崙入侵埃及八十年後，英國人將占領該國。

用西方老掛在嘴上的亞洲「衰落」、「停滯」，或「東方專制主義」這些說法，無法解釋西方為何能有上述飛速的進展。但有許多自憐自艾的亞洲人也相信那些說法。早在一九一八年，印度社會學家貝諾伊·庫瑪爾·薩卡爾（Benoy Kumar Sarkar），就把「西方」學界的迷信——充滿幹勁的歐洲勝過死氣沉沉的亞洲——斥為不值一顧。薩卡爾提醒世人勿陷入「隨著歲月推移而自然產生的對霸道、得志種族的武斷有利見解」。[54]當今的學術研究說明亞洲於十八世紀時在經濟、文化上仍是蓬勃興旺，從而證實了他的觀點。歐洲能取得競爭優勢，源於它明顯較善於建立「工業化文明」，或者更簡單的說，較善於組織——亞洲人不久後會欣羨且力圖仿效的本事——以及它在整個十八世紀期間積累的數個優勢。

一八八七年德富蘇峰驚嘆於歐洲的進步時，說「軍事組織的精神，不只見於軍隊」，它的影響還

「擴及社會各角落」。[55]誠如不止一位亞洲觀察家所注意到的，歐洲的政治、軍事動員形式（徵兵、有效率課稅、法律法典化）、金融創新（對外募款的股份公司）、訊息豐富的公共探究、辯論文化，彼此相輔相成，創造出使歐洲深入亞洲時具有難以被扳倒的決定性優勢。從個人角度來看，歐洲人的勇敢、創新、敏銳或忠誠或許未必高於亞洲人，但拜有效率使用科學知識之賜，歐洲人集結出比最富裕亞洲帝國還強的力量。

誠如沙拉爾所指出的，過去歐洲能稱雄世界，大部分得歸功於其更勝他人一籌的殺人本事。十七世紀，亞洲諸國相對較和平之時，歐洲諸小國連續不斷的慘烈戰爭提升了歐洲人的殺人本事。身兼作家及教育家，針對日本現代化寫下大量評論的福澤諭吉，於一八七〇年代嘆道：「我們唯一的問題，在於我們已承平、未與外界交往太久。在這同時，其他國家，受偶發的戰爭刺激，已發明出許多新東西，例如蒸汽火車、汽船、大炮、小型手持槍等。」[56]例如，由於需要在陸上、海上作戰，需要保護在加勒比海地區的奴隸種植園，英國人發展出世上最先進的海軍科技。一八〇〇年遊歷歐洲的印度穆斯林米爾札阿布·塔利卜（Mirza Abu Talib），是最早道出英國皇家海軍如何大力促成英國繁榮的亞洲人之一。十九世紀大部分時候，英國船舶和商行，在國際貿易上，將不只對亞洲生產者和商人繼續占有優勢，對其歐洲對手亦然。

歐洲稱霸還有其他因素使然。阿列克西·德·托克維爾（Alexis de Tocqueville）於一八五五年寫信給阿爾蒂爾·戈比諾（Arthur Gobineau，第一個發展出「雅利安」優等種族理論者）時，驚嘆於

「幾百年前還在歐洲森林、沼澤裡過著幾乎餐風露宿生活的幾百萬人，會在不到百年裡改變了全球，支配其他種族。」[57]孟加拉作家布德夫・穆霍帕德雅（Bhudev Mukhopadhyay）於一年後思索同一現象時，獲致令人不安的結論：

> 歐洲人征服其他民族土地的行動，隨著歲月推移而增加且更為猛烈：他們對物質享受的渴求非常強烈，而且呈愈來愈強烈之勢；這些不代表道德水平有所提升或未來其會提升……合理的推斷，他們的後代也會承繼他們四處找機會偷搶的傾向……如果這樣的歐洲不需外力抑制，誰需要？[58]

但外力的抑制遲未出現，至少在第一次世界大戰的災難降臨之前是如此。美、法革命所釋放出的強大競爭力，好似無法禁閉於西方之內，非往全球各地擴散不可，於是驅使歐洲諸小小民族國家進入亞洲最偏遠的地區——對既未現代化且無力在經濟或外交上與歐洲分庭抗禮的民族，帶來長期的恥辱和獨特的威脅。

帝國主義行徑並非這時才有。事實上，許多遭歐洲征服的民族，本身就屬於強大的帝國——奧圖曼土耳其、清朝中國。但現代歐洲的帝國主義將具有一前所未有的特點，即透過公然征服或透過以自由貿易、不平等條約構成的「非正式」帝國，創立全球性的經濟權力、體力、文化權力階層體系。誠如福澤諭吉於一八七〇年所論道：

在商業上，外國人富且精明；日本人窮而不慣於經商。在法庭上，往往是日本人遭判死刑而外國人規避法律。在求學問上，我們不得不向他們學習。在金融上，我們得向他們借錢。我們較傾向於向外國人漸進開放我們的社會，以我們自己的步伐邁向文明開化，但他們堅持要我們奉行自由貿易原則，促請我們立即就讓他們進我們島內。在所有事物上，在所有計畫上，他們帶頭，而我們居於守勢。幾乎不存在互諒互讓。59

到了一九〇〇年，從歐洲散播出去而只占全人類極小部分的白人，將控制地球上大部分陸地，使以農業為主的亞洲諸社會不得不接受商業經濟和國際貿易。有駐軍和炮艇為後盾的歐洲人，可以想干預就干預亞洲任一國家的事務。他們把數百萬亞洲工人運到遙遠的殖民地（把印度人運到馬來半島，把華人運到千里達）；他們從亞洲諸經濟體強取他們工業所需的原物料和大宗商品；他們使亞洲本地市場充斥其製成品。四處流傳著信仰一個十字架上怪神的強大白人正在改造世界的傳言，鄉村農民和城鎮商販被迫放棄靠宗教、家庭、傳統來界定的生活——這些白人把道德性侵略與短小精悍、內部協調一致的民族國家，把獲利動機與較厲害武器結合在一塊，使亞洲諸社會在各方面都顯得笨拙無能，無法和歐洲抗衡或無法釋放自己的潛力。

隨著歐洲列強如秋風掃落葉般征服一塊塊土地，造成當地社會、經濟、文化的失序脫軌，亞洲許多知識分子將深深憂心於自己社會的未來。許多穆斯林把他們在印度、非洲、中亞的土地落入基督教歐洲人之手，解讀為真主對他們信仰鬆弛的懲罰。就連在日本、土耳其之類未遭歐洲列強占領或直接統治的地方，都帶有深深的憂患意識，覺得國家面臨短期難解的重大危機。誠如日本大小說家夏目漱石（一八六七～一九一六）所描述的：

西方文明源於其內，現代日本文明源於其外。新浪潮從西方一波波過來……好似我們還沒能享用桌上的一道菜，甚至還沒弄清楚那是道什麼菜，又上了新的菜……我們只能接受，別無他法。60

改變的迅猛和面對改變的無能為力，乃是當時共同的感受。在亞洲，與西方再怎麼輕微的接觸，都必然引來劇烈的變動——且通常是變糟的變動。工業革命和歐洲製造業對原物料的需求，不只阻撓亞洲的工業化，還迫使向來自給自足的亞洲各地農民成為採橡膠工人、錫礦工人、咖啡種植者、採茶工人。在伊斯蘭社會，與西方相抗衡和建造歐洲中央集權國家的必要，創造出新一批官員、技術官僚、銀行家、都市工人、知識分子，而可能削弱由行會、傳統市場、傳統旅店、烏里瑪、蘇非行者構成的舊伊斯蘭世界。就連西方現代醫學不折不扣的好處，都變成有待商榷，因為在缺乏相應的經濟成長下，西方現代醫學促使人口成長，進而加重貧窮。

歐洲稱雄所帶來的文化影響同樣劇烈。歐式科學知識、歷史知識和歐洲的道德觀、公共秩序觀、刑罰觀，乃至衣著風格，漸漸成為文明的表徵。各處的亞洲人都面臨歐洲的新自我認知——非專制的、日益都市化和商業化的、創新的、充滿活力的認知——而在這一認知裡，亞洲與歐洲處處相反。泰戈爾忿忿寫道：

亞洲始終是歐洲法庭上的被告，始終把該法庭的裁定當作定論，承認我們唯一可取之處，乃是徹底拆除我們社會四分之三部分和它們的根本基礎，照英格蘭工程師所規畫的，代之以英格蘭磚和灰漿。[61]

梁啓超憂心中國社會的外部環境如此劇烈的變動，會重創人的精神生活和較古老的道德觀：在一九〇一年，他最親近西方的人生階段期間，他坦承「吾恐今後智育愈盛，則德育愈衰，泰西物質文明盡輸入中國，而四萬萬人且相率而為禽獸也。」[62]而有此憂心者不只他一人。

對梁啓超、夏目漱石、泰戈爾之類思想家來說，西方的挑戰既是地緣政治上的挑戰，也是攸關安身立命的精神挑戰。舊價值觀和西方所提出的新價值觀優劣何在？歐洲的現代文明真如其捍衛者所宣稱的「放諸四海皆準」和「開明」，還是歧視白人以外的種族？從威脅自己民族存亡的那些西方國家引進思想時，還能忠於自己民族？要如何界定民族這個新觀念？

多樣的地緣政治環境和宗教傳統、政治傳統，將決定亞洲人的反應和反應時機。日本人雖長期鎖國，卻能比亞洲其他任何國家都更早、更全面的汲取西方現代思想、技術與制度。奧圖曼土耳其人效法俄羅斯和他們在埃及的穆斯林同儕，努力擁抱歐洲的軍事科技和治理技術，以富國強兵，抵禦歐洲列強侵逼。中國人直到二十世紀晚期仍在哀嘆自己相對於歐洲的「落後」。

有些才智之士轉向傳統主義世界觀，服膺伊斯蘭、儒家、印度教的道德規範。有些最求新求變的亞洲人，則在自己的宗教傳統和歐洲啓蒙運動之間尋求合乎時勢的折衷之道。例如，伊斯蘭現代主義者呼籲有所選擇的借用歐洲科學、政治學、文化，同時堅持可蘭經與現代性可完全並行不悖。

但不管這些亞洲人做了什麼，他們的作為都證實了西方幾乎完全稱霸現代世界人類活動的各個領域。那讓人覺得有著可敬傳統和悠久習俗的亞洲諸大帝國，面對具有明確目標的歐洲商人、傳教士、外交官、軍人，毫無抵禦之力。埃及人、中國人、印度人，一個個顯露脆弱的本質，在西方所正打造且他們得加入、不然就滅亡的新現代世界裡，顯得左支右絀，不知所措。亞洲的臣服於歐洲，為何不只是經濟、政治、軍事上的臣服，原因在此。那還是知識上、道德上、精神上的臣服：此前完全未出現過的另一種征服，使被征服者不只痛恨其征服者，還欣羨其征服者，且極力爭取加入征服者的行列，習得在他們眼中征服者所具有的近乎魔法般的神奇本事。

這一時代由何而生？其他人對我們完全視而不見，同時改造、發展他們的機器，擬出並落實計畫，在我們之間進進出出，然後我們一朝醒來，突然發現一根根鑽油井架像尖釘插在土地上，怎麼會這樣？我們為何落到遭西方毒化的境地？且往歷史追本溯源。

賈拉勒・艾哈邁德（Jalal Al-e Ahmad），《迷醉西方》（*Gharbzadegi*），一九六二

第二章

哲馬魯丁・阿富汗尼的奇異旅程

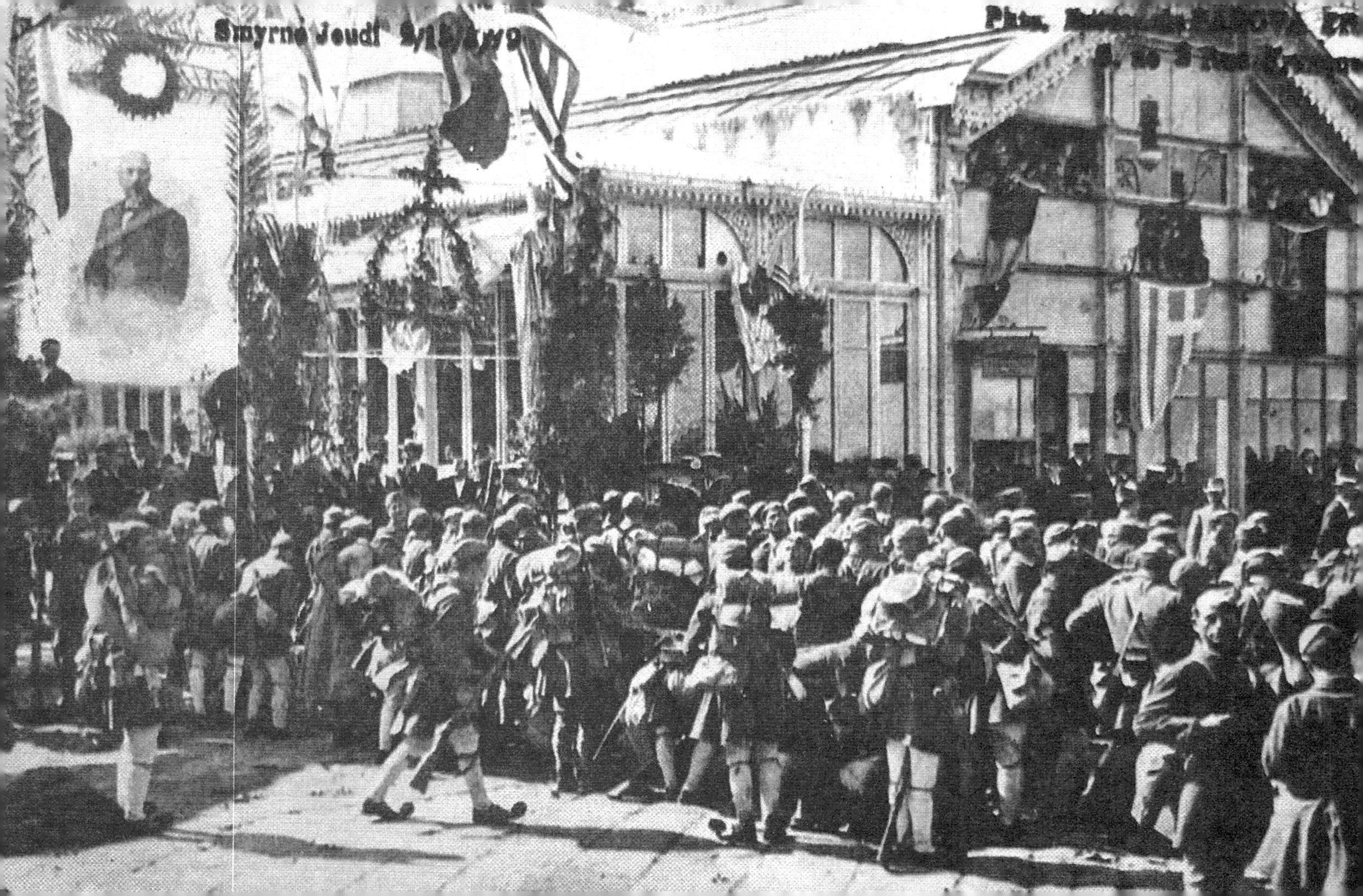
Smyrne Jeudi

一個穿粗布衣的小人物

一九六〇年代初期，有群流亡巴黎的伊朗人常在聖日耳曼區名叫「起初」（Au Départ）的咖啡館碰面。他們大部分是來自伊朗的政治難民。民選的穆罕默德・摩薩台（Mohammad Mossadegh）政府將伊朗石油業國有化之後，美國中情局和英國軍情六處於一九五三年協助推翻了該政府。後來成為伊朗伊斯蘭革命之龍頭理論家的阿里・沙里亞蒂（Ali Shariati，一九三三～一九七七），就是這些流亡巴黎、滿腔怒火的難民之一。他在這場英美政變八週年那天哀嘆道：「被判定犯了對劫掠的西方打出第一鞭之罪的民族，仍未脫離被囚之境。」[1]一如他的流亡同志，他在巴黎除了提升自己的政治、知識素養，然後告知、教育他的同胞外，並無其它目的。他將沙特（Jean-Paul Sartre）的《何謂文學》（*What is Literature*）和法蘭茨・法農（Frantz Fanon）的《全世界受苦者》（*The Wretched of the Earth*）譯成波斯文。他在伊朗流亡人士經營的期刊上——期刊常偷偷運回伊朗——撰文談論孫中山、阿爾及利亞的反法叛亂、甘地與尼赫魯（此二人在他眼中是印度的摩薩台）。他參加抗議帕特里斯・盧蒙巴（Patrice Lumumba，剛果民主共和國首任總理）在剛果遭殘酷殺害的示威活動。他也密切注意一九六三年六月反伊朗親西方政權的流血暴動。伊斯蘭神職人員何梅尼（Ruhollah Khomeini），就因這場暴動成為政界風雲人物。他和他的友人，在他們於聖日耳曼區的常去之處，討論一位十九世紀四處巡遊的行動主義者和思想家——哲馬魯丁・阿富汗尼。

一八九二年初期，在寫給奧圖曼蘇丹阿卜杜勒哈米德二世的信中，阿富汗尼已表達了他一直揮之不去且後來也縈繞沙里亞蒂心頭的憂心，即憂心西方列強：

> 都只有一個居心，即把我們的土地完全奪走。從這一點看，俄羅斯、英格蘭、德國或法國是一丘之貉，特別是如果他們看出我們的衰弱、無力反抗他們的意圖的話。相反的，如果我們團結起來，如果穆斯林萬眾一心，我們就能傷人，有出息，我們的心聲會得到傾聽。[2]

一九五五年還在馬什哈德（Mashhad）求學時，沙里亞蒂就已撰文談這位相對來講較無人知的人物。在鑽研與宗教無關的西方解放理論，在求知之路上繞了一大圈子之後，一九六〇年代，在巴黎，他再度回到阿富汗尼身上。而誠如沙里亞蒂於一九七〇年所寫的，他深信「了解他，就等於認識伊斯蘭和穆斯林，還有我們的現在與未來。」[3]

在伊朗，哲馬魯丁·阿富汗尼被譽為伊斯蘭革命的理論教父。而米歇爾·傅柯（Michel Foucault）於一九七九年走訪德黑蘭時，稱那場革命是對抗西方「全球體系」的「第一場大起義」。[4]更值得注意的是，從埃及、土耳其、印度、巴基斯坦、阿富汗到馬來西亞，可看出穆斯林國家彼此差異極大，但在如此紛然雜陳的穆斯林世界，不只伊斯蘭主義者、泛阿拉伯主義者、泛伊斯蘭主義者，還有左派的世俗主義者，都把阿富汗尼視為開時代之先的反帝國主義領袖和思想家。阿富汗尼曾被拿來和十九世紀另兩位偉大的政治、哲學流亡人物馬克思（Karl Marx）及亞歷山大·赫爾岑（Alexander Herzen）相提並論，但如今在西方卻少有人知。儘管其影響勝過赫爾岑，且至少從其影響之長久來看，幾乎和馬克思不相上下。

這至少有一部分得歸因於他的生平有很大的空白。他遊歷穆斯林世界期間的言行，有許多已湮沒於歷史。要重現他的求知軌跡，如後文所嘗試做的，就要探討他所走過那些國家的社會、政治騷動——彰顯他世界觀之內涵與特性的那些經驗。無論如何，要探明他一生思想的演變，絕不可如對待許多西方思想家那般，倚賴那些闡述明確概念且已公諸於世的文本和詳細交代參考資料的傳記。就阿富汗尼來說，他的思想史就是他觀點的歷史，而他的觀點，本質上與他所處的世界不一致，也不可能一致。

在穆斯林地區，的確幾乎沒有哪個社會或政治趨勢——現代主義、民族主義、泛伊斯蘭主義——非由阿富汗尼開明、充沛的感受力所點燃，或未受到其推波助瀾。也沒有哪種政治活動——反帝陰謀、教育、新聞報導、憲政改革——未受到他思想的影響。阿里・沙里亞蒂宣稱阿富汗尼是「在蟄伏的亞洲發出覺悟之聲的第一人」，幾非誇張之語。[5]

阿富汗尼自承是個「地位不高且未當上高官的小人物」。但誠如他所提醒的，「豐功偉業」是像他這樣的人所立下，這樣的人「四處流浪，一身粗布衣，嚐過冷熱、苦甜，跋涉過許多高山、沙漠，經歷過人世。」[6]事後來看，他的成就更大，尤其是與他之前那些穆斯林思想家相比的話。

拿破崙入侵埃及，讓許多穆斯林首度體會到西方有些人已找到經濟力、軍力的新來源，而且能將此力量投射到數千哩外。但許久之後，伊斯蘭國家的統治階層和知識界，仍有許多人大力主張採行西方生活方式，主張適應而非反抗西方的稱雄。他們尚未擔心歐洲會造成伊斯蘭文明的嚴重頓挫，會挑戰穆斯林對自身世界地位最堅信的觀點。埃及編年史家賈巴爾蒂雖不安於拿破崙的入侵，卻大剌剌嘲笑法國人的上廁所習慣。他未深究法國人來埃及的動機，對於使歐洲陡然陷入混亂的法國大革命思想——共和政體、社會平等與流動、公正、不偏不倚的國家——幾乎完全不懂。後來關注西方之創新的人士，好奇之情甚於焦慮，特別是在埃及、奧圖曼帝國著手仿效西方建造現代國家和軍隊時。

埃及大學者里法．巴達維．拉斐．塔哈塔維（Rifa’a Badawi Rafi al-Tahtawi，一八〇一～一八七三），一八二六至一八三一年在巴黎待了五年，在他眼中，歐洲似乎是個無害的榜樣。他闡述法國大革命和法國憲法，為阿拉伯語讀者首度全面介紹西方某國的政治制度。他以欽佩口吻寫道：「法國人在法律之前人人平等，不因聲望、地位、名譽、財富上的差異而有異。」[7]同樣的，突尼西亞人海爾丁．突尼西（Khayr al-Din al-Tunisi）於一八五〇至一八六五年間多次赴歐期間，成為伏爾泰、孔狄亞克（Condillac）、盧梭、孟德斯鳩的衷心仰慕者，只對這些哲學家的痛批宗教感到遺憾。他指出歐洲人的志願性社團和組織長才：「如果人能結合在一塊以達成某個共同目的，那麼就連最難的事都能達成。」英國的統治印度，就是這類「不可思議例子」之一：「英國政府透過印度公司這個由本國商人組成的社團，得到約三億五百平方公尺的地和其上超過一億八千萬的人口。」[8]

塔哈塔維、海爾丁及敘利亞教育家布特魯斯．布斯塔尼（Butrus al-Bustani，一八一九～一八八三），都屬於穆斯林世界裡最早認同必須改革以遏制內部衰敗的官員、老師和軍人。布斯塔尼編的字典、大百科、期刊，協助創造了現代阿拉伯語和文學。十八世紀晚期和十九世紀初期，伊斯坦堡奧圖曼朝廷也有許多知識分子得出同樣的結論：本國的社會—政治秩序已衰老不堪，需要用外部知識來翻新。這些知識分子未如阿富汗尼不久後那樣，將他們的國內情況與國際關係上令人心驚的轉變扯上關係。他們眼中的改革，大體上就是採用歐洲知識和實用技術，軍隊現代化。許多歐洲菁英已開始將基督教和白人視為較優越且獨一無二。但景仰孟德斯鳩、基佐（Guizot）的土耳其人、埃及人，於一八三〇年代在西方人指導下開始推動現代化，卻尚未完全意識到歐洲的新種族階層體系；他們希望本國的穆斯林社會最終會進步到和歐洲平起平坐。奧圖曼作家納米克・凱末爾（Namik Kemal）於一八六〇年代深信：

> 歐洲花了兩百年才達到這樣的狀況，而他們在進步之路上費心發明，我們則有各種現成的方法可用……即使要花上兩百年，我們也能躋身最文明國家之列，這不是毋庸置疑的事？[9]

值得注意的，一八六〇年代歐洲在亞洲的勢力仍大體上侷限於印度之時，阿富汗尼已留意到穆斯林將面臨的危險。他理解到歷史正以不受可蘭經之真主左右的方式在運行，主動權已被西方那些躁動、衝勁十足的民族握在手中。那些民族衝出存在已久的文化、政治死水，正發掘、探索新的世界，以此前的帝國擴張中從未用過的工具，征服穆斯林和其他非西方民族。

印度與阿富汗的覺醒

阿富汗尼的早期生平，相關資料極缺，且因其在數個國家一再聲稱自己是來自阿富汗的遜尼派穆斯林而引人誤解。但如今很清楚的，他於一八三八年生於波斯西北部哈馬丹（Hamadan）附近的阿薩達巴德（Asadabad）村，先後在德黑蘭、幾個什葉派大城——主要是納傑夫——的伊斯蘭經學院、印度受過教育。他在波斯的早年歲月，正逢巴布教派（Babism）興起。巴布教派主張揚棄舊制度、舊律法，施行由新先知制訂的新制度、新律法。該派於波斯遭鎮壓後，許多信徒逃到奧圖曼人統治之美索不達米亞地區的什葉派城市；阿富汗尼對伊斯蘭的大膽、有時近乎離經叛道的觀點，還有他徹底變革舊制度的革命主張，有可能曾受到他們的影響。但他早年也得到波斯伊斯蘭哲學傳統方面的基礎訓練，而該傳統比遜尼派阿拉伯的伊斯蘭哲學傳統更願意接受新事物，因而對阿富汗尼的修正主義伊斯蘭的產生，顯然有推波助瀾之功。

什葉派伊斯蘭在波斯有著較異端的傳統，而晚至十九世紀，這一傳統仍產生重要的伊斯蘭哲學家毛拉哈迪（Mullah Hadi）。什葉派波斯保留了在阿拉伯語地區老早就式微的哲學傳統，例如調和理性主義思想與啓示宗教。阿富汗尼在異端傳統裡受教育，因而能比其遜尼派同儕更早談到革新和改變。但身為什葉派教徒，他的想法在遜尼派地區將難以廣為傳播。為了讓自己在所欲改革的國家被當作遜尼派穆斯林，他似乎認為自稱生於阿富汗是明智之舉。儘管為時不久，他在埃及也是共濟會的一員。阿富汗尼既非盲目的西化者，也非死硬的傳統派，最關心的似乎是如何制訂反帝國主義策略。他於一八五〇年代晚期前往印度進修，接下來十年裡有相當多時間待在那裡，包括孟買（有許多波斯僑民之地）和加爾各答。就在這個印度人激烈攻擊英國人和英國人殘酷反制的時期，他思想中傳承自巴布教派的反叛傳統，開始從地方性的反抗意識形態轉變為全球性的反抗意識形態。

不久後，阿富汗尼進入阿富汗的信史，角色雖小但令人想一探究竟。當時的阿富汗，一如不久前的阿富汗，是諸多地緣政治野心欲染指的詭譎之地。一八六八年來自坎達哈、喀布爾的英國政府秘密報告，稱阿富汗尼於一八六六年從印度來到阿富汗，是個極危險的反英鼓動家且很可能是俄羅斯特務。他身材修長，膚白，額頭寬闊，天藍色眼睛非常銳利，蓄著山羊鬍，愛喝茶，精通地理學和歷史，通阿拉伯語、土耳其語、波斯語（類似波斯本地人所操語言），看似無宗教信仰，生活方式偏歐洲而非穆斯林。[10]

抵達喀布爾後不久，阿富汗尼成為一位阿富汗埃米爾（amir）的顧問。當時，該埃米爾正與同父異母弟打內戰，且被其強鄰，印度的英國人，懷疑與俄羅斯勾結。在這之前，阿富汗人已讓英國人見識到他們的厲害。一八三九年，印度的英國人想在喀布爾扶植親英的統治者。阿富汗游擊戰士按兵不動，等時機成熟，才攻擊遠征喀布爾的英國大軍。英國大軍經受一連串攻擊，最後被打到只剩一人：垂頭彎腰騎在馬上的一名英國軍醫，呈現在維多利亞時代名叫《殘兵餘勇》（*Remnants of An Army*）的畫作中，最後成為十九世紀英國最慘重軍事挫敗的象徵。

一八六〇年代，英國人再度侵逼阿富汗，阿富汗尼似乎看到了機會。他深信阿富汗仇恨外族入主者，並在寫於一八七八年的阿富汗史中申明這一信念：「靈魂的高貴使他們寧可光榮而死，也不願在異族統治下卑躬屈膝的過活。」[11]阿富汗尼看到鼓動高傲強悍的阿富汗人對抗英國人的機會，於是勸埃米爾考慮和這時已在從奧圖曼帝國到西藏的廣大地區裡成為英國死對頭的俄羅斯人合作。阿富汗尼對一位向英國人提供情報的阿富汗人，說明了為何該與俄羅斯而非與英國合作的數個理由，其中一個理由是「英格蘭人是偷偷摸摸搜刮的小偷，最近才現身，他們所取得的東西，全是靠陰謀詭計得來。俄羅斯國自亞歷山大大帝時就已存在於世。」[12]

無論如何，阿富汗尼過度高估了自己的本事。一八六八年，該埃米爾遭同父異母弟謝爾·阿里（Sher Ali）擊敗，失去其埃米爾之位。謝爾·阿里與英國人達成協議，迅即將阿富汗尼逐出喀布爾，迫使他尋找別的穆斯林統治者，以宣說英國帝國主義的危險。阿富汗尼離開阿富汗時，對阿富汗領袖印象特別差，覺得他們不可靠，動不動就和歐洲列強合作（後來，一八七八年謝爾·阿里與其英國主子反目，引發第二次英國、阿富汗戰爭時，他的觀感改變）。

關在喀布爾的巴拉堡（Bala Hisar），等著驅逐出境時，他以押韻散文體抒發他在阿富汗所激起（和不久後在其他許多國家也會激起）的誤解，字句中充滿諷刺意味：

英格蘭人認為我是俄羅斯人
穆斯林以為我是祆教徒
遜尼派以為我屬於什葉派
什葉派當我是阿里的敵人

四聖伴的部分友人認為我屬於瓦哈比派
有些伊瑪目派教徒以為我屬於巴布教派
有神論者認為我是唯物主義者
虔信者當我是不虔誠的罪人
有學問者當我是無知之輩
信士認為我是不信的罪人
非信士不召喚我
穆斯林也不認為我與他們同道
遭逐出清真寺，遭廟宇拒於門外
我心中茫然，不知該靠誰，該打誰
拒絕某人使朋友變成死敵
我逃不了某群人的掌控
沒有固定的居所來打另一方
坐在喀布爾的巴拉堡，雙手被縛，雙腿斷掉
我想知道「神秘者的簾幕」會屈尊向我揭示什麼，
這一惡意蒼穹的旋轉會帶給我什麼樣的人生際遇。13

爾後幾十年，阿富汗尼將頻頻落入失敗的一方。但他仍會以當時任何穆斯林所不能及的說服力和急切之情，進一步闡發西方對伊斯蘭文明的多重威脅，而且他將永遠不會停止強調他早期的印度經驗。印度是唯一擁有龐大穆斯林人口且被英國人占領、局部治理的國家。一八五七年，《德里烏爾都語消息報》主編大毛拉巴卡爾，已在抒發初萌的宗教性反殖民主義，運用可蘭經中寓言和土耳其歷史、印度教史詩和神話，描寫與英國人全然不同、全然相反的印度民族。一八七八年，阿富汗尼寫到印軍譁變時，也宣稱受到普見於印度各社會階層、各宗教派系的反英心態影響。他寫道：「他們（對英國人）的怨恨、敵意甚深，因而沒有印度人不期盼俄羅斯人陳兵印度邊境。」

阿富汗尼從印軍譁變和該事件後的悲慘情勢所得到的政治啓發，令他此後人生受用良多。多年後他與某阿富汗人交談時，仍哀嘆於譁變印軍的不堪一擊和英國人吞併奧德的輕易。他將把英國人比擬為「已吞掉兩千萬人，喝光恆河、印度河水卻不滿足，仍隨時要吞噬世界其他人，喝光尼羅河、阿姆河水的一條龍。」[14]

阿富汗尼用語的暴烈，至少有一部分是被他在譁變後的印度親眼目睹整個穆斯林社會、文化遭毀所激出。在德里，英國人夷平該城大片地區，殺害或驅逐該城大部分穆斯林居民。蒙兀兒末代皇廷的最偉大詩人哈利卜（Khalib），在寫給友人的信中說：「發怒的獅子進入該城，殺害任人宰割者，燒掉房子。一群群男女、平民、貴族，從三個城門湧出，避難於城外的小村落和墳墓。」[15]哈利卜哀嘆道：「這城市已成為荒漠。」[16]英國人直到一八五九年才准穆斯林回德里。「穆斯林的房子空了這麼久……牆壁簡直像是用草建的。」哈利卜寫道。[17]

一八五七年英國人在德里大肆報復時，有些印度人逃出該城，包括原在蒙兀兒皇廷當官的尼赫魯先祖。但尼赫魯家族，來自喀什米爾的高階種姓印度教徒，所受遭遇不像上層穆斯林那麼慘。例如該家族的秘書（munshi），屬於上層穆斯林，而尼赫魯在自傳中寫道，該秘書看著自家家產成空，部分家人遭英軍殺害。損失不只如此。對於長久以來在印度屬於統治階層的印度穆斯林來說，印軍譁變遭殘酷鎮壓，無異於精神上徹底且全面的挫敗。

印度穆斯林心中的羞辱和被迫流落異鄉之感慨，在詩人筆下得到最生動有力的抒發。目睹印軍譁變的阿克巴・伊拉哈巴迪（Akbar Illahabadi），在詩中道出穆斯林共有的悲苦：「你若走那條路，會看到我受蹂躪的村子／一座英國兵營矗立在殘破的清真寺旁。」[18]在另一首詩中，伊拉哈巴迪描述了適應全新世界的痛苦：

> 吟遊歌手、音樂、旋律都變了。我們的睡眠變了；過去常聽的故事，不再有人講。春天跟著新裝飾一起降臨；園中夜鶯唱起別的歌。大自然的作為有了革命性改變。天上降下另一種雨；田裡長出別種穀子。[19]

地方詩人阿爾塔夫・侯賽因・哈利（Altaf Hussein Hali），也在其家喻戶曉的〈穆賽德斯：伊斯蘭的起落〉（Musaddas: The Flow and Ebb of Islam，一八七九）一詩中，描寫穆斯林的失勢：

如有人看出我們的衰落普見於全境，
看出伊斯蘭一倒下就未再起，
將不會再相信每次退潮後都會漲潮，
一旦那人看出我們的大海已消失無蹤。[20]

二十世紀初期，哈利的輓歌將成為反殖民統治的穆斯林政治集會時固定誦讀的詩篇，其中許多穆斯林後來將積極鼓吹讓印度穆斯林擁有自己的家園——巴基斯坦。

秋意已籠罩花園時，
為何談花開的春季？
敵意的影子籠罩現在時，
為何念叨往日的輝煌與榮光？
沒錯，這些是該遺忘的東西；但如何用
黎明忘掉前夜的情景？
大會剛散；
蠟燭仍在冒煙；
印度沙地上的足印仍在訴說

有支優雅的旅行隊走過這條路。[21]

英國人常把印軍譁變怪罪於穆斯林而非印度教徒，因而經此事件後，比以往更積極阻止穆斯林從政。與一八八五年任英國印度事務大臣的蘭道夫·邱吉爾（Randolph Churchill）會晤時，阿富汗尼當面說明了印度穆斯林恨英國人的原因：「你們消滅了德里帝國；第二，因為你們未付薪水給伊瑪目和清真寺的宣禮員、住持。而且你們放棄瓦合甫（譯按：穆斯林為宗教或公益目的而捐獻的建築物或土地），未修復神聖建築。」[22]但阿富汗尼於一八五〇年代晚期初次來到一受辱的國家時，似乎更感興趣於從帝國主義受害者那兒得到更大的教訓。

印度穆斯林，例如印軍譁變期間任職於東印度公司的賽義德·艾哈邁德汗（Sayyid Ahmed Khan）爵士，已開始主張穆斯林受西式教育，深信掌握科學是在現代世界成功的基礎。一八五七年當譁變士兵要賽義德爵士離開英國人加入叛亂大業時，他賭對了邊。他答道：「印度不能沒有英國人統治。」[23]（後來他為一英籍的地區收稅員和其家人弄到安全通行證，使他們免遭譁變士兵殺害。）此後，賽義德爵士致力於創立教育機構，尤以其在北印度阿里格爾（Aligarh）鎮所創立的機構最為有名，並在這方面得到英國人協助。他勸穆斯林同胞利用「英格蘭人的風格與藝術」造福自己。[24]他的座右銘變成「教育，教育，教育」，而且他得到許多印度穆斯林支持。傑出的烏爾都語小說家、散文家納吉爾·艾哈邁德（Nazir Ahmed）聲稱：

我們全忙於無益的爭論時
歐洲人躍進真主所造世界的虛空中。
過去他們的日子過得比我們慘
但如今全世界的財富如大雨般落在他們身上。
如今真主已著手和這些國家分享他的秘密
因為他們已認識大自然運作的模式。[25]

接下來幾十年，阿富汗尼將對其穆斯林同胞發出類似的勸誡。他在一八七九年寫道：「噢，東方的子民，你們不知道西方人的強盛和他們的支配你們，源於他們在學問、教育上的進步，不知道你們在那些領域衰落了。」[26]在這同時，他對英國的仇恨與不信任，將永遠不會止息——他這心態於他在印度時發展出來，且在諷刺詩人阿克巴．伊拉哈巴迪筆下得到最扼要貼切的闡發：

英格蘭人想中傷誰就能中傷誰
想往你腦袋裡塞什麼就能塞什麼。
他揮舞鋒利的武器，阿克巴。最好離他遠遠的！
他把上帝切成三塊。[27]

一八七八年，埃及有人質疑阿富汗尼筆下英國對印度人民的壓迫時，他把批評者斥為不值一顧，認為他們受了英國人所寫歷史書影響因而有此反應。他說那些書「以英國人自戀的手和自負的鋼筆、欺騙的鉛筆寫下，必然未講述真相，未報告事實。」[28]阿富汗尼深信英國人對印度的陳述，為其讀者「撒下了含糊不清的羅網和表裡不一的陷阱」，因而對於帝國宣傳家宣稱英國人是為了印度人好而來到印度，英國為此建造城市、鐵路、學校，罷黜奧德國王之類暴君的說法，他也從來未相信。他說這說法很可笑。即使印度的統治者腐敗、壓迫人民，他們能傷害的範圍很有限，而且他們把他們的不義之財在印度花掉。英國人則恐嚇、剝削所有印度人，把掠奪來的東西運到英國。至於他們所帶來的電報、鐵路，阿富汗尼斷言，凡是印度人都會說，建造它們「只為了吸光我們的財富，方便不列顛群島居民貿易，擴大他們的賺錢領域：除此之外，還有什麼造成我們陷入貧困，財富耗竭，富饒消失，許多人餓死？」[29]

阿富汗尼聲稱為印度人發聲，讓人覺得太托大。但數十年後尼赫魯寫自傳時，同樣強調鐵路、電報、無線電報這些「工業主義先驅」「來我們這兒，主要是為了強化英國人的統治」，尼赫魯甚至寫道：「鐵路這個帶來生機的東西，始終讓我覺得像是將印度困住、關住的鐵箍。」[30]

阿富汗尼於一八六〇年代初期在英國統治的印度完成教育後，似乎——這部分欠缺可靠史料——去了伊朗，且很可能還去了麥加、巴格達、伊斯坦堡。他在阿富汗的英、俄「大博弈」（Great Game）舞台上短暫而精彩的現身，只是他所捲入的諸多國際陰謀的第一場。但它立下了一個模式：他對西方勢力（特別是英國勢力）和使西方勢力得以在穆斯林國家裡呼風喚雨的本土人士的擔憂與不信任，將貫穿此後他的所有活動。

沒錯，印度已臣服於英國腳下，阿富汗是個落後的小公國，阿國的統治者，相較於阿富汗尼於一八六九年會前去的奧圖曼帝國的統治者、知識分子，只是無足輕重的藩臣。但在奧圖曼帝國，他將親眼見到就連當時最強大的穆斯林帝國，雖未在軍事上受到西方威脅，仍漸漸倚賴西方；見到奧圖曼人試圖藉由創立新行政結構、現代軍隊、有效率課稅措施來自我革新，卻引發國內大動盪。

歐洲「病夫」和其危險的「自我療法」

一八六九年晚期阿富汗尼抵達伊斯坦堡時，伊斯坦堡是穆斯林世界最大的城市，阿拉伯人與波斯人共同的政治中心。馬拉軌道車匡噹匡噹穿過西城區，橫跨金角灣的迦拉塔橋（Galata Bridge）上，各色民族——保加利亞人、切爾卡西亞人（Circassian）、阿拉伯人、希臘人、波斯人、哈薩克人——來來往往。伊斯坦堡過半人口是基督徒，該城西側的佩拉（Pera）、迦拉塔兩區，表面上看來類似柏林或聖彼得堡，但其多民族性甚於柏林、聖彼得堡。

一八三八年奧圖曼人與英國簽署自由貿易協定，放寬對經濟的管制後，大量歐洲人看準可輕鬆賺錢的機會，湧入這城市。阿富汗尼住在舊城區，而在該區，纏頭巾、身穿寬鬆長袍的穆斯林仍研讀可蘭經和聖訓（穆罕默德言行錄）。但在其他地方，土耳其人戴非斯帽（fez），穿史坦布林（stambouline，長及膝部的男禮服大衣），而一八五六年的一道帝國敕令（據某些土耳其穆斯林所說，「令伊斯蘭人民哭泣、哀悼的一天」），使自一四五三年奧圖曼人征服君士坦丁堡後就絕響的教堂鐘聲，得以再度迴盪於該城。

事實上，教堂、宮殿、醫院、工廠、學校、公園正向金角灣、馬爾馬拉海（Sea of Marmara）沿岸無情推進，把傳統穆斯林居住區擠走。一八六七年，決意建造比歐洲任何宮殿還要富麗堂皇之宮殿的蘇丹阿卜杜勒阿齊茲（Abdulaziz），已從巴黎、倫敦、維也納壯遊歸來，心中抱著欲使伊斯坦堡的外觀更為歐洲的大計畫。一八六九年，威爾斯親王走訪該城。英國記者威廉・羅素（William Howard Russell）陪他和蘇丹去了歌劇院，驚嘆於觀眾的有錢和光鮮亮麗。「那場面如此耀眼，如此歐洲化，一時令人難以相信我們人在君士坦丁堡。」[31]追求西化的奧圖曼政治家，大概會把這視為他們努力有成的恢宏見證。但歐洲化所費不貲，讓奧圖曼人在經濟上和政治上都付出高昂代價。

歐洲銀行四處冒出，提供利息高昂的貸款。奧圖曼人債台愈築愈高，歐洲勢力日益壯大。英、法、俄等歐洲國家的大使乘軍艦進入伊斯坦堡；他們所經過的每個衛哨，裡面的奧圖曼士兵都向他們敬禮，而且他們干預奧圖曼事務而未受罰。在施行已久的奧圖曼米利特（millet）制度下，境內的宗教族群享有高度自治；例如他們有自己的法院，自行收稅。但外僑權利特許令（Capitulation），即讓奧圖曼帝國境內的外僑享有法律特權的法令，使歐洲各大國，特別是法、俄、英，成為奧圖曼帝國境內少數族群的正式保護者。此外，這些法令使歐洲人不管犯了多重的罪，都不必受訴訟或上穆斯林法院受審。

一八六〇年代，不滿政府改革方向的「青年奧圖曼黨」（Young Ottomans）開始抗議歐洲的影響，濟亞帕夏（Ziya Pasha）是該黨成員之一。阿富汗尼抵伊斯坦堡前一年，濟亞帕夏就寫道：「我們一直坐視我們的商業、貿易，乃至破敗的小屋送給外國人……不久後我們會連謀生都有問題。」[32] 許多奧圖曼人習於自認優越於「異教徒」，看到長久以來威脅歐洲的奧圖曼帝國，如今在歐洲面前如此衰弱，大為震驚。十五世紀時，奧圖曼人從盧梅利堡（Rumeli Hisari）出征，攻下君士坦丁堡。十九世紀，作家暨政治家艾哈邁德．維菲克（Ahmed Vefik）坐在盧梅利堡旁邊，只能哀嘆「或許我們是罪有應得。我們強盛時，與外國交往傲慢、不公。如今，我們陷入困境時，你們踐踏我們。」[33]

在奧圖曼土耳其，西方的支配並不是像在印度那樣透過公然的征服來達成，而是透過奧圖曼人迫不及待採用歐洲的政治、經濟、文化理念來達成。但誠如阿富汗尼所將發現的，加諸於穆斯林百姓的改變，一如在印度的改變，同樣令人茫然。

比起薩法維（Safavid）帝國、蒙兀兒帝國，十九世紀開始時奧圖曼帝國看來仍完好無損，政治上仍獨立自主。這個帝國橫跨歐亞非三洲，西起多瑙河，東至波斯灣，南抵的黎波里（Tripoli），北至黑海邊的特拉布宗（Trebizond），是世上族群最多元的國家，帝國中央對其邊緣地區的影響很弱，且有許多邊緣地區是完全自治或局部自治。數百年來這帝國已向世人表明它是個遼闊、複雜的政治組織，能兼容並蓄民族上、宗教上的多元族群，裁定不同地區、族群間的紛爭：在文化、宗教上推動某種程度之多元的米利特制度，就是在現代以前世界裡這方面的典範。歐洲人認為自一六八三年奧圖曼人未能拿下維也納之後，奧圖曼帝國就走上無法逆轉的衰敗之路，但事實上，與歐洲人這一認知相反的，在那之後，這帝國在政治、經濟、文化上發展蓬勃。不過，隨著歐洲人在世界各地擴張勢力，奧圖曼帝國的十八世紀統治者開始憂心其無力打造足以和其歐陸對手相抗衡的強大國家。誠如蘇丹穆斯塔法三世（Mustafa III，一七五七～一七七四）死前不久於某首四行詩裡所說的：

> 世界顛倒，我們統治期間無望更上層樓
> 厄運已使國家落入可鄙之人手中，
> 我們的官員是潛行於伊斯坦堡街頭的惡棍，
> 除了乞求真主寬恕，我們別無他法。34

這說法太誇張。但後啓蒙時代的歐洲，的確已踏上其不凡的進步之路；因地理上的鄰近歐陸，使奧圖曼人和俄羅斯人一樣急切於做該做的事，加入歐洲人領軍的進步之列，一樣憂心於被歐洲甩在後頭。就連名義上屬奧圖曼帝國一省的埃及，都在一七九八年遭拿破崙帶兵入侵後，展開迅速現代化的大計畫。事實表明，十九世紀上半葉接連而來的震撼，使某些最洞察時局的奧圖曼人了解到改革勢在必行。

俄羅斯於一八一二年擊敗拿破崙後，更積極於對外侵略，搶走奧圖曼帝國大片土地。巴爾幹半島上的奧圖曼帝國基督徒子民，在其西方贊助者鼓舞下，發動民族主義叛亂，奧圖曼蘇丹馬哈茂德二世（Mahmud II，一八〇八～一八三九）不得不同意他們的叛亂訴求。在一八二九年歐洲列強的助陣下，希臘人叛亂成功，從而鼓舞奧圖曼帝國境內的其他少數族群也如法炮製，將自己的委屈訴諸國際。

在這同時，歐洲人開始蠶食奧圖曼領土。一八三〇年，法國占領阿爾及利亞，只招來伊斯坦堡官方抗議。主張回歸伊斯蘭原始教義的瓦哈比教派基本教義分子，占領阿拉伯半島部分地區，後來遭奧圖曼當局敉平。穆斯林北非的許多地區，包括埃及，實質上已不受奧圖曼人控制。不甩奧圖曼朝廷命令的埃及總督穆罕默德·阿里（Muhammad Ali），甚至於一八三二、一八三九年威脅奧圖曼帝國心臟地帶，奧圖曼朝廷靠英、俄部隊之助，才化解這危機。帝國瓦解非常迅速，若非西方列強和俄國鬧得水火不容，若非擔心爆發更大範圍的歐洲戰爭，這帝國似乎早已覆滅。誠如威靈頓公爵所宣告的，「讓奧圖曼帝國繼續存在，不是為了土耳其人著想，而是為了基督教歐洲著想。」[35]這在數個方面來講都千真萬確：除了防止歐洲衝突，完好的奧圖曼帝國還為歐洲產品提供一有利可圖的單一市場，特別是在歐洲列強與奧圖曼人簽署了有利於歐洲調降後之關稅的通商條約。

軍事挫敗使奧圖曼人不得不改革軍隊；但那意味著文官治理機構的強化和集權，而那隨之使人民勢必得改變社會、經濟習慣。但蘇丹馬哈茂德二世成功完成某種程度的中央集權，且往往以殘酷手段達成。一如印度境內的穆斯林統治者所做的，十八世紀晚期奧圖曼人就試圖以歐洲方式訓練軍隊。成立陸軍、海軍學院，改革財政以支付常規步兵部隊的薪餉。這時，奧圖曼統治階層推動更進一步的改革，例如徵兵、課稅、經過訓練的政府官員（而非蘇丹任命的朝臣）、現代教育。

蘇丹阿卜杜勒梅濟德（Abdulmejid，一八三九～一八六一）即位後，繼續朝蘇丹馬哈茂德創建現代國家的方向努力，其政府官員大張旗鼓推動名叫坦志麥特（Tanzimat，「管制」）的改革計畫。坦志麥特敕令一開頭引用了可蘭經和伊斯蘭教法（以安撫烏里瑪和其他保守勢力），但明確表示其目的在以西方為師，更具體說，以法國為師，創立法律、行政體系。該敕令承諾讓少數族群在法律之前享有平等地位（而非把他們編入米利特制度），著手建立世俗大學，甚至允許農民離開村子赴異地工作。政府內的現代化改革者將權力集中於中央，削弱地方權貴的勢力，鼓勵奧圖曼「公民身分」這個新世俗觀。他們設立了財政部，開始推動世俗教育。

坦志麥特的改革很快就見到成效。新聞業和文學勃興；歐式生活風格成為時尚。供富家子弟就讀的西式私立學校誕生。位於佩拉區（伊斯坦堡歐洲區）的迦拉塔薩雷帝國學校（Lycée Imperial de Galataseray）是最早設立的這類學校之一，據說其所收學生的國際化程度超過西歐或俄國境內的任一類似學校（這些世俗教育機構將孕育出受過教育的土耳其菁英）。帶有歐洲風格的堂皇宮殿朵爾瑪巴切（Dolmabahçe），聳立於博斯普斯海峽沿岸，取代蘇丹的傳統居所托普卡珀宮（Topkapi）。

執行坦志麥特的帕夏（pasha，官員），有許多在巴黎受過教育，而這些帕夏幾乎完全接受將土耳其境內的社會、文化、知識生活西化的主張。他們對舊信仰沒什麼好感。福阿德帕夏（Fuad Pasha）是奧圖曼帝國政府具改革意識的獨裁部長之一，誠如他所嚴正表示的，「數世紀來伊斯蘭在其所處環境裡是推動進步的極佳工具。如今它已是不準的錶，必須想辦法讓它跟上時代。」[36]

從歐洲人的角度看，這些改革者本身溫文爾雅，但為了保住他們身為現代化派的權力和特權，他們有時很無情，若必須把傳統菁英踩在腳下，他們鮮少遲疑。事實上，對他們來說，改革乃是保住自已在奧圖曼社會高層之地位的工具。他們執行坦志麥特，有一部分是為了拉攏歐洲人，希望讓歐洲相信土耳其真的欲邁向文明（追求現代化的土耳其人得到某些歐洲人的欣賞：實證主義哲學家孔德斷定，土耳其可作為他「人道教」的理想實驗室）。

奧圖曼人如願提升了國際地位。在克里米亞戰爭（一八五三～一八五六）中，他們與法國、英國並肩對抗俄國，取得與基督教強國平起平坐的地位。奧圖曼人想加入歐洲英普俄奧四國同盟（Concert of Europe）的心願，在戰爭結束時靠一八五六年巴黎條約而如願以償（如今土耳其申請加入歐盟，亦出於同樣的心理）。英國成為奧圖曼土耳其的非正式盟友，以便反制時時存在的俄國威脅；奧圖曼人則以於印軍譁變期間呼籲印度穆斯林繼續效忠其英國主子作為回報。

但在民族主義盛行的時代，奧圖曼帝國多民族、多宗教的特點，仍舊和時代脫了節。蘇丹轄下的子民，除了信仰伊斯蘭教的阿拉伯人、庫德人，還有信基督教的亞美尼亞人、希臘人、塞爾維亞人、保加利亞人、阿拉伯人。基督徒占奧圖曼帝國人口的三成五，且似乎歡迎西方干預奧圖曼事務，而在巴黎條約後，西方的干預更為明目張膽。駐伊斯坦堡的歐洲諸國公使，擺出奧圖曼帝國境內基督徒、猶太人少數族群保護者的姿態，且受到土耳其政治家的縱容，格外盛氣凌人。奧圖曼帝國政府部長找他們仔細徵詢意見，才決定重大事務如何處理，而被控犯了傷害奧圖曼子民之罪的外國人，拿領事法庭的法律保護當護身符。

一八六〇年，法軍出手保護黎巴嫩的基督徒，奧圖曼人不得不任命一位基督徒省長。巴爾幹半島的民族主義分子迫使伊斯坦堡給予更多讓步。在這同時，腐敗未消，反而因官僚機構的膨脹而更嚴重。

大部分農民對政府所給予移居城市的新自由無動於衷。非穆斯林取得法律上的平等地位，卻較接受自己族群的司法權甚於中央政府的司法權。希臘人、保加利亞人之類基督徒少數族群，受惠於現代化所帶來的新謀生之路，但穆斯林土耳其人覺得孤立：不足為奇的，歐洲服裝成為一般人嘲笑的對象。反西化最烈者是烏里瑪，他們把世俗性教育機構的出現和它們教授的非伊斯蘭知識視為直接威脅。

非穆斯林不只仍毋須受徵召服役，也能找他們的歐洲基督徒主子向奧圖曼政府施壓，事後安然無事，而（就在由歐洲殖民強權治理的亞、非國家裡穆斯林仍未享有權利時）奧圖曼政府卻不惜褻瀆真主，給予非穆斯林法律平等地位，令穆斯林深感不滿。二十世紀初期土耳其最傑出記者侯賽因・卡希德（Hüseyin Cahid），回顧歐洲對土耳其的看法後，說明了他和其他青年土耳其黨黨員為何變成如此狂熱之民族主義分子和反帝國主義分子的原因：

> 土耳其人是暴君、壓迫者，不知是非與正義。土耳其人沒有良心，敵視文明，什麼都不懂，對人的情感無動於衷。土耳其是文明西方的合法、天經地義的財產，西方可隨心所欲予以剝削；在歐洲人眼中，土耳其居民是可剝削的，合該被逼著盡可能辛苦的工作。沒錯，各位，我們土耳其人必須接受這一切，儘管我們唯一的錯乃是我們的祖先殷勤款待客人。我們在這些苦難下呻吟，有時轉而乞求寬恕，我們的哀求說明我們已開始認知到自己的名譽與尊嚴，然而哀求招來新的壓迫。每次我們揚起頭就受到一擊；每次我們想直挺挺站著，就受到一踢。這就是土耳其人的遭遇！在他們自己國家裡，他們本國的公民垂涎兄弟的麵包，窮人發動革命以取得有錢人的大部分

> 財富，而我們卻不准追求偷自我們國家的任何一部分財富。在他們的國家，國王和馬車御者在法律之前地位平等，在這裡，奧圖曼大臣的地位低於外國人的僕人。我們竭盡所能幫助來我們土地的西方人；這個窮國人民所繳的稅收，被拿去確保西方人過好日子。西方人完全不尊重這國家，完全沒繳稅，找我們法院的麻煩。有時，我們的公民、官員受到攻擊，使我們血脈賁張，但我們束手無策。[37]

卡希德之類的青年土耳其黨員，出現於十九世紀末期，不滿國家的悲慘現狀。但一八六〇年代，有些奧圖曼年輕知識分子，也已開始憂心於伊斯坦堡對於歐洲人（也就是他們所謂的法蘭克人）日益侵門踏戶的要求似乎沒完沒了的讓步，主張建立更民主、更受憲法規範的政權。這些人往往是奧圖曼政府裡的官員，他們懷疑執行坦志麥特的現代化派既盲目親歐又反伊斯蘭。在這一後來人稱青年奧圖曼黨的秘密會社裡，最善於表達想法者是納米克·凱末爾（Namik Kemal）；對於因為西化而「在物質上和精神上陷入困境」的老百姓心中的困惑，他感同身受。[38]凱末爾也強烈反對坦志麥特執行者所偏愛的膚淺、往往華而不實的西化。在他眼中，坦志麥特的內容，就只是「蓋劇院，常跑舞廳，以開明心態看待妻子的不忠，用歐洲馬桶。」[39]另一位青年奧圖曼黨員濟亞帕夏則抱怨道：

> 他們說伊斯蘭是國家進步的絆腳石；
> 這說法過去沒聽過，如今成為時尚。

在所有事務上忘了我們的宗教忠誠
追隨法蘭克人的思想，如今成為時尚。[40]

總而言之，坦志麥特改革那些年，由上而下的現代化留下令人困惑的結果。它拉大了菁英與人民大眾之間的鴻溝。與事先的想定相反，舊土耳其並未消失於新土耳其之前，宗教也未失去其吸引力。人人平等的漂亮主張，釋放出民族主義者的雄心，且由上而下的集中化，激起更為挑釁的自我認同主張。同樣重要的，與歐洲經濟關係的深化，帶來令人難以釋懷的社會改變。誠如青年奧圖曼黨所一再指出的，來自歐洲的製成品湧入土耳其經濟，摧毀本地產業和貿易協會、行會，拆掉城市生活所賴以建立的主要支撐。[41]

這時的土耳其正展現出不久後在埃及、伊朗——阿富汗尼接下來會去的國家——和亞洲其他地方也可見到的現代化模式改變——且往往是猝然改變——了社會中權力中心的位置，引來自覺受忽視或輕視的舊菁英反抗。例如，奧圖曼改革派規定政府所有職員，不管宗教信仰為何，都得載制式的毛帽（非斯帽），結果招來看重傳統的菁英——特別是烏里瑪——強烈不滿，因為非斯帽係因其外觀類似西式帽而雀屏中選，而這種帽子不適於做禮拜時跪拜（但後來這帽子成為土耳其以外穆斯林身分的表徵）。

事實上，在亞洲任何地方，現代化都帶來兩個最持久不墜的後果，其中之一是促成世俗的、追求西化的新團體掌權，不管那團體是軍官或政府官員、新專業人士皆然。另一個後果是需繳稅的老百姓、認為自己的影響力受到西化派威脅的宗教─社會菁英、面對日益集權化的中央而開始體察到自己不同之民族身分或宗教身分的三類少數族群的強烈反彈。

除非客觀條件有利──例如在單一民族、世俗國家的日本，或彼得大帝治下的俄羅斯──現代化可能帶來混亂和分裂。事實表明，領土遼闊而難以完全掌控、基督徒人口眾多、烏里瑪勢力根深蒂固的奧圖曼，根本不適合按照西方模式快速改造社會、政治。整個改革使社會嚴重脫軌，因而一八七六年蘇丹阿卜杜勒哈米德本人都加入日益壯大的反西化人民運動，轉而擁抱泛伊斯蘭主義，將它視為阻止西方侵犯穆斯林世界的堡壘。

阿富汗尼為何於一八六〇年代晚期前去伊斯坦堡？這時，受英國人侵擾的印度穆斯林和受俄羅斯人不當對待的穆斯林韃靼人，正開始呼籲奧圖曼蘇丹擔起穆斯林世界的領導人之責，呼籲他對異教徒宣布聖戰。十九世紀最後二十五年期間，伊斯坦堡成為穆斯林眼中的泛伊斯蘭主義中心。但在一八六九年流亡人士眼中，泛伊斯蘭主義只是個傳說──一八七二年納米克·凱末爾是今人所知第一位使用「穆斯林一體」（Muslim Unity）這字眼的作家。[42]

但伊斯坦堡以成為保護性現代化（protective modernization）的中心而著稱。後來，阿富汗尼會呼籲穆斯林同胞採行保護性現代化，並於一八七〇年在伊斯坦堡的第一場記錄下來的演說中，強調這一主題。他抵達伊斯坦堡那一年，曾任奧圖曼宰相的福阿德帕夏已上書蘇丹，提醒他奧圖曼帝國「陷入險境。我們得改變我們的所有建制，包括政治建制和軍事建制，得採用歐洲人所發明的新法、新器具。」[43]但阿富汗尼不願提倡基督徒人口占多數的伊斯坦堡所體現的那種全盤西化。從許多方面來看，他比較認同青年奧圖曼黨的主張。該黨主張自強，但不盲目仿效西方，堅持認為可蘭經認可土耳其高官所標舉為「西方」之物的許多價值觀——個人自由與尊嚴、正義、運用理性，乃至愛國。

後來在埃及圍在阿富汗尼身邊那些人，乃是因為現代改革而被邊緣化、失去安全感的穆斯林。典型的青年奧圖曼黨員，例如阿里．蘇阿維（Ali Suavi），若得知阿富汗尼的主張，大概都會受其吸引。阿里．蘇阿維是個伊斯蘭學者，是痛恨因坦志麥特式現代化而受冷落的伊斯坦堡傳統派中下階層的代表人物之一。但一八六七年，即阿富汗尼來伊斯坦堡的兩年前，青年奧圖曼黨已遭禁，其成員已遭流放，阿富汗尼在土耳其吸引到大不同於該黨黨員的同志。

阿富汗尼見到阿里帕夏（Ali Pasha），最有權的西化派政治家之一。阿里帕夏是教育領域的改革派大將，坦志麥特主義者。一如在阿富汗，阿富汗尼似乎輕鬆就打入統治階層的最高層。抵伊斯坦堡才幾個月，他就被任命為教育委員會一員，受邀在新現代大學「奧圖曼大學」（Darülfünun-i Osmani）的成立典禮上致詞，觀眾席中有教育部長和政府其他高官。

阿富汗尼認識這所大學的校長，那校長有不同於流俗的想法，常受到保守烏里瑪抨擊。追求現代化的坦志麥特主義者大概把阿富汗尼視為於己有益的盟友，可藉由他伊斯蘭學者的身分，化解本國宗教人士對世俗教育的批評。阿富汗尼本人似乎真心決意透過現代教育來重振穆斯林聲威。拜本身波斯異端哲學的背景之賜，阿富汗尼也比遜尼派奧圖曼烏里瑪更可能認知到理性、科學的重要。一八七〇年在世俗教育掛帥的奧圖曼大學發表的個人第一場記錄下來的演說中，阿富汗尼悲嘆伊斯蘭經學院與「德爾維希道堂」（dervish convent）在伊斯蘭民族（milla）中孕育的無知，哀嘆他們因此遭注重科學的西方征服：

> 諸位兄弟，從忽視的沉睡中醒來吧。要知道，伊斯蘭民族（milla）曾是世上地位最高、最有價值的民族……後來這民族墮入安逸與懶惰……有些伊斯蘭國家落入其他國家的宰制。別人要他們穿上卑下的衣服。光榮的伊斯蘭民族受到羞辱。這些事的發生，都因為缺乏警惕、懶惰、太不努力、愚蠢……還不把文明國家當榜樣？瞧瞧其他人的成就。他們付出努力，已取得最高等級的知識，達到最高的境界。對我們來說，工具齊備，沒有東西阻礙我們進步。只有懶惰、愚蠢、無知是（我們）前進的障礙。44

阿富汗尼的選詞用字具有深意。「文明國家」是十九世紀政治界用語，西歐政治家用這一名詞來標榜自己國家優於其他所有國家。用來解釋「文明」的那些字詞，清一色是歐洲人的、基督教的字詞；坦志麥特主義者努力提升土耳其的演化層級時，已把它們視為該努力追求的目標。阿富汗尼本人用到「文明國家」一詞，間接說明了他對穆斯林的自大及唯我獨尊，已反感到何種程度。那暗示穆斯林不再是上帝的選民，穆斯林的歷史不再與真主的計畫相符，伊斯蘭經學院也不再勝任教育穆斯林之責。

得自阿富汗、印度的啓示，顯然在阿富汗尼心中漸漸化為具體想法——啓示的核心是穆斯林無法重拾過去輝煌的帝國榮光。穆斯林得往前看，得趕上西方；光是像當時奧圖曼人、埃及人所為那樣，只對軍隊進行必要的現代化並不夠。英國在南印度的最大穆斯林敵人提普蘇丹，已用到學自法軍但英軍仍未體察到的戰術。譁變的印軍屬於歐式的現代軍隊，但缺乏統籌各方的中心組織，他們所能想到的目標，就只能到讓倒楣的蒙兀兒皇帝在德里恢復皇位這層次。誠如阿富汗尼所看出的，需要更大幅的改變，主要是思想上的改變。

但阿富汗尼來到伊斯坦堡加入坦志麥特的最後階段，正好是烏里瑪（穆斯林神職人員）日益激烈反對現代化改革者之際。不管他喜不喜歡，他被和現代化派劃上等號，遭保守派敵視；不久他就完全感受到保守派的反對威力。他排定了一連十四場公開演說，第一場就選在他先前去致詞過的奧圖曼大學。在這場演說中，他大膽拿先知與哲學家相比，且稍稍比較支持後者：「哲學家的學說是普世的，未考慮到某時代的殊相，而先知的教義受到後者的制約。先知提的辦法為何因時而異，原因在此。」[45]

在今人聽來，這無傷大雅。但阿富汗尼這番話無異表示先知穆罕默德的伊斯蘭教法並非永恆不變的，是可任由哲學家來修正的。先前數世紀裡波斯、印度境內的許多穆斯林思想家，乃至更早時阿拉伯世界裡的穆斯林思想家，都接受這一原則；他們深信理性之人可不必死守先知之名，只有未受過教育的大眾才該那麼做。但土耳其境內多疑的反現代化者認為阿富汗尼已幾近於叛教，理當速速處死。

十五年後阿富汗尼回應法國歷史學家歐內斯特·勒南（Ernest Renan）——勒南認為伊斯蘭使穆斯林無法發展出科學精神——時，會提出更激進許多的主張。但坦志麥特主義改革者一直很小心應對舊烏里瑪，深怕觸怒他們；阿富汗尼把世俗思想和過去的教義爭議掛鉤，打破了他們精心打造的規矩，且似乎質疑了先知本人的權威。這所新大學提倡歷史、法律、經濟學、哲學這些世俗學科，已令傳統經學院深感威脅；如今阿富汗尼則似乎在質疑伊斯蘭神學本身。抗議隨之爆發，該校校長在風暴中遭革職。奧圖曼大學營運只一年就遭關閉。阿富汗尼被趕出教育委員會，他接下來排定的演說都取消。一八七一年初期，他遭逐出伊斯坦堡；結果他在那裡待了不到兩年。

現存的阿富汗尼私人物品不多，其中之一是開羅的伊朗領事館發給他赴伊斯坦堡的通行證，而他似乎是在一八七一年抵開羅後不久拿到那通行證。他未能如願前往伊斯坦堡，但會在別的時候，更艱困的時候，回到那城市。當時他作為普受敬畏之人的形象已確立，奧圖曼帝國本身則疲於應付多種挑戰。

但初次旅居伊斯坦堡的經驗，給了他重要的體認。儘管受到挫折，阿富汗尼漸漸了解如何讓自己的想法為穆斯林國家裡統治階層以外的更多人接受。當時許多穆斯林改革者高談以西方為師，但要大部分穆斯林老百姓仿效他們所害怕或痛恨或一無所知的異教徒，並不容易。一如青年土耳其黨員，阿富汗尼懂得如何以伊斯蘭的語彙談新思想、新可能，懂得如何使改革獲認可為取得政治獨立和團結的應走之路，甚至使人對這樣的改革產生興趣（他偽裝為遜尼派穆斯林，給了他外界所不知的優勢）。在埃及，這一通權達變的作風和他替可蘭經添加新東西以符合現代性的本事，將從一開始就成為阿富汗尼的助力，儘管那也招來傳統派烏里瑪的不悅。

阿富汗尼來到埃及時，埃及正和奧圖曼土耳其一樣，自我歐化之路漸漸走到瓶頸。政治意識在埃及各地迅速勃興，而這有一部分是印軍譁變所激發。印軍譁變的消息透過印度行商和朝觀者傳遍埃及。一八五八年，英國領事報告當地人非常「同情」譁變印軍，還說「可以合理推斷，印度、波斯的熱情支持者即使未竭盡所能鼓動同情，也竭盡所能助長那同情。」[46]一八六五年，艾斯尤特（Asyut）城周邊地區，爆發一場由某印度蘇非的埃及弟子發起的大暴動。這個蘇非於一八五七年印軍譁變期間和英國人在戰場上交過手，然後逃到埃及。暴動者看不慣埃及總督非伊斯蘭、親帝國主義者的作風，揭竿而起，總督本人為此親帶一支部隊溯尼羅河而上平亂。

埃及：辯論家出現

埃及未曾遭遇會製造混亂的西方進逼，文化上也比蒙兀兒印度或波斯落後，因一七九八年拿破崙率兵入侵，才被猛然推進歷史。埃及必須現代化，但歐洲現代化時所已具備的東西——長時間逐步建立的科學知識、技術、知識自由與政治自由——有太多在埃及付之闕如。結果就是政治和經濟上更為倚賴西方，更有效率的專制統治，社會地位提高而沮喪、痛恨之情愈來愈濃的埃及人。

穆罕默德・阿里（一七六九～一八四九）來自色雷斯，原為奧圖曼軍人，後來與奧圖曼政府反目，逼伊斯坦堡承認他為埃及赫迪夫（Khedive，「總督」）。他想建立能征善戰的軍隊，鞏固獨裁大權，為此，他從法國軍隊招兵，授予其中某些傭兵貝伊（Bey）或帕夏的頭銜（福樓拜於一八四九年從埃及寫信給友人，說「國外的法國流氓令人印象深刻，而且我要說，這類流氓還不少。」[47]）他也向歐洲君主示好，送予貴重禮物，例如如今矗立在巴黎協和廣場的拉姆西斯二世方尖碑和倫敦泰晤士河堤上的克麗奧佩特拉方尖碑。他討好歐洲人，卻殘酷對待自己子民。他沒收舊封建權貴的財產，奪走伊斯蘭公共機構名下獲利甚大的土地。他粗暴干涉傳統鄉村生活，迫使農民生產單一商品作物棉花供應歐洲工廠，改變了原本強健、自足之經濟的基本格局。

一八四〇年埃及已成為英、法兩國棉花的主要進口國之一，而靠著這一有利可圖之出口經濟的獲利，穆罕默德·阿里得以建造以能力取才的官僚機構和建立在徵兵上的職業軍隊。他之後的埃及統治者繼續他的激進改革，並自封赫迪夫。埃及現代化受到西方的鼓勵、贊助，不久就帶來天翻地覆的大改變。

此前從未離開所居村子的埃及農民入伍服役，而藉由徵兵建立的軍隊，將埃及版圖擴大到蘇丹境內，擊敗希臘境內的分離分子和阿拉伯半島上的瓦哈比派基本教義分子。現代學校、工廠誕生，培育出教師、官員、工程師；甚至有一些學生遠赴歐洲。埃及比日本、中國更早幾十年擁有電報、鐵路網。打斷美國南方出口的美國內戰，使埃及的棉花出口收入成長數倍。愈來愈繁榮的開羅，成為阿拉伯世界的金融首府和文化首府，且將繼續保有這地位直到二十世紀中葉。

歐洲式城市便利設施，例如寬闊林蔭大道、自來水廠、煤氣廠，乃至歌劇院（威爾第的《阿依達》一八七一年十二月在此歌劇院首演），再再增添了埃及首都的魅力。一如奧圖曼蘇丹——他名義上的主子（和壞脾氣的對手）——赫迪夫易斯瑪儀（Ismail，一八三〇～一八九五）一八六七年從巴黎博覽會回國時，決心仿照法蘭西第二帝國的堂皇首都改造開羅。於是，這位妻妾成群的赫迪夫將有錢人——主要是歐洲商人、敘利亞商人、西班牙系猶太商人——安置在開羅的新西城區，把窮人之類有礙觀瞻的居民遷到其他指定地區。他這番城市規畫所帶來的後果之一，乃是尼羅河附近處處都冒出醜東西，誠如開羅編年史家史丹利·連普爾（Stanley Lane-Pool）所寫的，「讓總督得以展現其豪奢、炫耀之風的醜陋且建造不良的大宅。」[48]

一如伊斯坦堡，開羅吸引許多外國冒險家。從亞歷山卓起建的新鐵路線，於一八五八年完成，使該城從此不再與地中海世界之外的地方隔絕。一八六八年，英國的旅行代理人湯瑪斯·庫克（Thomas Cook）將壯遊行程擴及開羅，把開羅說成「兼具古老東方精神和巴黎創新」而魅力難擋之地。[49]一八七〇年代，僑居開羅、亞歷山卓的歐洲人已超過二十萬。赫迪夫本人極力討好歐洲諸國統治者，那些統治者則盡量滿足他的需求作為回報：他受邀與英女王維多利亞在英國巴爾莫勒城堡（Balmoral）一起喝茶，受到法蘭西皇帝盛大接待，堂皇隆重更勝於一八六七年奧圖曼蘇丹訪法所受到的款待（他較無法容忍西方的藝術形式，猶太裔宮廷劇作家詹姆斯·薩努亞抨擊一夫多妻，嘲笑英國人後，即遭他革職）。一八六九年，蘇伊士運河在歐洲王族成員觀禮下啟用，似乎確立埃及從此進入現代世界。這位赫迪夫舉辦了盛大舞會，與會者達數千人。困惑不解的奧地利皇帝法蘭茨·約瑟夫（Franz Joseph），在寫給妻子的信中談到這場舞會，說與會者包括印度的土邦主、黎凡特（希臘與埃及之間東地中海地區）的商人、歐洲外交官、沙漠酋長，還有「許多粗鄙之人。」[50]據說，赫迪夫易斯瑪儀吹噓道：「我的國家不再位於非洲，而是在歐洲。」[51]

歐洲人不大相信奧圖曼人尊重他們主權，但更不相信埃及躋身高度文明一說。貝德克爾

（*Baedeker*）旅遊指南提醒一八七〇年代晚期遊歷埃及的英國觀光客，埃及人的「文明程度大大低於大部分西方國家，貪財是他們的缺點之一。」[52]一八六三年，英國旅人達夫・戈登夫人（Lady Duff Gordon）寫到她的同胞時說：「今年幾件英國人狂熱的事例，真令我驚愕。人們為何來如此『滿腔仇恨』的穆斯林國家？」[53]答案是一八五七年的印軍譁變，至少那是部分答案。這一事件已使英國的殖民統治菁英對穆斯林和伊斯蘭極不信任，甚至極厭惡。僑居埃及的英國商人常叫人鞭打他們的埃及工人。達夫・戈登夫人寫道：「他們（英國人）拿阿拉伯人當試驗品，想把他們訓練好」，以便用於印度。[54]

這位赫迪夫依賴粗俗的歐洲人且個人生活放蕩墮落，因而未能得到他大部分人民的愛戴。埃及詩人薩利赫・馬格迪（Salih Magdi）在詩中表達了廣大人民的反感：

你們的錢被浪擲在皮條客和妓女上
一般男人娶一個妻子
他要百萬個妻子
一般男人住一棟房子
他有九十棟。
噢，埃及人，不光彩之事遍及各處。
醒來吧，醒來吧！[55]

誠如奧圖曼人向世人表明的，靠歐洲人過活會招來未知的且往往要命的代價。棉花收入不足以資助現代化，而美國內戰結束和接下來棉價暴跌，傷害了埃及經濟。這時，埃及已高度倚賴歐洲銀行高利息巨額貸款，而那些銀行極力慫恿易斯瑪儀恣意揮霍。這位赫迪夫使埃及負債愈來愈重，不久就使國家不得不聽命於歐洲金融家（且在一八七八年讓歐洲人當他的內閣部長），在此同時，許多剛受過教育且自信滿滿的埃及人愈來愈想有番作為，而易斯瑪儀未能打造出能讓他們一展長才的建制（institution）。他的歐洲贊助人更不需要那些滿足人民需求的建制。追求更進一步現代化的阿拉伯人地主、官員、軍官受挫，開始不滿自己國家倚賴西方。

棉花帶來龐大的私人財富，但與國際經濟掛鉤，使埃及無法完全掌控自己的經濟，動輒受到遙遠外國市場頻發的恐慌、蕭條影響。西方製造的工業產品充斥埃及市場，不只摧毀古老手工業，也摧毀了行會的社會、文化生活。埃及記者暨政治人物易卜拉欣・穆韋利希（Ibrahim al-Muwaylihi），阿富汗尼在開羅的弟子之一，寫到本土商人時忿忿說道，他們「已被停滯的市場打為窮人，不得不緊抓著外國人的衣襬以求自保，而外國人只要高興，隨時能毀了他們或丟下他們不管。」[56]

易斯瑪儀課徵的重稅，也使城市以外的許多埃及人日子過不下去。達夫・戈登夫人是極少數在埃及鄉下度過頗長時間的歐洲人之一，蘇伊士運河開通一年後，她報導了使該運河得以誕生的農民剝削情形：「如今這裡生活的悲慘，我無法用言語形容。每天冒出新的稅。如今，每種牲畜，駱駝、母牛、綿羊、驢子、馬，都得繳稅。農民再也吃不起麵包，如今靠加了水、生綠葉蔬菜、巢菜之類東西的粗磨大麥粉填肚子。」[57]除了該國新興的知識分子，農民也為叛亂提供了合用的材料。一八七〇年代叛亂之前，英國官員料想埃及農民已被制伏，因而「再怎麼重的苦難或壓迫，都不會激使他們反抗」。[58]

一八七八年，爆發嚴重政治危機的時期，阿富汗尼將現身亞歷山卓，鼓動一群農民揭竿而起：「噢！貧窮的農民，你們打破土地的心臟，以從中得到維生物資供養家人。你們為何不打破壓迫你們者的心臟？為何不打破吃掉你們勞動果實者的心臟？」[59]

走上政治行動之路，對阿富汗尼來說是個很不尋常的改變。他剛到開羅時，幾乎就只是該市咖啡館古老清談文化的熱衷參與者而已。赫迪夫執著於在尼羅河畔重現巴黎一事，產生一料想不到的結果，即始建於法蒂瑪王朝（Fatimid）的古城區受到冷落，但卻未遭完全摧毀。古城區座落著清真大寺和聖祠、穆斯林經學院，還有富商巨賈的宅邸，宅邸中有精雕細琢的木屏，以免家中女人遭路人窺探。一八四九年，驚奇不已的福樓拜就已寫道：「四處走動，凝視停了密密麻麻之白鸛的宣禮塔，凝視太陽下手腳伸開躺在屋子露台上的疲累奴隸……駝鈴聲響於耳際，街頭上，馬兒、驢子、貨郎之間，有大群咩咩叫的黑山羊，上帝作證，如此紛然雜陳、令人眼花撩亂的色彩，讓你貧乏的想像力瞬間呆住，彷彿有煙火不斷在施放。」[60]

就在這多彩多姿的舊城區，阿富汗尼流連不去——若待在歐風新城區，他和他的弟子會看到這國家所有不對勁的地方。但他再度得到本地一名要人的恩庇，那人是他在伊斯坦堡見過的具實權政治人物，名叫利雅得帕夏（Riyad Pasha）。利雅得帕夏提供一份在艾資哈爾清真寺的差事，但他較中意於家裡、咖啡館裡教書，於是予以婉拒（儘管他收受利雅得帕夏的俸給）。他把重點放在教授理性學科和重新詮釋伊斯蘭舊典籍，未要學生死背。

他從他在伊斯坦堡中斷的地方開始教起，把保守穆斯林眼中的「異端」知識教給學生。對於伊斯蘭教理念，他無疑只給予起碼應有的尊重。敘利亞基督徒作者和編纂者阿迪卜·伊夏克（Adib Ishaq，一八五六～一八八五）後來憶道：「他特別傑出的地方之一，乃是時時掌握歐洲知識與科學發現的進展，了解科學家所發現的東西和他們最近發明的東西。」[61]他也教在當時開羅未被列為標準教材的伊斯蘭典籍，例如伊本·赫勒敦（Ibn Khaldun）的歷史哲學著作《歷史緒論》（*Muqaddima*）。阿富汗尼開設的數學、哲學、神學課，不久就激怒保守神職人員，特別是艾資哈爾清真寺——當時埃及最重要的神學中心，今日亦然——的謝赫。他們譴責阿富汗尼宣揚無神論，極盡惡毒的攻擊他，因而有一部分他的學生，包括從許多方面來說是現代埃及國家之父的薩德·扎格盧勒（Saad Zaghlul），不得不隱藏與他的密切關係。

阿富汗尼不為所動，繼續他既有的作法。他住在開羅的舊猶太人居住區，舊土耳其市集——今克汗哈利利（Khan-ei-Khalili）市集——附近，常被人看到在阿塔巴廣場（‘Attaba Square）的馬塔提亞咖啡館（Matatiya Café）喝茶，抽菸，闡述他對波斯哲學家伊本·西納（Ibn Sina，九八〇～一〇三七）、納綏爾丁·圖西（Nasir al-din Tusi，一二〇一～一二七四）的看法。

開羅城這一城區瀰漫著對當道不滿的情緒，日後將有埃及的民族主義者、革命分子、知識分子從這裡誕生。一八七九年夏，倫敦《泰晤士報》記者，就是在這裡遇見阿富汗尼。後來他報導道，這位

「神秘人物」的名字「因為和埃及境內一位頗有份量但不為人知的實權人物一起出現，而在最近為人所熟悉」，而且這人

在教育程度較低的低下階層裡已幾乎取得某米底亞法律的影響力……他的觀點的確沒有令人驚豔的創新之處，他也未表達出他所被認為擁有的那種狂熱作風。但他擁有某些得到清楚闡述的觀念，且知道如何生動有力將它們表達出來。62

這位《泰晤士報》記者接著表示，有「本土民意存在……且不該完全視而不見」。這是對埃及出奇有禮、體諒的認知，因為在英國占領埃及之前，該報發自埃及的其他報導，都是近乎歇斯底里，隱伏著對看來狂熱的穆斯林暴民將危害歐洲人生命、財產的憂心。但這家倫敦報紙對阿富汗尼對「教育程度較低的低下階層」的影響力說得沒錯，在上層人士配合西方幾十年後，這些階層的人的確開始不滿。

但除了爆發於鄉間而易遭敉平的叛亂，並沒有有組織的反對勢力反抗赫迪夫和在背後操縱他的歐洲人。關於外界的資訊，能取得的甚少，而且幾乎沒有報紙清楚表達異議聲音或對政治、經濟生活提出別的主張。西式學校已創立，但那些學校的學生乃是過去的死背教育所教出來，不知如何理解化學和工程學。最後，這些學校終於把他們的學生調整過來，從而實現了它們創校的初衷，但艾資哈爾大學之類的舊教育重鎮則已一蹶不振。於是，西化的一代對伊斯蘭、埃及缺乏真正的了解，而舊教育體

系裡的學生則對現代生活一無所知。

阿迪卜·伊夏克和後來被譽為「埃及莫里哀」的劇作家詹姆斯·薩努亞（James Sanua，一八三九～一九一二），在自己家辦文藝沙龍，組織教育性會社。一八八一至一八八二年帶領陸軍軍官造反的艾哈邁德·歐拉比（Ahmad Urabi），還有其他許多未受過現代教育者，都參加了這些非正式聚會。赫迪夫禁止這類聚會後，薩努亞改到共濟會的地方分會辦活動。阿富汗尼把外面世界的動態帶給好奇但與外隔絕的埃及人，對一代學生的啓發同樣重要。

對穆罕默德·阿卜杜（Mohammed Abduh）之類人士來說，阿富汗尼的教導有振聾發聵的作用。阿卜杜出身農家，所受的教育侷限於研讀伊斯蘭典籍，後來為阿富汗尼寫了本近乎諂媚的傳記，也成為穆斯林世界主要的現代主義思想家之一。誠如他所說的：

一八七七年之前的埃及人，在公私事務上，都完全接受統治者和其官員的擺布……對於自己國家的治理方式，他們無一人敢冒險提出意見。他們不了解其他穆斯林國家或歐洲國家的狀況……而且，誰敢表達自己的意見？沒人敢，因為可能會遭流放國外，或遭剝奪財產，乃至處死。在這黑暗之際，哲馬魯丁到來。[63]

阿卜杜對「黑暗」的描述毫無誇張之處。埃及比奧圖曼土耳其更鮮明揭露了，在由歐洲帝國主義者制訂規則且通常在規則上動手腳以阻止後來者進入的國際資本主義經濟裡，現代化的嚴重限制及難題。《泰晤士報》記者於阿富汗尼待在埃及的末期遇見他。由於持有債券和放款的歐洲人幾乎把持這個國家，阿富汗尼談起西方侵犯的威脅時，變得比以往更無忌諱。待在埃及期間，他大部分時候甘於提出零碎漸進的改革建議。見過他的人，大部分都證實他的主張基本上屬於非傳統一派；有些人甚至認為他反宗教。談到宗教時，他大部分時候的確只談可如何用宗教達成世俗性的實用目的。

但他滯留埃及的晚期，開始積極參與該國政治。他也成為阿拉伯世界裡行動主義新聞報導的先驅之一，創造出為中東民眾提供了政治參與舞台的公共領域。在某幅報紙素描中，詹姆斯·薩努亞描繪了以阿富汗尼為原型設計的一名咖啡館清談者，以「他們國度之救星」的身分向聽眾講話。[64]那些最積極塑造輿論與民族意識者中，有些是阿富汗尼的弟子，其中兩人，阿卜杜拉·納迪姆（Abdallah al-Nadim）和薩利姆·納克什（Salim al-Naqqsh），造出至今仍在使用的口號「埃及人的埃及」。

埃及境內這一新萌發的民族主義，會漸漸變成申明阿拉伯民族認同的更大主張的一部分。在這一主張下，阿拉伯人既與愈來愈獨厚土耳其人、土耳其語的奧圖曼人是不同民族，也與歐洲迥然有別。伊斯蘭發祥於阿拉伯人土地，也在那裡取得輝煌的成就。但數世紀來，它真正綻放光芒是在其他地方，以晚近來說，是在波斯、印度、土耳其。阿拉伯人深切意識到自己在更大的現代世界裡，還有在穆斯林國家裡，地位的卑下。十九世紀晚期阿拉伯人申明自身民族認同，以減輕自卑感的行動，由非阿拉伯人領導，例如阿富汗尼的敘利亞籍基督徒同志和猶太人同志，他們創立了最早的阿拉伯語獨立報紙。有許多基督徒阿拉伯人居住的貝魯特、亞歷山卓、大馬士革，就是這樣成為現代阿拉伯新聞業和文學的中心。不久後穆斯林加入，但他們除了強調要淨化阿拉伯語，恢復阿拉伯語作為現代溝通語言的地位，還強調找回伊斯蘭的往日榮光。一八七一年，阿富汗尼來到埃及時，知識界、政治界正好開始往這方向走；他迅即成為這一舞台上的主角。

埃及最有名的報紙《金字塔報》（*al-Ahram*）於一八七五年在完全未受到阿富汗尼影響下創立。但到了一八七九年，幾乎埃及所有報紙都由阿富汗尼的弟子經營。埃及境內歐洲金融家的需求，已大大改變了老報紙的嚴肅持重作風，如阿卜杜勒所寫的，這些報紙「只登無關緊要的事」。[65]「一股無法抗拒的欲求，以比專制統治還強大的力量，驅使人訂閱」這些生動活潑的新報紙。「一段時日後，這些報紙觸及與外國有關的政治、社會問題，然後開始大膽探討埃及財政問題，使政府感到難堪。」[66]

一八七七年，詹姆斯・薩努亞在阿富汗尼協助下創辦了諷刺性刊物《藍眼鏡男》（*Abu-Naddara Zarqa*）。這份刊載談話、短劇、散文的刊物，譴責掠奪這一穆斯林國家的歐洲「異教徒」和奧圖曼—埃及人，而薩努亞雖是猶太人，卻願意用伊斯蘭詞彙抨擊歐洲帝國主義者。《藍眼鏡男》是第一份用阿拉伯口語而非文縐縐的學者語言的刊物，發行兩個月後遭當局勒令停刊。薩努亞本人於一八七八年遭驅逐到巴黎，在那裡他重新發行這份刊物（有數千本被偷偷運回埃及，甚至在偏遠村落都受到熱切捧讀，直到一九一〇年停刊為止）。阿富汗尼不氣餒，鼓勵他來自黎凡特的基督徒弟子阿迪卜・伊夏克另創刊物：《埃及》（*Misr*）於一八七七年在開羅創刊（後來遷到亞歷山卓），立即大賣。

伊夏克在這份刊物上持續抨擊埃及的君主政體和支持它的外國人。他批評政府偏愛雇用外國僑民；嘲笑歐洲人在本國高談自由與平等，在國外卻阻擋憲政改革。他極力反對讓歐洲人根據外僑權利特許令享有法律特權：

犯了誰都看得出的不當行為卻可以不受懲罰，他們因此大膽造反，行徑粗暴，恣意惹事生非，以至於每天都會聽到哪個義大利人或馬爾他人拿小刀捅埃及國民。然後傷者抬到醫院，凶手送到領事館，在豪華房間裡吃美食佳餚。67

誠如達夫．戈登夫人所忿忿寫下的，「令我極反感的是，聽到英國人說棍子是『治阿拉伯人的唯一工具』，好似所有人都相信，在用棍子治人而不會受追究的地方，那是管人的最省事辦法。」68

一八七〇年代晚期，埃及、土耳其迅速陷入政治、金融危機。一八七七至一八七八年俄土戰爭後，柏林會議奪走奧圖曼帝國在巴爾幹半島的大部分省份，表明只有西方列強能確保這個嚴格來講仍統治埃及之帝國的完整與安全。阿富汗尼，一如許多埃及人，已加入共濟會，以便主辦政治討論活動。因為如同在波斯，共濟會讓參與者能保有某種程度的隱密，這彌補了埃及境內缺少社會性、政治性組織的缺憾。他抓住機會走出暗處，以大膽思想家的身分出現在公共場合。他博覽群書，多半是歐洲作品的譯作，《埃及》成為阿富汗尼發表他從閱讀中得到之部分見解的平台，其中有些見解掛他的真名發表，有些則是掛假名。法國歷史學家佛朗索瓦．基佐（François Guizot），把文明歸因於團結一致和理性，認為基督新教的出現是歐洲歷史上的關鍵事件。阿富汗尼研讀基佐的著作，更加堅信伊斯蘭世界需要宗教革命，且最好就由他來當穆斯林世界的馬丁．路德。

歐洲介入埃及政治，也促使阿富汗尼寫出政治性鮮明的文章。他與埃及民族主義分子往來甚密，一八八〇年歐拉比上校麾下的陸軍軍官短暫接管埃及政府，而許多埃及民族主義分子是這些軍官的贊助者和盟友。阿富汗尼也透過他的共濟會地方分會，與赫迪夫易斯瑪儀的兒子陶菲克（Tawfiq）王儲交好。他演講、撰文，懇請埃及人勿忘他們的光榮過去，正視他們的政治困境。一八七八年秋第二次阿富汗戰爭爆發，他刊出一篇文章，讚揚先前被他批評為「不可靠」的阿富汗人的反帝精神，讚揚一八五七年印軍譁變期間印度教徒、穆斯林的齊心協力。

在一八七九年初期發表的文章〈人幸福的真原因〉中，阿富汗尼譴責英國聲稱已透過引進鐵路、運河、學校之類現代好東西，使印度步入文明之境的主張。阿富汗尼為印度辯解時，試圖團結印度教徒和穆斯林，對這兩個族群都予以讚許。愛德蒙・勃克曾說，印度人「很久以來都是文明、有教養的民族，在我們還在林中生活時，他們就已受到各種描寫優雅生活的藝術薰陶。」阿富汗尼呼應勃克的觀點，語帶不屑的質問，「曾過了長久苦日子，在蠻荒山谷裡流浪」的英國人，為何妄自尊大的說起光榮的「梵天與濕婆——人類法律的創建者和文明法則的建立者——之子」的「缺點」。[69]

阿富汗尼接著主張，英國人改善運輸和通信設施，以將印度的財富抽取到英格蘭，便於英國商人貿易。他表示，英國人建立西式學校，純粹只為了將印度人改造成英國行政機關裡說英語的小螺絲釘。在印度民族主義分子才剛開始要闡述這樣的主張之際，這是超乎常人的洞見。阿富汗尼在印度的帝國主義經驗，似乎因為在埃及的長期居留而加深。在埃及，一些象徵現代性的東西——鐵路、經濟作物——的存在，未能產生可長可久的經濟，同時還扼殺了古老的家庭小工業。但他對穆斯林同胞的批評一樣不留情。一八七九年在《埃及》評論布特魯斯・布斯塔尼的阿拉伯大百科時，他寫道：

「噢，東方的子民，你們不知道西方人的強盛和他們的支配你們，源於他們在學問、教育上的進步，不知道你們在那些領域衰落了？」[70]阿富汗尼在廣闊的知識領域四處求索，想找出穆斯林落後的原因。

他認為，主要原因是專制君主統治。在〈專制政體〉一文中，他頌揚共和制、立憲制政體，呼籲強化埃及的議會制。他抨擊奧圖曼蘇丹強迫人民接受他們對伊斯蘭的回顧性詮釋，阻止人民取得新學問，使歐洲人得以領先穆斯林，進而征服穆斯林。在一八七九年更晚時，他在亞歷山卓的唯一一場有記錄下來的演說中，他說他的聽眾是懂得創新求變的古代埃及人、腓尼基人、迦勒底人的後代，這些先民在工程學和數學上取得重大突破，把文字、農業、哲學傳給希臘人。

然後阿富汗尼思索曾創造偉大文明的亞洲諸民族為何落後。他解釋道，西方之所以支配東方，原因出在東方的兩個基本弊病：狂熱和政治專制。他主張，唯一會有助於穆斯林的東西是「熱情」，只有「知道以自己的種族為榮，知道權力只歸自己的社群（烏瑪）所有，知道光榮只在自己祖國」的人，才擁有熱情。

這是青年奧圖曼黨的一貫主張。納米克・凱末爾是最早想到以祖國（watan）原則為核心將反帝穆斯林組織起來的穆斯林之一，而阿富汗尼似乎已採用這一早期的民族主義論述來實現他的目的。他說希望聽眾建立國民政黨，為議會制在埃及的確立而奮鬥，完全不再倚賴外國人。

他也指出幾個可能的難關。他說：「你們一定知道，只要國民沒有共通的語言，國民黨就不會有力量或可長可久。」[71]後來他在另一篇文章中重談這主題，告誡穆斯林勿採用外國語言，口吻愈來愈像當時正在歐洲建構民族語言、民族文學的文化民族主義分子：

不透過民族，不可能得到幸福，不透過語言，不可能建立民族……未能結為一體的民族和沒有文學的民族，是沒有語言的民族。沒有歷史的民族，是沒有光榮的民族，如果當局未挺身而出保護、重振自己歷史英雄的記憶，以讓人民可以追隨、效法，民族就不會有歷史。這全有賴於民族（watani）教育，民族教育始於祖國（watan），以祖國為環境，終於祖國。

在亞歷山卓的同一場演說中，阿富汗尼也強調女權的重要。他嚴正表示：

只要女人被剝奪權利，無知於自己的本分，就不可能擺脫愚蠢，脫離羞辱與苦難的桎梏，脫離黑暗與恥辱的深淵，因為她們是基本教育與基本道德的根源……我認為女人教育受忽略時，即使一國的所有男性皆有學問、有高尚情操，國家仍只能倖存一代。男性消失時，他們承繼母親之性格與教育缺陷的下一代背叛他們，他們的國家回到無知、苦難的狀態。[72]

除了這些演說和文章，幾無證據顯示阿富汗尼曾在一八七〇年代晚期降臨埃及政壇的任何複雜陰謀——民族主義陸軍軍官發動的一場叛亂，或歐拉比上校進入赫迪夫的內閣——裡，扮演直接角色。但他隨口向穆罕默德．阿卜杜談到暗殺當時那位赫迪夫的事，顯示隨著他日益憤慨於穆斯林統治者的作為，他愈來愈偏向於採取暴力手段。王儲陶菲克於一八七九年六月成為赫迪夫時，阿富汗尼致上祝賀，敦請埃及的新統治者趕走政府裡的外國人。新赫迪夫於歐洲列強支持下鎮壓異議分子（和將埃及的財富交給歐洲的會計管）時，他在公開場合仍不改其反帝主張。

法國記者歐內斯特．沃克朗（Ernest Vauquelin）在場聆聽了阿富汗尼的演說後，寫了如下的記述：

> 某天晚上，在開羅的哈桑清真寺，他對四千名聽眾發表了有力演說。他在演說中以濃濃的先知口吻，在此事（英國占領埃及）發生前三年，譴責英國政策對尼羅河岸的最終目的。他也同時表示赫迪夫陶菲克被迫——在有意或無意間——為英國的野心服務，演說最後他高呼向外國人開戰，呼籲發動革命以拯救埃及的獨立，確保自由。[73]

這些演說場場都可能給阿富汗尼惹來麻煩，歐洲諸國領事注意他已一段時日。英國駐開羅領事法蘭克．拉塞勒斯（Frank Lascelles）在寫給倫敦上司的報告中說，阿富汗尼「能力很強，演說時感染力十足，對於他那些有可能變成危險分子的聽眾漸漸具有龐大影響力。去年（一八七八）他積極煽動人民仇視歐洲人，特別是英國人。他對英國人似乎懷有深仇大恨。」[74]

謠傳阿富汗尼想推翻政權，策立開明政府，新赫迪夫因此對他反感，且英國的壓力也推波助瀾。先前描述了阿富汗尼在開羅之影響力的那位《泰晤士報》記者，報導了他於一八七九年八月下旬遭驅逐出境的消息。外界原就有人認為，陶菲克堅信「埃及的復興必然來自西方」，與阿富汗尼的想法背道而馳，而上述消息正坐實外界這一看法。這名記者坦承，驅逐一事「或許不符合英國在言論表達自由上的理想」，但也說「必須考慮到該國的特殊情勢」。[75]阿富汗尼於開羅被捕，在蘇伊士餓了兩天肚子，警方取走他為數不多的私人物品，然後將他驅逐到印度。歐拉比上校領導的叛亂，一八八二年輕易就遭敉平。同年，英國猛烈炮轟亞歷山卓，開始對埃及的長期占領。

阿富汗尼在埃及的頭一次——也是最後一次——居留，就這樣劃下句點。遭以政治理由驅逐出境，確立了他的煽動家形象，至少在英國人眼中是如此，但那掩蓋了他對埃及各類思想家、行動主義者在知識上更深遠的影響。後來與阿富汗尼結為朋友的英格蘭詩人和親阿拉伯者威佛里德・布蘭特（Wilfrid Scawen Blunt），一八八〇年晚期人在埃及時，碰到一名來自艾資哈爾清真寺而思想很開明、談吐聽來現代的謝赫。他進一步探究埃及伊斯蘭裡這一令人樂見的新趨勢，得知，誠如該謝赫所說的，開羅烏里瑪圈子裡的自由主義宗教改革運動，其「真正的創立者」，令人大覺奇怪的，不是阿拉伯人，不是埃及人，也不是奧圖曼人，而是個「狂放不羈、才智極高之人」，那人「竭力鼓吹必須重新思考整個伊斯蘭的處境，不能死抱著過去，而必須成立與現代知識協調一致、往前進的知識運動。」[76]這位來自艾資哈爾的謝赫還說，阿富汗尼「熟稔可蘭經和聖訓，使他得以向世人證明，伊斯蘭教法若得到正確的詮釋和逐一的查證，能促成最開明的發展，證明幾乎任何有益的改變其實都未與它相忤。」

經過這段埃及經驗，阿富汗尼本人開始以較強硬、較不自由主義的立場，對應西方帝國主義和其在本地的盟友。他最熟悉的那些國家所遭遇的挫折，促使他往這方向走。奧圖曼的信貸泡沫已於一八七五年爆開，財政部拖欠該付給歐洲銀行家的利息。隔年，在伊斯坦堡，外債導致的埃及式破產，促使改革者試圖制訂新的自由主義憲法；但新蘇丹阿卜杜勒哈米德二世予以廢除，而且一如日後穆斯林國家的專制君主所為，利用已現代化的奧圖曼國家機構，包括由中央一手掌控的情治體系，在其西方贊助人的眼前建立限制人民自由的專制統治。

在埃及，歐拉比上校之類不滿於赫迪夫的人士，也提出類似的立憲要求。在小地主和阿卜杜之類年輕烏里瑪支持下，歐拉比得到某些成果，成為赫迪夫的內閣一員，但好景不長。歐拉比要求勿再讓歐洲人干預埃及事務，其最後結果可想而知。一八五〇年一月來開羅時，福樓拜就論道：「埃及短期內淪入英格蘭掌控，看來幾乎是必然的事。」[77]在印度，受到英國當局嚴密監控的阿富汗尼，看到埃及的發展正如他所預料——和福樓拜一樣神準的預料——心中大概毫無快意。前一年，一八八一年，儘管突尼西亞的菁英階層拚命現代化，法國人還是將它占領，其手法就和這時英國人占領埃及差不多。

自強之外：泛伊斯蘭主義與民族主義的起源

一八七〇年代晚期，阿富汗尼人還在埃及時，上書蘇丹阿卜杜勒哈米德，陳述西方列強加諸穆斯林國家的羞辱所令他感到的心痛和憤慨：

思及伊斯蘭民族（milla）的處境，我就沒了耐性，來自各方的可怕想法和事物使我腦袋一片混沌。我像個日夜過度執迷於一事的人，從頭至尾都想著這件事，把改革方法和拯救這一民族當作我的宗教和咒語。78

阿富汗尼請求奧圖曼蘇丹利用他身為哈里發的權力和威信，發起反西方的泛伊斯蘭陣線，表示願當他在印度、阿富汗、中亞的代表。他遭逐出埃及和自由主義理想在埃及的挫敗，似乎讓阿富汗尼相信必須另闢蹊徑。他仍會摸索不同的反抗方式，常試圖利用歐洲國家間的敵對來營造有利的形勢，但他會從此在數個穆斯林國家提倡民族主義，也會祭出泛伊斯蘭主義、聖戰之類有力主張來鼓動風潮，而他所提倡的民族主義，以宗教為基礎，不屬於民族性或世俗性的民族主義。

阿富汗尼從主張漸近改革、立憲，轉為強調必須建立能擊敗西方入侵的強有力伊斯蘭中心，而有如此轉變者不只他一人。十九世紀最後二十五年，隨著穆斯林世界審思其面對西方的日益侵逼卻束手無策的處境，在穆斯林世界各地，思想主軸逐漸改變。顯而易見的，現代化未使奧圖曼人頂住異教徒的侵犯，反倒使他們更倚賴異教徒。現代化也未使埃及得以不致屈服於英國壓力，事實上，英國的全球化經濟已使埃及淪為乖乖聽話的附庸國。

這些在歐洲支持下進行的早期改革以失敗收場，催生出由地主、小實業家、傳統市集商人組成的新聯盟——滿懷怨恨的聯盟——創造出此前未見的地區認同感。這一失敗也促使許多穆斯林思想家擁抱從十九世紀歐洲諸國的較勁中誕生的民族主義思想。

法國大革命後的歐洲已清楚說明，不講人際關係而凌駕於較古老、狹隘認同、效忠觀念之上的國家建制，可如何將一國的公民統合為一個具韌性的單位。歐洲國家一個接一個採行這一模式，而這麼做有一部分是為了保護本國使免遭法國擴張野心毒害。日本已成為第一個嘗試將全體國民合為一體的亞洲國家。穆斯林思想家也愈來愈傾心於如下觀念：經有效率組織化的社會，能透過民族國家充分運用其積累的社會力——這樣的社會擋得住其他社會類似的全民動員。

亞洲各種社會的領導人都會面臨的大難題，乃是如何將多元的族群團結在共同追求的理想和目標之下。是否存在一個凌駕其他所有宗教認同、族群認同且為所有人抱持的埃及認同或土耳其認同？恐怕沒有，但眼下，消極民族主義——齊心反對外國侵略者——的精神，似乎就濟事。

此外，民族主義可與泛伊斯蘭主義輕易融而為一，甚至可補強泛伊斯蘭主義，如在阿富汗尼的思想中所見；這兩者間的矛盾要到二十世紀才會出現。強勢的哈里發觀在印度、印尼之類遙遠地方迅速壯大，那些地方的穆斯林自認受到歐洲人壓迫，渴求他們自身的普世文明。強勢哈里發觀受到某些人批評，例如親英教育家賽義德·艾哈邁德汗爵士。他聲稱「土耳其哈里發的統治權不及於我們。我們是印度的居民，英國政府的國民。」[79]但這一哈里發觀極能打動人心。

一八七〇年代期間，伊斯坦堡的統治階層終於注意到穆斯林日益升高的國際意識。青年奧圖曼黨員納米克·凱末爾，以諷刺口吻描述了奧圖曼民眾新近對新疆穆斯林的關注：「二十年前，喀什一地有穆斯林之事，無人知曉。如今，輿論希望我們和他們聯合。這一意向猶如無法抗拒的洪水，所過之處沒有東西擋得了它。」[80]

奧圖曼人注意到遠處穆斯林的呼聲，原因之一出於他們自身吃過跨國團結的苦頭。奧圖曼人已見識到俄羅斯人在巴爾幹半島上鼓動的泛斯拉夫主義，見識到歐洲其他地方民族團結、宗教團結的勃興，且為此受到傷害。誠如納米克．凱末爾所指出的，「面對這種歐洲聯合，我們必須達成自己國家的政治聯合、軍事聯合。」[81]面臨金融崩潰和軍事挫敗的雙重打擊，蘇丹阿卜杜勒哈米德非常樂於重振哈里發一職的聲威。改革已到盡頭；與歐洲價值觀的短暫邂逅已經結束。該換伊斯蘭上場，擔任最高的意識形態。

阿卜杜勒哈米德鄭重其事接下領導全球穆斯林之責——在西方人眼中，就像天主教教宗職權的翻版——例如蓋了一條通往阿拉伯半島麥地那的鐵路，以便穆斯林前往朝覲。他需要一個意識形態來合理化其專制統治，需要某種東西來牽制在受殖民國家統治數百萬不安穆斯林的歐洲列強；泛伊斯蘭主義在這兩點上都很合他的需求。很快的，全球穆斯林接受以下觀念：今日伊斯蘭的唯一救星是以伊斯坦堡為中心且實力變強的泛伊斯蘭，並以如今唯一還擁有強大權力的穆斯林統治者奧圖曼蘇丹為哈里發。

在這同時，歐洲的擴張激起一些目前為止尚未遭西方侵犯的伊斯蘭人民暴力反彈，或激起瓦哈比派之類完全不接受追求現代化之本國統治者的穆斯林暴力反彈。一八七〇年代，在蘇丹，一名自封為馬赫迪（Mahdi，「救世主」）的克里斯瑪型領袖出現，領導一個千禧年運動組織，欲擊退埃及及哈里發和其英國盟友。他拿下一場又一場的大勝，承諾要將整個世界伊斯蘭化。

後來阿富汗尼聲稱認識這位馬赫迪，但很可能是杜撰。一如全球各地許多穆斯林，他振奮於這位此前沒沒無聞的蘇丹人一八八〇年代初期戰勝英軍的事蹟，特別是長期圍攻喀土木英埃守軍，最後於一八八五年以屠戮該批守軍收場一事。事實上，在許多穆斯林眼中，這位蘇丹馬赫迪比奧圖曼蘇丹更勝任哈里發一職。

一八七〇年代，對於這位驍勇善戰、向穆斯林承諾會立即徹底改變現狀的戰士，阿富汗尼作何想法，如今不得而知，但到了一八八二年他結束其在印度第二次僑居時，他已明顯轉而反對先前許多穆斯林菁英所提倡的那種配合西方支配與指導的作法。阿富汗尼信教的虔誠和過去一樣低，但偽裝成正統穆斯林，堅定不移捍衛伊斯蘭，反制西方入侵。一八八三年，離開印度不久後，他在某法語報紙上表示：

> 所有穆斯林等待馬赫迪，認為他的到來絕對必要……特別是印度的穆斯林，由於在英國人支配下不知伊於胡底的苦難和殘酷折磨，最迫不及待期盼他的到來……馬赫迪的聲音是最令英國人害怕的聲音，因為它的力量比聖戰的呼聲還要強，出自所有穆斯林之口。英格蘭想扼殺這股聲音？……英格蘭自認能壓下這股聲音，使其不致傳遍從喜馬拉雅山到道拉吉爾（Dawlaghir），從北到南的整個東方，使其不致為阿富汗、信德、印度的穆斯林所聽到？[82]

一八七九年至一八八二年晚期在印度期間，阿富汗尼去了喀拉蚩和孟買，但多半待在海德拉巴和加爾各答。他到哪裡都有英國特務尾隨，因而未在政治上出風頭，但在一連串刊出的文章中將他的思想琢磨得更為完善。其中許多文章把矛頭直接對準印度境內的穆斯林龍頭賽義德·艾哈邁德汗爵士。

自英國敉平印軍譁變，他即帶頭展開使印度穆斯林再度為外國統治者所用、所信任的運動。艾哈邁德汗認為印度穆斯林在把握現代教育上，腳步落後於印度教徒。他在北印度創立阿里格爾學院（Aligarh College），以消弭這兩個族群間的明顯差距。

阿富汗尼完全同意艾哈邁德汗所認為必須教育穆斯林族群的主張。誠如他在某印度期刊上所寫的，「我要無比遺憾的說，印度的穆斯林把他們的正統信仰，更正確的說，他的狂熱，推到如此有害的極端，因而以反感且厭惡的心態，將科學、藝術、工業拒於門外。」[83]在另一篇文章中，阿富汗尼痛斥這位狹隘的印度烏里瑪，寫道：

> 你為何不把眼睛從那些有問題的書抬起，為何不瞧瞧這個廣大的世界……你完全不思考這個至關重要的疑問，每個才智之士都得思考的疑問：穆斯林貧窮、困苦、無助、不幸的根源，以及這一重要現象和大不幸可有解決辦法？[84]

誠如阿富汗尼所認為的，艾哈邁德汗沒有解決辦法。不只如此，阿富汗尼還認為他是個受騙上當、心態褊狹的西化者，對其他地方虔誠教友的遭遇和英國人在穆斯林地區的不良居心視而不見。阿富汗尼在加爾各答某期刊裡斷言，艾哈邁德汗是個很危險的人物，致力於「弱化穆斯林的信仰，助異族實現其目的，用異族的方式和信念塑造穆斯林」。[85]

這麼說並不公允。艾哈邁德汗採務實立場，二十世紀初期印度穆斯林族群裡最富影響力的領袖，有一些就由他所創立的阿里格爾學院培育出來。而且他親英的程度和十九世紀許多印度教改革派（例如泰戈爾的祖父）一樣低。但阿富汗尼的說法也不是全然不對。艾哈邁德汗認為穆斯林參與印軍譁變愚不可及，甚至說大部分穆斯林仍忠於英國人。一八六九年遊歐時，他寫了多封家書，稱英國人把印度人視為「低能的笨蛋」有其道理。賽義德爵士以愉悅的口吻寫道：「我每日所見，皆完全超乎印度本地人所能想像……在人身上所能找到的好東西，精神上和世俗上的好東西，全被上帝賜給了歐洲特別是英格蘭。」[86]經過西西里時，他不解於穆斯林曾統治該島頗長時間，卻未留下屹立不搖的宏大建築。一八七六年，他說「英國人在印度的統治是世上所出現過最令人讚嘆的現象」。[87]

賽義德爵士的諂媚，在印度招來批評。詩人阿克巴·伊拉哈巴迪（一八四六～一九二一），想對艾哈邁德汗之類的親英穆斯林這麼說：

> 丟掉你們的文獻，我說；忘掉你們的歷史
> 與謝赫、清真寺斷絕關係——那同樣重要。
> 轉去學校。人生短暫。最好別憂心太過。
> 吃英國麵包，伸出你的鋼筆，幸福滿溢。[88]

伊拉哈巴迪認為支持賽義德爵士之阿里格爾學院的穆斯林，雖然用意良善，卻基本上是英國人的馬屁精。

我們受尊敬的賽義德，他說的都是好的。
阿克巴同意他的話合理且公允。
但這個現代學校的領導階層，大部分
既不信有上帝，也不信禮拜。
他們說他們信，但明眼人都看得出
他們相信的，只有當權者。[89]

他認為西式教育是特別陰險的一種殖民政策。「我們東方人打破反對我們者的頭／他們西方人改變反對他們者的本質／槍已收起，如今來了教授。」[90]他痛心譴責年輕穆斯林被拔離傳統一事：

我們沒學我們該學的東西
失去我們原保有的東西；
失去知識，墮入漫不經心之中，
唉，我們不只瞎了，還睡著了。[91]

阿富汗尼同意他的觀點。在一篇又一篇刊於印度期刊的文章中，他抨擊艾哈邁德汗欲藉由向穆斯林推廣西式教育、提供政府職缺，來培養為英國人服務的本土官員。他以後來抨擊穆斯林國家西化派專制統治者時常用的字眼寫道：「毀掉一民族之生命精神者，為何竟被稱作對那民族寄予良好祝願者；致力於使自己的信仰衰落者，為何竟被當作賢人？這是何等的無知？」92

威佛里德・布蘭特一八八〇年代中期走訪印度時，碰到許多被阿富汗尼抨擊艾哈邁德汗之事打動的印度穆斯林。但最令他們和他們的英雄憤怒的，乃是艾哈邁德汗宣揚把人當作萬物仲裁者的新唯物主義伊斯蘭。不以宗教基本教義論為人所知的阿富汗尼，鼓勵且樂見重新詮釋伊斯蘭典籍。他和他最富影響力的弟子穆罕默德・阿卜杜，都希望將伊斯蘭界定為理性的宗教，藉以恢復衰弱的穆斯林烏瑪。他們將這一「道地的伊斯蘭」與遠離其輝煌起源、且令人遺憾可見於穆斯林世界晚近歷史與習慣作為中的腐化伊斯蘭相比較。但阿富汗尼仍然堅信有一先驗之神的存在，堅信應拒斥把「世界或人」視為「合適膜拜對象」的教義。為反駁賽義德爵士的伊斯蘭觀，阿富汗尼寫了〈駁斥唯物主義者〉一文，他所發表過最長的作品。在這篇文章中，他抨擊從德謨克利特到達爾文，歷來所有推崇人且把世界說成自創之人。他認為，攻擊宗教可能掏空社會的道德基礎，削弱將族群維繫在一起的連結——而各地穆斯林陷入危機，正是這些連結弱化所致。

阿富汗尼愈來愈轉向於武裝鬥爭和暴力反抗西方。馬赫迪在蘇丹的成功，顯然使他信心更增。在一八七九年他來印度前不久寫給奧圖曼蘇丹的長信中，阿富汗尼已以流浪革命分子自居，自稱能喚起並團結中亞、印度的穆斯林，挑起俄羅斯帝國、大英帝國的衝突，實現蘇丹的泛伊斯蘭大業。信中充斥著如下之類的句子：「我希望完成印度的事情後去阿富汗，邀那裡的人加入宗教鬥爭和民族奮鬥大業。他們像野獅，完全不怕流血，打起仗，特別是聖戰，毫不遲疑。」[93]阿卜杜勒哈米德的回覆為何，不得而知。比起阿富汗尼，這位蘇丹的泛伊斯蘭主義較保守，且較機會主義；他也比阿富汗尼更清楚歐洲人的所向無敵。但他或許已注意到阿富汗尼的知識熱情和政治熱情——十年後他會讓阿富汗尼為其所用。

有趣的是，阿富汗尼未曾向已漸漸意識到泛伊斯蘭主義在整個穆斯林世界產生回響的印度穆斯林知識分子談到泛伊斯蘭主義；他似乎覺察到印度的龐大非穆斯林人口也可成為他反帝國主義大業的助力。這是很不簡單的認識。誠如後來所表明的，賽義德·艾哈邁德汗對印度穆斯林的政治影響力會式微，支持奧圖曼哈里發職權的更有力行動，會在一九二〇年代初期，以一場得到印度教偉大領袖聖雄甘地支持的全國性運動——穆斯林印度的第一場重大的群眾運動——的形式出現。後來，阿克巴·伊拉哈巴迪說明甘地與印度穆斯林領袖毛拉納穆罕默德·阿里（Maulana Muhammad Ali）所共同推動的支持哈里發職權的運動時，寫道：「毛拉納未犯下大錯，甘地也未有陰謀／把他們吹往同一方向走者是西方政策的大風。」[94]阿富汗尼強調印度的印度教徒、穆斯林必須團結，從而或許已預見到這一民族主義運動。基於同樣的道理，他也主張語言紐帶比宗教紐帶更為根深蒂固（一九七一年說孟加拉語的東巴基斯坦穆斯林脫離巴基斯坦而獨立時，巴基斯坦就體會到這道理）。

在埃及，他祭出該國的泛伊斯蘭偉大成就來支持他的論點，在印度，他則頌揚古典時代印度教徒在科學、數學上的發現。在加爾各答對大部分是穆斯林的群眾講話時，他指出年輕學生的與會，坦承

> 非常高興見到這樣的印度子孫，因為他們是曾為人類搖籃的印度所孕育出來。人類價值觀從印度傳播到全世界。這些年輕人來自最早測定子午環的國度，來自最早了解黃道帶的地方。大家都知道，幾何學未臻於完善，不可能測定這兩個環帶。因此可以說印度人是算術和幾何學的發明者。看看印度數字如何從這裡傳給阿拉伯人，再從那裡傳到歐洲……（印度人）在哲學思維上達到最高水準。

阿富汗尼並搬出古典時期印度的宗教、法律典籍，吠陀和印度教聖典，說「這些年輕人也是誕生世上所有法律、規則的國度之子」。[95]

此後百年，印度的印度教民族主義分子會針對印度的科學、哲學傳統發出類似的主張。阿富汗尼無疑很清楚如何看對象說話。但他在反殖民統治上，立場始終如一。基於反殖民統治，印度境內的穆斯林，一如其他國家的穆斯林，該醒來，和其他穆斯林、非穆斯林民族一起聯合對抗英國人。在這同時，對穆斯林來說，伊斯蘭仍應是力量與價值觀的主要來源；穆斯林不該上賽義德．艾哈邁德汗的當，相信他的親英計畫。不管是印度教徒，還是穆斯林，都不該背棄自己的傳統。誠如阿克巴．伊拉哈巴迪所自勉道：「阿克巴，在你筆下的所有詩句中／把這一再當作你的中心思想／穆斯林，拿起你們的念珠／婆羅門，戴上你們的聖線。」[96]印度讓阿富汗尼頭一次警覺到西方科學、知識的長處；印度也讓他對那些提倡斷然全盤西化者有所提防。

歐洲插曲

一八八三年一月，即英國敉平埃及境內暴亂，占領該國後不久，阿富汗尼來到巴黎。赴巴黎途中，他曾在倫敦短暫停留，見到威佛里德．布蘭特，寫了篇反英文章，登在由他一名黎巴嫩裔希臘籍天主教徒弟子經營的報紙。當時的法國首都巴黎，一如十九世紀大部分時候的巴黎，匯聚了形形色色不滿於本國政府者。在來自北非的流亡人士中，有來自埃及的阿富汗尼舊弟子詹姆斯．薩努亞。薩努亞在自己創辦的雜誌《藍眼鏡男》中，以一幅平版印刷的阿富汗尼素描，宣告他的來到巴黎。阿富汗尼立即開始為薩努亞撰稿。

離印赴歐前不久，阿富汗尼在加爾各答受到英國當局的訊問，且曾遭短期軟禁。這一騷擾，還有賽義德．艾哈邁德汗爵士之類穆斯林屈服於英國人一事，似乎令他憤怒不快。他寫信給他在埃及的舊贊助者利雅德帕夏，說明他為何在離開印度後前往巴黎，說他想置身於「居民明理、願意傾聽、具同情心，讓我能對之講述人在東方受到何等對待的地方。屆時，在我身上點燃的那許多苦難的火將會隨之得到澆熄，令我心碎的苦難重負將從我的身體卸除。」[97]

在「戰爭地區」待了許久之後，阿富汗尼如今決意把穆斯林自強以對抗西方擺在第一位，把內部改革之事放在其次。在他於巴黎某阿拉伯語期刊所刊出的一篇早期文章中，可看到些許這一新的守勢心態。那是封寫給該期刊主編的公開信，該主編是阿富汗尼的弟子，屬於黎巴嫩天主教教派馬龍派（Maronites）。他在信中告誡那弟子勿過度批評正在外國帝國主義者手中受苦的「東方人」和身為全球穆斯林之唯一保護者的奧圖曼帝國。他主張，只有東方人自己團結起來，東方人才不會任由外國人宰割。同樣的，奧圖曼人仍應團結一致支持他們的蘇丹。阿富汗尼要在法國和奧圖曼帝國尋找支持他這些觀點的人。

他在一些文章中把奧圖曼蘇丹譽為有潛力一統伊斯蘭者，而在英國人占領埃及後流亡貝魯特的他的舊埃及弟子和同僚，特別欣賞這些文章。其中之一的穆罕默德·阿卜杜，撰文盛讚他在喚醒埃及上的貢獻。幾個月後，阿卜杜來到巴黎與他會合，兩人一起創立了一個旨在統一、改革伊斯蘭的秘密會社。

阿富汗尼與阿卜杜得到一位有錢的突尼西亞政治改革者和其他支持他的有錢人資助，得到蓋西姆·阿敏（Qasim Amin，一八六三～一九〇八）之類志願者的協助，創辦了名叫《最堅固紐帶》（*al-'Urwa al-wuthqa*）的雜誌，在穆斯林世界免費贈閱。它以瑪德萊娜廣場附近的一間小房間為發行所，其第十八期探討英國帝國主義帶來的惡果、穆斯林團結和文化自豪的必要、伊斯蘭信條的正確新詮。這份雜誌未能在歐洲人控制的國家內流通，但化身為地下出版品，在穆斯林世界內外影響甚大。創刊號以「所有東方人，特別是穆斯林」為對象，聲稱這份雜誌將說明他們衰落的原因，並提出解救之道，從而有益於他們。接著它主張，歐洲帝國主義者的馬腳已終於被揭穿，長期受壓迫的穆斯林從此漸漸意識到有必要團結起來，對抗占領他們土地的外國人。

告誡的語氣使這份雜誌讀來類似《共產黨宣言》。但作為第一份明確呼籲伊斯蘭重新團結以對抗西方侵逼的國際性刊物，其重要性不容低估。在這之前，沒有阿拉伯語或伊斯蘭世界其他任何種語言的這類刊物。阿富汗尼和阿卜杜在埃及開創了自由主義新聞業，這時則要開啓一激烈的辯駁傳統，而這一傳統明言拒斥此前以內部改革、國家統一為目標的穆斯林計畫。誠如阿卜杜在英國人占領埃及前接受《蓓爾美街報》（*Pall Mall Gazette*）採訪時所說明的：

> 我們希望打破我們統治者的暴政；我們向外國人訴說土耳其人的壞；我們希望自己改善政治，希望像歐洲諸國一樣走上自由之路。如今我們知道世上有比專制統治更壞的東西，有比土耳其人更壞的敵人。[98]

首度將聖戰解釋為個人義務而非集體義務者，就是〈最堅固紐帶〉（阿卜杜的散文）——那是使穆斯林地區永遠受穆斯林控制的義務，且所有穆斯林，不只穆斯林統治者，都負有這義務。阿卜杜和阿富汗尼擬出以喚醒穆斯林民眾為目標的政治計畫，努力在可蘭經中尋找滿足這一計畫所需的寓意；他們也廣為發送這份刊物，最遠及於的黎波里和馬來半島。敘利亞作家拉希德・里達（Rashid Rida），寫到他在〈最堅固紐帶〉裡，讀到談「泛伊斯蘭主義的呼聲，伊斯蘭重拾榮耀、權力、威信，伊斯蘭找回其所曾擁有的東西，解放受外國人支配的伊斯蘭人民」的文章，「大為感動，我的人生自此進入新的階段。」[99]後來投入穆罕默德・阿卜杜門下的里達，會透過《燈塔》（*al-Manar*）這份重要期刊繼續阿富汗尼的志業。《燈塔》刊行於一八九八至一九三五年，既探討反帝國主義大業，也著墨於伊斯蘭的復興；阿富汗尼的名聲將透過它傳到中亞深處，再往東傳，為中國、馬來半島的穆斯林所知。

阿富汗尼文章的廣為流通，使他受到倫敦英國外交部的注意，而且是他不所想要的注意。海德拉巴的一名英國間諜寄給外交部一封信，說詹姆斯．薩努亞的雜誌「不適於流入印度」，「甚至更不適於埃及」。這封信附了一篇翻譯過的該雜誌文章，係從英國占領下的埃及發出的報導：「權力掌握在歐洲人手中，歐洲人透過叛徒買下我們，如今我們像驢子般被他們牽著走。」這篇文章以讚揚阿富汗尼作結，懇請他「把他所精心撰寫而賦予我們新靈魂的著作寄來，因為它們讓我們打開心胸接受民族榮耀和愛國心，激勵我們展開自由之旗。」[100]

憂心的英國當局請法國警方調查阿富汗尼的活動，結果收到令人無法放心的報告。報告指出，這位反英的煽動家與詹姆斯．薩努亞過從甚密，還說阿富汗尼「被誤以為很有學問，雖然法語說得很不順，但懂八種語言。」這份報告證實，「他的習慣行為和他的德行未招來反對的看法」，但「有許多人登門拜訪，他似乎過得很愜意。」[101]

這只有部分屬實。在巴黎，阿富汗尼似乎很享受政治流亡人士放蕩不羈、與多國人士交往的生活。阿富汗尼、阿卜杜的辦公室位在塞澤路某房子的頂樓，威佛里德．布蘭特到那裡拜訪他們時，見到「房間裡擠了一票非常奇怪的陌生人——有個俄羅斯女士、一個美國慈善家、兩個年輕的孟加拉人。那兩個孟加拉人自稱神智學者（Theosophist），說他們來請教這位偉大的謝赫。」[102]

來訪的印度人很想了解那位蘇丹馬赫迪，在當時西方人眼中，他就如同後來的奧薩瑪．賓拉登，是個具威脅性的人物。過去，阿富汗尼閉口不談這位蘇丹人，這時卻推崇他是全球穆斯林反西方的先驅：他在某法國報紙上寫道：「馬赫迪的再一場大勝，將帶來同樣致命的後果，不只會在俾路支斯坦、阿富汗、信德、印度、布哈拉、浩罕、希瓦，以及土耳其人支配下的伊斯蘭諸國，激起暴動，還會在的黎波里、突尼斯、阿爾及利亞，遠至摩洛哥，引發動亂。」[103]

隨著這種相信現狀將徹底改變的宗教—政治性主張，在阿富汗尼的思想裡完全確立，他的穿著打扮有了改變。先前他通常穿寬鬆袍服，纏頭巾，如今他改穿白領襯衫、西裝外套，繫領帶。他吸引到一名德國美女注意，與她有段短暫的歡愛——他一生中唯一見諸記載的一段親密情愛——但把她的來信擺著未拆。他也引來歐洲知識分子的好奇，其中最引人注目者是歐內斯特・勒南（Ernest Renan）。

勒南於一八八三年三月，透過一名流亡巴黎而常為《辯論週刊》（*Journal des Débats*）撰稿的阿拉伯人，認識阿富汗尼。勒南後來寫道：「少有人比他給我更鮮明的印象。」兩人的交談促使勒南寫了演講稿〈伊斯蘭與科學〉，並在索邦大學發表。阿富汗尼以一篇長文回應，勒南再為文答辯。這是穆斯林知識分子與歐洲知識分子之間第一場重大的公共辯論，預示了後來西方許多有關現代世界裡之伊斯蘭的討論。

在啓動這場辯論的那篇文章中，勒南稱頌古希臘文化，把伊斯蘭斥為專制主義、恐怖主義的根源。他搬出種族階層體系來支持自己的論點。在這一體系中，理性、經驗主義、勤奮、自律、適應力是西方人的特色，而這些東西的幾乎完全付之闕如，則是西方人所支配之民族的特色。他在文中斷言，「替伊斯蘭辯論的自由派不知道這個」，「伊斯蘭……受教條支配，它構成有史以來曾束縛人類的最重枷鎖。」[104]勒南抨擊伊斯蘭時所用的語彙，類似他和其他歐洲自由思想家（譯按：以邏輯、理性、經驗主義，而非以權威、傳統等教條為思考基礎者）抨擊天主教時所用的語彙：伊斯蘭宣稱得到超自然的啓示，因而冒犯了理性，粗暴迫害了自由思考。他也大剌剌將進步視為白種人和基督教獨有的成就和特權，主張伊斯蘭與現代科學不能並存。他把阿拉伯人在哲學、科學方面的成就，說成反抗伊斯蘭、大幅汲取希臘人、波斯人成就的近乎叛教者的成果，藉此表明阿拉伯人那些成就不值一提。

阿富汗尼指出那些既是穆斯林且以阿拉伯文寫作的波斯伊斯蘭哲學家，藉此輕鬆就駁倒這一種族歧視論點。然後，他發出現代伊斯蘭思想家所未發的的觀點，同意勒南所說宗教不利知識追求，儘管他反對在這點上獨獨苛責於伊斯蘭。他說，所有宗教一開始時都不容忍理性與科學，慢慢才擺脫這些成見。在知識的追求上，伊斯蘭落後基督教數世紀。伊斯蘭曾「努力扼殺科學，阻止科學進步」，但伊斯蘭原和知識探求傳統並行不悖，且仍能使它做到這點。相信伊斯蘭能做到，至為重要，否則「數億人將因此注定永遠擺脫不了野蠻和無知」。[105]

在反駁文中，勒南一開始就以高高在上的口吻說道：「研究一開明亞洲人原初且忠實的想法，最有助於釐清是非曲直。」他堅稱阿富汗尼之類有才智的穆斯林，乃是「完全背棄伊斯蘭偏見」者，而且這些人來自波斯、印度之類地方，而「在那些地方，雅利安精神在官方伊斯蘭的表層底下仍活力十足躍動著。」但他在某點上向阿富汗尼認輸：他坦承，「伽利略受自天主教的對待，和阿威羅伊（Averroes）受自伊斯蘭的對待一樣糟。」[106]

辯論在此劃下句點。有趣的是，阿卜杜不願將阿富汗尼回應勒南的文章翻譯成阿拉伯文。他不想讓批評伊斯蘭的文章流通於伊斯蘭信士之間。阿卜杜向阿富汗尼解釋道：「我們只用宗教的劍砍下宗教的頭」，而阿富汗尼似乎未表異議。對當時的阿卜杜、阿富汗尼來說，伊斯蘭再怎麼不好，仍是唯一的道德規範來源，促進政治動員的唯一憑藉。阿富汗尼也很有先見之明的看出，完全世俗的社會——十九世紀理性主義的理想——不管在穆斯林世界，還是在西方，都注定仍是個幻想。誠如他在回應勒南的文章最後所說：

> 群眾不喜歡理性，只有一些有識之士懂得理性的意義。科學再怎麼好，都無法完全滿足人對理想的渴求，或在哲學家、學者所既看不到也無法探索的黑暗遙遠地區騰升的念頭。107

在穆斯林知識分子身上，勒南招來許多這類回應。青年奧圖曼黨人納米克・凱末爾的回應，後來最為人知，但那基本上屬於守勢，維護阿拉伯人的科學、哲學成就，抨擊西方，相對的，阿富汗尼承認伊斯蘭在知識追求上，目前有缺陷。

這場交鋒再次證明阿富汗尼在知識上的靈活，證明他在新環境裡詮釋伊斯蘭的能力和表達自己想法的能力。與勒南辯論期間，他主張伊斯蘭的原始教義與現代理性主義相合，但在那之後，穆斯林社會變得內衰、不寬容；這些社會需要馬丁・路德型的人物來使他們甘心接受他們所不喜歡的現代世界。

阿富汗尼認為伊斯蘭需要一場宗教革命，且以伊斯蘭的馬丁．路德自居。這想法漸漸成為他最愛表達的中心主張之一。在這同時，他願意接受一位能團結穆斯林對抗西方的強有力統治者，即使那統治者非他所喜。蘇丹阿卜杜勒哈米德是可能人選之一，阿富汗尼在其文章中小心翼翼給了他讚許。另一位可能人選是馬赫迪。為左翼法國報紙撰文時，阿富汗尼提到俄法土三國聯合攻打英國的可能性，以支持他的論點，並聲稱這事一旦發生，可能出現全球性的穆斯林民眾反英暴動。他打算令英國人驚恐，而他的計畫並不純然異想天開，且馬赫迪在該計畫中的角色舉足輕重。僑居巴黎期間，他涉入多個陰謀，其中之一是威佛里德．布蘭特所提，說服馬赫迪不再攻擊英國人，換取埃及獨立的建議。

阿富汗尼之所以成為這一陰謀的主角，全拜他說對馬赫迪有影響力所賜。這一說法誇大不實，但至少有些人相信。英國高官相信他是可靠的調解人，一八八五年七月，他甚至應布蘭特之邀前去倫敦與印度事務大臣蘭道夫．邱吉爾會晤。布蘭特事先提醒邱吉爾，要到他家暫住的客人阿富汗尼，「被這裡每個人……不信任，是英格蘭的敵人。」但他也說：「如果他不是這樣的人，對我們就毫無用處。」[108] 阿富汗尼直言告知邱吉爾，印度穆斯林痛恨英國人，更甚於痛恨英國在「大博弈」中的死對頭俄國。但如果英國離開埃及，「與伊斯蘭，與阿富汗人、波斯人、土耳其人、埃及人、阿拉伯人（結為）盟友」，英國能挽回自己的名聲。「眾毛拉（Mullah）會竭力鼓吹對俄聖戰，與你們一起對付俄國人。」[109]

這些令人難以置信且陳義過高的計畫，最終未能落實（它們預示了將近百年後英美在阿富汗的反俄聖戰）。馬赫迪於一八八五年突然去世，使計畫落空，投機主義的阿富汗尼會在不久後找俄國人與穆斯林一起對付英國人。阿富汗尼與英國人密謀了三個月，終究未能談出結果，不得不在與兩個穆斯林友人大吵一架後離開布蘭特在倫敦的寓所。後來布蘭特寫道：「哲馬魯丁才智過人，其學說對過去三十年伊斯蘭改革運動影響奇大。他到英格蘭，在我家作客三個月，我甚感榮幸；但他是個狂放不羈的人，不折不扣的亞洲人，不易讓他乖乖接受歐洲作風。」[110]

歐洲和恬靜的流亡生活，無疑不適於阿富汗尼。也是在這時間前後，他與阿卜杜分道揚鑣。關於其原因，從未有人道出，但他們顯然走在不同的政治路途上，將跟著那路途走到大不相同的地方。

這時，阿富汗尼離鄉已將近二十年；甚至，直到僑居巴黎，他才與家人聯繫上。一八八六年，他前往波斯，在港市布什爾（Bushehr）待了幾個月。這時他已是名人，而為了配合新環境，他再度改變形象，強調自己的波斯裔身分。在波斯，接待他者是朝中有實權的人士、商人與地主，乃至米爾札納斯拉拉・伊斯法哈尼（Mirza Nasrallah Isfahani）之類初露頭角的行動主義者。這位米爾札後來以馬利克・穆塔卡利敏（Malik al-Mutakallimin）一名為人所知，是烏里瑪中的進步派成員，後來會成為一九〇六年波斯憲政革命的領袖之一。

這時，馬利克・穆塔卡利敏剛被英國人逐出印度；大談泛伊斯蘭主義的阿富汗尼，令他覺得猶如慈父。波斯知識分子圈子的其他成員聚集於他的身旁，其中有些人會在一八九〇年代他流亡伊斯坦堡期間成為他最親信的人士。就連波斯國王納塞爾丁（Naser al-Din）都知道他這號人物，邀他到德黑蘭。兩人第一次會面時，阿富汗尼告訴這位波斯國王，他就像統治者手中的「利劍」，請他別擺著不用。這番強勢言語似乎使本就因阿富汗尼的政治演說、著作而不安的保守國王起了反感；國王悄悄將可能替他惹來麻煩的阿富汗尼逐出波斯。

然後阿富汗尼前往莫斯科。當時，英國人嚴密監視他的一舉一動，英國駐俄大使向俄國外長表示，阿富汗尼「已向英國政府發動最暴力的攻擊」，且正試圖「助長印度境內民心的不滿」，並向俄國外長表達了他對此人的憂心。[111]事實確是如此，而阿富汗尼本人也絲毫未隱瞞他欲挑動俄國沙皇起來反制英國在穆斯林世界之影響力的意圖。阿富汗尼在莫斯科時，由著名的保守民族主義分子米哈伊爾・卡特科夫（Mikhail Nikiforovich Katkov）接待。一八八七年七月，卡特科夫主編的《莫斯科報》（*Moscow Gazette*）表示，「他來俄羅斯的目的，在於實地了解六千萬印度穆斯林唯一倚賴的國家。這些穆斯林希望這國家提供他們保護，將他們從可惡的英國枷鎖下救出來。」[112]

遺憾的是，阿富汗尼抵俄莫斯科不久後，卡特科夫就去世。但阿富汗尼繼續向沙俄朝廷遊說。接受《新時代報》（*Novoe Vremya*）採訪時，他表示驚訝於俄國願意讓英國來決定俄、阿邊界。他坦承憂心英國在阿富汗的勢力；他說英國人總是先以顧問身分悄悄滲入他國，然後支配該國。他還說在波斯也可說是如此。波斯國王正開始要對英國人做出重大讓步，同時犧牲俄國的利益。

在莫斯科，阿富汗尼與可能會與他一起密謀大業者會晤，包括旁遮普的已故錫克國王的兒子，為英國人所加諸的待遇而忿忿不平的達利普・辛格（Dalip Singh）。兩人密謀讓英俄兩國大動干戈，藉此不只使印度得到解放，也拔除歐洲人在東方所有地區的勢力。從出生於俄國的穆斯林阿卜杜雷希德・易卜拉欣（Abdurreshid Ibrahim）那兒，可進一步了解阿富汗尼如何努力聯合不同教派來實現反帝國主義目標。當時，阿卜杜雷希德・易卜拉欣正要展開其輝煌的國際行動主義生涯。他在旁觀察了阿富汗尼於聖彼得堡與一名俄羅斯伊斯蘭法學者的對話，後來寫道，阿富汗尼回覆某個費格赫（fiqh，伊斯蘭教的法學）問題時，大笑說道：「你還在關注費格赫的問題？你會溺死在處處矛盾的大海中」，那個俄國人聽了大為驚駭。[113]

阿富汗尼不耐於建構抽象理論，他主要是個政治行動主義者，而伊斯蘭則是他的主要工具，僅管並非他的唯一工具。阿卜杜雷希德・易卜拉欣描述，阿富汗尼未能如願拜見沙皇之後，穿袍服，纏頭巾，出現在歌劇院，在沙皇附近的一個包廂坐下。戲演到某一幕，布幕升起不久，他從座位上起身，面朝麥加，高聲說道：「我要做昏禮，真主至大。」他一開始念誦，所有人的目光轉向他。有個俄羅斯將軍進了他們的包廂，以命令語氣要求說明阿富汗尼的用意。易卜拉欣緊張的請他等等，待他的同伴做完禮拜再說。在一臉困惑的沙皇和其家人注視下，阿富汗尼繼續他的禮拜。他起身時，請那位將軍轉告沙皇，「我要招呼真主，沒空理國王或先知。」[114]阿富汗尼向一臉驚恐、深怕被當場處死的易卜拉欣說，他已把伊斯蘭的話帶給俄國沙皇、皇后和諸位大臣。

沙皇似乎很欣賞這場穆斯林禮拜，因而未當場叫人逮捕阿富汗尼和易卜拉欣，但他終究未提出任何反英密謀。走到這一步，阿富汗尼原本可能已沒戲唱。初露頭角的革命分子，通常一試就定成敗。阿富汗尼試了幾次，但除了建立橫跨三大洲，由朋友、支持者、一起搞密謀的同志組成的廣泛人脈，他沒有東西可展現他的努力成果。但他最輝煌的政治勝利還沒降臨，那將在他的祖國波斯實現。

在波斯：最得意的時刻

似乎受到阿富汗尼在俄羅斯廣建人脈的影響，波斯國王壓下心中的厭惡，再度邀他到德黑蘭。國王或許也想使阿富汗尼噤聲，使他不再高聲指責英國人在波斯影響力日大之事。他給了這位行動主義者一個小小的閒職——某報主編——但阿富汗尼交出的第一篇文章，強烈譴責歐洲人對穆斯林世界的擺布。據法國駐德黑蘭大使所述，波斯國王在阿富汗尼的文章中讀到「得叫異教徒流血，以便使穆斯林人數增加，穆斯林在世界的影響力升高之類的」，大為驚駭。[115]這很可能是誇大不實的轉述，因為阿富汗尼從未在其印刷出版的文章裡使用這類詞語。無論如何，國王很快就領悟，邀阿富汗尼到波斯大錯特錯，因為波斯是能讓阿富汗尼之類反帝國主義穆斯林煽動家大展身手的地方——波斯當地的民意，比埃及的民意，更有利於他施展。

與埃及和鄰邦奧圖曼帝國不同的，波斯這時受到西方侵犯不多。原因之一是波斯沒有棉花之類能產生資本的出口品項，也就是沒有可藉以招來外國投資或藉以改善自身基礎設施的出口品項。因此，波斯沒有足夠的資源打造國軍和全國性治理機關，或從事奢侈的公共工程。城鎮裡的生活仍由行會組織；社會、經濟方面的安排，未遭強調外貿、個人產權的西式經濟打亂。伊斯蘭未受到西方現代性挑戰，仍保有其道德吸引力、文化威信和凝緊力，能轉化為這時阿富汗尼所希望它充當的政治武器。

一如奧圖曼蘇丹和埃及赫迪夫，波斯國王也已耗費巨資壯遊過歐洲。他以欽敬口吻寫下他的見聞（一場莫斯科芭蕾舞表演，還有在波斯語裡沒有相應詞語來表達的事物，例如被他譯為「山洞」的

「隧道」）。他派了一些學生到歐洲，允許基督教傳教士在波斯設立學校。但他不願像埃及人、土耳其人那樣進行廣泛的內部改革。一如其他許多專制君主，他對現代化的興趣，只限於可強化他的監視、控制機構，使他讓外國投資人覺得他是開明君主的程度。

日本兩名外交官於一八八〇年訪問波斯後，懷疑該國國王的現代化努力。「如果統治者一心只努力做好表面功夫，未打好穩固的基礎，這帝國的前途岌岌可危。」[116]由於波斯國王未用心於自由化，等到國王邀阿富汗尼回德黑蘭時，國王已失去有心改革的波斯年輕知識分子的支持。爭相欲將波斯納入勢力範圍的外國勢力——英國和俄羅斯——侵略腳步已更為積極。他們控制了波斯的外貿；特別是英國人將伊斯法罕生產的鴉片運到有利可圖的中國市場，利用波斯領土來建構他們通往印度的陸上電報線路。

波斯國王和他與外國人的交往，受到人民普遍的猜疑。異教徒湧入該國經濟，已激怒保守的神職人員。一般來講，波斯什葉派神職人員的影響力，大過埃及遜尼派烏里瑪的影響力。在這同時，英國逼波斯接受苛刻條件，俄國逼波斯接受它的索求。波斯國王已開始授予歐洲商人特許權以取代外貿，期望在新鐵路、石油發現、國營彩券的獲利中分一杯羹。

一八七二年，波斯國王讓英國公民路透男爵（Baron Reuter，路透社創辦人）完全獨占鐵路、公路、工廠、水壩、礦場的營造。就連頑固的帝國主義者柯曾勛爵（Lord Curzon），後來都說這一買賣「是人類歷史上所夢寐以求的，更別提如願以償的，把一國所有資源交予外國人的事例中，交予最完全者。」[117]俄國人抗議，使這一交易觸礁；但路透得到其他有利的交易，而且波斯國王堅持將特許權賣給歐洲人，以挹注他龐大的財政赤字。

埃及赫迪夫就是這樣使他的國家倚賴歐洲金融，最終無力抗拒英國的占領，而波斯無疑也走上這樣的路；無害的西方商人到來之後，通常跟著出現掠奪性的軍人。已在數個穆斯林國家見識過帝國主義之毒害的阿富汗尼，在寫給波斯當局的一封信中警告，波斯的外敵已

舉著多種騙人的幌子（進入這國家）。有人掛名警察局長（蒙特佛特伯爵），有人以海關局長的身分為藉口（奇塔基先生），有人自稱教官（俄羅斯軍官），有人說自己是牧師（托倫斯醫生和美國傳教士），有人以租用礦場為藉口（英國礦業公司），有人設了銀行（波斯帝國銀行），有人以壟斷菸草買賣為託辭（塔爾博特少校），他們正取走這國家的資源，一段時日之後會占有這國家，屆時就是你們不幸的開始。118

阿富汗尼幾乎是一抵達波斯就和波斯國王鬧翻，棲身於德黑蘭城外一座聖祠裡。他從那裡繼續發表一連串演說，要波斯人提防國家就要被賣掉：「趁著還沒有像印度本地人那樣成為外國人的奴隸，你們該找出解救辦法。」他最熱情的支持者，乃是為他的觀念——特別是伊斯蘭的信條含有產生民主、法治所必需的所有條件這一觀念——而興奮的什葉派民族主義知識分子。他們的戰鬥口號，乃是今日將稱之為「伊斯蘭民主」的口號，而且他們認為阿富汗尼在演說中重述了那口號。誠如後來的發

展所表明的，阿富汗尼的運動不只得到有心改革的民族主義知識分子或反外國人的市集商人的支持，也得到保守烏里瑪的支持（在埃及、土耳其，烏里瑪往往不信任他）。

七個月後，波斯國王終於受不了阿富汗尼的宣傳鼓動；他的士兵不顧聖祠的神聖不可侵犯，衝入阿富汗尼藏身處，將他逮捕，逼他在苦不堪言的隆冬長途跋涉越過邊界，進入奧圖曼帝國的美索不達米亞平原。流亡期間，受辱的阿富汗尼更堅定有力表達自己的主張，而接下來情勢的發展，似乎終於要讓他在一場大型群眾運動中扮演領導角色。這場運動的反對矛頭，指向外國掠奪者和使他們得以順利掠奪的本地人。

一八九一年，波斯國王將菸草銷售特許權授予一名英國商人，實質上給予他獨占菸草（普受波斯人民喜愛的農作物）買、賣、出口的權力。阿富汗尼向大聲叫好的群眾指出，菸草農將受異教徒擺布，而異教徒也將摧毀小經銷商的生計，同時污染嚴謹什葉派教徒的煙。他在德黑蘭所創立的秘密會社——波斯的政治創舉——寄匿名信給官員，發送呼籲波斯人起來造反的傳單和布告。這些宣傳品的用語，與他在埃及向農民演說的用語驚人類似：

> 這寥寥幾磅的菸草，用勞力辛苦種出來，一些窮苦人靠出口它們來掙得一塊麵包，如今遭到覬覦，且被賜予異教徒，不准先知的追隨者碰。噢，偉大的人們，你們不了解自己的處境？你們何時才會醒？[120]

一八九一年春，波斯人在各大城憤怒抗議作為回應。新發明的電報和發送傳單、告示的秘密會社，助長抗議的聲勢；群眾示威活動精心統籌的程度，似乎和一九七八至一九七九年在錄影帶助陣下的何梅尼革命一樣高，且有大批婦女參與。

阿富汗尼寫了怒不可遏的信給當時住在美索不達米亞平原之聖祠城市的什葉派主要神職人員，請他們脫下政治冷漠的外衣，起身反抗國王。其中一封寫給素孚重望的什葉派神職人員米爾札哈桑·設拉吉（Hasan Shirazi）的信，在波斯和歐洲廣為傳送，信中激烈譴責俄、英兩國對波斯的影響和波斯國王本人。阿富汗尼很有耐心地教導不問政治的神職人員了解西方金融家在窮國所強制推行的「結構調整」：

> 你們要怎樣才會去理解什麼是銀行？那意味著把政府完全交給伊斯蘭的敵人控制，使人民受那敵人奴役，把領土和管轄權全交到外敵手中。[121]

設拉吉似乎聽進阿富汗尼的話。幾個月後，阿富汗尼已經由巴斯拉逃到倫敦時，設拉吉寫了他第一封談政治事務的信給國王，譴責外國人透過銀行和通商特許權控制穆斯林民族。國王深怕烏里瑪與他反目相向，派了數名調解人前去請設拉吉勿與他作對。設拉吉不只未軟化，還發出一則法特瓦（fatwa，伊斯蘭教令），表明在撤銷外人獨占權之前，抽菸都不符伊斯蘭教法。這項禁令成效驚人，就連王宮都因此無人抽菸。最後，國王向知識分子、神職人員、商人的聯盟低頭，撤銷這一特許權。

阿富汗尼對這一勝利聯盟的誕生貢獻甚大，而這一聯盟將持久不墜，且將形塑伊朗的歷史（穆罕默德·摩薩台——一九五一至一九五三年伊朗民選首相——於一八九一年早慧的九歲年紀，就已開始極不信任外商公司）。這是阿富汗尼一生最得意的時刻，而且他讓每個人都知道此事。令波斯國王大為光火的，他在倫敦一再公開演說，一再於英國報紙上發表文章，呼籲什葉派烏里瑪罷黜腐敗、不關心民瘼的德黑蘭政權。其中許多文章以英國讀者為對象，指摘他們縱容自己政府支持專制的波斯國王。在這些充滿怒氣的短文中，存有至今仍極有用的真知灼見。他在《當代評論》（*Contemporary Review*）刊出文章，說明穆斯林為何變得不喜歡西方在他們國家所支持的專制君主，也不喜歡西方：

> 不管那讓人覺得多怪，終究是個事實，即國王每去過歐洲一趟，對其人民的專制統治就更增。這大概多少肇因於他在歐洲……受到的接待。結果就是波斯民眾……把他們日子變得更苦歸咎於歐洲人的影響，從而更加厭惡歐洲人，在本來或許輕易就可恢復友好關係的時刻。122

阿富汗尼悲嘆英國報紙在伊朗抗議者發出真誠的改革、建立法典之希求時，把他們說成宗教狂熱分子。他指出路透社的偏頗報導（該社老闆正是在伊朗仍擁有銀行經營權和採礦權的英國人）。他再度籲請英國人離開埃及、印度，以降低穆斯林對他們的敵意，籲請他們不要再支持波斯國王。他繼續呼籲推翻波斯國王。伊朗人一再就阿富汗尼的文章向英國人抗議；倫敦表示愛莫能助。一八九一年十二月接受《蓓爾美街報》訪問時，阿富汗尼說波斯人比其他亞洲人更追求進步和改革，強調他本人在催發穆斯林國家改變上可能扮演的角色。他說：「可蘭經的真正精神與現代自由完全不衝突……熟稔歐洲自由主義原則的有學問穆斯林，能以可蘭經為根據，輕鬆將那些原則傳給同胞，而不會遭遇路德所碰上的那些難題。」123

金籠子：阿富汗尼在伊斯坦堡度過的晚年

阿富汗尼的煽動本事在此時發揮到極致，但他的影響力也漸漸步入尾聲。他決定接受奧圖曼蘇丹阿卜杜勒哈米德二世志在拉攏的邀請，赴伊斯坦堡當他的顧問，此舉將使他在實質上從此遠離他希望改造的政治舞台。

一八九二年夏，阿富汗尼抵伊斯坦堡，隨身行李的稀少令他的奧圖曼東道主大吃一驚。他被安置在蘇丹耶爾德茲（Yildiz）宮的一間大客房，每月領取聘定費。耶爾德茲宮是阿卜杜勒哈米德二世為自己興建的宮殿建築群，位在博斯普魯斯海峽沿岸。這位奧圖曼蘇丹老早就不信任阿富汗尼，覺得阿富汗尼想挑起阿拉伯人民對奧圖曼帝國的不滿。但阿卜杜勒哈米德也對這位遊走各國的行動主義者很感興趣，很想網羅他為己所用。他希望吸收阿富汗尼為奧圖曼的哈里發之位宣傳，也希望藉由將他留在伊斯坦堡控制他。

坦志麥特的改革者老早就被打入冷宮；他們普遍被認為——不只保守的烏里瑪這麼認為——成事不足，敗事有餘，助長非穆斯林分離主義分子的氣燄，卻沒帶給穆斯林什麼好處。這位蘇丹已利用由特務、線民、精於拷打的警察組成而完全現代的網絡，大大擴權。他一心向國際地位與歐洲列強愈來愈趨於平起平坐的亞洲國家日本看齊。阿卜杜勒哈米德疑心病重得離譜（例如擔心日本天皇皈依伊斯蘭，危及他的政治地位），急欲贏得全球穆斯林的支持。他已從印度、敘利亞邀了多位伊斯蘭要人替他的朝廷裝點門面，提升他自稱哈里發的公信力，但也需要阿富汗尼之類較獨立的人物加入他的陣營。

事實表明他經過周全的盤算。阿富汗尼本人不是很喜歡或信任這位蘇丹，但他樂於利用這位蘇丹的威信來喚醒穆斯林，如果為達此目的不得不如此的話。而這位如今希望擴大君權的世上最重要的穆斯林領袖邀他當顧問，或許令他受寵若驚。畢竟阿富汗尼尋找這樣的官方力量來推動泛伊斯蘭主義已經很久。

阿富汗尼來伊斯坦堡後不久，就得到這位蘇丹接見。這位周遊各國的煽動家與穆斯林世界的最高統治者會晤時，作風的狂放不羈與大膽，令在場者大吃一驚。阿卜杜勒哈米德款待甚殷，甚至表示要把一名妃子賜給阿富汗尼為妻。這位浪跡天涯的思想家，以哲學家的口吻回絕了蘇丹的好意：「人生在世就像個旅人——赤裸裸、害怕、四面八方林立著障礙，拚命想擺脫那些障礙，得到自由。如果讓這旅人拖著包袱，會變成什麼樣？」[124]

阿富汗尼不需要女性伴侶，而是以自己為中心，把平日追隨他、來自各國的粉絲、學生聚在一處。敘利亞學生阿卜杜·加迪爾·馬格里比（Abd al-Qadir al-Maghribi），和許多穆斯林思想家一樣，把自己知識、情感上的成長歸功於阿富汗尼、穆罕默德·阿卜杜在巴黎的那份刊物，如今他則成為阿富汗尼熱情的追隨者；後來馬格里比將他對阿富汗尼的回憶編成一本書。阿富汗最傑出的作家、思想家馬哈茂德．塔爾吉（Mahmud Tarzi，一八六五～一九三三），在伊斯坦堡與阿富汗尼和其弟子相處七個月，且在這期間開始其政治訓練。

奧圖曼帝國首都也住了許多波斯流亡人士，包括一些主張揚棄伊斯蘭的激進自由思想家。但就連他們都受阿富汗尼的泛伊斯蘭主義打動，接受穆斯林團結對抗西方優先於內部改革這理念。其中一位波斯自由思想家，詩人艾哈邁德．魯希（Ahmad Ruhi）謝赫，在個人印章上刻了如下字句：「我是『伊斯蘭團結』的宣傳者。」[125]

埃及民族主義領袖薩德．扎格盧勒去伊斯坦堡拜訪了阿富汗尼，年輕的拉希德．里達亦然。拉希德．里達是阿卜杜的弟子，後來他的思想鼓舞了穆斯林兄弟會的成立。阿卜杜本人仍然冷淡。他深信與歐洲帝國主義者正面衝突成不了事，因此他已踏上一條最終將使他回埃及，與英國人合作的旅程。

阿富汗尼的演說由其弟子忠實地記錄下來，而在這些演說中，他一如所有孤單的政治流亡人士，大幅度地誇大了他在世局裡的角色。他聲稱與俄國沙皇、蘇丹馬赫迪交情甚篤；誇稱拒絕了伊朗國王的示好。他抒發了一些甚有見地的歷史見解，例如馬丁．路德之後的幾百年裡歐洲境內無數的戰爭，使許多歐洲國家精進了組織技能，進而在許久之後催生現代文明。他常重提他最愛的主題。他主張，穆斯林跟著歐洲的方式走，會使穆斯林受歐洲人統治：「這是根本上會使我們讚賞外國人，進而甘於讓他們支配的一種模仿。」[126]可蘭經裡有談到必須改革與發展科學，可蘭經與現代科學、政治學、經濟學完全不相牴觸。他強調必須以明白且現代的方式讀可蘭經；似乎主張，不該讓傳統派的可蘭經詮釋阻礙穆斯林團結。

他不接受伊斯蘭教分裂為什葉、遜尼兩派，把那分裂歸咎於利用戰爭來矇蔽自己人民的自私統治者。他也談到憲政改革的勢在必行，而當時在由專制君主、歐洲殖民者統治的所有穆斯林土地上，改革者和政治行動主義者都在強調這一改革。更令人訝異的，他談到世上各大一神教基本上一致，強調他反對西方，不是反基督教價值觀，而是反西方的帝國主義。

但不成文的規定使他無法大剌剌從事政治活動，例如籲請伊朗人起來反抗國王。駐伊斯坦堡的伊朗外交官堅持要奧圖曼警方監視阿富汗尼。蘇丹也禁止他發表任何東西。直到一八九四年，阿富汗尼才致函什葉派烏里瑪，懇請神職人員支持蘇丹主張的哈里發身分。他覺得自己在這個奧圖曼城市裡愈來愈孤單。

伊朗政府接二連三強烈抗議奧圖曼當局讓阿富汗尼待在伊斯坦堡。神秘兮兮的蘇丹特務也時時監視他和他的追隨者。朝廷裡有不少保守分子提防阿富汗尼和他隨心所欲的伊斯蘭觀。埃及的新赫迪夫來伊斯坦堡，表示想和他一見時，他們更加猜忌（求見遭拒）。

阿富汗尼不信教的謠言，和更令人難以置信的，喝啤酒、常去不當小酒店的謠言，在伊斯坦堡傳得沸沸揚揚。阿卜杜雷希德·易卜拉欣在聖彼得堡見過阿富汗尼於沙皇面前刻意表現伊斯蘭禮儀，這時在伊斯坦堡，則見到一名虔誠穆斯林想中止他常做的聚會禮拜，結果遭他拒絕。一八九五年，阿富汗尼想取得英國護照，藉以離開伊斯坦堡。他的宿敵不客氣的拒絕。

他對世局的走向變得更悲觀。一八九六年，他突然扼要說明穆斯林的景況：

今日伊斯蘭諸國不幸遭掠奪，財產遭偷走；他們的土地遭外國人占領，財富落入他人手裡。外國人奪取伊斯蘭土地之事，無一日無之，外國人要成群穆斯林服從他們統治之事，無一夜無之。他們令穆斯林蒙羞，使他們抬不起頭。（穆斯林的）命令不再有人服從，他們的話不再有人留意。（外國人）把穆斯林拴住，把苦役之軛套在他們的脖子上，貶低他們，羞辱他們的家族，提到他們的名字時無不帶著侮辱之意。有時他們把他們叫做野蠻人，有時認為他們無情、殘酷，最後認為他們是瘋狂的畜牲。這是多大的不幸！多大的苦！這是什麼樣的情況？什麼樣的困境？英格蘭已占領埃及、蘇丹和遼闊的印度半島，占去伊斯蘭世界的大片地區；法國人已把摩洛哥、突尼西亞、阿爾及利亞據為己有；荷蘭已成為爪哇和大洋洲島嶼的專制統治者；俄羅斯已拿下西突厥斯坦、河中地區的數座大城、高加索、達吉斯坦；中國已拿下東突厥斯坦。只有寥寥幾個伊斯蘭國家還保有獨立之身，而這些國家也岌岌可危。

由於害怕歐洲人和西方人，他們（穆斯林）夜裡不能睡，白天不安心。外國人的影響力（甚至）已及於他們的血管，因而他們一聽到俄語、英語就害怕得發抖；聽到法語、德語就嚇得呆掉。這是過去從諸位大王收取人頭稅，受到諸領袖畢恭畢敬主動上貢的那個國家，（但）如今（穆斯林）淪落到讓全世界的人對他們的存在不再抱希望，（因為）他們在自己家園裡受到痛苦的壓迫。外國人始終在以詭計嚇這些無助之人，以詐術使他們不快樂，使他們活不下去。（另一方面）穆斯林既無腿可逃走，也無手可和對方打。他們的國王卑躬屈膝於非穆斯林國王面前，以求多活幾日。（穆斯林）國王的子民避難於各處不同的房子裡，希望過平靜日子。噢！噢！這是何等的慘事！多大的災難已降臨（我們身上）！這是何等危急的局面！當年的叱吒風雲與威嚴到哪兒去了？當年的無所不能與偉大怎麼了？當年的輝煌與光榮到哪兒去了？今日這無可度量的衰落是什麼原因造成的？今日的貧窮與無助，緣由何在？能懷疑真主的許諾？但願不要這樣！能不再寄望真主的恩惠？真主保護我們！那該怎麼辦？哪兒能找到那原因？哪兒能找到那緣由，該問誰？除了說「人改變自己情況之後，真主才改變人的情況」（這些問題沒別的答案）。127

一八六八年囚於喀布爾時，阿富汗尼已寫道：「我想知道『神秘者的簾幕』會屈尊向我揭示什麼，這一惡意蒼穹的旋轉會帶給我什麼樣的人生際遇。」一八九五年十二月來伊斯坦堡的威佛里德・布蘭特報告道，蘇丹不再見阿富汗尼。一八九六年，波斯國王就要慶祝登基十五週年時，阿富汗尼波斯弟子之一的米爾札雷札・克馬尼（Mirza Reza Kermani），在德黑蘭城外，一八八九年被阿富汗尼當作基地的那座聖祠，暗殺了波斯國王，此後，阿富汗尼的處境終於變得岌岌可危。克馬尼向伊朗訊問者說明他的行動時，用了阿富汗尼的措辭：

當一國國王在位十五年，收到不實報告，仍不查明真相時，當經過這麼多年的統治，他樹上結的果子是如此無能的貴族笨蛋和惡棍，危害全體穆斯林的生活時，這棵樹就該砍掉，才不會再長出這樣的果子。魚腐爛時，先從頭部腐起。[128]

波斯人立即指阿富汗尼是暗殺行動的唆使者。阿富汗尼對這位波斯國王的痛恨的確已到了病態的程度。暗殺事件前一個月，有位波斯籍的阿富汗尼追隨者，在伊斯坦堡發現他在房間裡怒氣沖沖踱步，大喊「除了殺人，無法得救，除了殺人，沒有出路！」此外，暗殺者於前一年在伊斯坦堡和阿富汗尼相處了頗長時日。受波斯警方偵訊時，克馬尼稱阿富汗尼一八九一年遭國王粗暴驅逐是他行凶的首要動機。

阿富汗尼則宣稱自己和這場暗殺毫無瓜葛，幾次接受歐洲記者採訪時申明自己清白，其中包括一位在伊斯坦堡與他結識的德國記者。該記者說，阿富汗尼本人的居所很簡樸，但把很多時間花在有著歐洲裝潢的大沙龍，與來自多個國家的穆斯林為伍。他的黑眼睛銳利如昔，但如今也充滿悲苦：阿富汗尼告訴那位德國人，「我為腐敗東方境內的改革運動奮鬥過，如今還在奮鬥。在東方，我希望讓法律代替專斷，讓公義取代暴政，讓寬容取代狂熱。」[129]

波斯政府本就要求將他引渡，這時催逼更急。遭蘇丹短暫關押之後，若非抽了一輩子菸的後果終於在這時顯現，阿富汗尼大概會在無人聞問且悲苦的抑鬱之中再多活數年。一八九六年晚期，他被診斷出得了頜癌。波斯外交圈得知後，額手稱慶。波斯駐伊斯坦堡大使回報德黑蘭，「他已經沒希望了」，「醫生已切掉他半邊下巴和那一邊的牙齒，他活不久了。」[130]

阿富汗尼痛苦數月，終於在一八九七年三月九日去世，享年僅五十九，死時只有他的基督徒僕人隨侍在側。在十九世紀即將結束之際，又一個政治流亡分子在無人聞問中，在遠離家鄉與親友之下，告別人間，他所念茲在茲的個人使命未完成，生前，悲苦之情無情噬咬他，就和已吃掉他半邊頜的癌症一樣無情噬咬他。他的下葬處未有任何標記，將有將近五十年不受打擾。在這期間，將熱切擁抱他理念者是平民百姓，而非專制君主。然後，一如政治流亡分子所常有的死後際遇，命運的鐘擺盪到另一邊，他再度出名，受到新一代關心政治的穆斯林崇敬。這些穆斯林謹記他最愛的可蘭經教誨：「人改變自己情況之後，真主才改變人的情況。」

餘波久久未消

一九二四年，土耳其推動奧圖曼帝國滅亡後該國最浩大的現代化計畫時，親阿拉伯的美國百萬富翁，正「在世界各地尋找真正偉大之穆斯林」的查爾斯·克連（Charles Crane），從當時流亡於義大利聖雷莫（San Remo）的蘇丹阿卜杜勒哈米德口中聽到阿富汗尼這人。誠如後來出任美國威爾遜政府外交官的克連在其回憶錄裡所說的，他在伊斯坦堡各公墓找阿富汗尼遺骸找了很久，然後有一天，一個纏著綠頭巾，氣宇不凡的穆斯林男子出現在他面前，表示願帶他去他所要找的伊斯坦堡墓地。

那人說：「阿富汗尼的墓沒有標記，但根據從兩棵樹拉出的線，我知道他的墓在哪裡。那是當初我第一次找到它時注意到的東西。」據克連所述，「我們找到那兩棵樹，確定方位之後，來到那塊小小的地，那地完全平坦，毫無標記，這個人，有史以來最傑出的穆斯林之一，就埋在那裡。」[131]

根據那位纏頭巾土耳其人所認定的阿富汗尼埋葬處，克連在那裡蓋了個墓碑。一九四四年，阿富汗政府從墓中挖出遺骸；一名阿富汗部長帶著他們所認定的阿富汗尼遺骸飛到喀拉蚩，然後搭火車到白夏瓦，改走公路到喀布爾。送葬隊伍所經之處——喀拉蚩、拉合爾、白夏瓦、賈拉拉巴德——都有景仰的民眾立於街道兩旁。在阿富汗諸領袖和駐喀布爾外國外交官觀禮下，阿富汗尼遷葬於喀布爾大學校園裡。數國統治者和詩人爭相稱頌這位穆斯林領袖是阿富汗最傑出的子民（小心避開德黑蘭的反對：阿富汗尼其實生為波斯人）。英國人、美國人、俄國人在其墓上獻上花圈。德國大使以納粹式行禮致意。

阿富汗尼的墓如今仍位在喀布爾大學裡（如果墓中埋的真是他），旁邊立著一塊黑色大理石基座，而西方對這位現代最偉大穆斯林行動主義者的尊崇有增無減，也益發令人覺得反諷。二〇〇二年十月，即塔利班政權遭美國推翻將近一年後，因阿富汗連年爭戰而受損的阿富汗尼墓，迎來一位意外的訪客：美國駐阿富汗大使羅伯特・芬恩（Robert Finn）。承諾捐款兩萬五千美元協助修復該墓的芬恩表示：

> 從某個角度說，我國獻上這份禮物具有雙重意義。我們這麼做，在緬懷十九世紀一位阿富汗的穆斯林知識界巨擘：學者、記者、政治思想家、數位國王的顧問、鼓舞從埃及到印度之穆斯林的革命分子。這是位具有深厚可蘭經學養之人，主張自由、理性、科學探索。他是個有學問之人，高

明的作家和辯論家，擁有堅定的道德勇氣，批評西方的物質主義，但也不迴避批評當時的穆斯林統治者和他眼中他所信宗教裡的自毀傾向……這筆捐款也在表示我們認識到終有一天阿富汗會再度產生撼動世界、激起希望與改革的偉大領袖與思想家。132

經過長期的延宕之後，陵墓終於在二〇一〇年初期修復完成。但如今，隨著最晚近一批鼓吹西方「價值觀」的武裝部隊，在堅持反外國人而受到阿富汗尼稱揚的帕什圖（Pashtun）部落裡碰到無法取勝的對手，這一黑色紀念性建築散發出特別冷酷的歷史反諷；阿富汗再度向世人證明它是帝國的墳場。

撇開阿富汗尼是阿富汗人這一老早就被證實為誤的說法不談，在這位美國大使的演說裡，有不少一廂情願的地方。這筆捐款使墓中之人似乎像是九一一事件後在當今歐美裡大為需要的那種溫和、自由主義的穆斯林——那種或許可協助他的教友與現代西方達成合理之妥協的穆斯林。不管你把阿富汗尼說成什麼樣的人，多變且聰明的阿富汗尼，絕不是這樣一個出於樂觀想像而不慍不火的虛構人物。

十九世紀晚期，會有許多穆斯林開始覺得世界與真主失去聯繫，光榮的歷史出了大問題，開始懷疑他們未能堅守伊斯蘭「正」道，乃是他們政治挫敗的禍首。自那之後，這些認知和懷疑即成為穆斯林國家的現代史裡一再出現的特徵。阿富汗尼獨有的成就，乃是走過穆斯林世界的幾個中心地區——最強烈感受到這一困境的地方——，然後從那些遊歷之中，比他之前的任何人都更敏銳的察覺到這一困境，並予以闡述。

他不是很有系統的思想家，且似乎是在四處奔波之際發展出他的思想；他唯一始終如一的觀念是反帝，為了反帝，他積累多種資源。他既提倡民族主義，也宣揚泛伊斯蘭主義；他悲嘆伊斯蘭不寬容；他搬出伊斯蘭往日的輝煌事功來支持他的論點；他呼籲穆斯林團結；他也要求穆斯林與印度教徒、基督徒、猶太人合作，且他躬身實踐。他敬佩西方的科學成就；但宣稱理性是伊斯蘭的固有特質。最後，他或許會讓人覺得是個活力十足、充滿衝勁之人，而非思想深刻之人：一股未能得到成功引導而發揮作用的活力。

但阿富汗尼是最早主張穆斯林不應再以消極、認命心態面對西方列強壓倒性力量的人士之一。他認知到西方那股力量的關鍵——科學、教育、軍力——深信穆斯林也能具備那力量。他一再引述可蘭經文：「人改變自己情況之後，真主才改變人的情況。」如果穆斯林在百年之內從歷史的承受者變成歷史的創造者，那很大一部分得歸功於阿富汗尼在三大洲持續不斷的勸誡和奮鬥，以及他具影響力的追隨者後來進一步的發揚光大。例如，若沒有阿富汗尼消化西方思想和重新思考穆斯林傳統這方面的作為奠下的知識基礎、政治基礎，很難想像晚近阿拉伯世界出現那些抗議、革命。

他是受新式世俗教育的人士之一，非伊斯蘭傳統派學者圈出身而著手解決穆斯林落魄處境的第一人：印度之穆罕默德．伊克巴勒（Muhammad Iqbal）、埃及之賽義德．庫特卜（Sayyid Qutb）、沙烏地阿拉伯之奧薩瑪．賓拉登三人的前輩。他所擬出的解決辦法，也預示了現代穆斯林對西方的兩大回應——彼此關連的兩大回應——一是現代主義，一是伊斯蘭主義，現代主義致力於強化啓示宗教以應對西方知識與權力的挑戰，伊斯蘭主義試圖根據對伊斯蘭烏托邦式、革命性的了解，來改造由西方宰制的世界。

就這兩者來說，我們最近幾年開始較熟悉伊斯蘭主義，而在許多國家，阿富汗尼，連同他的主要弟子和合作者穆罕默德・阿卜杜，被視為現代政治伊斯蘭的創建者。阿卜杜的弟子個個皆成為二十世紀初期穆斯林世界最重要的領袖。對幾乎是以工具心態看待伊斯蘭的阿卜杜來說，這樣的評價，乍看似乎不盡屬實。此外，阿卜杜被占領埃及的英國人任命為大穆夫提（Grand Mufti）之後，轉而從理性主義、靈活的當代角度詮釋可蘭經。他有許多西化的弟子，而那些弟子後來在埃及的政治、行政領域擔任要職。其中最著名者，也是阿富汗尼追隨者的薩德・扎格盧勒，第一次世界大戰後高舉「華夫脫」（Wafd）大旗，領導反英國人的民族主義群眾運動。華夫脫是由年輕專業人士和勞動階級所組成，有廣泛群眾基礎的聯盟。伊斯蘭為反西方的團結行動提供堅實基礎這觀念，在詩人濟亞・格卡爾普（Ziya Gökalp，一八七六～一九二四）之類土耳其文化民族主義分子手中，得到進一步的闡發。格卡爾普雖是世俗主義者，卻寫下了以下名句：「宣禮塔是我們的刺刀，圓頂是我們的鋼盔，清真寺是我們的兵營，信士是我們的軍隊。」

但阿富汗尼、阿卜杜底下的另一批追隨者，成為講究嚴格道德原則的薩拉斐派（Salafism）的支持者；他們也是阿富汗尼多元遺產的一部分。這支教派擴及整個穆斯林世界，遠至馬來西亞和爪哇，強調以先輩（Salaf）的德行和行為為楷模。這支教派將在各地呈現不同的形態，但有某些共同的特性。最初，薩拉斐派主張以阿拉伯人為中心而嚴守伊斯蘭教法的伊斯蘭，以抵禦歐洲列強和他們眼中腐敗、過度西化、助西方為虐的本土人士。他們希望以伊斯蘭作為社會—經濟改變和政治改變的發動機；他們也不怕使用現代工具——報紙、政治組織——來宣傳他們的理念。他們的領袖是拉希德·里達。里達最初對阿卜杜、阿富汗尼都非常尊敬，後來因阿卜杜成為英國支持下的官方神職人員，因為阿卜杜提倡穆斯林與歐洲帝國主義合作，他與阿卜杜疏遠。里達詳述較保守的阿富汗尼泛伊斯蘭主義理念，日後會成為伊斯蘭基本教義派團體穆斯林兄弟會（Ikhwan al-Muslimun）的思想來源。穆斯林兄弟會創立於一九二八年，本身又在亞、非各地催生出多種類似的運動團體。一九三〇年，里達強調烏瑪需要「類似日本那樣的獨立更新，以促進我們的經濟、軍事、政治利益，發展我們的農業、工業、商業財富」。烏瑪肯定不需要「仿效西方文明」，土耳其和埃及嘗試這麼做，結果造成大禍。

133

薩拉斐伊斯蘭最初在政治上勢力不大——里達完全未參與埃及一九一九年的反英暴動——但隨著一個又一個追求現代化的專制統治者殘酷鎮壓伊斯蘭主義團體，薩拉斐伊斯蘭在二十世紀下半葉在地下日益壯大。這股意識形態傳到其他地方，其中以傳到阿富汗所帶來的災難最為嚴重。在阿富汗，透過艾曼·札瓦希里（Ayman al-Zawahiri，策畫刺殺埃及總統沙達特的人物之一），這股意識形態與阿拉伯半島上更為嚴謹自持的瓦哈比伊斯蘭合流（奧薩瑪·賓拉登即是瓦哈比伊斯蘭的象徵人物）。埃及、突尼西亞、敘利亞、阿爾及利亞的伊斯蘭基本教義派分子，逃離本國西化、專制政權的迫害，齊聚於阿富汗，開始策畫推翻親西方、追求西化的政府；他們也開始鎖定這些政權背後的主要西方靠山美國和歐洲，把阿富汗尼的國際主義反帝思想和往往充滿浪漫情懷的伊斯蘭復興主義轉化為全球聖戰信仰。

阿富汗尼革命性濃厚的伊斯蘭團結、反西方主義方案，也在其他地方得到採納：

殖民主義已瓜分我們祖國，已使穆斯林分化為數個不同的族群……要將穆斯林民族團結為一，要從殖民者手中收回穆斯林民族的土地，要推翻殖民主義的代理政府，我們唯一的辦法乃是著手建立我們的伊斯蘭政府。當我們有能力消滅背叛的源頭、偶像、人的肖像、在世間散播不公不義和腐敗的假神，這一政府就會大功告成。[134]

這可能出自伊斯蘭情操較濃厚時的阿富汗尼，但其實出自阿亞圖拉何梅尼之口。阿富汗尼可能有點類似九一一事件後餘波盪漾那段期間美國所想找到的那種穆斯林盟友——也就是二〇〇二年美國大使在喀布爾演說中似乎暗示的那種穆斯林。事實上，他是第一位把「伊斯蘭」與「西方」視為涇渭分明兩種概念來使用的伊斯蘭大思想家。[135]在其他許多方面，他走在他那時代的前頭，參與民眾運動，在穆斯林民眾的政治意識還很淡薄時高談穆斯林團結和叛亂。他的伊斯蘭反帝國主義，如今可視為開啓了一個政治行動主義者和革命分子的傳統，而且那傳統在一百多年後對西方現代性的龍頭發動的一場重大攻擊中達到最高峰。

賓拉登與阿富汗尼一樣遊走各國，觀察穆斯林的衰敗，但與賓拉登不同的，阿富汗尼不提倡恐怖主義暴力。他親眼目睹歐洲債券持有人在埃及和菸草商人在伊朗暗中為害的影響，早早就認知到西方的強大不只是靠軍力，且光靠軍事無法抵抗西方。他很有先見之明的警告穆斯林統治階層，勿配合或盲目支持西方的地緣政治利益和經濟利益。他未能使當時的穆斯林統治者聽進他的警訊，使他晚年時深感先知遭拒的悲痛：他告訴在伊斯坦堡拜訪他的德國記者，「整個東方世界已完全腐爛，無法聽到真相、採納真相，因而我盼望有場洪水或地震把它吞噬、埋葬。」

數十年後，馬赫迪·巴札爾干（Mehdi Bazargan，一九〇七～一九九五，伊朗伊斯蘭共和國首任首相）之類穆斯林領袖，會怪阿富汗尼把政治精力投注在統治菁英而非一般百姓上。阿富汗尼本人似乎了解到自己犯的錯。晚年時他似乎從直接民主的理想得到很大的慰藉。在很可能是他生前最後一封信中（寫給某波斯外交官），他哀嘆他會來不及目睹東方即將到來的覺醒，就會離開人世。他悲嘆他把他思想的種子虛擲在王權的「鹹性、貧瘠土壤裡」：

> 因為我播在那土壤裡的種子從未能長出來，我栽在那微鹹土裡的東西全死掉。在這整個期間，我出於好意提出的意見，東方的統治者全未聽進去，自私和無知使他們聽不進我的話……很遺憾未把我思想的種子全播在聽得進去的人民思想土地裡！136

被蘇丹阿卜杜勒哈米德困在伊斯坦堡後，阿富汗尼終於承認他所追尋的那種政治動員，不會是由專制君主領導的政治動員，不管那君主開明與否皆然。需要來自下層而更為激烈且受人民歡迎的革命，而且這些革命必須把壓迫的上層結構和基礎都打破。誠如他所說的，「革新之流迅速流向東方。盡可能摧毀這一專制政體的基礎，盡可能不要將其個別代理人連根拔起丟棄。」[137]

阿拉伯之春終於將人民群眾運動帶到中東。但如果專制政體的個別代理人定期遭到驅逐，然後又一再以新的化身回來，該怎麼辦？如果專制政體的基礎仍不動如山，該怎麼辦？如果外來的干預和內部的衰弱抵消掉群眾民族主義動員的成果，而親西方的專制統治者若非長期在位不去，就是定期出來掌權，那該怎麼辦？阿富汗尼所視為己任的那份工作，其工程之浩大，由他所處理的那些難題至今仍如以往頑強難治，由它們的影響如今不只擴及他所走過的穆斯林國家，還擴及世界其他地方，可見一斑。

第三章

梁啓超的中國與亞洲的命運

歐洲認為她已把如今一身歐式穿著的這些年輕人全征服了。但他們恨她。他們在等待一般人所謂的她的『秘訣』。

安德列・馬爾羅《西方的誘惑》（一九二六）
中的一位中國知識分子

令人欣羨但舉世無雙的日本興起

一八八九年，當阿富汗尼在波斯鼓動反外風潮時，奧圖曼快速帆船「埃爾圖魯爾號」（Ertuğrul）啓航前往日本展開親善之旅。船上有一些奧圖曼高階軍官和文官，船航行了九個月，途經南亞、東南亞多個港口。有關奧圖曼帝國的傳說，在東亞流傳已久，這艘船每次停靠，都有大批穆斯林來到港口目睹「伊斯坦堡偉大蘇丹的軍艦」。[1]這艘配有大炮的快速帆船雖然有點破舊，卻似乎是最後一位偉大穆斯林統治者奧圖曼蘇丹之權勢的活見證。

它也說明了那些受苦於日本記者德富蘇峰三年前筆下所謂之「難以忍受之情況」的人民，對日本的日益著迷：

> 今日世界是文明民族以專橫手段消滅野蠻民族的世界……歐洲諸國站在暴力的頂峰，以武力原則為行事基礎。印度已遭消滅。緬甸會是下一個。剩下的國家將只是保有名義上的獨立。波斯的前景多麼黯淡！中國的前景呢？朝鮮的前景呢？[2]

至少日本的前景較明朗。這個國家經過短時間以西方為師之後，正要脫離其歐洲主子的擺布，而奧圖曼人、埃及人、波斯人努力現代化，卻已陷入對西方列強嚴重的政經依賴。這艘奧圖曼快速帆船的東方之行，說明日本驚人快速且獨特的崛起，正如何讓各地的亞洲人看得目瞪口呆。

奧圖曼官員受到日本政治菁英（包括總理和天皇）的接待；日本人帶他們參觀閱兵，參觀工廠。日本人一心欲和西方平起平坐且已有長足的進步，因而往往瞧不起他們貧窮的亞洲兄弟。一八八五年，福澤諭吉已建議，由於亞洲諸國無可救藥的落後、衰弱，日本應「脫亞」，與「文明的西方諸國」站在一起。[3]這是當時日本菁英的主流心態。

但對於「文明的西方諸國」在亞洲的真正意圖，也有一些不同於主流意見的聲音，而在日本蔚為奇觀的這些奧圖曼人，在當地如願激起某種新萌發的契合之感——日後將轉變為正格泛亞洲主義的早期心態。日本流通量最大的報紙《日日新聞》歡迎這批奧圖曼人的來訪，對已遭歐洲人公然施以離譜惡行的這個國家表示同情：

> 不公且專橫的治外法權制度，最早用在他們身上。他們的國家還未能擺脫那些枷鎖。後來歐洲將這些作為用在東方其他國家身上，我們國家也受到這一恥辱。土耳其人和我們一樣是亞洲人……於是，他們登門，傳達他們的友誼。[4]

埃爾圖魯爾號返國途中撞上岩礁而沉沒，船上四百多名土耳其人命喪大海，在日本各地引發一波同情。許多日本人慷慨解囊，捐款給為船難倖存者設立的基金，全國各地為死者舉辦了宗教儀式。兩艘日本軍艦將倖存的六十六名土耳其人一路送到馬爾馬拉海。蘇丹阿卜杜勒哈米德在伊斯坦堡親自接待日本海軍軍官，將獎章別在他們身上。

整個一八九〇年代和一九〇〇年代，伊斯坦堡對日本的敬佩之情有增無減，特別是在日本於一九〇二年與英國簽署軍事協定，象徵日本從此在由歐洲規定的國際關係體系裡取得平起平坐地位之後。那是奧圖曼人努力了幾十年都未能如願的事。一心欲鼓動泛伊斯蘭主義熱潮的阿卜杜勒哈米德，不安於日本天皇在亞洲地位的上升。他聽從阿富汗尼的建議，委婉拒絕了日本天皇希望派穆斯林傳道士到日本的提議。但他也很感興趣於日本人如何在現代化的同時仍效忠於天皇。一八九七年，即阿富汗尼死後不久，從耶爾德茲發行而作為奧圖曼蘇丹之喉舌的報紙於社論中寫道：

> （日本）政府具備高超的智慧和堅定追求進步的意識形態，已在其國內執行並推廣歐洲的工商業（方法），且拜許多（教育機構）之賜，已使整個日本成為一座進步的工廠；該政府已試圖藉由某些方法，例如慈善機構、鐵路，簡而言之，無數的文明方式，來滿足社會的需要，進而取得並發展日本的前進能力。[5]

青年土耳其黨忿忿於奧圖曼帝國未能與西方列強平起平坐，把這歸咎於他們落伍的君主政體，而從日本與英國結盟和後來日本於一九〇五年打敗俄羅斯，他們得到不同的感想。流亡在外的艾哈邁德·里札於一九〇五年在巴黎寫道：「我們應該注意日本，這個民族未將公眾的愛國情操、祖國的優點與其人民生活分開，儘管承受創傷，但著手消弭威脅其生存的任何一種危險，因而必然保住其民族的獨立。日本的成功……是這一愛國熱忱的結果。」[6]

對不久後將掌權並在奧圖曼帝國的廢墟上打造民族國家的青年土耳其黨來說，日本提供了清楚的啓示。這些懷著欣羨之情觀察日本之進步的局外人，未看到這國家改頭換面時的極端暴力，也未注意到後來使日本成為歐洲帝國主義國家之難纏對手的那些朝順從、軍國主義、種族歧視發展的趨勢——一九二四年時，日本已將從東北方的阿留申群島到印度邊界之間幾乎所有歐洲主子趕走，占據或支配亞洲大陸上這一大片土地。對十九世紀晚期的許多亞洲人來說，日本成功的明證，就在它能要求與西方平起平坐；而在奧圖曼帝國，對於那些曾努力往這方向走但慘敗收場的人來說，這一明證昭然若揭。

長久的鎖國使日本一八六八至一八九五年的改面換面特別令人吃驚。奧圖曼人在整個十八世紀期間就惴惴不安了解到歐洲在知識上的蓬勃發展——啓蒙運動、法國大革命。但日本人是在一八〇八年，在仔細詢問獲准入境通商的寥寥可數荷蘭商人之後，才得知法國、美國革命之事。當時日本已驅逐所有外國人，只允許荷蘭商人保留位在長崎港內小島出島上的商館。

為使中國和印度一樣倚賴由西方列強界定的「自由貿易」體制，英國在中國先後強行設立了多個租界。一八四〇年代，中國境內出現第一個這樣的租界。但就連這個龐大鄰國不幸的消息，也遲遲才傳到日本。一八四四年，荷蘭國王向日本幕府將軍致上一封正式的建議函，稱頌自由貿易放諸四海而皆準的好處，且委婉指出中國的受辱，藉以儆戒他國勿抗拒這一「沛然莫之能禦」的世界趨勢。結果，日本人給了很不客氣的回覆，請荷蘭國王勿再費心來信。[7]

但日本的鎖國就要劃上句點。在印度和中國沿海站穩腳跟的英國老早就看上日本；英國船常帶著威嚇姿態沿日本海岸往北航行。但迫使日本在鎖國與開國間做出決定者是新興的西方強權美國。一八四四年征服加利福尼亞全境之後，美國往太平洋彼岸找尋新商機。一八五三年，培里准將率四艘軍艦駛入東京灣（當時稱江戶灣），遞交美國總統給日本天皇的信，信一開頭寫道「你們知道美利堅合眾國的國土如今從大海綿延到大海」，[8]語帶威嚇之意。培里要求拜見天皇遭拒之後，悻悻然撤走，並暗暗威脅如果日本人不同意向美國開港通商，他會帶著更強大火力再度登門。日本人未照辦。他說到做到，再率艦隊前來；日本人低頭屈服。

漫長鎖國期間，已有許多日本人向出島上的荷蘭商人、水手學習西方知識，從而清楚了解西蠻的長處，認識到日本若本身不夠強大，再怎麼抵抗都是枉然。幕府將軍給予美國人通商權，准其派駐領事，令日本貴族和武士大為不滿。不久，英、俄、荷三國也要求援例辦理。

向外夷低頭和日本所長久保有的主權一再遭侵犯，使幕府將軍大失民心，最後爆發一場反幕府將軍的大叛亂。在這同時，美國人索求更多特權（例如治外法權），且從愈來愈無力招架變局的舊政權得到所要的東西。最後，在既得滿足外國人索求，又得安撫國內仇外心態下，左支右絀的幕府垮台，明治維新登場。

美國的向西擴張和歐洲列強的彼此較勁，突然開始左右日本的政治。在西方軍人、外交官、商人面前，日本人就和埃及人、土耳其人、印度人、中國人一樣卑下可憐。但日本接下來的發展，與其他亞洲國家所立下的倚賴模式完全背道而馳。

受過教育的一代日本人在明治維新裡位居要職，其中有些人見識過西方社會。他們認知到盲目仇外無濟於事，敏銳剖析了日本在科學、技術上的落後，日本相對於西方的弱點，然後急切著手將日本整頓為現代民族國家。

為此，他們請出深居宮中的天皇，將他奉為擁有自成體系之神祠和神職人員的新愛國主義宗教的象徵。佛教遭罷黜，由多種信念和儀禮構成的神道教則成為國教，成為用於打造民族國家的另一個膠合劑。日本派學生赴海外留學；派代表團去西方，其中許多代表團包含了後來日本的領導者和思想家，例如福澤諭吉。從教育到軍事，各個領域的外國專家都受到日本的歡迎。西方穿著和髮型受採用，基督教傳教士受到包容。一連串辛苦的努力化為一八八九年的憲法。這部憲法把天皇尊崇為神，卻試圖在其他細節上仿效西方。

明治諸政治家以西方為師奮發圖強時，其所面對的障礙，很幸運的少於追求現代化的奧圖曼或埃及政治家所必須應付的（也少於後來中國政治家所會經受的）。日本這個小國由單一民族組成，此事有助於他們施展其組織長才。武士、富商之類群體，未像穆斯林世界裡的傳統菁英那般抗拒現代化。事實上，武士這群遭取代的菁英，可在國家統一大業上重新找到大展身手的機會。

日本的經濟原本就強健。「蘭學」，即有用的西方知識，在培里准將叩關之前許久，就已在日本流傳。強大的本土銀行－商人傳統和有效率的收稅制度，使日本經濟未像第一個追求現代化的非西方國家埃及那樣被外國貸款打倒，淪落為國際經濟裡永遠翻不了身的一員。

此外，明治政府從未忘記其主要目標：徹底重訂日本與西方交往的條件。如果這意味著得接受西方文明的優越地位，誠如福澤諭吉等人所主張的，為了讓國家重振活力和躋身西方強大民族國家之林，這代價似乎不算大。但要讓這發生，以武力強加在日本身上的不平等條約得修改。日本外交官一再就此事請求西方，特別是請求英國人。在日本的西方列強，就屬英國最強烈反對廢除他們所取得的特許權。日本人甚至訴諸討好一途，把自己說成親英者和在東方與英國同等的「文明」國家。一八八六年，要求修改不平等條約失敗，引發愛國日本人的強烈反彈。最後，一八九四年，日本人終於說服英國人同意於五年後終止治外法權。

同年，日本與中國為爭奪對朝鮮半島的控制權而爆發戰爭。這是日本第一次測試其現代化的成果，而且誠如德富蘇峰所坦然表示的，日本「打造在遠東擴張之基礎……與世上其他擴張主義大國並列」的大好機會。[9]中國海軍、陸軍的慘敗，不只有力證實了日本軍力的強大和日本工業基礎、基礎建設基礎的強固，也說明了「文明不是白人所獨有」（德富蘇峰語）。

稅負過重的日本農民已為日本以西方為師的現代化付出沉重代價。不管在哪個地方，這樣的現代化過程，都令最弱勢者苦不堪言。如今，則換中國人受苦。當時住在日本的作家拉夫卡迪歐·赫恩（Lafcadio Hearn）寫道：「新日本的真正誕生始於征服中國。」[10]德富蘇峰歡呼這是「日本史的新紀元」。他埋怨道，白人原把日本人當成「近似猴子」，[11]但如今

我們不再恥於以日本人的身分站在世人面前……過去我們不了解自己，世人不了解我們。但如今

我們測試了自己的實力，我們了解自己，也為世人所了解。此外，我們知道我們為世人所了解。[12]

日本效法「文明」國家的作為，逼中國支付巨額賠款，開放多個內陸港口城市為通商口岸，割讓台灣。根據馬關條約，日本甚至取得遼東半島，後來因俄德法三國干涉，才吐出這塊肥肉。迫於西方壓力歸還遼東半島一事，使日本愛國人士更為不滿（後來俄國逼清帝將遼東半島上的大連港租借給俄國海軍，則使他們的不滿情緒更增，而租借大連港之事造成日、俄間的嫌隙，最終促成一九〇四年的日俄戰爭）。至此，日本在自己領土上不可能再臣服於西方列強。不平等條約於是廢除，一九〇二年，也就是奧圖曼帝國首次試圖在歐洲最強國家支持下爬上國際舞台的將近五十年後，日本與大英帝國結盟。

德富蘇峰得悉締結馬關條約之事時，人正在前往大連日本軍事基地的船上，當時他已是日本最受敬重的記者。德富蘇峰老早就認為，日本國土小且可用於現代化的資源稀少，必須擴張領土（「最迫切之事」），而為了擴張領土，日本得「制訂政策，以鼓勵我們人民在海外從事大冒險」，「及時解決國家擴張的難題」。如今，一八九五年四月，這事似乎變得可為。得知締結馬關條約，他心情愉快。

這是他第一次出國。他後來回憶道，在大連，「春天剛來。大柳樹正在發芽；華北的花朵香氣正濃。田野伸展於眼前；春風拂面。我四處走動，了解到這是我們的新領土，感到無比的快意與滿足。」[13]

得悉日本受迫於西方列強而不得不放棄遼東半島，德富蘇峰為取得新領土而生起的喜悅迅即煙消雲散。他後來寫道：「我一刻也不想再待在這塊已被交還給另一個強權的土地，一找到可搭的船，立即搭船返國。」

德富蘇峰帶了一把沙礫返回日本，以提醒自己所曾遭受的苦痛和羞辱。誠如他所哀嘆的，很清楚的，「東方最進步、最發達、最文明、最強大的國家，仍逃不過白人的鄙視。」而在「受引領了解權力的真諦」之後，[14]誠如他所忿忿寫道的，鼓吹個人權利與自由的德富蘇峰，將從此大聲鼓吹日本在亞洲走帝國主義擴張路線，希望藉此「打破白人的全球壟斷地位，摧毀他們的特殊權利，消除白人的特殊勢力圈和全球暴政」。[15]

對許多中國人來說，日本在西方列強壓迫下吐出遼東半島，完全不值得欣慰；他們的自尊已受創。對他們來說，問題在於那是否會激勵中國走上有意義的自強之路。

一八九五年初期，中國戰敗不久，日軍在黃海攔住一艘中國汽船，上船搜索。這類侵犯中國主權的行為，這時已是司空見慣，但好巧不巧，船上諸多學生包括了二十二歲的梁啓超和其三十七歲的恩師康有為。兩人乘船赴京，以參加科舉考試的會試。

梁啓超後來成為中國第一位引領風潮的現代知識分子。他明晰且豐富的著作，觸及當時所有重要的問題，且預見了未來的許多問題，啓發了包括毛澤東在內的數代思想家。梁啓超孜孜不倦追求知識，將他的中國古典知識與他對西方思想、潮流的敏銳感受治於一爐。而他的人生和人生中的許多知識階段，展現了比其他許多中國思想家——比他更大膽卻更淺薄的思想家——所面對的，還要深刻的兩難問題。那將貫穿此後三十年中國境內所有重大事件和運動。

科舉以儒家典籍為考試內容，挑選「有德」之人為朝廷服務。在中國，考取功名是取得身分地位與威望的手段。通過科考者多於政府所能提供的職缺，但梁啓超、康有為仍能指望躋身菁英階層，即使未必在朝中覓得高職，至少能指望得到教書或經商上的好工作。但除了個人更上層樓，他們還關注其他事。

他們兩人出身廣東省——西方侵略首當其衝的中國省份——廣州市附近的士大夫家庭，都極關心中國的前途，憤怒於中國面對西方挑戰時的無知和束手無策。十九世紀初期，印度知識分子已開始接受——並改造——盧梭、休姆、邊沁、康德、黑格爾的思想；到了十九世紀中期，他們已在關心馬志尼、加里波底的安危。但十九世紀時大部分中國人不知西方國家的存在，更別提那些國家內部的革命。

中國與西方的接觸只在廣州港，廣州受嚴密管理，外國人在此只能從事商業活動，廣州不可能像日本的出島那樣成為西方知識的傳輸站。梁啓超於一九〇二年寫道，最大的問題在於中國已有太長時間「誤認國家為天下」，把其他國家視為蠻夷。[16] 一八九〇年春梁啓超在北京無意間發現談西方的中文書，首度了解到中國在世上地位的低下。

一八七九年，康有為走訪香港，有類似的驚訝感受。他驚嘆於英國人治理下的香港有效率且乾淨，了解到像他這樣受過教育的中國人不該鄙視外國人為蠻夷。後來讀過西方書籍之後，他深信中國不可能永遠保持現狀，短暫鑽研佛學之後，康有為決心重振儒家的社會理想。康有為在廣州某儒家祠廟聚眾講學，一邊準備參加會試，一邊重新詮釋儒家典籍，以支持其改變社會、教育的主張。梁啓超是他門下年輕聰明的學生之一。康有為以書信、奏稿向清廷一再力陳改革的刻不容緩，十年來未見成效。如今，在前往北京的船上見識到日本人的傲慢，使他更加堅信改革的必要，且使他言語更為肆無忌憚。他甘冒大逆不道之罪，告訴一同進京趕考的同學，中國已衰敗到和土耳其沒什麼兩樣的境地。土耳其原和中國一樣自信滿滿，如今庸弱不堪，靠著剝削他們的外國人小心維持，才得以不致垮掉。

其實中國的處境比土耳其還要慘。駐伊斯坦堡的歐洲諸國大使，或許頤指氣使的干預土耳其內政，但從未像歐洲列強在北京那樣粗暴動武。土耳其蘇丹從未被迫倉皇離京以躲避他們的報復；伊斯坦堡未遭包圍，伊斯坦堡最堂皇的皇宮也未遭一把火燒光。

從一八三〇年代晚期（伊斯坦堡正啓動坦志麥特改革之時），到第二次世界大戰，中國飽受欺凌、羞辱。而中國人驚駭的程度更甚於土耳其人，因為他們活在唯我獨尊、自給自足的假象裡的時間，比奧圖曼人更久。梁啓超於一九〇二年指出，「我國以開化最古聞於天下，當三千年前歐西狉狉獉獉之頃，而我之聲明文物，已足與彼之中世史相埒。」[17]

這番話不純粹是受威脅下標榜自身文化的自衛表現。中國文化可追溯到四千年前，並在西元前三世紀時就達到政治一統的局面。如果說漢唐兩朝已誕生中國的歷史經典著作和中國最偉大的詩篇，宋朝則建造了橫跨中國的道路、運河網。中國在科學、藝術上，在透過競爭性的科舉取材，發展出先進的政府官僚機構上，都曾獨步全球。中華帝國從受過儒家典籍教育的各省士人招募官僚，帝國存續倚賴中國各地地方菁英的效忠，更甚於倚賴強制手段。

一如在伊斯蘭國家所見，一貫的文學傳統和發展自權威典籍的一套道德規範，使中國文明具有特別高的一致性，使該文明成為日本、韓國、越南之類鄰邦最汲汲效法的文化典範。來過中國的西方人，其中許多是耶穌會傳教士，回歐洲後生動描述了儒家文人的泰然自若、練達、嚴守道德，使伏爾泰、萊布尼茲之類啓蒙運動哲學家瘋狂愛上中國，使新興的歐洲消費者熱衷收藏所有來自中國的東西。

與亞洲沒落、西方興起的一般認知相反的，十八世紀的中國，經濟非常蓬勃，發展出自己的經濟形態，且與整個東南亞有貿易往來。儘管一七六〇年中國人規定西方商人只能在廣州活動，中國的絲、瓷器、茶葉在歐洲（和美洲殖民地）銷路仍很好。緬甸、尼泊爾、越南（和遙遠的爪哇）之類進貢的鄰邦，支持北京的唯我觀：中國皇帝掌理居世界之中的王國，有權利統治「天下」。清帝國於一六四四年由來自中國東北滿洲的遊牧戰士創建，十八世紀時仍在擴張版圖。滿清最後一位偉大皇帝乾隆，親自督導吞併蒙古部分地區和新疆與平靖西藏之事。

千百年來，經過先前歷代王朝以西元前六世紀孔子的學說為張本一再的改良，中國打造出世上獨一無二的傳統社會—政治秩序，而滿人以外族身分入主中國後，未徹底打亂這一秩序。儒家學說屹立於世比伊斯蘭遠更悠久，兩千年來作為中國政府與社會的支柱；儒家的仁、義、孝、忠觀念是私生活與政治生活領域行為、行事的準則。

一如先前蒙古人對待穆斯林國家的方式，滿清未強迫他們所征服的漢人接受他們的生活方式，反倒努力讓漢人相信他們不是暴得天下的北方蠻人。他們支持儒家學說作為社會價值觀、個人價值觀的根源，康熙、乾隆主持儒家典籍的大規模重新詮釋。儒家思想與中國其他宗教傳統相混，且往往被後者凌駕其上。但儒家思想仍是科舉考試的基礎，長久以來有助於中國維持難得的政治一統和意識形態共識。

中國人口於乾隆漫長的在位期間快速成長，使土地的供養能力吃緊。他在位晚期，一連串地方叛亂和經濟危機，說明清帝國的治理已出了問題。滿人貴族的腐敗加劇，因為這原因和其他原因，華北各地爆發叛亂，而且往往是帶有祈盼太平盛世性質的叛亂。十九世紀時出現更多這類的衝擊，特別是由基督教千禧年主義所啓發的拜上帝會領導的太平天國叛亂。但儘管經歷這些危機，堂皇天朝上國的形象仍受到細心的維護：中國仍是世界，其他國家全位在世界的邊陲，微不足道。但這樣的假象無法永遠維持。

鴉片戰爭之前，西方列強就已開始蠶食清帝國的邊陲，吞併已被滿清納入朝貢體系的屬國。經過一八二四年起的多場苦戰，英國征服緬甸，一八九七年將其併為英屬印度的一省。一八六二年，清朝忙於掃蕩太平叛軍時，法國占領越南南部；一八七四年入侵越南北部，一八八三年宣布越南中部的古王國安南為其受保護國。中國人反抗，而在接下來的中法戰爭中，法國重創中國海軍。

一如在奧圖曼帝國所見，軍事上敗於西方列強，使中國官員要求「自強」。與西方漫畫中「儒家」抗拒現代化的心態相反，中國人很快就從挫敗中學到教訓。第一次鴉片戰爭期間見過洋人如入無人之境橫行中國沿海城市的前駐廣州欽差大臣林則徐，於戰爭結束兩年後，寫了封私人信函給友人，強調必須採納現代武器科技。「船炮水軍斷非可已之事，即使逆夷逃歸海外，此事亦不可不亟為籌畫，以為海疆久遠之謀。」[18]

另一位中國士大夫，領導淮軍打太平叛軍的李鴻章，說服保守的清廷設立工廠、造船廠以建造現代武器和船隻，管理中國與列強的關係，在歐洲諸國、美國、日本的首都開設公使館，派學生赴海外留學。一八七〇年代，李鴻章還協助創設了中國第一批煤礦、電報網、鐵路。

和埃及、奧圖曼土耳其的遭遇一樣，中國初萌的工業面臨了自由貿易的英國所強加的那種無法克服的障礙；拚不過歐、美、日本的製造業者。與受歐洲列強直接占領的國家不同的，中國是「半殖民地」，而誠如梁啓超於一八九六年所指出的，在半殖民地，「西人以兵弱我者一，以商弱我者百。」[19]但在李鴻章協助下，中國不久後出現少量的工業製造業，中國最早的棉織廠、鐵工廠問世。

英國商人希望盡可能撐住搖搖欲墜的滿清，因此積極協助。一八八九年，英國小說家吉卜林（Rudyard Kipling）與其中某些商人在香港一同用餐時，認為現代化的中國不是件好事。他斥責這些人竭盡所能「把西方的興奮劑——鐵路、電車軌道和諸如此類的東西——強行施打在這個大帝國身上。中國真的醒來，怎麼辦？」[20]吉卜林的憂心有其道理；但這樣的中國要百年後才會出現。眼下，誠如奧圖曼人所體認到的，零星漸進的現代化無濟於事——一八八四年，法國人只花了一小時，就滅掉李鴻章於福州協助創設的中國海軍兵工廠（福州船政局）。

這一師法西方敵人長技的小小舉動，激起國內最強大保守勢力士大夫的激烈反彈，他們憂心失去他們對人民的司法管轄權、道德威信之後，將使歐洲的思想、作風長驅直入中國。在中國這麼遼闊且古老的國家，西方的震撼要到十九世紀最後十年才深入民心到足以促成改變。嚴守儒家價值觀且絕對效忠皇上的士大夫知識界，大體上仍不動如山。靠己力闖出事業的地方年輕人，例如孫中山，已開始懷抱推翻滿清的理想，但對大部分士大夫來說，即使是稍稍修改由政治上反動、財政上恣意揮霍的慈禧太后主持的帝國體制，都是不可能的事。為了修建頤和園，慈禧太后幾乎用掉國庫所有資金。

十九世紀開始時，中國還享有貿易盈餘，但到了十九世紀末年，已背負巨額外債。高達四分之一的政府收入用於支付外債和賠款。外國人直接治理十六個城市裡形同迷你殖民地的租界：一如在奧圖曼土耳其、埃及所見，在租界裡，外國人犯了再重的罪，捕快、衙門都無權將其捉拿治罪。

國際舞台的慘痛教訓再也不能視而不見，特別是在一八九五年，被大部分中國人看不在眼裡的小日本竟在甲午戰爭中打敗中國之後。在中國港市威海衛，日本人從後方悄悄摸上陸地，拿下中國的火炮，用來對付海灣中的中國艦隊。隨著日本在後來的馬關條約中取得最肥美的戰利品，在其他地方，帝國主義者更為肆無忌憚。西方列強已在非洲、東南亞爭相瓜分勢力範圍。清朝中國似乎是更容易得手的肥肉。

英國逼中國租出威海衛和香港島北邊的新界。法國在海南島建立一基地，取得華南諸省的採礦權。德國占領山東局部。就連晚了許久才介入中國事務的義大利，都要求中國割讓土地（但並未如願）。美國未參與瓜分中國之事。但由於往西擴張達到極限且急欲取得外國市場，美國於一九〇〇年宣布「門戶開放」政策，把非正式的自由貿易帝國的獲利，精明的留給外國人，而把治理的成本和責任由中國人自己擔負。

頭幾波改革衝動

一八九五年四月十五日，馬關條約的內容公布時，梁啓超已和康有為、其他數百名舉人來到北京，爭取兩百名的貢士名額。這消息從沿海城市迅速傳到內陸，令中國人感受到與鴉片戰爭所帶來不一樣的傷痛。一名從報上得知消息者後來憶道：過去，中國青年不關心時事，但如今我們震驚……大部分受過教育者過去從不討論國事，如今想討論：為何別人比我們強，為何我們較弱？[21]殘酷的事實擺在眼前，清朝二十年的「自強」運動——建兵工廠和鐵路——白忙一場。除了得支付歷來最巨額的賠款，宣告放棄對其最後一個重要藩屬朝鮮的宗主權，還首度被迫割讓一整個省（台灣）給外國。

行動主義者孫中山憤慨於清廷的喪權辱國，靠著向海外華僑募得的款項，決定在廣州起事。但消息外洩，計畫遭官府打斷。孫中山被迫逃亡日本，然後轉到倫敦，在那裡結識來自印度、埃及、愛爾蘭的其他許多民族主義者和激進分子。

在一八八四年曾目睹中國慘敗於法國之手的康有為，無意走推翻滿清如此極端的路子。但曾從中國學習先進文明的日本，如今加諸中國如此的奇恥大辱，迫使康有為做出清朝政治史上從未有的舉動。他糾集舉人一同上書光緒皇帝，籲請勿接受馬關條約。年輕、軟弱的光緒，完全聽命於慈禧太后的擺布。

這一事件的不凡之處很容易遭到忽視。身為渴盼走入仕途的寒微之士，康有為人微言輕；他的萬言書，呼籲全面改造經濟、教育制度，用意無異於推動一場由上而下的革命，也就是坦志麥特式的體制大變革。特別的是，他的請願書送到皇帝手上，皇帝看了，還命人謄了副本轉呈慈禧太后。請願如石沉大海，朝中保守派最後逼康有為離開北京。但他已在從未有糾眾集會、聯名請願之事的中國，立下了劃時代的先例；他已開啓了無異於梁啓超後來所謂的中國歷史上第一場群眾運動。22

此後，康有為投身於宣傳和組織工作，設立以啓迪士大夫為宗旨的學會，例如強學會。這些志願性組織設立圖書館、學校，發表旨在使中國「人民」——此前聞所未聞的一個分類——更敏於回應皇帝之作為、更積極參與公共生活的計畫，往往受到政治立場相合的封疆大吏協助。

費心謄抄數份上述萬言書的梁啓超大為振奮。一八九〇年，即在廣州結識康有為那一年，梁啓超到上海，已見到一張世界地理略圖和數本歐洲書籍的中譯本。一八九四年他擔任英國傳教士李提摩太的中文秘書時，眼界更開。李提摩太把介紹歐洲進步史而立場上支持變法圖強的一部英國著作譯成中文，出版後風行一時。

次年，梁啓超成為強學會北京分會的書記員，並在私人捐款資助下創辦了報紙《中外紀聞》。該報遭清廷查封後，他去上海，一八九六年創辦另一份報紙《時務報》。《時務報》只發行了兩年，但因為登出論工業化與現代教育刻不容緩的文章，該報閱讀者眾，其中許多文章出自梁啓超本人之筆。

梁啓超因這份報紙成為中國最有影響力的記者。

在阿拉伯世界，報紙在阿富汗尼協助下成為鼓舞現代化的工具，至這時已將近二十年。在印度，出現辯論、討論的公共領域，則已將近百年。中國在這方面起步相對較晚，而梁啓超想彌補這段時間落差。他在一篇篇文章中強調政治改革的刻不容緩，認為政治改革比科技改變重要；政治改革的關鍵在廢除行之已久的科舉考試，建立全國性教育體系，以為新中國培養愛國而有自信的公民。因為

> 學堂之中，不事德育，不講愛國，故堂中生徒，但染歐西下等人之惡風，不復知有本國，賢者則為洋庸以求衣食，不肖者且為漢奸以傾國基……中國武備不修，見弱之道一，文學不興，見弱之道百。[23]

梁啓超呼籲徹底修改現行體制，卻也未對儒家的吸引力，或未對中國社會與國家的傳統結構視而不見。在這結構中，個人忠於家庭，而士大夫菁英扮演朝廷與人民的中間人。他仍希望先喚醒士大夫重視國家建造大業。一八九六年在湖南向學者講話時，他說：「今二三子儼然服儒者之服，誦先王之言，當思國何以蹙，種何以弱，教何以微，誰之咎歟？」[24]事實上，他最初和康有為一樣忠於清朝統治體制；令孫中山大為振奮的推翻清朝的想法，並未出現於他的未來政治計畫。但他的知識發展路徑，最初亦步亦趨於康有為，這時卻已開始顯露分道揚鑣的跡象。

誠如梁啓超所漸漸了解的，中國的古老君主制已成為維護現狀和維護知識一致、政治一致的勢

力；如今它除了維持統治王朝於不墜，做不了別的事。國家需要得到被統治者的同意，而只有受過良好教育且具政治意識的公民，能創造出中國欲在無情的國際地緣政治世界裡存活所不可或缺的那種集體衝勁和國民團結。

因與《時務報》經理不和而離開該報後，他於一八九七年赴湖南時務學堂講學，而梁啓超為《時務報》所寫的文章，以及他在該校的講學，都未具體使用主權在民與民族主義這字眼，但主權在民與民族主義的觀念已在暗自滋長。最初，梁啓超搬出中國傳統思想來表達這些觀念：「《孟子》言民為貴，民事不可緩……泰西諸國今日之政，殆庶近之，惜吾中國孟子之學久絕也。」[25]

梁啓超漸漸了解到，中國的古老體制本身再怎麼令人讚賞，都無法產生要在由西方民族國家支配的無情國際體系裡存活所必需的組織力和工業力。雖然是傳統教育出身，他已開始脫離鑽研中國典籍、入朝為官的狹窄天地，且將脫離他恩師的思想框框。康有為以儒家賢者自居，把中國的振衰起敝當成自己的道德使命。為此，他毫不遲疑著手重新闡述儒家思想。梁啓超將有大半輩子走上另一條路，然後再重拾他年輕時的某些理想。

事後來看，特別是從外界看去，儒家學說像是個抽象哲學或國家加諸中國人的一套信念——而國家是輕易就遭人主動揚棄的東西。但儒家學說在中國淵源久遠，藉由共識提供了中國政治秩序的宗教性支柱和意識形態支柱。它支持君權原則；它所設想的唯一政治社群是大一統帝國，忽視作為西方傳統之最重要成分的城邦國家和民族國家。按照儒家學說，國家的職責在於維護儒家的道德教誨，而非政治上、經濟上的擴張。

因此，對康有為來說，一如對晚清其他許多改革者來說，儒家學說是無可指摘的。就連後來與恩師徹底分道揚鑣的梁啓超，都一直自認是一套獨特之文化理想與信念的實踐者——這套理想與信念界定中國的特色和侷限，程度上即使未大於基督教之界定西方的特色和侷限，至少無分軒輊。儒家學說存世特別久遠，是它受到如此尊崇的原因之一。它對統治者和被統治者所要求的社會規範、道德規範，似乎是維持秩序所不可或缺。過去的農民起事挑戰儒家體制和其主要代表，士大夫，但藉由將它們解釋成在造背離儒家學說的中國統治者和官員的反，就可化解這一對儒家的挑戰。

但西方資本主義與基督教所帶來的新外來威脅，無法用這樣的解釋就輕易化解掉。事實上，隨著這些壓力於一八五〇年代增強，許多清朝官員以防禦心態提出極端保守的儒家信念、實踐觀：保住他們的道德威信與司法管轄權的一種觀點（類似的強化宗教、道德信念體系之事，也正在印度、錫蘭、穆斯林世界裡展開）。

康有為、梁啓超要求政治革新和公眾參與政府一事為何是十足激進，原因在此。他們所處的環境裡，精通儒家典籍和考取功名，乃是士大夫取得權力與地位的途徑。儒家道德規範強調由人我之間的道德義務所維繫的階層式社會，而維護這一道德規範於不墜是士大夫的職責。這一具有高度社會責任感、舉止文雅、講究禮儀的菁英階層，為中國各地的村鎮提供了理所當然的社群領袖。例如，儒家學說提供了科舉考試的內容：數百年來作為科舉考試之標準文體的「八股文」，以四書命題。

這類流於形式的教育顯然不合於現代所需，而儒家對私德的強調，也無法創造新國家所必需的公德。作家暨翻譯家嚴復於一八九五年的文章中，描述了中西的鮮明差異：

中國最重三綱，而西人首明平等。中國親親，西人尚賢。中國以孝治天下，而西人以公治天下。中國尊主，西人隆民。中國貴一道而同風，而西人喜黨居而州處……其於為學也，中國誇多知，西人尊新知。其於災禍也，中國委天數，而西人恃人力。[26]

康有為清楚看出，中國要救亡圖存，只有吸收西方某些長處一途。在這同時，必須以某種形式保存儒家思想，以保住中國的政治、社會基礎。換句話說，為了拯救儒家思想，得予以改造。

隨著來自西方的壓力曝露清帝國的不堪一擊，許多士大夫也生起類似的憂心，到了十九世紀末期，康有為的想法已引起許多人的共鳴。但儒家思想如此崇高，如此根深蒂固於中國土壤，要如何將它摒棄？這種社會變遷哲學，具有如此濃厚的秩序、連續性象徵意義，要如何予以重新詮釋？

康有為類似穆斯林世界裡將伊斯蘭的真理視為完全不能受質疑的保守改革者，甚至類似把印度傳統視為十足適於用來建立新國家之資源的甘地。他們都面臨了一個難題，即必須產生一套足以確保國家存活於現代的新價值觀，同時又要尊重行之久遠的傳統，也就是得讓外界覺得他們忠於國家，同時又要採用西方進步的某些秘訣。

所幸，在過渡到新國家觀、新人民觀的這段時期，知識界百家爭鳴，給了以激進角度詮釋傳統一事很大的施展空間。特別是儒家學說原本就以存有競比高下的不同學派為特色。康有為搬出儒學界一個古老爭議，抨擊當時主流的儒學不是孔門真傳，聲稱真正的孔子學說藏於西漢時居主流的今文經學裡。

康有為寫了《新學偽經考》和《孔子改制考》闡述他的觀點，梁啓超並將這兩本書喻為士大夫圈子裡的「火山大噴火」、「大地震」。[27]後來梁啓超說，康有為是儒學的「馬丁・路德」。但康有為認為自己不只是在展開一場與其他儒學家的學術或神學爭辯。一如甘地與《薄伽梵歌》（*Bhagavadgita*）、阿富汗尼與可蘭經，康有為意在使政治改革和群眾動員成為孔子本人關注的重點，以使他的理念與中國的現在、未來搭上關係，使改革派對科學、社會進步的追求得到認可。因此，在康有為對儒家典籍的詮釋中，婦女解放、民眾教育、普選變成這位西元前六世紀聖人關注的重點。

康有為更進一步提出烏托邦的世界大同遠景，在那世界裡，自私和劃分階級的習性將消失，孔子的「仁」將得到實現。但那是未來的事，要等中國一統之後才有機會實現。眼下，康有為甘於強調中國內部建制性改革的必要，因為，誠如他所認為的，中國面臨來自西方的挑戰，而那挑戰不只是政治上，還是文化上與宗教上。西方不只威脅中國的存亡，還威脅儒家思想的存續。他鼓吹建立全國性學校體系或君主立憲或軍事學院，全出於這一憂心。或許康有為還受到日本將神道教立為國教的影響，因而甚至提議將儒教立為國教，將各地的寺廟改為孔廟。

到了一八九〇年代，中國沿海已有許多志願性組織在宣傳他們所謂的「孔教」，康有為把西方的政治價值觀說成儒家傳統思想的一部分，從而使許多士大夫相信這些西方觀念。他以傳統政治理論為武器挑戰傳統政治秩序，而事實表明，這一挑戰非常巨大；中國歷史就此走入一新的激烈變革階段，所有的舊真理都將受到質疑、推翻。

一八九〇年代眾聲喧譁的中國知識界，無疑抛出形形色色的多種改革理念。梁啓超在上海發行他的《時報務》時，曾任天津北洋水師學堂校長的嚴復正在天津創辦《國聞報》和《國聞滙編》。在英格蘭留學兩年的嚴復，是當時少數親歷西方的中國人之一。他翻譯赫伯特．史賓塞、約翰．穆勒、亞當．斯密、湯瑪斯．赫胥黎的著作，使包括梁啓超在內的許多中國思想家得以認識當時西方哲學家的思想，以及更重要的，認識優勝劣敗、適者生存的準達爾文式歷史觀。

一如亞洲許多知識分子，嚴復赫然意識到來自西方帝國主義者的威脅。他在一八九五年寫道，他們將對中國人「奴使而虜用之，使吾之民智無由以增，民力無由以奮」，「彼黑與赭且常存於兩間矣，矧夫四百兆之黃也哉？」（譯按：「黑色、棕色人種尚且常擺盪於生死之間，更何況四億黃種人？」）一如他許多亞洲同輩，嚴復成為社會達爾文主義者，念念不忘於中國可如何富強圖存。誠如他所寫道：「其始也，種與種爭，及其成群成國，則群與群爭，國與國爭，而弱者當為強肉，愚者當為智役焉……且其爭之事，不必爪牙用而殺伐行也。」[28]他還說，生存鬥爭促成自然選擇和適者生存，從而在人類領域裡，促成人力的最大發揮。[29]

嚴復深信西方已嫻熟將個人活力與衝勁化為國力之道。在英、法，人民自認是有活力之民族國家的活躍公民，而非像在中國所見，以舊儀禮為基礎之帝國的子民。嚴復斷言，中國人得像西方人那樣「懂得群居，懂得彼此溝通與互賴，懂得建立法律與建制，以及為實現那目的所需的儀式和禮儀……

我們必須找到辦法使每個中國人把國家當成自己的。」[30] 嚴復的理念似乎與儒家的宇宙和諧觀相忤，且協助將「民族」、「現代」之類字眼在一八九〇年代引進中國詞彙裡，而他的理念將不會受到包括梁啓超在內的數代中國知識分子多大的抗拒。事實上，這些理念很快就得到接受，因為它們貼切描述了中國處境的岌岌可危。

相較於嚴復，譚嗣同之類人物則是傳統派哲學家。譚嗣同為高官之子，理想主義型人物，一八九五年在北京時，想找康有為一晤。當時康在廣州，由他的主要助手梁啓超帶譚嗣同認識佛教和康有為的世界觀，並使他轉而支持康的觀點。譚嗣同是當時見解最獨到的人士之一，想法比他的恩師更為前進，提倡共和而非改良型君主制，高舉民族主義以取代對滿清的效忠。與甘地一樣的，譚嗣同認為需要有不斷的道德行動和道德意識，他把儒家的善擴大為既對現在、未來的社會道德準則保持敏感且個人努力追求自身完美的一種觀念。

至少有幾個星期，這不盡然是北京惆悵茶館裡的書生論政。一八九八年初期，慈禧太后讓二十三歲的光緒皇帝親政，康有為、梁啓超的許多學會、報紙、學堂、與朝中改革派的私底下議論，似乎突然間有了成果。光緒帝一八九五年就已注意到康有為的萬言書，親政後即找他協助改革。康有為於是上了數篇慷慨陳詞的文章，其中一篇談日本明治維新的成功，另一篇談英國統治下印度的孤立無助。他寫道：「變法而強，守舊而亡。」[31]

康有為受召進宮，與光緒帝長談了五小時。六月，光緒帝下了一連串上諭，下令在幾乎各個領域大膽改革，從地方治理、國際文化交流到北京城美化，都在改革之列。有約百日時間，康有為、梁啓超、譚嗣同的權力，和法國大革命之後其他地方任何志同道合知識分子團體的權力一樣大。

光緒帝命未通過會試的梁啓超掌理京師大學堂的譯書局。更令人意外的，光緒帝降旨將他的《時務報》改為官報。梁啓超、譚嗣同陪康有為進宮謁見皇上，在宮中，他們甩掉所有朝禮，輕鬆坐在一塊籌謀改革大計。

但康有為、梁啓超高估了自己的力量。改革衝得太快；廢除八股文之類激進措施，招來強烈反對。變法令仍忠於慈禧太后的朝中保守派驚恐、反感。在頤和園養老的慈禧太后接受溫和改革，但聽信保守派讒言，以為光緒帝接下來會對付她，於是親自出馬除掉光緒。

譚嗣同找人欲先下手除掉慈禧，不料事洩失敗，慈禧因此更加緊剷除維新派。一八九八年九月二十一日，即光緒帝下第一道變法上諭後的第一百零三天，她宣布光緒帝病倒（其實他被囚於皇家園林中的小島瀛台），由她再度掌理朝政。除了廢除大部分的變法上諭，她還下令逮捕康有為、梁啓超、譚嗣同等改革派知識分子。康有為早一天離京前往上海，再從那裡逃到香港。仍在北京城裡的梁啓超避難於日本領事館。譚嗣同前去找他，但只是要跟他道別。

梁啓超求譚嗣同與他一同東渡日本避難，但譚只說「不有行者，無以圖將來，不有死者，無以召後起」，決心赴難。他離開領事館，立即遭捕。他和另外五位梁啓超的同道，包括康有為的弟弟，同遭處死。官府於紫禁城城門宣告處死令。六名死刑犯被押到菜市口，即許多進京趕考的士子往往落腳的地方。在一家茶館外，監斬官命人遞上一碗米酒給他們。大批民眾圍觀，碗破，受刑人被令跪下，人頭落地。

慈禧太后下令對康有為家族刨墳掘墓。清廷懸賞捉拿梁啓超時，梁在日本人協助下逃到天津，再從那裡流亡日本，在日本待了十餘年。當時他才二十五歲。像埃及、土耳其所曾嘗試的那樣由上而下實現現代化的機會，就此在中國消失。一如亞洲其他國家，革命變得無可避免。

日本與流亡之險

《京報》發布的康梁通緝令寫道：「舉人梁啓超與康有為狼狽為奸」，把他說成是得騎在趴在狼背上才能行走的短腿小動物（狽）。[32]這一說法意在嘲諷他在思想上倚賴康有為，但不合事實。政治立場比恩師務實的梁啓超，已開始脫離康有為的思想框架。

梁啓超時時求知若渴，搭船前赴日本途中，就已開始學日語。抵日本後不久，他即創辦一份報紙——資金大部分來自横濱華商——從日文書籍吸收到新觀念，即將新觀念傳達給同胞，而這時他的聽眾除了士大夫，還有學生。他在湖南教過的學生，有許多來日本投奔於他。梁啓超將他們安置在自己的住所，一八九九年他靠華商資助創辦一所學校之後，才將他們改安置在該校。

康有為遊歷印度、西方時，梁啓超在日本闖出自己的天下，成為中國最有名的知識分子，主要探討民族主義問題——他接受社會達爾文主義的世界秩序觀，因而覺得釐清民族主義問題特別迫切。一九〇一年他在日本所寫的某篇文章中嚴峻地論道：「凡人之在世間，必爭自存，爭自存則有優劣，有優劣則有勝敗。劣而敗者，其權利必為優而勝者所吞併，是即滅國之理也。」[33]

這時，中國知識分子分裂為兩派，一派是康有為、梁啓超之類的改革派，一派是以孫中山為代表的反滿革命派。但梁啓超的文章常超越派系藩籬，得到中國境內各種不同意識形態者共鳴。胡適是自由主義思想家，對梁啓超批評甚烈，他就坦承（口吻令人想起穆罕默德．阿卜杜對阿富汗尼的稱頌）：「他引起了我們的好奇心，指著一個未知的世界叫我們自己去探尋。」[34]

梁啓超所置身的環境，對他助力甚大。對受過教育的中國人來說，當時的日本是文化、教育的中心，就和巴黎在西化俄羅斯人心目中、倫敦在受殖民印度人心目中的地位一樣；一九〇〇年後數千中國人東渡日本留學，回國後身居要職。明治維新後日本人已吸收許多西方思想，日本讓梁啓超等許多中國人首度體驗到現代文明，使他們幾乎個個不得不重新評估自己過去的世界觀。「民主」、「革命」、「資本主義」、「共產主義」之類詞語，就透過日語成為中文詞彙。

以中國為中心的世界觀，已被西方列強的入侵砸碎；梁啓超將開始描述中國所不得不接受並因應的嚴酷政治現實：

> 由於自滿自惰，墨守舊習，至今閱三千餘年，而所謂家族之組織，國家之組織，村落之組織，社會之組織，乃至風俗、禮節、學術、思想、道德、法律、宗教一切現象，仍當然與三千年前無以異。[35]

這是誇大之詞，但由於梁啓超自覺面臨的挑戰極為艱鉅，如此陳詞也就可以理解。中國是世上最古老的國家之一，但中國人把中國視為國家？中國人能揚棄儒家對自我修身的強調，體會到何為公民團結？中國的體制能得到充分的翻修，以因應國際政治的挑戰？現代中國能在不摧毀中國引以自豪的文化認同下誕生？梁啓超提出這些複雜的大問題，但未提出清楚的解答。但他以比其他任何中國知識分子還更有力自信的口吻，提出這些問題。他已透過他的報紙、學校、學會，向最封閉保守的中國士大夫宣傳改變的刻不容緩，從而已播下後清時代的中國種子。他的文章被人從日本偷偷帶回中國，將啓發下一代的思想家和行動主義者。

但梁啓超得先在他的日本東道主和留日華人團體的政治糾葛中闖出一條路。一九〇五年擊敗俄國，一九一〇年吞併朝鮮之後，日本將成為自信滿滿的帝國主義強權，但一八九八年梁啓超到日本時，日本還遠談不上是這樣的國家。當時日本效法其他帝國主義強權，想在甲午戰爭後從中國拿到它應得的戰利品；一九〇〇年，日本將與西方列強聯合出兵鎮壓拳亂。

但日本擔心中國遭瓜分的心態，就和歐洲列強擔心奧圖曼帝國四分五裂的心態如出一轍：讓亞洲病夫活著比讓它死掉有利，因為那使中國免於混亂，可恣意欺凌。日本政治家十分留意百日維新，樂見改革後的滿清能更有效防止中國全面瓦解。他們欣賞康有為、梁啓超無意罷黜皇帝的保守主張。慈禧太后鎮壓改革派時，三次出任日本總理大臣的明治憲法之父伊藤博文人在中國；他悄悄指示日本外交官保護康、梁安全。康有為於一八九八年十一月經香港抵東京時，被當作流亡政府元首來接待，會晤了這位日本最有權勢的政治家。

康有為、梁啓超透過非正式管道得到更大支持。日本雖屬威權政治制度，境內的思潮卻紛然雜陳，非常多元。隨著崛起為世界強權，它開始正視在白種人所主宰的國際體系裡黃種人處境的問題——日本雖然成就不凡，仍被西方列強視為「黃禍」，而且一八九八年美國已從搖搖欲墜的西班牙帝國手中奪得菲律賓，從而在日本的鄰近地區插旗（日本從中國勢力範圍裡拿走朝鮮，亦出於同樣的理由——因為它就擺在那兒任人奪取）。

一如任何新興強權，日本也已開始意識到其遠在國界之外的「國家利益」。對此，德富蘇峰扼要說明道：「遠東諸國任由西方列強宰割，乃是我們國家所無法容忍之事……我們有義務維護東亞和平。」[36] 一八八五年，福澤諭吉呼籲日本「脫亞入歐」時，得到多人共鳴。但現在，對帶有種族歧視性質的西方帝國主義的憂心，使形形色色的日本知識分子和政治人物，開始思考日本的文化認同和日本與中國、亞洲其他國家的古老關係。

這是泛亞洲主義的發端，接下來半世紀日本的自我形象和行動裡，都具有濃濃的泛亞洲主義因素。對許多日本人來說，亞洲諸國積弱不振，任憑西方羞辱、剝削這看法，乃是泛亞洲認同的一個無可否認的堅實基礎；要求種族平等亦然。日本人將努力讓種族平等成為國際關係裡的神聖原則。人多就是力量，而且只要認定日本身為第一個現代化的亞洲國家，能逼西方列強尊重亞洲人，這想法也能帶來力量。透過讓日本支配亞洲，日本甚至能帶領亞洲脫離歐洲人的宰制。

日本境內鼓吹泛亞洲主義者，從一開始就分布於多種意識形態陣營。例如其中之一的永井柳太郎

（一八八一～一九四四）是虔誠基督徒，鼓吹許多自由主義運動（例如全民普選、女權），稱讚社會主義，且致力於提醒日本人提防他所謂的「白禍」。他問道：「如果某個種族奪取了侵占所有財富的權利，為何其他種族不該覺得不公平而抗議？如果黃種人受白種人壓迫，不得不起來叛亂，以求生存，除了怪壓迫者，還可以怪誰？」[37]事實上，許多自居為日本威望之哨兵的日本人，自認在保衛亞洲價值觀，使亞洲免受「白禍」毒害。德富蘇峰認為，處境最有利於「創造真正普世平等與進步」者是日本，而非西方。[38]這些泛亞洲主義者中，有一些是認為應將中國、朝鮮納入日本統治的軍國主義者，還有些人較能體諒鄰邦的處境，熱情接待來自中國、朝鮮、東南亞的政治難民。希望日本現代化以和西方平起平坐的自由主義民族主義者，覺得必須助中國強大以抵禦外國帝國主義者。更有遠見、野心的泛亞洲主義者，認為日本未來將征服亞洲，當亞洲的老大。這類人將包括大川周明之類理想主義者。大川周明是日本最傑出的印度文化、伊斯蘭文化學者，在讀過一本談英國治下印度慘狀的書後，轉而於一九一三年支持泛亞洲主義。

隨著日本更為強大，日本的擴張、支配使命和欲與其他亞洲國家團結的泛亞洲主義想法，兩者將出現矛盾。黑龍會、玄洋社之類組織將變得愈來愈好戰，愈發大力鼓吹日本在亞洲的權利。但泛亞洲主義者圈子裡的政治歧異，影響並不大，至少在初期是如此；許多泛亞洲主義者，出現於日本過渡期，這時正在尋找人生的新目標。明治維新已催生出一整批政治上、知識上的冒險家，這些人往往是武士出身，自認是崇高無私的理想主義者。這些浪人夢想拯救中國，扮演了壓力團體、遊說者的角色。他們往往與十九世紀末期開始抵達日本，因國家一再受西方羞辱，不得不以新的方式界定自己民族身分、申明自己民族尊嚴的中國、東南亞民族主義者在一起。這些民族主義者自視為新興國家、種族、階級的一員，或泛伊斯蘭、泛亞洲之類超國家實體的一員。

宮崎滔天（一八七一～一九二二）就是這樣一位理想主義者。他是職業革命家和職業泛亞洲主義者，早在一八九一年就試圖於中國挑起反清運動，然後，在一八九〇年代更晚時走私槍枝給菲律賓境內的反美游擊隊。一八九七年結識孫中山時，認定他已找到中國的救星。因此，梁啓超於一八九八年秋抵日本和不久後康有為抵日時，策劃過一次起義失敗的孫中山已在日本落腳，且在中國商人、留學生的僑社裡廣結了人脈。那時橫濱已有許多中國學生，而這些人各自的追隨者不久後就到日本與他們會合。支持他們的日本人試圖以振興中華的共同綱領將他們結合在一塊，以資金和意見鼓勵他們將各自的群體合為一個流亡政黨。但十九世紀流亡國外的政治人士，包括亞歷山大·赫爾岑（Alexander Herzen）的追隨者和馬克思的追隨者，通常陷入內鬥，而在日的中國流亡分子亦然。

與康有為、梁啓超不同的，孫中山出身廣州農家。因家貧，他哥哥到夏威夷討生活；孫中山十幾出頭歲時就去該地投奔哥哥。孫中山在教會學校受教育，英語流利，文言文寫得很差。他一身西式打扮，經濟上倚賴華僑，與士大夫康有為、梁啓超所屬的傳統世界，差異猶如天壤。孫中山遊歷西方甚廣，對中國的積弊也有敏銳認識。一八九四年他大膽上書朝廷遭駁回時，深信中國必須推翻滿清，改制共和。這一信念本身照理不利於他與保皇派康有為交往，但善於通權達變的孫中山，很想結合康、梁之力。結果，康有為果然受不了孫中山，認為他是個粗野沒用的冒險分子。身為基督徒的孫中山遭冷遇之後，認為康有為試圖根據現世情勢詮釋儒家學說之舉，乃是毫無意義的書生作為。

康有為無可救藥的優越感，也招來日本人反感。而中國抗議日本讓孫、梁、康三人待在日本，已使日本人感到不安——慈禧太后已把他們稱為中國的三大寇。加諸康有為的壓力升高，一八九九年夏，他前往加拿大，在華僑協助下，在那裡成立了保皇會。梁啓超留下來與孫中山和已從中國前來投奔於他的前學生往來。

接下來日本人努力撮合孫中山與梁啓超；兩人終於達成某種程度的合作，特別是在資金上。梁私底下也更支持孫的反帝制立場。但一八九九年晚期，就在這兩人似乎合作更為密切時，康有為要他到夏威夷、美國巡迴募款。

梁啓超照辦了；康有為仍是他敬重的恩師。但日本的生活已開始將他從恩師的框框中解放出來，一如兩代中國思想家將因日本而解放思想。他閱讀的書種更為廣泛，眼界更為開闊。在這之前他倚賴嚴復的翻譯，這時他則對霍布斯、史賓諾莎、羅素、希臘哲學家有更深的了解，甚至寫了關於克倫威爾、加富爾、馬志尼的傳記性作品。他對中國以外世界的了解大增。

《清議報》，即他抵達日本後旋即創辦的報紙，報導了菲律賓人抗美的消息，英國在南非遭遇的布耳人難題。不管筆下的主題是義大利統一或法國征服越南，當世強國爭奪土地、資源，漸漸成為梁啓超最關注的議題。在日本，他也結識許多來自印度、印尼、越南、菲律賓的革命思想家和行動主義者；其中許多人是一九〇五年日本擊敗俄國後湧至日本。一九〇七年四月，一些日本社會主義者、印度人、菲律賓人、越南人在東京組成「亞洲和親會」時，梁啓超人在日本，而對於另一位流亡日本的中國人章太炎（一八六九～一九三六）的看法，他不認同之處大概不多。章太炎精研佛學，在該會的宣言裡點出文化自豪、政治怨恨、自憐自哀這些當時亞洲難民最常有的心態，聲稱亞洲國家鮮少互侵，以孔子之仁相敬。「百餘年頃，歐人東漸，亞洲之勢日微。非獨政權、兵力浸見縮朒，其人種亦稍稍自卑。」[39]學術衰敗，人人只求功利。

也是該會會員的無政府主義者劉師培，很清楚當務之事。他在其〈亞洲現勢論〉一文中寫道：「今日之世界，強權橫行之世界也，而亞洲之地又為白種強權所加之地。欲排斥白種之強權，必排斥白種加於亞洲之強權。」[40]協助梁啓超辦《清議報》的歐榘甲，敦促中國人以菲律賓人為借鏡，菲律賓人雖是無國之民，卻極力反抗美國人統治。菲律賓人的處境令流亡日本的中國人感觸特別深。馬君武，梁啓超圈子裡的另一位知識分子，將一八九六年被西班牙人處決的反帝國主義詩人黎薩（Jose Rizal）譽為亞洲愛國志士典範。梁啓超則把菲律賓人視為「亞洲的獨立先驅」，在一八九九年寫道，如果菲律賓成功獨立，將「使東太平洋的新國家增為兩個」（一是日本，一是菲律賓），然後這兩國能組成「一股亞洲聯合力量，抵擋歐洲東移之衝力」。[41]

章太炎寫到他與流亡東京之印度革命人士的友誼，寫到得悉印度在英國統治下的悲慘境遇時心中的痛苦。他參加了紀念希瓦吉（Shivaji）的聚會，深信若要將英國人趕出印度，必須用到這位不斷侵擾蒙兀兒帝國的十七世紀印度國王的游擊戰法。中國的評論家也密切注意布耳戰爭（一八九九～一九〇二）的進展，認為那是另一場弱勢民族爭取脫離西方自立的鬥爭。美國殘酷鎮壓菲律賓境內的反帝國主義叛亂時，另一位流亡日本的中國人湯爾和，在〈菲律賓戰史獨段〉一文中，悲痛描述了該地情勢，文末痛斥「白人之民族史」：

> 於土民程度之野蠻，習俗之蒙昧，則又言之鑿鑿，故為可征抑揚之下，如被春秋之誅。若埃及，若波蘭，若玖巴（古巴），若印度，若南非之區域：攬其亡國之書，悲來填膺撫卷嗚咽，每覺其國有不得不亡之勢。悲夫！悲夫！我今知其書多成於白人之手耳。

他接著說，如果在西班牙人的歷史書裡找有關菲律賓的真相，肯定會一刻都不懷疑這國家無知且卑劣，只會不解為何它未更早就滅亡。然後他說：「吾國大雅名流，有及身而修史者乎？無使白種小兒執筆筒，以從吾之後啁笑而揶揄之！」[42]

梁啓超無疑不會讓白人小孩版本的亞洲歷史占上風。他出版了數本歷史書，介紹中國境內所謂的「亡國」史，且往往附上他親撰的序言。一九〇一年，西方列強於拳亂後強迫中國簽訂又一個條約時，他寫了充滿憤慨之情的〈滅國新法論〉，概括說明西方征服弱國的多重方式。那是阿富汗尼若有心寫下，也可同樣輕鬆寫就的文章。梁啓超描述了歐洲商人和礦場主逐步滲透、削弱許多社會和文化時手法的巧妙入神和層出不窮。這篇文章詳述了這些方式，包括以哄騙手法使國家債台高築（埃及），瓜分領土（波蘭），利用當地國內的分裂對立擴張自己勢力（印度），或乾脆利用軍事優勢打垮對手（菲律賓和川斯瓦）。梁啓超寫道：「世有以授開礦權、鐵路權及租界自治權於外國人為無傷大體者乎，吾願與之一讀波亞（布耳）之戰史也。」[43]

梁啓超推斷，從三十年前歐洲人所遭遇的日本和今日他們所遭遇的菲律賓、川斯瓦來看，歐美諸雄國力已相對增強，「其強弱之相去不可以道里計也」。[44]不久後他開始揚棄其中華民族觀，轉為國家是基本單元、是民族捍衛者的觀念。誠如他所認為的，布耳人是強大民族，但國家衰弱，因而仍被英國人擊退。

比列寧將帝國主義視為資本主義最後階段還早數年，梁啓超描述了西方前所未見的經濟擴張如何自然而然引導西方走上征服亞洲之路。西方諸國將帝國主義與個人經濟利益掛鉤，藉此使帝國主義在自己人民裡取得民意基礎。帝國主義不只是出於統治者的政治野心，還得到被統治者某種程度的同意。

這使現代帝國主義大不同於亞歷山大大帝或成吉思汗之類專制君主的擴張主義，為和平帶來獨特的威脅。

> 今日歐美諸國之競爭，非如秦始皇、亞歷山大、成吉思汗、拿破崙之徒之逞其野心，黷兵以為快也……其原動力乃起於國民之爭自存。以天演家物競天擇、優勝劣敗之公例推之，蓋有欲已而不能已者焉。故其爭也，非屬於國家之事，而屬於人群之事；非屬於君相之事，而屬於民間之事；非屬於政治之事，而屬於經濟之事。故夫昔之爭屬於國家君相政治者，未必人民之所同欲也；今

則人人為其性命財產而爭，萬眾如一心焉。昔之爭屬於國家君相政治者，過其時而可以息也；今則時時為其性命財產而爭，終古無已時焉。嗚呼，危矣殆哉！當其衝者，何以禦之？[45]

說到在國際鬥爭中慘敗而「亡國」的例子，印度的故事特別令人愀然心驚：英國的「小資本家」藉由將印度人訓練成軍人，接管整個大陸；印度人執行有害於自己同胞利益的英國政策。中國有重蹈印度覆轍之虞，因為中國人未培養出社團利益或國民團結的觀念——歐洲富強的基礎。

中國人未培養出這樣的觀念，原因之一在於中國的鄰邦大大不如它，使中國人自認中國就是全世界。到了現今的國際體系，若不承認自己與其他社會衝突、競爭的現實，中國會覆沒，於是這一自負——梁啓超本人也一度抱持的自負——已不再能維持。因為，「世界之中，只有強權，別無他力，強者常制弱者，實天演之第一大公例也。然欲得自由權者，無他道焉，惟當先自求為強者而已。」[46]

拳亂：又一些得自挫敗的教訓

中國的情勢證實且加劇梁啓超的憂心。一九〇〇年春他在夏威夷僑社募款時，拳亂爆發。這場叛亂由致力於傳統武術的薩滿教式秘密會社領導，矛頭指向置身中國內陸而被認為削弱、侮辱中國信仰和習俗的外國人，特別是傳教士。它屬於自發性叛亂，且自發程度和一八五七年的印軍譁變一樣高，吸引了多種不滿現狀的中國人加入，包括農民和解職的軍人、走私者，乃至一些官員和士大夫。

拳亂不只揭露了中國人民對洋人勢力伸入中國的痛恨之深和地方官員因此受到的壓力之大，還揭露了老百姓反抗時的善於隨機應變。見過洋人的中國人不多，但在華洋人所創造的新情勢，例如使中國易受全球經濟週期衝擊，從而導致人民失業一事，深深影響中國人的生活。

一八〇〇年前，中國的生活水準還高於歐洲，但在十九世紀期間，面對西方傳教士、商人、外交官、軍人，中國漸漸淪為任人宰割的巨人。外債和賠款使國家財政拮据，陷入左支右絀之境。就連最小規模的現代化作為，朝廷都得向外借貸巨款才得以施行；就連鐵路這個在其他地方象徵進步的東西，都只是使中國內陸廣大地區便於外國軍隊長驅直入，同時加重中國背負的債務。

拳匪拆掉鐵軌，發洩人民積壓已久的怒火。一九〇〇年六月，拳匪攻擊洋人和皈依基督教的本國同胞之事蔓延到北京，西方列強向慈禧太后抗議。慈禧認為可以利用拳匪對付洋人，使中國完全擺脫洋人侵擾。慈禧這一決定反映了她對國際權力格局的徹底無知。外國公使館遭拳匪包圍時，她以為機不可失而宣戰，世界各大強權立即調動軍隊對付她。來自包括日本在內的兩萬部隊進向北京，以解公使館之圍，掠奪北京城。

嘎德哈達爾．辛格（Gadhadar Singh）是英國部隊裡的士兵，來自北印度。他深信拳匪的惡劣作為已「使他們的國家和政府整個蒙塵」，卻也同情他們的反西方主張。他初次見到的中國是北京附近的中國，在遭棄置或遭摧毀的村子裡，挨餓的中國人，骨瘦如柴，聯合出兵中國的外國——法、俄、日——國旗飄揚在他們破損的房子上方。河水變成「混合血、肉塊、骨頭、油脂的雞尾酒」。辛格特別點名俄國、法國士兵，認為他們強暴、集體殺害中國人，縱火焚燒中國人房舍，最為惡劣。有些士兵折磨中國人純粹為了好玩。辛格指出，「這些從事戶外活動者全屬於所謂的『文明國家』。」[47]

辛格寫道：「即使是鐵石心腸，都會軟化，心生同情」，還說：「我沒必要感到憐憫，因為我來這裡是為了打中國人。但……我有種感受，非出自義務但產生於心的感受。」辛格努力琢磨他對中國人的同情之心，理解到那是因為中國人和許多印度人一樣信佛教，因而是「鄰居，同屬亞洲之民」。[48]

對中國人生起如此親切感受的外國軍人不多。德國皇帝於一九〇〇年派德軍前去教訓中國時，鼓勵他們對待「異教徒文化」時如匈人阿提拉一樣殘酷，好讓「所有中國人連瞟一眼德國人都不再敢！」法國作家皮耶・洛蒂（Pierre Loti）目睹了西方軍隊對北京城的大肆摧殘：「小灰磚，北京唯一使用的建材；一個由矮小房子構成的城市，房子飾有金色木質網狀物；一個在火和炮彈摧毀其薄弱建材後，只留下一大堆奇怪殘渣的城市。」[49]

一八六〇年因夷人圍攻而逃離京城的慈禧太后，再度倉皇離京，且這次一身藍色農民打扮，以隱藏自己身分。她的全權代表與西方列強簽了另一個條約，而作為條約的罰則之一，中國得支付將近政府年收入兩倍的賠款。他們承諾為遭拳匪殺害的基督教傳教士蓋紀念碑，且接受加諸中國軍隊員額的限制，同時容忍外國派更多軍隊駐華。

受了這次慘痛的教訓，就連慈禧太后都開始考慮某些激進的改革。她的改革步伐緩慢，但等到一九〇八年去世時，她已採行了足以確保現代國家之建立的措施。一九〇五年日本擊敗俄國後不久，她廢除了歷代朝廷藉以選取人才而已施行千餘年的科舉制度，代之以教授西方課程的現代學校。清廷並派學生出國留學，除了赴日本，還有赴歐美。在遙遠的印度，當時民族主義情緒激昂的奧羅賓多．果斯（Aurobindo Ghose，一八七二～一九五〇）聽到這消息，有感而發，以充滿熱情的口吻讚美這個看似正蒸蒸日上的鄰邦：

> 中國一直在以外界所了解甚少的速度在教育、訓練、武裝自己。她已派了一支觀察委員會到西方，決定在接下來十年內發展立憲政體。她已推動教育體系的徹底變革。50

於是，有數千中國年輕人有機會先認識現代科學、工程學、醫學、法律、經濟學、教育、軍事技能。在湖南省，十六歲的毛澤東（一八九三～一九七六）是最早在傳授「新知識」的學校就讀的學生之一。少年毛澤東讀了有關美國、法國革命和盧梭、華盛頓的書，透過一位留學日本的老師得知中國在西方壓迫下每況愈下的程度。數十年後他向美國作家埃德加．斯諾（Edgar Snow）憶道：

> 我也開始有了一定的政治覺悟，特別是在讀了一本關於瓜分中國的小冊子以後。我現在還記得這本小冊子的開頭一句：「嗚呼，中國其將亡矣！」這本書談到了日本占領朝鮮、台灣的經過，談到了越南、緬甸等地的宗主權的喪失。我讀了以後，對國家的前途感到沮喪，開始意識到國家興亡，匹夫有責。51

在這股改革浪潮下，軍隊得到現代化。不久，一支新的職業陸軍問世，特別是由舊清軍的將領袁世凱（一八五九～一九一六）統轄的部隊。袁世凱在北京南邊創立的保定軍校，培養出多位叱吒風雲的人物，包括未來的國民黨領袖暨毛澤東死對頭蔣介石（一八八八～一九七五）。在原本極推崇工於詩書之儒家文人的中國城市生活裡，出現令人振奮的重武氣息。以中國的現代化和強大為目標的志願性組織，在中國境內和海外僑社裡大量冒出。

這些改革也帶來清朝改革派所未能一眼察覺到的影響。因留學日本而對政治產生濃厚興趣的學生，回國後與志同道合的新學校、新軍校畢業生組成持久不墜的反清聯盟。其中許多人是歐洲社會達爾文主義式的激進民族主義者，以德、日兩國為借鏡，標舉漢族本質，以對抗異族滿人。

對這些激進民族主義者來說，外族滿人統治中國，為害比西方帝國主義者還大。其中最出名者，十八歲的四川學生鄒容，一九〇三年寫了名叫〈革命軍〉的短文，痛斥漢人的奴性，主張消滅滿人以拯救中國。鄒容比法蘭茨・法農（Frantz Fanon）更早一步提出革命暴力解放本質觀，寫道：

> 革命者，天演之公例也；革命者，世界之公理也；革命者，爭存爭亡過渡時代之要義也；革命者，順乎天而應乎人者也；革命者，去腐敗而存良善者也；革命者，由野蠻而進文明者也；革命者，除奴隸而為主人者也。[52]

同年，與鄒容過從甚密而精研國學的章太炎，寫了封公開信給康有為，嘲笑他繼續支持滿清皇帝，說光緒帝是「載湉小丑，不辨菽麥」。他還譏笑康有為擔心中國革命會帶來可怕的殺戮、獨裁、外族入侵。他說：「血流成河，死人如麻，為立憲所無可倖免者。」[53]章太炎表示，為報種族之仇而動用暴力，就和為得到人權而革命一樣順天應人，在道德上完全站得住腳：「有效巨憝（美國總統）麥堅尼之術，假為援手，藉以開疆者，著之法律，有誅無赦。」[54]

章太炎還抨擊康有為稱頌印度文學和哲學。他寫道，印度人對「國土之得喪，種族之盛衰，固未嘗慨然於心中……（中國人）其志堅於印度，其成事亦必勝於印度。」[55]章太炎因議論皇帝而入獄。獄中，他投入將改變他一生的佛學研究，寫下更激動人心的文章：

上天以國粹付余……懷未得遂，累於仇國，惟金水相革歟，則猶有繼述者。至於支那閎碩壯美之學，而遂斬其統緒，國故民紀，絕於余手，是則余之過也。[56]

梁啓超在夏威夷密切注意中國這樁史上最大屈辱事件的進展，而他僅存的最後一個舊信念開始崩解。在寫給康有為的信中，他斥責中國人的「奴性」。[57]在中國所置身的這個冷酷世界裡，「競爭者，進化之母也；戰事者，文明之媒也」，孔子不能再是唯一的指引。[58]對亟需以強大民族國家為核心來予以教育、動員的民族來說，立憲君主制也不可能是合適的制度。

不能再照現狀走下去，因為能使自身永久不滅的獨裁制度視中國人為奴，使他們對公益漠不關心。在其著名的〈新民議〉一系列文章中，梁啓超主張不完全摧毀滿清政權，不可能救中國。他寫道：「吾思之，吾重思之，今日中國群治之現象，殆無一不當從根柢處摧陷廓清，除舊而布新者也。」梁啓超再度搬出社會達爾文主義來支持其論點，警告道：「民族之不適應於時勢者，則不能自存。」[59]他寫道，自由是中國絕對不可或缺的東西，引用派翠克・亨利（Patrick Henry）的名言「不自由毋寧死」支持他的主張。

梁啓超的思想就快要和康有為分道揚鑣。康有為仍相信賢明的家父長式君主能使中國進入現代。拳亂期間，康有為曾試圖挑起武裝叛亂，未能如願，使他不得不避難於檳城，在那裡與孫中山起了爭執；然後他於一九〇一年十二月轉到印度。他在喜馬拉雅山區渡假勝地大吉嶺待了一年，在那期間完成《大同書》，抒發他對後民族主義時代之和諧社會的烏托邦式憧憬。一如當時許多中國思想家，康有為的民族主義氣息變淡，而烏托邦式國際主義的氣息變濃。誠如他所認為的，未來的大同社會將超越種族、民族、語言的所有藩籬，甚至消解家庭——而在毛澤東治下的中國，這一憧憬將重現。

泛亞洲主義：世界主義之樂

康有為遷居印度時，有更多亞洲人受日本的吸引前去該國。埃及、波斯、土耳其境內的穆斯林知識分子，老早就和中國、印度的知識分子一樣深深著迷於日本。二十世紀頭幾年，東京成為亞洲各地民族主義朝覲的聖地，擴大後的亞洲公共領域的中心——一九〇五年日本擊敗俄國，更加快這一過程。在東京之外，來自幾乎每個殖民社會而足跡遍及全球的文人——斯里蘭卡僧伽羅人佛教徒、伊斯蘭的現代主義者、印度教復興主義者——將在芝加哥、柏林、約翰尼斯堡、橫濱之類遙遠地方創造出知識文化的大熔爐。這些熔爐擴大了探究、反思、辯論的範圍，使許多男女走上不斷周遊各國之路，走上不斷探索、剖析自己與世界之路。

位於城市——往往是沿海城市（例如加爾各答、廣州）——的西式學校和學院，還有新聞報導和印刷媒體，創造出讓新近得到教育的菁英可從中學得新自覺語彙、新分析語彙的世俗場域。其中許多人遠赴西方和亞洲境內其他地方，完成他們前輩完全無緣擁有，且在此之前只有契約工、受雇於歐洲船隻的印度水手、印度歐洲人雇用的印度女傭——帝國的服務階層——得以有幸進行的異地之旅和求知之旅。為取得就業技能，甘地去了倫敦，魯迅去了日本，孫中山去了檀香山。在這些地方，在帝國的中心，他們免於受到殖民地員警的惡意對待。但他們熾熱的言語，刊印在流通量不大的雜誌上或經由個別旅人傳回國內，能像野火燎原般迅速擴散。越南民族主義者鄧台梅描述了他海外同胞對國內的影響：

各類愛國志士和國內年輕人間的聯繫從未遭切斷。偶爾，從某個遙遠的基地，從暹羅、中國或日本，一個「失根」者會偷偷回到國內。午夜時，會有一個來自遠處的人影踏進屋裡，小心打量親友的心情，時時留意無所不在的敵人當局線民。他會只待一夜，只待一會兒，低聲敘述那些還未死者，永不願接受挫敗者的危險生活和勇敢事蹟。某個時日，會有來自遙遠海外的一封信或一本書，交代些許「世界情勢」的事，或描述其他國家之革命人士的勇敢精神。一幅新景象在年輕人的探究眼神之前展開。[60]

「失根」的亞洲人往往於遠在他鄉時得到他們重要的自我教育。中國最重要的現代作家魯迅，一九〇五年日俄戰爭期間在日本留學時，看到一張照片，使他首次感到政治恐慌。照片中日本人處死一名被控替俄國人刺探情報的中國人，成群中國人圍觀，個個表情冷漠。後來他寫道，那些圍觀的中國人有著「強壯的體格，而顯出麻木的神情」。[61]不久後，魯迅即放棄學醫，投入忙亂的文學創作、道德勸誡生涯。

帝國主義在各地的進逼，迫使亞洲菁英除了急忙自省，也焦慮不安地斜眼瞄向他人。早在二十世紀初，就出現跨國性知識網，使亞洲知識分子開始彼此對話。更早時，一八三三年死於布里斯托的印度改革者拉姆・莫渾・羅伊（Ram Mohun Roy），就以充滿感情的文筆寫下一八一〇年代義大利、西班牙革命志士的一生際遇，並支持愛爾蘭人反英。而哲馬魯丁・阿富汗尼一生的奮鬥事蹟，則帶有古怪的現代氣息。他生於伊朗某小鎮，後來陸續住過德里、喀布爾、伊斯坦堡、開羅、德黑蘭、倫敦、莫斯科、巴黎。到了一九〇一年，康有為在印度大吉嶺撰文陳述中國改革的刻不容緩，似乎已是再自然不過的事——就和俄國出生的穆斯林知識分子阿卜杜雷希德・易卜拉欣與蒙古佛教徒的精神領袖談蒙人、藏人命運一事一樣的自然不過。

易卜拉欣寫了名著《伊斯蘭之屋》（*The House of Islam*），記載他在西伯利亞、滿洲里、日本、朝鮮、中國、東南亞、印度、阿拉伯半島、伊斯蘭諸地的穆斯林社群遊歷的所見所聞和向那些穆斯林發出的勸說。他是當時愈來愈看重民族問題與民族認同——例如俄國境內穆斯林之命運——而四處雲遊的世界主義者之一。但民族問題與民族認同也與泛亞洲主義、泛伊斯蘭主義、泛阿拉伯主義之類更大的團結主張部分重疊。易卜拉欣於一九〇九年在日本創立了亞細亞議會，並在該會的發起書裡寫道：「亞洲人民之間的敵對，使西方列強得以入侵東方。不察覺到這一弊病且不消除內部的敵對，亞洲人民就不會有未來。」[62]

易卜拉欣生於西伯利亞，在麥地那受了部分教育，一八九〇年代就在聖彼得堡、伊斯坦堡結識阿富汗尼，且在場目睹了阿富汗尼於歌劇院欲引起俄國沙皇注意而做出的驚人之舉。到了一九〇九年，他已是最知名的泛伊斯蘭知識分子，遊歷之廣甚至超過他周遊四方的導師。因為俄國迫害境內穆斯林，他被迫流亡國外，一九〇九年到日本，立即受邀進入當地最高政治圈子。他與已在支持孫中山和亞洲境內其他民族主義團體的好戰團體黑龍會過從甚密。易卜拉欣於日本期刊《外國時報》上刊出文章，表示「所有亞洲人受歐洲人厭惡」，「亞洲國家聯合反抗歐洲是我們的合法自衛工具」。[63]

易卜拉欣與遭埃及的英國統治者流放東京的埃及民族主義陸軍軍官艾哈邁德·法茲利（Ahmad Fadzli）、在東京大學教烏爾都語的印度流亡人士大毛拉巴拉卡圖拉（Maulvi Barakatullah），一起創辦了英語報紙《伊斯蘭兄弟會》（*Islamic Fraternity*）。他也翻譯了波多野春房（一八八二～一九三六）所寫的小冊子《累卵的亞洲》（*Asia in Danger*）。波多野是日本重要的泛亞洲主義者，與妻子、岳父一起皈依伊斯蘭，取了穆斯林名。這本小冊子附有西方人在亞洲砍頭、屠殺的照片，在穆斯林世界廣為流傳。

易卜拉欣向中國境內和英、荷殖民地內的穆斯林社群，散播日本將是他們救星的預言性主張，在黑龍會協助下於一九〇九年到了伊斯坦堡。（後來，第一次世界大戰期間，他將募集遭德國人俘虜的俄國戰俘成立「亞洲營」；該營被派到美索不達米亞打英國人。）

越南人潘佩珠（一八六七～一九四〇）也是巧妙利用日本境內民族主義、國際主義心態的流亡人士。他和梁啓超一樣出身士大夫家族，若非因為法國人接連攻打安南而走上激進之路，他大概會像傳統文人一樣入朝為官。他對法國統治的譴責，混合了令人熟悉的困惑、憤怒、羞愧之情：

自法國得到他們的受保護國之後，他們接管了所有東西，連生死大權都沒放過。一萬「安南人」的命值不上一條法國狗；一百名本地官員的威望比不上一名法國女人的威望。怎能讓那些藍眼黃鬚、不是我們父兄的人蹲在我們頭上拉屎？[64]

一如其他許多人，潘佩珠振奮於一九〇五年日本戰勝俄國。他寫道：「我們或許可以從此思索一個美麗的新世界。」同年更晚，他通過香港、上海的中國政治圈子前往日本。在十九、二十世紀之交，像他這樣的越南第一代民族主義者，都著迷於康有為、梁啓超的奮鬥事蹟。越南各地都可拜讀到梁啓超的著作。潘佩珠一抵達日本，立即找到梁啓超，與他多次暢談國際大勢。梁啓超把法國人在雲南境內蓋的鐵路稱作「中國肚子裡的腫瘤」，但勸這位越南人等已喚醒自己同胞留意國際體系的挑戰，再求助於日本。[65]受梁啓超的鼓舞，潘佩珠開始振筆疾書，寫下一篇篇文章連載於梁啓超所辦的報紙，然後集結成書出版，書名《越南亡國史》。日後，在越南最偏遠的村落，都會有人捧讀這本書，且它將成為胡志明之類越南第二代反殖民主義者的必讀書籍。

梁啓超與美國的民主

康有為在印度投入將使他在政治上愈來愈無足輕重的私人夢想世界時，梁啓超前往加拿大、美國巡迴募款。這趟亞洲境外的重要旅行，將是他知識追求生涯上的轉捩點。

他從西岸出發再回西岸，途經溫哥華、渥太華、蒙大拿、波士頓、紐約、華府、紐奧良、匹茲堡、芝加哥、西雅圖、洛杉磯、舊金山。自一八六〇、七〇年代大批華工前往美西，這時已有超過十萬華人定居美國，生活在紐約、舊金山擁擠的唐人街，或在偏遠的鐵路、採礦小鎮開洗衣店、餐館為生。也有少數中國學生拿美國獎學金到哈佛、耶魯就讀。

當時美國正要完成其從邊境社會到歐洲工業經濟體的大過渡，且帝國擴張意識正迅速滋長。一九〇二年，即梁啓超抵美前一年，伍卓・威爾遜出版其五卷本《美國人史》（*History of the American People*）。時任普林斯頓大學校長的威爾遜把菲律賓稱作「新邊疆」，坦承美國愈來愈渴求外國市場，而「外交，和如果有需要的話，武力，得打開一條通行無阻的路」通往市場。威爾遜解釋道：「貿易無視國界，製造商堅持以世界為市場，因此，製造商所屬國家的國旗必須跟著他走，緊閉的國家門戶必須打破。」[66]美國奉行這一經濟帝國主義箴言，已將西班牙趕離其加勒比海後院，在東亞展示其武力，而自十九世紀起，在華美國傳教士（新教傳教士居多）宣揚基督教和美國生活方式時，已反映其日益升高的民族信心。

由商人主導的美國在華利益也開始達到巔峰，並反映在美國所發表，旨在保護美國在潛在巨大中國市場之利益的「門戶開放」政策中。這一政策帶來的結果之一，就是梁啓超每到一處，都有美國報紙預為公告周知。他受到銀行家暨實業家J.P.摩根、國務卿海約翰（John Hay）的接待，海約翰告訴梁啓超中國有朝一日會成為強權。最後，他還得到總統西奧多．羅斯福在白宮的親自接待。

梁啓超在其簡潔直率的散文中，展現了他對美國銳利、篤定的觀察。他佩服美國，但未被美國嚇到，且由於他此前未去過西方，他觀察之深刻特別令人吃驚。他的觀察鉅細靡遺：除了紐約繁忙的交通、美國圖書館和義大利裔、猶太裔移民的處境（他寫道，他們「衣服襤褸，狀貌猥瑣」），還有美國透過羅斯福的大海軍將門羅主義擴大適用於全世界一事。

他訪美時，美國是個貧富極不均的國家：梁啓超以驚駭口吻寫道：「美國全國之總財產，其十分之七屬於彼二十萬之富人所有……豈不異哉！豈不異哉！」紐約貧民區的經濟公寓令他驚駭。論及經濟公寓居民的死亡率時，他引用了唐朝詩人杜甫的詩：「朱門酒肉臭，路有凍死骨。榮枯咫尺異，惆悵難再述。」[67]政治腐敗的程度，超過二十年前亨利．亞當斯（Henry Adams）所發表小說《民主》中描述的任何腐敗現象。隨著梁啓超對美國民主的譴責升高，他開始不相信人民權利是解決獨裁的靈丹妙藥。

誠如他所認為的，社團利益（corporate interests）暗暗傷害了美國政治。頻繁的選舉造就政策短視和媚俗民粹主義。投身政治者往往是第三流之人；有太多美國總統是平庸、乏味之人。美國民主最好的方面，要在地方層級才能尋得——州、鎮、郡的政治建制——而這些方面是美國所特有，無法照搬到中國。由下而上經漫長歲月打造出來的民主，是最理想的民主。透過革命不可能建立民主，法國、拉丁美洲民主的脆弱就是明證。即使在美國，也是透過相當多的強制手段才建立自由民主主義國家，而現在，在美國於世上取得一席之地時，它面臨了過度中央集權的危險。隨著美國的金融、工業實力增強，帝國主義在美國也開始更受到認同。

梁啓超遊美期間，羅斯福總統於舊金山告訴群眾，「來太平洋沿岸之前，我是擴張主義者，來這裡之後，我無法理解人除了是擴張主義者……還能是什麼。」梁啓超震懾於羅斯福的直率。他憂心道：「夫其曰『執世界舞台之大役』，曰『實行我懷抱之壯圖』，其『大役』、『壯圖』之目的何在乎？願我國民思之。」[68]

梁啓超在美國時，也正好是美國在巧施手段以控制巴拿馬和巴拿馬運河時。梁啓超看了報紙的報導，想起英國人如何破壞埃及對蘇伊士運河的掌控權。他論及門羅主義時說道，其原始意涵——「亞美利加者，亞美利加人之亞美利加」——已轉變成「亞美利加者，美國人之亞美利加」。他還說：「孰知變本加厲，日甚一日，自今以往近乎有『世界者美國人之世界』之意。」[69]事實上，美國的大型現代公司揚言支配全世界。帝國主義與金融擴張、工業擴張聯手，構成一個遠非拿破崙或亞歷山大之類人物所能想像的「巨靈」，而那巨靈會在不久後越過太平洋，前來掠奪衰弱的中國。[70]

在殘酷對待黑人的美國，親眼目睹中國人的尊嚴時時受到的威脅，梁啓超對民主的幻滅更深。他寫道：「美國獨立檄文云：凡人類皆生而自由，生而平等。彼黑人獨非人類耶？嗚呼！今之所謂文明者，吾知之矣。」[71]梁啓超特別驚駭於私刑處死的習俗：「當二十世紀光天化日之下，有此慘無人理之舉，使非余親至美洲，苟有以此相語者，斷非余之所能信也。」[72]

梁啓超在美國時，舊金山中國領事館一名官員遭員警羞辱而後自殺。這讓梁啓超深切體會到存在已久的國恥——印度社會學家貝諾伊．庫瑪爾．薩卡爾（Benoy Kumar Sarkar）口中，美國人針對在美華人移民常犯下的「有色人種罪」：

> 生活在美國的華人不得投票，不得上學，即使在影響他們財產的訴訟裡，都不准出庭作證。他們在公眾場所和居住區受公開折磨。在平常時期，他們的人身和財產受暴民法規範。蠱惑民心的美國政客的命令，使他們受到不折不扣的恐怖統治。[73]

一八八二至一八八五年擔任中國駐舊金山總領事且寫得一手好詩的黃遵憲，就忿忿不平寫下華人移民在美普受不當對待之事和中國人因貧窮而被迫遠赴海外的痛苦。

> 嗚呼民何辜，值此國運剝！
> 顓頊五千年，到今國極弱。

……
皇華與大漢，第供異族謔。
不如黑奴蠢，隨處安渾噩。
堂堂龍節來，叩關亦足躩。
倒頃四海水，此恥難洗濯。[74]

梁啓超強烈感受到這一恥辱。但他沮喪發現華僑在美雖然受到種族歧視和不公平對待，卻未支援他欲讓祖國奮發自強的宏大理想。美國華人置身於擁有言論自由的民主國家，卻偏愛宗族式作風；恪守傳統，產生黑幫和黑幫老大，卻不願組成政黨，推出政黨領袖。他寫道，中國人「有村落思想，而無國家思想……其發達太過度，又為建國一大阻力。」[75]

梁啓超再也無法把中國人的無法成為自覺、具民族意識的個人，完全歸咎於中國的獨裁體制。「誰謂美國為全體人民自由建立之國，吾見其由數偉人強制而成耳。以久慣自治之美民猶且如是，其他亦可以戒矣！」[76]

在中國，革命所承諾給予的民主、自由，只會造成混亂，而非帶來能抵抗西方勢力的民族國家。「以若此之國民，而欲與之行選舉制度，能耶否耶？……夫自由云，立憲云，共和云，是多數政體之總稱也，而中國之多數、大多數、最大多數」，類似舊金山那些華人。[77]一九〇三年十月準備前往日本時，梁啓超寫道：

吾今其毋眩空華，吾今其勿圓好夢。一言以蔽之，則今日中國國民，只可以受專制，不可以享自由。……吾惟祝禱謳思我國得如管子、商君、來喀瓦士、克林威爾其人者生於今日，雷厲風行，以鐵以火，陶治鍛煉吾國民二十年、三十年乃至五十年，夫然後與之讀盧梭之書，夫然後與之談華盛頓之事。[78]

就梁啓超來說，這一想法上的轉變並非突然。日本明治維新的成功已證明，威權統治國家有時比自由民主主義體制，更能打造出現代國家。隨著歐洲諸國開始擁抱保護主義經濟政策，開始建造更強有力的國家，東亞許多知識分子開始改變想法。到了一八九〇年代晚期，原是自由主義改良主義者的德富蘇峰，已深信西方諸國正漸漸拋棄個人權利；他質疑「代議政體和政黨組閣」的用處。[79]日本知識界愈來愈傾心於俾斯麥主政之德國所體現的中央集權制（statism），而梁啓超受到這股思潮的影響，幾乎是不可避免的事。

這時梁啓超已在大量閱讀日本理論家加藤弘之的著作，且在大量講述他的思想。許多日本思想家深信，只有開明專制能帶來進步性的改變，能確保國家頂住西方的挑戰存活下來，而加藤弘之是其中之一。據加藤弘之的說法，即使在共和制的發源國，共和制的表現都不如人意。法國於革命後飽受暴力摧殘，這時仍未具備穩定的政治結構。美國雖傳承自英國，仍歧視境內少數民族，特別是黑人、華人和印第安人。從藝術和知識上看，美國仍是個野蠻國家；美國雖然熱愛自由，卻不得不擴大聯邦政府的權力，以因應其國際角色的需求。

如果連美國這樣的國家，過去如此崇拜聯邦制的國家，都得為了備戰而實行更大程度的中央集權，像中國這樣的國家該怎麼辦？誠如梁啓超所認為的，中國沒有選擇政治制度的餘地。以中國的情況——衰弱、無能的政府，國土遼闊而境內民族多元且人民教育程度差——來說，獨裁政體是必然要走的路。民主共和將迅即導致軍人與百姓、下層與上層人民、省與省之間兵戎相向；而革命將頻頻發生，削弱中華民族應付外來威脅所需要的力量和獻身公益的決心。

此外，誠如梁啓超所接著解釋的，獨裁有好多種。獨裁能迅速回應人民的需求，專心運用全民之力，提供公正的司法。光緒帝的確不是梁啓超心目中的那種開明專制君主；他也未發現其他可能符合此條件的人選。但梁啓超最在意的，乃是阻止共和革命——例如孫中山所極力鼓吹的那種革命——發生，因為在他眼中，那種革命只會導致無政府狀態和混亂，最後促成新暴君的出現。他所想要的根本變革——把中國人打造成團結公民的中央集權國家——只有在良性獨裁統治下才可能實現。

獨裁與革命的誘惑

一如其他許多穆斯林知識分子，阿富汗尼有過與梁啓超類似的那種團結抵抗西方的念頭，且曾在伊斯坦堡、德黑蘭尋找他心目中的開明專制君主。但這是第一次有中國反清思想家提出這類觀點；而且這類觀點將在二十世紀和二十世紀之後賡續未消。

梁啓超擔心共和制民主會帶來混亂，主要起因於他擔心對手孫中山和其同盟會的無能及眼高手低，而非懷疑中國人的無能。他這一疑慮不久後就得到應驗。梁啓超和孫中山一直在爭奪對海外華人的影響力，而一九〇五年後，梁啓超已在這場爭奪戰中敗下陣來。孫中山賦予中國民族主義鮮明的「漢」族色彩，使它變成明確反滿的主張。就連梁啓超的越南門生潘佩珠，在為越南和亞洲的解放制訂行動計畫時，與孫中山討論的時間，都開始多於和他最早的導師的討論時間。反滿最清楚有力者，是因侮辱皇上入獄三年的國學家章太炎。革命派也談到社會主義，卻未清楚說明社會主義的意涵——土地收歸國有或實業國營。孫中山的《民報》強調中國進行西式革命的刻不容緩，《民報》讀者群開始廣於梁啓超所辦刊物的讀者群。

梁啓超本人有過反滿念頭，只是為時不長。但與康有為一樣的，他始終認為必須建立一個廣納中國許多族群的反帝國主義聯合陣線。在這點上，他仍未脫離中國民族主義的主流（一九一一年清朝滅亡後，反滿變成多餘）。在與孫中山的革命派辯論時，梁啓超繼續主張必須走「大民族主義」路線，反對他所謂的「小民族主義」。他也批評社會主義理想，認為那不適用於中國，中國需要資本國有更甚於土地國有。

根據他的創見，社會主義誕生於工業革命後，西歐境內因施行自由放任政策所產生的嚴重階級不平等和階級衝突環境。中國未曾經歷這樣的兩極化或衝突。中國所需要的，乃是透過受國家精心管理的資本主義方法達成工業生產。中國要頂住美國經濟帝國主義的強大勢力進逼，在國際叢林裡守住地盤，就得走這條路。塞西爾・羅德斯（Cecil Rhodes）之類狂妄自大的企業家能在非洲南部為所欲為，乃是因為他有本國政府支持。因此，「吾之經濟政策以獎勵保護資本家併力外競為主，而其餘皆為輔。」[80]如果這表示得壓低工人工資和地租，那也只好這麼辦。梁啟超不支持亞當・斯密的經濟自由主義，反倒主張，帝國主義由國家所支持之企業的力量推動，在帝國主義時代，中國得積累這類資源以在國際上立台，因為世界各地的民族國家都以一致的意志行事，致力於將人、貨的流動盡可能納入自己控制。

梁啟超制訂了經濟上——和道德上——應優先處理的事項（毛澤東的「資本主義」接班人很有可能謹記在心的事項），主張「當以獎勵資本家為第一義，而以保護勞動者為第二義。」[81]而他眼中的資本主義，含有濃厚的社會福利成分，國家管理私人企業，以防止階級關係緊張、經濟剝削、社會衝突。

一九一一年革命終於降臨中國，推翻滿清（並使孫中山當了六個星期的中華民國第一任臨時大總統），但這場革命並非流亡日本者的任何主張或作為所直接促成。它經過斷斷續續數場起事才最終成功。而推翻滿清後中國的完全混亂，正應驗了梁啟超對革命後果的最悲觀論斷。這場革命也揭露了鼓動人心的民族主義理想——不管是以中國人為代表的民族主義，還是只以漢人為代表的較狹隘民族主義——與中國政治現實間的巨大落差。

政治騙術使孫中山把臨時大總統之位讓給國內最有軍事實力的舊將領袁世凱，但中華民國的成立，最初的確激起濃烈的熱情。短時間內冒出多個政黨，以角逐預定於一九一二年舉行的首次自由選舉。報紙不再受制於官方審查，終於可以暢所欲言。城裡的中國人剪掉辮子，擁抱西方衣著和舉止，在自家門口掛上剛問世的國旗。

梁啓超最初與這場革命保持距離，然後經不住袁世凱的奉承，先後出任他的司法總長和財政顧問。立場不定的袁世凱不是梁啓超所可能在尋覓的那種開明專制君主。袁世凱出任中華民國大總統，然後剷除任何反對勢力，再一次向世人證明在過渡社會裡權力掌握在軍人手裡的道理。中國舉行第一次自由選舉，由孫中山的國民黨拿下最多席位時，準備組閣的宋教仁卻遇刺身亡，而行刺者據說是袁世凱所指使。然後袁世凱逼孫中山流亡國外，下令解散國民黨，並在康有為協助下，試圖將儒家思想再度定於一尊。

袁世凱從前朝清廷承接了嚴重的財政難題和衰弱的中央政府。革命未阻止列強繼續從中國抽取關稅和鹽稅。袁世凱向外國銀行和政府大舉借貸，加重國家債務。歐洲、日本放款人不久就把持袁世凱的經濟政策，外國人獲任命為中國政府官員，模式一如這時在埃及、伊朗、土耳其所見。貸款花完，袁世凱不得不把鐵路、礦場的特許經營權賣給債權人。

欺凌中國的帝國主義者也出現一張新面孔，即最近幾年在華商業利益大增且已和英、法簽署廣泛協議的日本（第一次世界大戰時日本將投入協約國陣營）。為配合本國新興帝國主義者的角色，日本當局不再那麼歡迎某些主張泛亞洲主義的外國人。日本與法國簽了協約，同意不再讓反法行動主義者留在其境內，潘佩珠隨之遭驅逐出境。由於英國的施壓，日本終於禁止阿卜杜雷希德·易卜拉欣的報紙《伊斯蘭兄弟會》發行。

這時已有一代中國人在日本受過教育，而對日本菁英階層裡的許多人來說，泛亞洲主義意味著應協助中國。但日本在中國的內亂中看出機會，一九一五年時從中國強索得更多土地、商業特許權，包括承認日本於前一年從德國手中搶得的山東權益。日本向袁世凱提出惡名昭彰的「二十一條要求」，要求的內容就印在有著無畏級戰艦、機關槍之浮水印的紙張上。袁世凱屈服，令廣大中國人民大為驚駭。事實上，日本是中國的債權國，他除了接受日本要求，沒什麼選擇。隔年，他試圖稱帝建立新王朝，遭到包括來自軍方的激烈反對，不得不打消此意。

一九一六年袁世凱去世，使中國免於再遭他的傷害，而隨著他的去世，中國連有名無實的中央政府都消失；中國大部分地區陷入軍閥、土匪據地稱雄的分裂局面。中國許多地區將繼續陷入軍閥割據局面，直到一九二七年才改觀——這一情況類似於塔利班當政前的阿富汗，來自國外的武器充斥阿國，舊菁英與軍事強人勾結，老百姓受苦於隨意課徵的稅負和沒收財產。毛澤東故鄉湖南，軍閥混戰為害最烈，混亂與治理不當的慘痛教訓將縈繞數代中國人心頭，揮之不去。

情況看來各地都正漸漸脫離帝制時代，但未來卻似乎比過去更為黯淡。中國打破舊政體後，未能立即建立切實可行的新民主國家，而陷入這困境者不只中國。土耳其、伊朗也正苦於同樣的遭遇，且不久後會淪入獨裁政府統治。在中國，一如在這兩個國家，軍隊的現代化轉移了國內的權力中心，使上過現代軍事學院者——能使其他人接受紀律、熱誠、自我犧牲觀念約束的強人——地位升高。權力不再來自嫻熟儒家典籍，而是如觀察過家鄉湖南省軍閥混戰之慘烈的毛澤東在一九二七年所指出的，槍桿子出政權。晚至二十一世紀，軍閥割據時期的混亂，仍會被拿來替威權統治辯解。

梁啓超的人生因袁世凱的失敗而抹上污點。流亡日本時，他身為導師，極受尊崇。他的某些門生已在共和中國裡爬上要職，投身於肆虐中國的派系鬥爭。已開始向掌有實權的官員，而非向學生，宣說個人理念的梁啓超，與那些官員站在一邊，在北京新政府裡擔任部長級職務。

他與先前收容過他的日本人，就他們的不合理要求談判，態度強硬。他也成功促使中國於一九一七年投入第一次世界大戰；他推斷，置身戰勝國陣營，乃是使中國進入國際體系、取消仍束縛中國之不平等條約、從日本人手中收復山東半島的最佳法門。作為梁啓超與協約國強權所敲定協議的一部分，中國工人和學生，包括周恩來、鄧小平等中國共產黨第一代領導人，赴法勤工儉學。

但後來的發展表明，梁啓超的政治生涯一敗塗地。回到睽違十五年的中國後，他投入後清時代的中國亂局，卻因為現實上的需要，不得不在政治上與腐敗、殘暴的軍閥打交道，使他完全違背了自己原有理念。在後袁世凱時代的中國，政治命運的一個一百八十度大擺盪，終於把他趕下舞台，迫使他不再積極參政。更年輕一輩將站到前頭，根據他理念所建立的基礎為國奮鬥。

一九一一年辛亥革命，從許多方面來看，都是場慘痛的失敗，但在摧毀舊觀念上，它克竟其功。帝制的神聖地位，士大夫與古代典籍千餘年未墜的威信，從此土崩瓦解，一去不復返。這場革命打掉舊的政治、知識空間，創立了新的政治、知識空間，因失望於一九一一年情勢而走上激進之路的年輕中國人，自此在這新空間裡浮出檯面。

社會、政治的全盤瓦解，使嚴復之類的自由主義思想家都不得不承認，以儒教作為國教，或許能凝聚崩裂的社會。但這一可能性成真的時代，已步入尾聲。中國年輕人失望於政治，高談必須創立「新文化」，即一場蔑視舊文化的思想革命。意識的喚起，被認為比政黨政治更為重要。

一九一二至一九一三年，英國作家狄更生（G. Lowes Dickinson）結識了中國革命政府的某些官員，「震驚」於他們樂於全盤西化的心態：

他們竭盡所能徹底掃除舊中國，在那裡建造美國的翻版。我想，從廣州的街道到家庭制度，從員警制服到國教，只要他們能改，沒有一樣東西，他們不會改。[82]

在湖南省，二十四歲的毛澤東正迅速揚棄過去對中國傳統的尊崇：

吾嘗慮吾中國之將亡，今乃知不然，改建政體，變化民質，改良社會，是亦日耳曼而變為德意志也……惟改變之事如何進行，乃是問題。吾意必須再造之，使其如物質之由毀而成，如孩兒之從母腹胎生也……各世紀中，各民族起各種之大革命，時時滌舊，染而新之，皆生死成毀之大變化也。宇宙之毀也亦然……吾人甚盼望其毀，蓋毀舊宇宙而新得宇宙，豈不愈於舊宇宙耶！[83]

一九一五年，《新青年》雜誌的創立，給了新激進分子有力的加持。這些人在日本或西方受過教育，或在清朝第一階段改革時匆匆創設的西式學校裡就讀過。他們震驚於袁世凱欲讓儒家思想再度定於一尊，因而從此遠離中國的儒釋道舊傳統。事實上，他們以驚人激烈的口吻嘲笑過去，把過去稱作使中國無法昂然奮起的累贅。《新青年》把儒家思想與受唾棄的君主制劃上等號，呼籲全面且不加批判的採用西方的科學、民主，而在今人看來，《新青年》這一立場似乎是儒家不妥協道德主義的拙劣模仿。這批新知識分子眼中的英雄是賽先生和德先生——西方活力的表徵。創造這兩個新詞者是《新青年》創辦人和五年後創立中國共產黨的陳獨秀。一九一六年，陳獨秀於寫給友人的信中坦承「吾人已處於望塵莫及之地位，然多數國人猶在夢中，而自以為是，不知吾之道德、政治、工藝，甚至於日用品……無一不在劣敗淘汰之數。」[84]

誠如中國激進分子眼中的民主、科學，民主觀念主要指的是擺脫傳統束縛，科學則是獲致進步、揚棄傳統過去之「迷信」層面——例如儒家所主張之父子、君臣、夫婦的階層關係——的工具。民主能釋放出中國人內在具創造力而始終被儒家壓抑住的個體性。民族主義成為另一個神聖概念，因為，誠如陳獨秀所說的：

> 第衡之吾國國情，國民猶在散沙時代，因時制宜，國家主義（民族主義）實為吾人目前自救之良方。惟國人欲採用此主義，必先了解此主義之內容……近世國家主義，乃民主的國家，非民奴的國家。[85]

梁啓超對中國傳統的質問，對中國適應險惡競爭世界之能力的懷疑，這時成為一新絕望、無助心態的基礎。對於舊改革派的演變信念，不管是漸進還是迅速的演變，年輕人都不予認同。沒有急迫且斷然的行動，什麼都改變不了。

受過日本教育的青年周樹人（即魯迅），嚴厲批判中國的民智，指其染了某種「梅毒」，而這樣的民族，此刻需要的，乃是一場意識革命，即不折不扣的「新文化」。[86]一九一九年出版的魯迅著名短篇小說〈狂人日記〉，描寫一名狂人把吃人想像為中國舊社會、舊道德的基礎。在這名狂人癲狂的想像裡，儒家典籍所謂的孝，變成在鼓勵「吃人」。

新文化運動拒斥軍閥統治和帝國主義，將於中國正在處理梁啓超所首先提出的那些問題時，為中國畫出進入現代世界之路。而新文化運動所釋放出的知識活力、社會活力，將在一九一九年的五四運動中得到完全的展現。中國在巴黎和會上受自西方列強的羞辱，將使年輕知識分子和工廠工人、辦事員一起站出來，使一九一一年辛亥革命變成像是與外界隔絕之小撮無能菁英的產物。

第四章

一九一九年，改變世界史

飛鷹倚天立，半球悉在握，華人雖後至，豈不容一勺。

黃遵憲，一八八〇年代中國駐舊金山總領事

那些生活在……東方以外地區者，如今終於認知到歐洲已完全喪失其過去在亞洲的道德威信。她不再被全世界公認為公平處理的擁護者，崇高原則的鼓吹者，而是西方種族優越論的支持者，她境外人民的剝削者。

泰戈爾，一九二一年

中華民國八年五月四日北京學界遊街大會被拘留之北京高師愛國學生七日返校時攝影

美國與其自決承諾

一九一八年，梁啓超以中國非官方代表的身分，乘船前往法國，參加將決定戰後世界格局的巴黎和會。他列出的要求洋洋灑灑，但明確且合理：廢除不平等條約、取消拳亂賠款、廢除先前被迫給予外國人的治外法權和其他特許權，以回報中國於大戰期間供應協約國勞工和原料。梁啓超希望中國在由主權民族國家組成的國際大家庭裡取得一席之地，成為似乎可能從奧匈、德意志、奧圖曼、俄羅斯諸帝國的廢墟中興起的新世界秩序的一環。

梁啓超知道抱持同樣想法的其他亞洲國家代表，也在巴黎鼓吹往類似的方向走，特別是在美國總統威爾遜表明尊重弱國和民族自決原則之後。戰後美國已成為世上最強的金融大國，這些亞洲人希望說服美國總統運用其新具備的影響力，讓受歐洲列強支配的國家恢復自治。

十九世紀大部分時間，美國在外交上走孤立主義路線，經濟上走保護主義路線；美國在亞、非洲涉入不深。第一次世界大戰已大大削弱各大帝國主義強權——英、德、俄、法——的經濟，使這些國家的政權更不得民心，並使美國既稱霸全球且具備道德威信。

在一九一四年第一次世界大戰於歐洲爆發之前，威爾遜的外交政策幾乎只著眼於美洲，如今則迅即了解到歐洲動盪對美國的可能影響；他充實完善了美國的崇高新使命感，同時仍希望讓自己國家對歐戰置身事外。「我們不再是眼界狹窄之人」，他於一九一七年一月第二任總統就職演說中嚴正表示。[1]在向「當今交戰諸國之人民」發表的演說中，他擦亮他當之無愧的調解人招牌，表示願出面促成交戰雙方談成他所謂的「無勝利的和平」。[2]和平提議受冷遇，他隨之於一九一七年四月加入反德國的協約國陣營，仍深信「我們被選定，且是很顯眼的被選定，來向世界諸國指出他們在通往自由之途該走的路。」[3]後來，他會針對可長可久的和平，提出更為不凡、崇高的計畫：以民主政體取代軍國主義政權。

美國一對德宣戰，當然就失去了過去作為公正調解人的影響力。但威爾遜繼續推動他的民主國際秩序計畫，並希望由國際聯盟鞏固這一秩序。一九一八年一月在美國國會演說時，他透露了他至那時為止最具雄心的計畫：針對美國所正奮力打造的新世界提出的十四點原則。在威爾遜所構想的新世界裡，秘密外交將無立足之地，自由貿易、民選政府、海洋航行自由、裁減軍備、小國權利、成立國際和平機構，則將是新信條。

威爾遜的十四點原則，放在任何時代，都會是崇高的理想（誠如法國總理克里蒙梭所開玩笑道，上帝只有十點原則）。在一場將於不久後以英、法、日擴大他們在中東、非洲、東亞的領土作結的全球性戰爭期間，這些原則特別不切實際。

但威爾遜於巴黎和會前陸續發表的這些振奮人心的演說，傳播到世界各地，誠如後來凱因斯所寫的，為他贏得「史上無可匹敵的全球威信和道德影響力」。[4]埃及、印度、奧圖曼土耳其的民族主義領袖，因威爾遜而信心大增，於是與愛爾蘭的新芬黨（Sinn Féin）聯手，大張旗鼓挑戰歐洲權威。

在埃及，薩德．扎格盧勒，哲馬魯丁．阿富汗尼的舊門生，組成名叫華夫脫的新政黨，以便到巴黎和會表達他們的心聲。埃及是阿富汗尼主要的活動地，而在埃及，西方民族理想主義，一直以來比在穆斯林世界的其他地方更為根深蒂固。一八七〇年代晚期，歐拉比上校領導一旨在終結歐洲人對埃及統治階層之支配的運動，最後雖功敗垂成，但那是亞洲最早出現的這類反殖民統治運動。身為少數遭歐洲強權占領、治理的穆斯林民族之一，許多埃及人，特別是受過教育的新興專業人士階層，自然而然生出強烈的民族主義心態。自一八八二年占領埃及，英國人已增加了埃及的農業生產力，建了水壩、運河、電報線路。大部分城鎮，人口暴增，開羅則因一八九五至一九〇七年的新公共工程而改頭換面。但阿富汗尼所親眼見到的基本矛盾從未消失：埃及作為原料供應國，易因世界經濟波動而受傷，以及由根深蒂固的菁英階層把持的訓政式政權，阻礙了因社會－經濟發展而誕生的新階層所有向上流動的管道。

這些不滿於現狀的埃及人，也就是外界所謂的阿凡提（effendi），渴望建立獨立、人人平等的埃及；但他們也必須喚醒勞動階層和農民起身反抗外國菁英和他們的本土盟友。他們理解到力量和正當性都得產生自一場群眾運動。日俄戰爭大大振奮了穆斯塔法．卡米勒（Mustafa Kamil）之類埃及民族主義者的信心。穆斯塔法．卡米勒寫了頌揚日本的書籍《旭日》（*The Rising Sun*），一九〇七年創立了民族主義黨（Nationalist Party）。卡米勒和其支持者以實現歐拉比的埃及獨立願望為目標；他們致力於鼓動人民對外國人的怒火，而一九〇六年英國人在丁舍瓦伊（Dinshawai）事件中不合理吊死四名農民時，他們短暫如願。

一九一四年一次大戰爆發後不久，英國人即宣布埃及為大英帝國的受保護國，使一八八二年入侵、臨時占領埃及之舉得到正式確認。扎格盧勒痛批受保護國地位為非法，爭取威爾遜總統支持他的立場。阿富汗尼讚揚埃及的歷史悠久之後，扎格盧勒指出埃及被拒於國際大家庭門外完全不公不義。他在電報中告訴威爾遜，「由於你強有力的行動，全世界將於不久後迎來新時代，而沒有哪個民族比埃及人更歡喜於這一新時代的誕生。」5

在奧圖曼土耳其的穆斯林和世界各地支持他們者心中，迅速燃起類似的希望。第一次世界大戰前，歐洲列強已加劇他們對奧圖曼帝國的攻擊。一九〇八年，青年土耳其黨已迫使阿卜杜哈米德二世蘇丹恢復他於一八七六年中止的憲法，但此舉只使歐洲人更加懷疑「歐洲病夫」已去日無多。一九一一年，義大利於一場軍事衝突後從奧圖曼人手中拿下利比亞。而薩洛尼卡（Salonica）出生的奧圖曼年輕軍官穆斯塔法．凱末爾，就在這場軍事衝突中嶄露頭角。四處雲遊的思想家阿卜杜雷希德．易卜拉欣，不顧年紀的老邁親赴前線，運用他在穆斯林世界的廣泛人脈支持奧圖曼人。就是在這場戰爭期間，有架飛機擲下歷史上第一顆炸彈。這種新戰爭形態的體驗，加上對較傳統的義大利殘暴行徑的體驗，令許多穆斯林大為驚駭。利比亞反抗運動的軍事領袖歐瑪爾．穆赫塔爾（'Umar al-Mukhtar），在遭義大利人捕獲、處死前不久寫道：「他們情有可原，那些對有關義大利人暴行的說法和文字敘述無法盡信的人。世上竟有人有如此不可思議的行徑，實在令人難以相信，遺憾的是那千真萬確。」6

在英國統治下的印度，已邁入老年的詩人阿克巴．伊拉哈巴迪（Akbar Illahabadi）以詩句抒發了眾人共有的憤怒和無助：

我們不准擁有武器
也沒有力氣前去打土耳其人的敵人
但我們從內心深處詛咒他們
願真主把大釘打入火門使義大利火炮失靈。[7]

在拉合爾，年輕詩人穆罕默德・伊克巴勒（Muhammad Iqbal），剛讀過阿富汗尼的著作，開始踏上成名之路。因為在公共集會上朗誦一首詩，訴說義大利人掠奪奧圖曼人土地卻未受懲罰之事，他後來被譽為巴基斯坦的哲學家—國父。這首名為〈訴苦〉（Shikwa）的詩，以真主為訴說對象，詩中最著名的句子為：

除了我們，還有其他國家；
他們之中有罪人，
有謙卑之人和傲慢之人，
有懶散之人、漫不經心之人，或精明之人。
有許多人厭倦於你的名字。
但你賜福於他們的居所，
你的雷電只擊打我們的住所。[8]

一九一三年，奧匈帝國完全吞併奧圖曼帝國的波士尼亞—赫塞哥維納，奧圖曼人處境更為艱危。然後，奧圖曼土耳其在第一次世界大戰中站錯邊，和德國結盟，最終淪為戰敗國。這時，奧圖曼的世俗領袖運用泛伊斯蘭主義，冀望喚醒全球穆斯林對抗西方列強。奧圖曼土耳其受到協約國部隊四面八方的包圍，但其軍隊在數個戰場，包括加里波利（Gallipoli）半島和美索不達米亞的庫特阿瑪拉（Kut al-Amara），打出漂亮的勝仗。但在遭亞美尼亞民族主義分子在安納托利亞東部騷擾之後，土耳其人於一九一五年將數十萬亞美尼亞人遣送出境，而在後來招致種族滅絕的指控。到了一九一八年，土耳其人已在敗退。禁不住協約國不斷的攻擊，土耳其人已無力再戰，國土四分五裂。奧圖曼帝國逐漸失去其對阿拉伯領土的控制；帝國內的希臘人、阿拉伯人、亞美尼亞人、庫德人割據帝國部分地區。特別是希臘人宣稱西安納托利亞為其領土。

奧圖曼帝國在這場大戰中的成與敗，令許多穆斯林感到困惑。一個穆斯林大國在戰場上與如此多亞洲敵人交手，且與其他軸心國平起平坐，令他們驕傲，但奧圖曼人本身的殖民角色，又令他們不安。例如，埃及民族主義者就不樂見奧圖曼土耳其人擊敗英國、重新征服埃及——在這場大戰期間，這似乎曾兩度可能成真。

但許多奧圖曼世俗民族主義者希望美國總統為他們在戰後爭取得公平的安排。他們認為威爾遜的民族自決計畫，有利於他們在安納托利亞建立一個由穆斯林占多數的國家——他們有心理準備失去由阿拉伯人占人口多數的那些省份。女性主義作家哈莉德·艾迪普，後來與阿塔圖克過從甚密的同志，乃是聯名向威爾遜總統發送電報，請求威爾遜保護奧圖曼帝國，使免遭一心擴張的歐洲列強瓜分的人士之一。

朝鮮半島的反日民族主義領袖，受到威爾遜崇高主張的鼓舞，寫下獨立宣言，打算派代表團赴巴黎。日本當局拒發出境簽證，這些朝鮮民族主義者於是請國外的同志代表他們出席巴黎和會；其中一位成員，朴將軍，住在中國，生活貧困，開始沿著西伯利亞橫貫鐵路走，踏上往巴黎的漫漫長路。在印度，期盼的心情更為高昂。在印度溫和民族主義者協助下，英國人已在印度招募一百多萬軍人和勞工，赴歐洲和中東支援協約國戰事（在慘烈的庫特阿瑪拉圍城之役中戰死者，大部分是印度人）。英國人含糊承諾讓印度自治，以回報印度人的支援；對印度人來說，美國總統似乎是讓英國人履行承諾的保證。

一九一六年遊美時，泰戈爾已強烈譴責他所謂的「國家」（Nation）這個新上帝。他也抨擊西方在亞洲的帝國主義行徑。一九一九年初期，他在寫給羅曼．羅蘭的信中說：「在遼闊的亞洲大陸，幾乎沒有一個角落，其上的人真正喜愛歐洲。」[9]但這時泰戈爾希望美國會因為「夠富裕而不會投入對弱國的貪婪剝削」。[10]泰戈爾佩服美國總統威爾遜，因而打算把他的一本著作題獻給他。此外，印度國大黨的印度教徒領袖、穆斯林領袖，受威爾遜戰時演說的鼓舞，聯合要求由他們派團代表印度出席巴黎和會，日益受矚目的甘地是代表團成員之一。

在中國，根據路透社報導，當地人支持協約國一方。對於中國派二十萬勞工赴歐洲前線，協約國表示讚許。威爾遜支持自決的演說，在中國激起格外高昂的關注：在北京，學生群聚美國大使館前，高喊「威爾遜大總統萬歲！」，且拿著寫有要求讓世界無害於民主制度的牌子。雖飽受內戰之苦，中國人希望讓世人清楚看到它自豪的國家主權。中國派了一些最能言善道的外交官赴巴黎，以確保中國的主權得到戰勝一方的協約國尊重，特別是得到日本的尊重。當時，在英國的支持下，日本已搶下德國在山東半島控制的領土。

結果，中國代表團遭拒於大國會議門外（日本則列席其中），被貶到與希臘、暹羅同級。對決心利用巴黎和會來表明其是平起平坐之主權國的中國來說，這不是好兆頭。中國抗議，但無人理會，最後，所有重大決定由美、法、英三國包辦。但在中國，情緒非常高昂；把美國總統創立國聯的計畫，幻想成在實現他大同世界理想的康有為非常興奮，當時住在某個小城且因閱讀《新青年》而逐漸激進化的毛澤東亦然。在中國，威爾遜的演說文集結成書，大為暢銷；巴黎和會開幕時，已有許多民族主義者能背出他的「十四點原則」。梁啓超在促使中國參戰上出力甚大，因而對於巴黎和會的期望，心理負擔大概最重。而事實表明，這場和會讓亞洲知識分子和行動主義者對西方的現實政治有了最慘痛的體會。

自由主義的國際主義或自由主義的帝國主義？

梁啓超至少還以中國官方代表團會外顧問的身分參與了巴黎和會，不像其他許多人——伊朗人、敘利亞人、亞美尼亞人——想陳情卻遭駁回。那位沿著西伯利亞橫貫鐵路長途跋涉的朝鮮朴將軍，抵達巴黎時，和會已開完；此外，朝鮮問題遭日本人打消，一九一九年三月，日本人也在首爾殺害數千名抗議者。

當時名叫阮愛國的越南人胡志明，是欲向和會陳情而被拒的諸多人士之一。一九一九年，威爾遜總統帶著欲使世界「無害於民主制度」的計畫來到巴黎時，胡志明正在該市做卑下的工作，生活貧困。越南的法國當局搬出他們的自由、平等、博愛理想，把約十萬名農民、工匠送上船，運到法國戰場。法國承諾考慮在未來某個未定的時刻讓他們的國家自治作為回報。

他不相信這些承諾。法國人拿越南窮人當炮灰，好實現他們的權力野心和光榮，令他深為反感。

他們在巴爾幹半島充滿詩意的荒漠中死去，納悶於母國是否打算使自己成為土耳其後宮中的寵妃：要不然他們怎會被送來這裡給人砍死？在馬恩河畔或香檳區的泥地裡，其他人正被英勇屠殺，以便指揮官的桂冠灑上他們的鮮血，以便用他們的骨頭雕製成陸軍元帥的節杖。[11]

胡志明不信任法國殖民者，振奮於威爾遜的民族自決主張。在巴黎，他想面見威爾遜，在其請願書裡費心引用了美國獨立宣言裡的句子。這位越南民族主義者甚至為此租了一套禮服。

結果胡志明毫無機會靠近威爾遜或其他任何西方領袖。他未能如願見到威爾遜一事，似乎正證實了列寧《帝國主義：資本主義最高階段》的觀點為真。這本後來成為許多反殖民行動主義者和思想家之原始文本的小冊子，寫於一九一六年，當時就斷言要威爾遜總統讓印度支那回到越南人手裡，就和要他從巴拿馬撤出美軍一樣不可能。列寧主張，美國是和英國、日本一樣的帝國主義強權，渴求資源、領土、市場，是由壓迫、掠奪構成的資本主義世界體系的一環，而一次大戰的爆發，就肇因於這個世界體系固有的不穩定性。

許多亞洲思想家都認同，歐洲人爭奪亞洲戰利品一事，乃是這場大戰的肇因。一九一五年戰事加劇時，堅定支持孫中山的日本泛亞洲主義者宮崎滔天，就已描述歐洲人如何「像豺狼般撲向亞洲，他們未使出全力，完全是因為擔心破壞歐洲內部彼此的均勢——儘管，令人感到諷刺的，現今的動亂完全是這個（瓦解）所致。」宮崎滔天預言，亞洲不會因為和平降臨而得到喘息空間。他寫道：「顯而易見的，這些（歐洲）餓虎會轉身爭奪東方的肉屑。」[12]

但列寧不只口頭宣說，還付諸行動。一九一七年掌權後不久，他就揭露法、英、沙俄欲瓜分中東（這場帝國主義戰爭的諸多戰利品之一）的秘密協議。列寧還主動宣布放棄俄國在華與其他西方強權、日本一同享有的特許權。誠如貝諾伊·庫瑪爾·薩卡爾所寫道，許多亞洲人把列寧的作為視為「將新國際道德公告周知的非凡的、超人般不可思議之舉」。這位蘇聯領袖搶先威爾遜一步要求民族自決。薩卡爾寫道：「所有民族都應得到政治解放、都應擁有主權這個新福音，從範圍上看橫掃世界或普世通用，從其彌賽亞式的善意上看極為激進或根本，因而在中國人看來，俄共已贏得最高的讚頌。」[13]

列寧還更進一步宣布，舊沙俄帝國的少數民族將得到自治，且甚至有權利脫離俄羅斯。密切注意中國、印度情勢發展的列寧，清楚認識到脫離歐洲帝國主義者宰制的亞洲對俄國的重要。誠如他所說：「鬥爭的成敗，最終取決於俄羅斯、印度、中國諸國占全人類過半這一事實。」史達林主張，「凡是希望社會主義獲勝者，都絕不可忘掉東方。」[14]

十月革命後不久，列寧和史達林即號召東方人民推翻帝國主義「搶匪和奴役者」。[15]一九二〇年，俄共在巴庫籌辦了東方各民族代表大會（Congress of the Peoples of the East）。不久後，共產國際就在亞洲數個地區協助建立共產黨，蘇聯顧問協助中國共產黨和國民黨培訓黨員。蘇聯旗幟鮮明的反帝國主義立場，使蘇聯受到許多朝鮮、波斯、印度、埃及、中國行動主義者的青睞。一九二一年，薩卡爾於文章中將亞洲反帝國主義者的命運與蘇聯的命運連在一塊，發出極為精闢、準確的預言：

> 只要地球上至少有一個國家宣揚、實踐這一欲使受支配種族擺脫外族支配的信條，中國在政治性的國際代表大會上的份量就會愈來愈重；這不考慮到進步的程度，因而俄國共黨經濟學的反財產主義很有可能在東亞的民眾、知識分子裡得到落實。[16]

這一新解放觀要到一九二〇年代才會開始影響大部分亞洲人。一九一九年，在已有歐洲商人和傳教士創立西式教育機構的許多亞洲城鎮裡，已有人在研讀、辯論馬克思主義，但當地受過教育的人士仍不大了解俄國革命和其反帝國主義立場。在印度、中國之類地方，外國新聞由西方通訊社提供，因而在大部分國家，報紙吹捧威爾遜，宣揚他的主張。其中最具影響力的通訊社，是向來令阿富汗尼反感的路透社。路透社把俄國共產黨員說成是破壞力極大的禍殃。但列寧的行動打動人心，令西方許多人驚懼。若非俄共主導俄羅斯退出一次大戰，號召工人、軍人停止戰鬥，加入革命行列，威爾遜很有可能不會在一九一八年一月提出那些更漂亮崇高的主張。

俄國共黨主張，一次大戰是帝國主義強權間的鬥爭，戰後可能由勝利的大國分贓。為削弱俄共這一主張，威爾遜總統申明美國參戰是為打造更美好世界。他想影響那些厭倦於戰爭不知何時才會結束，而看來可能被俄共宣傳打動的美國人和歐洲人。他的主張在受殖民世界得到更廣泛、更熱烈的回響，幾可說是無心插柳。

美國在國際舞台上是個相對較不為人知的角色。誠如威爾遜於一九一二年競選總統期間所強調的，美國充斥著「日益壯大」的產業，而「如果它們無法找到通往世界諸市場的暢行無阻通道，它們的上衣會撐破。」[17]但誠如薩卡爾於一九一九年所寫道，美國「還沒有足夠時間和『準備』去展現過度的土地渴求或市場追求，或展現對美國境外地區之弱勢民族的剝削的熱衷。」[18]美國在拉丁美洲的素行——例如威爾遜強行將海地、尼加拉瓜納為軍事受保護國——大部分未受到亞洲人的詳加檢視。而且薩卡爾深信美國對華裔、日裔移民所犯下的「罪行」，和「歐洲霸道列強逐步消滅受奴役、半受宰制種族的行為、充斥歐美知識界、新聞界、大學圈子和『上層社會』的惡名昭彰『白種人負擔』假設，一樣激發出報復念頭和思想。」[19]而像薩卡爾這樣具有見識的亞洲人少之又少。

事實上，戰時在本國帶頭嚴重傷害國內公民自由的威爾遜，在外交政策上老早就做過有違道德的事。例如他於一九一三年支持中國的軍國主義總統袁世凱而反對孫中山，因為他盤算著北京這位獨裁者再怎麼殘暴，都不會關閉美國對華的「開放門戶」。他的反帝國主義立場，建立在受殖民人民所看不出的一個細微差異上。他認為歐洲的帝國主義表現於實質占領遙遠土地和建立勢力範圍，據此予以譴責。他提出門戶開放政策時，未看出他自由貿易，十四條原則的第三條，可能被經濟弱勢民族視為同樣嚴重的壓迫。誠如從埃及到中國的諸國的經歷所證實的，向外舉債和亞洲境內礦場、工廠、鐵路的歸外國人擁有，以及外國駐軍以保護歐洲人所持有的這些資產，無異於強制性、羞辱性的帝國主義。例如，中國因欠了日本巨債，主權地位大受削弱，日本在山東和滿洲皆有駐軍。

飽受殖民地官員欺凌的亞洲人和非洲人，自然而然為這位美國總統的慷慨承諾所打動。就連激進雜誌《新青年》主編李大釗、陳獨秀這類無可救藥的懷疑者，都相信威爾遜決意大膽重訂國際遊戲規則。但這建立在對威爾遜之背景與動機的嚴重誤解上。因為從許多方面來看，威爾遜都不可能是開羅、德里、廣州市井小民心中的英雄。他是虔誠的長老會教友，無可救藥的親英派（他追老婆時引用了白芝浩、勃克的句子），原希望美國在菲律賓、波多黎各走英國的路子，教育「較不文明」的民族認識法律與秩序。[20]「畢竟，在政府、正義這些艱深事情上，他們是小孩，我們是大人。」[21]威爾遜是南方人，因而也和他那階層、那一代的許多人一樣，抱持本能般的種族歧視心態（和許多有關「黑人」的笑話）。

胡志明若知道理性的威爾遜，和他的好鬥對手西奧多．羅斯福一樣，相信美國如英國小說家吉卜林所規勸的那般，有責任分攤白種人的負擔，大概就不會費心去租套禮服。一九一七年一月，威爾遜主張美國該對一次大戰置身事外，以如他在內閣會議上所說的，「使白種人保持強大，頂得住黃種人——例如日本。」[22]誠如他向其國務卿羅伯特．蘭辛（Robert Lansing）所說的，威爾遜認為「白種文明和白種人對世界的支配，大體上仰仗我們保持本國完好無損的能力。」23

威爾遜的自決主張，看來涵蓋世上所有民族，其實是針對德意志、奧匈、奧圖曼土耳其三帝國轄下的歐洲民族——波蘭人、羅馬尼亞人、捷克人、塞爾維亞人——而發。他關注國際聯盟的設立，希望那機構為歐洲的集體安全和長久和平提供架構，卻對勸英、法兩國放棄他們在亞、非洲的殖民地興趣不大。他真要這麼做，也不是沒機會。戰時，英、法、日、義諸國就已簽了秘密條約，概略說明戰後他們要如何瓜分那些帝國。而一九一七年春，他第一次得悉那些秘密條約時，本可以拿協約國諸強權取消他們卑鄙的秘密協定，作為要美國參戰的條件。結果他佯裝沒有那些條約，甚至在俄共向世人揭露那些條約後，試圖阻止那些條約的消息在美國境內發布。

使世界有害於民主制度

一九一九年威爾遜總統赴歐時，希望自己能越過歐洲諸國領袖，直接訴求於歐洲人民；法、義境內狂喜的群眾，稱頌他加速這場可惡戰爭的結束，醺醺然的他因此更誤以為能得償所願。在巴黎，他碰上老練、對人性悲觀的帝國主義者，英國首相勞合．喬治和法國總理克里蒙梭。經過過去幾百年數場自相殘殺的戰爭，歐洲諸帝國主義強權已安於均勢政治。他們在巴黎的代表希望適切削減德國的軍力和經濟力，以恢復遭這場大戰打破的均勢。威爾遜接受他們的要求，冀望國際體系裡發生的任何新舊問題，都將由他所看重的國際聯盟解決。

一九一九年，毛澤東二十五歲，財產不多，求知欲很強。在他於湖南省編輯的《湘江評論》上，他貼切描述了威爾遜總統在巴黎的可憐處境：

> 威爾遜在巴黎，好像熱鍋上的螞蟻，不知怎樣才好？四圍包滿了克勒滿沙、路易喬治、牧野伸顯、歐蘭杜一類的強盜。所聽的，不外得到若干土地，收賠若干金錢。所做的，不外不能伸出已見的種種會議。有一天的路透電說：「威爾遜總統卒已贊成克勒滿沙不使德國加入國際同盟的意見」。我看了「卒已贊成」四字，為他氣悶了大半天。可憐的威爾遜！[24]

毛澤東還哀嘆印度、朝鮮的失敗：「好個民族自決！我們認為真是不要臉！」當然，威爾遜的失敗還不止於此。在如何處置德國這問題上，威爾遜只能照著想完全羞辱德國的英法兩國意見走，然後，談到非歐洲人民的權利時——其中許多民族無緣出席巴黎和會發言——他幾乎守不住自己的立場。

就連以帝國主義強權身分出席和會的日本人，都遭到輕蔑的漠視。他們坐在長桌末端，與瓜地馬拉、厄瓜多的代表相對。但促使克里蒙梭抱怨聽不到日本代表牧野伸顯發言——抱怨在一個到處是金髮白膚美女的城市裡淪落到和「醜」日本人待在一塊——不是因為日本代表坐得離擠在一塊的諸大國代表太遠。[25]談到太平洋地區——日本與西方列強主要的敵對地區之一——時，竟不談正事，淪為澳洲總理比利．休斯（Billy Hughes）拿食人現象開種族歧視玩笑，勞合．喬治提到帶貶義的「黑人」

（nigger）字眼。對於日本所欲討論的最重要事項——將民族平等（種族平等）納入國際聯盟憲章——來說，這一嘲笑意味著情況不妙。日本人希望藉由民族平等原則的確立，使美國加州政府同意日本人移入，讓日本人與當地人上同樣的學校，迫使印度支那的法國人廢除對日本進口品的不合理限制。

日本這一提議不只似乎削弱了美國數十年的反亞洲人立法，還威脅到澳洲的「白澳」政策，且被各大國普遍視為此舉欲促成野蠻人不受控制地移入他們國家。日本人想讓與會代表關注諸大國憲法所標舉而看來屬於自由主義的主張。但談到美國的「人生而平等」原則時，不久後將因在巴勒斯坦議題上的表現而聞名的貝爾福勛爵（Lord Balfour），直截了當表示他不相信「中非人生來和歐洲人平等。」[26]最後，牧野伸顯把種族平等議題付諸表決，結果通過。但威爾遜總統裁定，雖然得到多數同意，有一些有力者反對這條款，這次表決無效。日本民族主義者對威爾遜此舉數十年謹記不忘。

威爾遜擔心英國人和英國人的澳洲盟友不高興。親英心態在很大程度上矇蔽了威爾遜和其顧問群（大部分顧問出身東岸的「白人盎格魯撒克遜新教徒」），使他們見不到亞非洲人民熾熱的反殖民心情。美國國務卿完全支持英國統治埃及。當時任職於美國國務院，後來成為冷戰鬥士的杜勒斯（Allen Welsh Dulles）建議，對於埃及的要求，「連理會都不該理會。」[27]英國人採取行動，務使送到巴黎威爾遜總統手上的請願書都束諸高閣；他們還告知威爾遜，泰戈爾是個危險的革命分子（這位詩人想把自己某部作品題獻給威爾遜，未獲威爾遜同意）。

在已於一次大戰期間遭英、俄占領的波斯，派系傾軋、內部對立嚴重的波斯政府派了一支官方外交代表團到巴黎。但英國人耍手段，使該代表團無緣與會。印度、朝鮮的民族主義者連巴黎的土地都沒踏上。印度派了一支代表團到巴黎，團員由英國人挑選，包括西北部比卡內爾（Bikaner）王國的土邦主。一九〇〇年時，這位印度土邦主就代表英國人前去中國鎮壓拳亂。等他到時，亂事已平，他沒殺到半個中國人。一九一四年歐戰一爆發，他即主動請纓願為印度統治者效力，聲稱他「隨時可為了效力吾皇的莫大榮幸，以任何職位前去任何地方。」[28]最後有八萬名印度士兵戰死於中東、歐洲。這位土邦主本身則打了一場乏善可陳的小戰爭——一九一五年蘇伊士運河附近的一場小衝突——然後退回印度照料他生病的女兒。奉派出席巴黎和會時，他以極度鬈曲的鬍子和密密麻麻點綴寶石的紅頭巾，在討論場合大出風頭，堅持向在場諸位領袖展示他臂上的老虎刺青（克里蒙梭對此印象深刻，因而在一九二〇年赴比卡內爾來了一趟狩獵之旅，獵殺了兩頭老虎，而那兩隻死老虎可能是短期來看巴黎和會唯一的正面結果）。

在巴黎，這位土邦主為保住比卡內爾之類半自治王國的特權而奮戰，而英國人樂於讓他過著射殺老虎取樂的愜意生活，同時拿未來讓印度自治的模糊承諾讓他安心。誠如毛澤東所寫道：「印度捨死助英，賺得一個紅巾照爛給人出醜的議和代表。印民的要求是沒得允許。」[29]埃及人受辱更深。一九一九年三月，英國人逮捕薩德．扎格盧勒，將他流放到馬爾他，激起埃及境內一波龐大的人民抗議潮——即後來所謂的一九一九年革命。埃及人罷工，艾資哈爾清真寺的學生築起路障，埃及女人拋掉面紗，拉起糾察線、鼓勵群眾。暴民對英國人深惡痛絕，因而常殺害英國軍人。面對全國性叛亂，英國人軟化，讓扎格盧勒前往巴黎。

但扎格盧勒於途中磨練自己的英語口說能力時，英國人讓美國人相信，俄國共黨已和伊斯蘭狂熱分子聯手，為埃及境內的嚴重動亂推波助瀾。事實上，他們告訴美國人，扎格盧勒和其侄子是埃及的「列寧和托洛斯基」。威爾遜總統著手承認埃及為英國的永久受保護國時，扎格盧勒還在從馬賽到巴黎途中。後來，埃及記者穆罕默德．海卡勒（Muhammad Haykal）寫下埃及人民普遍的憤慨與怒火：

那個提出十四點原則的人，否決了埃及人民自決的權利，而自決權是十四點原則之一……而且是在代表埃及人民的代表團抵巴黎捍衛其主張之前，在威爾遜總統聽取他們陳情之前，這麼做。這難道不是最卑鄙的背叛？[30]

埃及仍然動盪，一九二二年，英國人不得不給予埃及某種程度的自治。

在仍受英國人軍事占領的伊朗，時任英國外相的柯曾勛爵，看到了為他所看重的印度帝國打造另一個緩衝國的機會。一九一九年，柯曾協助挫敗了伊朗出席巴黎和會的心願，擬定了一份幾乎完全破壞伊朗主權的英國－波斯協議（穆罕默德．摩薩台因一次大戰被困在瑞士，得悉這份擬好的協議時哭了出來，差點決定就此終老於歐洲）。結果，一九〇五年時就以提議孟加拉分治而激起印度民族主義的柯曾，再度誤判當地的民意。這份協議受到伊朗各界群起譴責；伊朗議會中的親英議員受到人身攻擊。面對普遍的反對，柯曾反倒更為堅定其立場。他寫道：「不管要他們付出什麼代價，都得讓這些人知道沒有我們他們活不下去。我非常樂意讓他們吃點苦頭。」[31]柯曾的辦法不管用。伊朗人的怒火最終使英國－波斯協議於一九二〇年胎死腹中；也使伊朗人從此敵視英國，久久未消（一九七八年，伊朗國王巴勒維在某篇報紙文章中把何梅尼稱作英國特務，自認已使何梅尼就此翻不了身，結果引發第一波反對他和反對他統治的群眾抗議，最終導致他王朝的垮台）。

一九一九年這一年在多個方面改變了世界。在印尼，民族主義團體伊斯蘭聯盟（Sarekat Islam）創立於日俄戰爭後，一直是個不成氣候的實體，但這時開始轉型為群眾性政黨，要求脫離荷蘭完全獨立。胡志明在法國共產黨裡找到支持者，一九二一年正式加入共黨。後來他憶道：「促使我相信列寧者，不是共產主義，而是愛國心。」[32]

在有將近千萬人死於一九一八至一九一九年全球性流感的印度，英國人食言，未讓印度人自治，且重拾戰時的鎮壓政策。但一九一九年四月，英國當局出動部隊在阿姆利則（Amritsar）屠殺四百名示威者，使印度國大黨從上層人士的辯論社團加速轉型為以群眾為基礎的政黨，使甘地更快崛起為該黨領袖。誠如泰戈爾於歸還爵士勛位以抗議此次屠殺事件時，在寫給印度總督的信函中所說的：「一個擁有最有效率之殺人組織的大國，竟如此對待手無寸鐵、毫無資源的人民，有鑑於此，我們不得不強烈表示，此舉在政治上絕對說不過去，在道德上遠更站不住腳。」[33]後來，泰戈爾會在《曼徹斯特衛報》（*Manchester Guardian*）上寫到，像他這樣的亞洲人，「十足單純的相信，即使我們起來反抗外國統治，我們將得到西方的同情」，只是自欺欺人。[34]

二十九歲的尼赫魯寫道，威爾遜時代「已經過去，對我們自己來說，鼓舞我們的，又是渺茫的希望，而非當下對於獲救的拚命追求。」[35]對奧圖曼土耳其人來說，威爾遜時代的過去，帶來更為殘酷的失望。在第一次世界大戰前歐洲人對穆斯林國家的壓力大增時，阿富汗尼門生拉希德．里達就已寫道：「不是伊斯蘭使歐洲人退避三舍，而是歐洲人迫使伊斯蘭對他們敬而遠之。他們兩者和諧相處並非全然不可能，但要達到這地步，需要寬大的心胸。」[36]結果，在西方諸領袖身上，特別是在勞合．喬治身上，見不到寬大的心胸。勞合．喬治認為，土耳其人是「人類之癌，在他們所不當治理的土地之肉上，帶來令人寒毛直豎的痛苦，腐壞生活的每個纖維」，並覺得成王敗寇，西方有權利隨意處置奧圖曼人。[37]

協約國諸強權以土耳其穆斯林不適合統治多民族、多宗教社會為由，同意希臘對西安納托利亞站不住腳的領土聲索。然後，一九二〇年，英法部隊占領伊斯坦堡，以先發制人阻止土耳其人要求獨立的民族運動。這一羞辱激起整個穆斯林世界人民對西方列強的仇恨與不信任。泛伊斯蘭主義短暫重振聲勢；就連不久後會以強硬世俗主義阿塔圖克之名為人所知的穆斯塔法．凱末爾，都在安卡拉組織了一場泛伊斯蘭主義代表大會，爭取艾哈邁德．沙里夫．薩努西（Ahmad al-Sharif al-Sanusi）的支持。當時艾哈邁德．沙里夫以利比亞反義大利殖民統治的英勇穆斯林戰士身分著稱於世。《*Izmir'e Dogru*》刊物表示，如果美國「面對這件駭人的事一直默不吭聲，那麼，對土耳其人來說，唯一的解決辦法，就是求助於穆斯林世界，請其全力相助。」[38]一九二三年，艾哈邁德．里札（Ahmed Riza），長期流亡巴黎的奧圖曼人，寫了著名短文〈西方政治在東方的道德破產〉（La Faillite morale de la politique occidentale en Orient），主張穆斯林世界的反西方心態大抵上是西方對穆斯林世界的政策所造成。

奧圖曼土耳其受到的卑劣待遇，激起一些非奧圖曼的穆斯林極度憤慨，其中一些穆斯林位在印度。而在印度，他們將在不久後與甘地聯手發起基拉法特（Khilafat）運動，以迫使英國更寬厚對待土耳其。結果，土耳其人只在某種程度上需要這類援助。

穆斯塔法·凱末爾，抗擊義大利的奧圖曼戰爭英雄，從第一次世界大戰的動亂中崛起，奇蹟似的收復被希臘人奪走的安納托利亞領土，將其他外國軍隊全逐出土耳其。一九二三年，與西方列強所簽的和約，劃定新土耳其民族國家的國界；也取消西方在該國所享的所有特權。在印度被譽為「伊斯蘭之劍」的阿塔圖克，以其行動表明要讓西方列強答應給予威爾遜所主張的自決權或國際體系裡的正義，靠口頭勸說辦不到，必須以武力爭取，以武力保住。因為，一九二三年凱末爾接受採訪時說道，西方「這個實體把我們視為劣等社會，竭盡所能要把我們消滅。」[39]此外，泛伊斯蘭主義之類的宗教性、政治性群眾意識形態，可以是獲致真正主權和擺脫外國干預的有效工具——只要共產主義的豪言壯語有助於實現他的民族主義目標，凱末爾用起這類言語，就和用起伊斯蘭的言語一樣熟練俐落。阿塔圖克的成功，對亞洲各地人民的想法衝擊極大——自對馬海戰以來東方最大一場勝利。穆罕默德·伊克巴勒寫道：「事實上，在今日諸穆斯林國家中，只有土耳其從教條主義睡夢中醒來，達到自覺之境。」[40]

在中國，年輕共產黨員將於不久後悟到這個道理。二十歲詩人瞿秋白，後來成為初成立之中國共產黨在莫斯科之重要聯絡人的佛學研究者，感受到「帝國主義壓迫的切骨的痛苦，觸醒了空泛的民主主義的惡夢」[41]，而有此感受者不只他一人。一九一九年後，亞洲瀰漫著遭出賣的感受，而這方面感受最強烈者，當屬中國人。與印度人、奧圖曼人、埃及人、朝鮮人不同的，中國人有幸出席巴黎和會，且因為戰時對協約國的付出，自認他們的心聲理該得到同情的傾聽。畢竟戰時中國派了數十萬工人赴歐，填補歐洲死傷士兵留下的空缺。梁啓超力主中國參戰，正是為了戰後得到協約國較善意的對待。

中國代表團主張山東完全屬於中國，先前遭德國強占；山東是孔子故鄉、中華文明的「搖籃」，說詞極具說服力。威爾遜總統個人支持中國對遭日本占領之山東的主權要求，但他無法說服勞合．喬治和克里蒙梭收回戰時他們答應讓日本繼續控制該殖民地的承諾。此外，英法兩國在華都有透過武力取得而有待保住的利益。藉由賣軍需品給協約國和將其經濟觸角進一步深入亞洲市場，戰後日本已成為太平洋的一大強權，一如美國是大西洋的一大強權。日本的種族平等訴求已遭冷遇，希望日本加入國聯的威爾遜，禁不起再惹惱日本。

這一赤裸裸欺負弱國的行徑，就連美國參議員威廉．博拉（William Borah）都感到怒不可抑。他斷言未能將山東交還中國，將「使任何人都蒙羞、丟臉」，且嘲笑威爾遜欲建立後帝國主義世界秩序的誠摯希望：「它一絲不掛、醜惡、令人作嘔，以來自殘酷、無恥世界的怪物之恣赫然聳現於我們眼前，眾人所期望的東西已永遠成為過去。」[42]梁啓超從巴黎將中國在山東問題上落敗之事告知中國讀者。他寫道，日本「千方百計」謀占山東。[43]但他也責怪中國代表團，提醒國人「國際間有強權無公理之原則，雖今日尚依然適用，所謂正義、人道，不過強者之一種口頭禪，弱國而欲托庇於正義、人道之下，萬無是處。」最後他說，中國「所可依賴，惟自身耳」，「及其邁往之氣和貞壯之志」。44

中國人從迷夢中醒來。一九一九年五月，中國在巴黎和會失敗的消息傳回中國，引發憤怒學生上北京街頭抗議，譴責美國總統是個騙子。中國各地出現示威、罷工，知識分子與政治人物的力量猛然爆發，化為後來所謂的五四運動，其影響持續此後數十年未消。

五四運動始於一九一九年五月四日約三千名學生在北京天安門前示威。學生手持國旗，以中國語、英語、法語呼喊口號，要求中國政府拒絕接受不承認中國對山東之主權的條約。示威者穿過使館區時，情緒轉為躁動。有些示威者攻擊附近被認為親日的交通總長曹汝霖的房子，曹汝霖驚險逃過一劫，但中國駐日公使陸宗祥遭痛毆。

學生遭逮捕，反倒在中國數個城市，特別是在作為中國年輕人知識、政治中心的上海，引發更多聲援他們的示威和罷工。六月，工人、商人加入抗議行列，開始一連串抵制日貨的行動。就連在遙遠的新加坡，華人都發動示威、暴亂，猛然展現該市反殖民情緒的高昂。同月更晚，出席巴黎和會的中國代表團，不甩來自北京上級的指示，拒簽凡爾賽條約，由學生、工人、商人組成的新聯盟似乎如願以償。

但改變似乎不大。遭中國民眾抵制、抗議的日本，直到一九二三年才放掉山東。中國軍閥割據的局面還會更惡化。但五四運動對政治的影響極大。它鼓舞了用語和前幾代完全不同的新一代中國人。與梁啓超、康有為相反的，這一代人在教授西式課程的學校、大學受教育。他們較少傳統包袱，以更廣大的新受教育中國人為訴求對象。在以康有為為核心的改良主義菁英首度變法圖強的將近三十年後，中國終於走進群眾政治。主動權掌握在「人民」，而非文人、官員、軍閥或專業政治人物身上。

康有為仍無可救藥的渴求恢復以儒家思想為支柱的君主制，但也坦承「自有民國，八年以來，未見真民意、真民權，有之自學生此舉始耳。」[45]戰時赴法國勤工儉學的中國人，際遇未如越南、印度軍人那麼慘。但在歐洲的惡劣遭遇，使他們回國時思想已走上激進化。鄧小平日後憶及「生活的痛苦，資本家的走狗——工頭——的辱罵。」[46]

一到法國，聽先到法國的勤工儉學學生的介紹，知道那裡已在第一次世界大戰後的兩年，所需勞動力已不似大戰期間那樣緊迫，找工作已不太容易，工資也不高，用勤工方法來儉學，已不可能。隨著我們自己的切身體驗，也證明了確是這樣，做工所得，糊口都困難，哪還能讀書進學堂呢。於是，那些「工業救國」、「學點本事」等等幻想，變成了泡影。[47]

這些人將進一步投身政治。與那些用權勢為所欲為的政治人物、軍閥不同的，這些新行動主義者將受到長遠目標的驅動，被現代政治團體——不管是國民黨還是共產黨——組織起來。誠如毛澤東後來所說，「整個中國革命運動源於覺醒過來的青年學生和知識分子的行動。」[48]

梁啓超從巴黎發回中國的電報，使國內的廣大民眾得以掌握巴黎和會的動態。他還強化了日益濃厚的被出賣感。在《曼徹斯特衛報》上談中國受辱之事時，梁啓超寫道：「凡是有識之士，都必然認為那即使不會深遠改變全世界的歷史，也將深遠改變亞洲大陸的歷史。」[49]「中國唯一的罪過」在於「衰弱和相信戰後國際會主持正義。如果她走投無路，鋌而走險，那些協助決定她命運者難辭其咎。」[50]

梁啓超不知道他正在描述中國強硬政治意識形態的發端。一九一九年七月，俄國革命分子在遭西方出賣的義憤中看到機會，於是自行宣布放棄俄國與中國所簽的不平等條約，宣布：

如果中華民族想變成和俄國人一樣自由，想擺脫在凡爾賽所被指定的下場，以免變成第二個朝鮮或第二個印度，就該了解它在爭自由的行動上，唯一的盟友和兄弟乃是俄羅斯工人、農民和俄羅斯紅軍。[51]

一年多後，中國共產黨就會在上海成立，集結不滿現狀的年輕激進分子，賦予他們明確的目標和一套沒有過去包袱的理念。一些中國年輕人，踉踉蹌蹌走過一九一九年的時局，開始徹底懷疑西方的動機和政策，對受征服人民所可能有的政治發展，有了更開闊的認識，而毛澤東是其中之一。一九一九年，即將正式投身共產主義時，毛澤東寫道：

我敢說一怪話，他日中華民族的改革，將較任何民族為徹底。中華民族的社會，將較任何民族為光明。中華民族的大聯合，將較任何地域任何民族而先告成功。諸君！諸君！我們總要努力！我們總要拚命的向前！我們黃金的世界，光華燦爛的世界，就在前面！[52]

尼赫魯寫道，威爾遜總統的名聲掃地，使「共產主義的幽靈」籠罩亞洲。一如胡志明，毛澤東漸漸發覺只有共產主義有助於讓中國得到真主主權。他寫信告訴他在法國的友人，說他已不再有其他想法，此刻全心全意探究「俄國革命」。一九一一年失敗後，革命思想再度浮現於中國，且這一次有了更清楚的革命對象——西方帝國主義。而此刻，這一革命思想有其根本的國際意涵。

滿腦子自治、自決想法的亞洲人，已和其他地方志同道合的行動主義者建立密切聯繫。第一次世界大戰後那幾年，跨國運動和不同民族主義團體間的合作，將在愈來愈被視為互賴的世界裡蓬勃發展；誠如法國詩人和散文家保羅·瓦列里（Paul Valéry）所寫道，在這個世界裡，「不再有在一處解決就可全部解決的問題」。[53]在蘇聯建立之共產國際的代表，開始協助中國「資產階級」民族主義者和中國、印度、伊朗、土耳其境內的共產黨人時，泛伊斯蘭主義將使荷屬東印度群島與北非連在一塊。柏林（青年共產國際總部所在）吸引了來自世界各地的數千名反殖民行動主義者，包括來自荷屬東印度群島的陳馬六甲（Tan Malaka）和印度的羅易（M. N. Roy）。一九二〇年，印尼具影響力的共黨，東印度共產主義聯盟（Perserikatan Kommunist di India），在共產國際支持下成立；隔年，該組織創辦人前往上海見證中國共產黨的正式成立，再轉到莫斯科參與東方工人第一次代表大會。一九二五年後，上海與廣州將成為這一跨國網絡的亞洲中樞；胡志明將在其雜誌《賤民》（*Le Paria*）中刊登拉希德·里達的文章，並前往莫斯科會晤俄國、中國、印度的革命人士。

西方的沒落？

梁啓超本人於一九一九年踏上另一趟知性之旅，回到他的儒家傳統；此後直到一九二九年去世為止，未再有劇烈的轉折。梁啓超以巴黎為基地，走遍西歐，後來將其歐遊印象和感想出版，名為《歐遊心影錄》。他筆下的所見所聞，處處透著憂思與不祥之感。後來，他很有先見之明的寫道，這場戰爭「還不是新世界歷史的正文，不過一個承上起下的轉捩段落罷了」。[54]在寒冷、大霧籠罩的倫敦，他參加了在白金漢宮舉行的一場花園派對，而倫敦「日色似血」。[55]整個大陸蜷縮在秋季鉛灰色的天空下。[56]在法國蘭斯（Rheims），他看到挨了三次轟炸，被德軍炮火毀掉一半的哥德式宏偉大教堂。在比利時的魯汶（Louvain）鎮，德軍殺了數百平民，毀掉該鎮著名的大學圖書館。

梁啓超很清楚西方人在中國和亞洲其他地方恣意破壞文物的歷史。他知道布耳戰爭期間英國人已使「集中營」一詞成為常用的詞語。但這類暴行，一如這時予人的感覺，似乎從來不是歐洲大陸上野蠻行徑的序幕。梁啓超和其他許多亞洲知識分子不由得揣想，是否，如泰戈爾所說的，「文明歐洲強迫中國之類大國吃下的毒藥，已帶給它自己永遠無法復原的重創」，是否「歐洲文明的火炬，意不在照亮，而在放火」。[57]

一次大戰爆發的五年前，奧羅賓多．果斯聲稱，「誇耀的、侵略的、稱霸世界的歐洲」，其文明被判了「死刑」，等著「毀滅」。這時他深信，「科學性、理性主義、工業掛帥、假民主的西方文明，如今逐漸在瓦解。」[58]穆罕默德．伊克巴勒，二十世紀頭十年期間，在歐洲求學三年，獲益良多，而這時，他以伊拉哈巴迪的諷刺風格寫下對歐洲的看法：

西方發展出高明的新技巧
在這裡，一如在其他許多領域裡
它的潛水艇是鱷魚
它的轟炸機從空中撒下破壞
它的毒氣遮蔽天空
使照見世界的太陽瞎掉。
派這個混蛋去西方
學快速且最俐落的殺人本事。[60]

先前幾次遊西方，梁啓超，一如泰戈爾、伊克巴勒，打從心底仰慕西方。但在最久一次待在西方的這段期間，他開始對已隨意丟掉進步、理性主義的果實，墮入野蠻狀態的西方文明產生深深的懷疑。「物質主義」西方已透過科學、技術征服大自然，創造出個人與個人間、階級與階級間、國與國間衝突的弱肉強食世界。但結果呢？物質主義的西方人不斷追求更新的東西，不斷受挫，被戰爭折磨得精疲力竭，沒有安全感，和過去一樣不快樂。

年輕時擁抱社會達爾文主義的梁啓超，如今強烈拒斥它，談起將它用於「人類社會學上」，「結果鬧出許多流弊」——崇拜金錢和權力，軍國主義與帝國主義興起：他寫道：「這回歐洲大戰幾乎把人類文明都破滅了。雖然原因很多，達爾文學說不能不說有很大影響。」61

梁啓超留意到歐陸戰後知識界的新氣氛：對前一世紀受到吹捧的長足進步產生嚴重的自我質疑和懷疑。在歐洲的大思想家、大藝術家眼中，歐洲突然變成如凡人般難逃一死。湯瑪斯・曼、艾略特、赫曼・布洛赫（Hermann Broch）、羅伯特・穆齊爾（Robert Musil）諸人的作品，表達了以下疑慮：歐洲十九世紀的旺盛活力已轉為有害、無法控制之物，一段期間狂熱的全球性改變，突然引發一場沒人知道如何予以結束的大戰。在東方長期以來被認為和西方帝國主義密不可分的自由民主主義，在西方受到統治菁英之貪婪與自私心態的荼毒，這時顯得脆弱不堪。第一次世界大戰無法控制且愚蠢的屠殺，使有關理性、功利主義的任何觀念都受到挑戰，而科學似乎是這一屠殺的幫兇。赫曼・赫塞的小說似乎在表示，對科學、技術的執念，乃是歐洲所已發展出之過度物質主義且摧毀人性之世界觀的另一個部分。

誠如梁啓超所寫道：「歐洲人做了一場科學萬能的大夢，到如今卻叫起科學破產來。這便是最近思潮變遷一個大關鍵了。」這也是梁啓超至今所做過最深刻自省的開端。那將使他漸漸走回較傳統派的觀點，因為在一次大戰的災難之後，強調道德秩序的孔孟，在西方思想面前，似乎不再那麼不可取。新文化運動的激進人士所提倡的科學，不再是解決社會福利問題的萬靈丹。梁啓超大大嘲笑了他們對西方的天真寄望和盲目推崇：

當時謳歌科學萬能的人，滿望著科學成功，黃金世界便指日出現。如今，功總算成了，一百年物質的進步，比從前三千年所得還加幾倍，我們人類不惟沒有得著幸福，倒反帶來許多災難。好像沙漠中失路的旅人，遠遠望見個大黑影，拚命往前趕，以為可以靠他嚮導，哪知趕上幾程，影子卻不見了。因此無限淒惶失望。影子是誰？就是這位「科學先生」。[63]

舊學問，特別是孔子的仁，講和諧與妥協，優於西方的講競爭，仍有其高明之處。畢竟：

物質生活不過為維繫精神生活之一種手段，絕不能以之占人生問題之主位……近代歐美學說，無論資本主義者流，社會主義者流，皆獎勵人心以專從物質界討生活……是故雖百變其途，而世之不寧且滋甚也。吾儕之所欲討論者，在現代科學昌明之物質狀態下，如何而能應用儒家之均安主義，使人人能在當時當地之環境中，得不豐不殺的物質生活實現而普及。[64]

誠如梁啓超在其新防衛性心態下所斷言的，「救濟精神饑荒的方法，我認為東方的——中國與印度——比較最好。東方的學問，以精神為出發點；西方的學問，以物質為出發點。」[65]西方人注定成為肉體的奴隸；東方最偉大的哲學——佛學——教解脫之道。事實上，在梁啓超眼中，東方有值得西方取經之處：「大海對岸那邊有好幾萬萬人，愁著物質文明破產，哀哀欲絕地喊救命，等著你來超拔他哩！」[66]梁啓超可能已看出，在後一九一八年那段時期，西方人已開始著迷於未得到到充分理解的東方哲學和宗教。他說：「歐洲近來所以好研究老子，怕也是這種學說的反動罷！」[67]

一九〇六年，岡倉天心就已寫道：「歐洲帝國主義未不屑於發出荒謬的黃禍呼聲，卻未體認到亞洲也可能會意識到白禍的殘酷。」[68]第一次世界大戰和巴黎和會之後，東方許多思想家和行動主義者開始重新思考他們先前對西方政治理想的著迷。在他們眼中，現代化仍是絕對必要，但現代化不等於西化，或不表示得全面拒斥傳統或得同樣全面的仿效西方。革命共產主義和伊斯蘭基本教義主義之類新問世的意識形態，開始打動人心，而這類意識形態承諾掃除過去的殘渣，啓動全新的開始。最重要的，在他們眼中，自由民主主義並非民族自強所不可或缺。

梁啓超的舊恩師，提倡自由個人主義的嚴復，開始認為追求國家富強一事也對道德有深遠影響。而有此想法者，不只嚴復一人。他寫道：「吾垂老親見七年的民國，與歐洲四年亙古未有之血戰，覺歐人三百年之進化，只做到『利己殺人、寡廉鮮恥』八個大字。」[69]新傳統派要舊學問為中國初誕生的現代性服務，且受到伯特蘭．羅素之類對西方文明幻滅的西方哲學家鼓舞。羅素於後五四時期在中國巡迴演講，大為轟動。在那巡迴演講後，他斷言：「我要說，我們文明的特長在科學方法；中國人的特長在對人生的正確認識。」[70]蘇聯共產主義與歐洲的毀滅性戰爭都令羅素驚駭。他著迷於傳統中國，表示「凡是看重智慧或美，乃至單純的生活樂趣者，在中國會比在煩亂、動盪的西方找到更多這些東西。」[71]

就連因得不到西方支持而有所醒悟的孫中山，都已開始高聲反對西方物質主義和經濟帝國主義，支持以中國傳統作為民族主義的基礎之一。重新闡釋三民主義之後，孫中山於一九二四年在日本斥責年輕人「醉心」於「新文化」，強調「固有的道德」的重要：「首是忠孝，次是仁愛，其次是信義，其次是和平。」[72] 孫中山支持東方的「王道」，譴責西方文化是「科學的文化，是注重功利的文化」：

這種文化應用到人類社會，只見物質文明，只有飛機炸彈，只有洋槍大砲，專是一種武力的文化……所以，歐洲的文化是霸道的文化。但是我們東洋向來輕視霸道的文化。還有一種文化好過霸道的文化，這種文化的本質是仁義道德。用這種仁義道德的文化，是感化人，不是壓迫人；是要人懷德，不是要人畏威。這種要人懷德的文化，我們中國的古話就說是「行王道」。所以，亞洲的文化就是王道的文化。自歐洲的物質文明發達，霸道大行之後，世界各國的道德便天天退步。就是亞洲，也有好幾個國家的道德也是很退步。[73]

梁漱溟（一八九三～一九八八）是受西式教育的學者，印度哲學專家。他的《東西文化及其哲學》一書（一九二一），如梁啓超一樣深入剖析了西方的物質文明，支持佛教和儒家思想。梁漱溟認為，西方藉由成功征服大自然獲致經濟成長，但也將它自身與儒家所仍給予的更廣闊人性觀割離。西方人必須擁抱社會倫理和更高尚的性靈觀。在這方面，中國雖然物質落後，仍能對世界大有貢獻。誠如他所說，「中國文化的基本精神在天理與人欲的和諧和中庸」[74]

梁漱溟此書大受歡迎，卻招來激進派學者的嘲弄。魯迅有可能在短篇小說〈孔乙己〉中回應了此書觀點。書中主角孔乙己是個沒考上秀才的讀書人，淪為小偷，乞討為生，卻自認是個高尚文明人。在魯迅的更著名短篇小說〈阿Q正傳〉中，主人公阿Q也是個無用之人，受到任何打擊都以精神勝利法來自我安慰。面對這類嘲笑，梁漱溟不為所動，接著在山東按照儒家原則成立了一個烏托邦式村社，一九三七年在那裡與毛澤東會晤並交換意見。

張君勱（一八八六～一九六九）也是支持梁啓超對現代文明之評論的思想家。他於一九一九年隨梁啓超赴歐，然後留在德國的耶拿大學攻讀，一九二三年返國，在清華大學發表演說，嚴厲批評盲目相信科學之風。誠如張君勱所認為，孔子一生最重要的志業，在於為符合道德或正派的生活找出應遵循的規則，而科學無法決定這類規則。

一場激烈的爭辯爆發（科學與玄學論戰），一方是梁啓超與志同道合的知識分子，另一方是已深信馬克思主義是解決西方危機和中國混亂之良方的「新文化」激進分子。較明顯偏向儒家、佛家的思想家，一如梁啓超，仍念茲在茲於中國在現代世界的救亡圖存，且試圖使他們的準宗教性理想對進步派、保守派都有用處。例如，改良主義高僧太虛（一八九〇～一九四七）試圖藉由使佛寺、學校、在家居士社團關心窮人、文盲，以使中國佛教走向入世之路。

但對「新文化」激進人士來說，這並不夠。這場辯論表明，若不把中國放在全球秩序裡思考，若不對過去、現在提供人類救贖之道的意識形態展開全面而深刻的辯論，沒有哪位中國思想家能像康有為一八九五年那樣構思國內秩序。

在哥倫比亞大學受過教育的胡適，是教育家約翰·杜威的弟子，偏向自由主義的「全盤西化派」

人士之一。他撰文挺「新文化」，把受縛於本身地理環境、政治環境而衰弱、被動的中國能滿足其人民精神渴求一說，嘲笑為胡說八道。新創立之中國共產黨的總書記陳獨秀，同樣不屑於該說法。但這場科學、玄學論戰，局部反映了對中國在世界之地位的更大不確定感，且只是泰戈爾訪華所激起之風暴的序曲。一九二四年四月十二日，泰戈爾在梁啓超、張君勱安排下抵達上海，展開在華巡迴演講。

泰戈爾的中、日之行，也將預示日後更為猛烈的其他風暴——將使亞洲地圖永遠改觀的風暴。

第五章
泰戈爾，亡國之民在東亞

哈哈，一千多年「愛而不見」的老哥哥（印度），又來訪問小弟弟（中國）來。咱們哥兒倆都是飽經憂患，鬢髮蒼然，揩眼相看，如夢如寐。我們看見老哥哥，驀地把多少年前聯床夜雨的辛苦兜上心來。

一九二四年，梁啓超，歡迎泰戈爾訪華

但我今年看見他（泰戈爾）論蘇聯的文章，自己聲明道：「我是一個英國治下的印度人」；他自己知道得明明白白。大約他到中國來的時候，決不至於還糊塗，如果我們的詩人諸公不將他製成一個活神仙，青年們對於他是不至如此隔膜的。現在可是老大的晦氣！

一九三三年，魯迅憶泰戈爾訪華

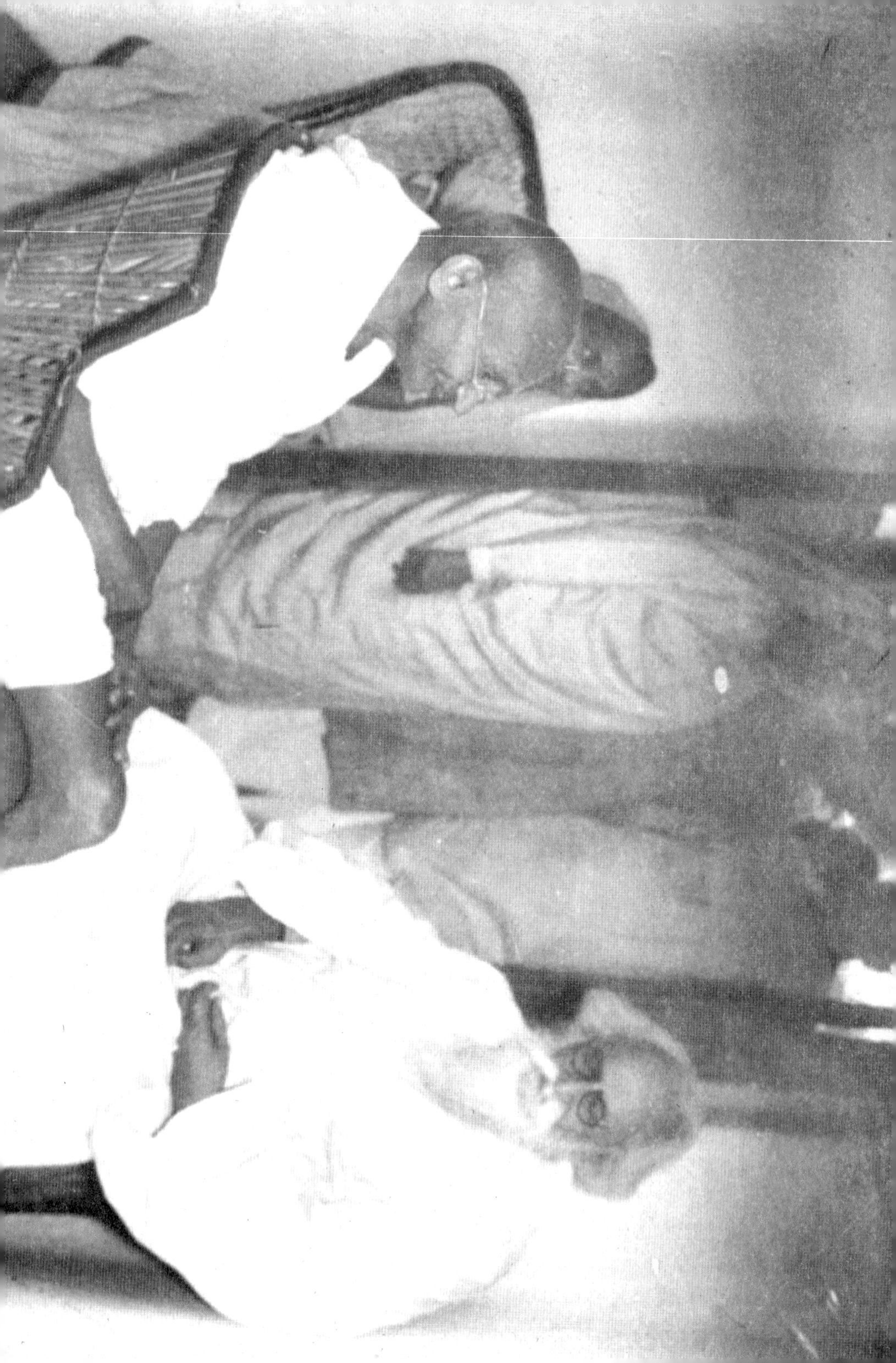

對十九世紀末、二十世紀初的許多中國人來說，印度是典型的「已亡之國」。該國內部的衰弱，給了外國侵略者可乘之機，迫使它陷入政治上、經濟上悲慘、道德上、心理上恥辱的被征服狀態。對中國老百姓來說，在自身周遭就可看到印度這一自我屈從行為的表徵：來自孟買，充當英國對華鴉片貿易中間人的帕西（Parsi）商人；協助英國人鎮壓拳亂的印度士兵；上海等通商口岸為英國人效命的錫克族警察。英國人偶爾放錫克族警察對付中國群眾。一九〇四年，東京發行的暢銷中文雜誌《江蘇》刊出一篇短篇小說，描寫名叫黃士表（字面意思「黃種士人代表」）的沒出息文人和一名穿古衣冠的老人，在睡夢中見到的未來景象。他們走在上海街頭，見到一隊人由一名白人帶領列隊行走。

> 士表往這些人湊近一看，他們全都臉黑如炭，頭上包著一塊紅巾，像戴上高帽；腰間繫著皮帶，皮帶上掛著木棍。士表問老人：這些人是印度人？老人答是，英吉利人用他們當警察……士表問，他們為何不用印度人當警察首長？老人答：誰聽過那種事！印度人是亡國之人；他們只是奴隸。[1]（譯按：本段引文根據英文譯成）

後來，在這夢境中，黃士表看到一個纏紅色錫克式頭巾的黃種人，發現那是個中國人。黃士表注意到街上每個人都纏紅頭巾，學校裡用基督教傳教士編的教科書教英語，夢隨之變成惡夢。故事最後，黃士表為中國淪落到和印度一樣的下場而深感不安。

在阿富汗尼眼中，遭征服且在精神上遭殖民的印度，也是引為借鑑的一面鏡子。但中國雖然衰弱，但以儒家思想為基礎的政治—道德秩序持續不輟。而從中國的角度看，印度似已陷入和本身的文化遺產脫節的險境。只有懂梵文的婆羅門看得懂的印度哲學和文學，已非大部分印度人所能理解；新一代受過西方教育的印度知識分子，則靠歐洲人發掘印度典籍和將其譯為英文、德文，才能了解自己的文化遺產。

誠如中國人所認為的，自十六世紀蒙兀兒人入主印度以來，印度一直受外國人統治；沒有能統一全印的本土統治階層。觀念最進步的人士，似乎是原先忠心效力於蒙兀兒皇廷，後來在英國人將整個次大陸納入其治理時轉而為英國人賣命的印度教徒。

泰戈爾家族從一六九〇年英國東印度公司殖民加爾各答起，就與該公司搭上關係，是英國改造印度經濟、文化過程的重要受益者。他祖父是英屬印度的第一個本土大商人，幾次遊歐時與維多利亞女王等權貴社交；他哥哥是第一位獲英國人同意進入印度文官機構（Indian Civil Service）的印度人。

泰戈爾生於一八六一年，即印軍譁變和在加爾各答、馬德拉斯、孟買設立新西式大學的四年後，屬於印度新知識分子圈的一員，而這個圈子的知識分子接觸到各種西方思想，且受到拉姆・莫渾・羅伊（一七七四～一八三三）之類人士所發起的「社會改革」運動影響。羅伊常被稱為「現代印度之父」，創立了一神會（Brahmo Sabha）。一神會是改良主義會社，其宗旨在於掃除印度教中寡婦火焚殉夫之類惡習，使印度教更近似於基督教之類一神教。泰戈爾父親德奔德拉納特・泰戈爾（Debendranath Tagore）採用了羅伊的（不同宗教信仰）匯合論，然後在梵社（Brahmo Samaj）中詳述該理論。

一如中國許多現代思想家出身廣州、上海附近地區（中國境內與西方接觸最多的地區），印度東岸的孟加拉人也自然而然成為後來人稱「印度文藝復興」之運動的領袖。泰戈爾本人在充滿文化自信、文化創意的家庭裡長大，早早就接觸歐洲社會與文化。這意味著十九世紀下半葉時開始征服他許多孟加拉同胞的強烈反西方思想，在他身上從來感受不到。

晚至一九二一年，印度民族主義浪潮迅速上漲之際，他仍在筆下申言，「如果我們滿腔民族的虛榮，從自家屋頂上大喊西方所產生的東西，無一物對人有無限的價值，那麼我們只是對東方思想的任何產物的價值，創造出嚴重的懷疑根源。」[2]後來他會就他眼中的反殖民運動的仇外成分，與甘地出現嚴重分歧。在這同時，泰戈爾絕不可能成為「青年孟加拉」的一員。「青年孟加拉」是由受西方教育的孟加拉人組成的團體，以和奧圖曼的坦志麥特改革者、日本明治時代知識分子一樣的狂熱心態，追求脫亞入歐。泰戈爾堅信人性中崇高的一面和人類的根本一致性，成為對印度的歐洲化觀察最透徹、批評最有力的人士之一。

在十九世紀印度，致力於改革印度教和恢復印度教已逝榮光的運動已迅速壯大，而這一現象乃是先前所提及穆斯林、佛教、儒家社會裡宗教—政治主張上的更大趨勢的一部分。這些新印度教運動的靈感來源和用語或許讓人覺得古老過時，但它們雖往往受種族羞辱感的激發而誕生，卻大體上受英國功利主義者和基督教傳教士在印度所積極宣揚的進步觀、發展觀啓發。例如，社會改革者達耶難陀・娑羅室伐底（Dayananda Saraswati，一八二四～一八八三），勸印度人重新研讀吠陀，認為吠陀裡含有現代科學的全部；他也呼應英國傳教士的主張，譴責偶像崇拜、種姓制度之類的「印度教迷信」。

印度宗教在歐洲部分支持下展開的這場「現代化」，將在印度各地催發出新政治運動、社會運動，而其中許多運動強力反對英國統治，致力於恢復民族尊嚴。班基姆・昌德拉・查特吉（Bankim Chandra Chatterji，一八三八～一八九四），是體現印度文化如此含糊歐洲化的象徵性人物之一。他是英國孟加拉政府的官員，原本如「青年孟加拉」般不加批評的尊崇西方，後來轉為印度民族主義的第一個重要象徵。

奧羅賓多・果斯（Aurobindo Ghose）於一九〇八年抱怨孟加拉人「沉醉於歐洲文明之酒」時，無疑想起他在狂熱親英的孟加拉家庭裡長大之事。[3]奧羅賓多出生時，父親替他取了英語的中名Ackroyd，後來被父親帶到英格蘭受教，一八八〇年代入讀該地公學，從東方主義學者那兒了解印度語言和文學，一八九〇年代初期返國時，對英國人和仿效英國人的孟加拉人持嚴厲批評態度。誠如他所認為，「十九世紀印度境內的運動是歐洲的運動」，那些運動

> 採用歐洲的機器和動機、人權訴求或社會地位平等訴求、「自然」所從來不同意的不可思議固定等級。與這些假福音摻雜在一塊的，乃是仇恨、憤懣心態，且這心態展露在對婆羅門祭司職能的唾棄上，在對印度教的敵視上，在與過去神聖傳統的無知決裂上。[4]

奧羅賓多表示，孟加拉人太著迷於歐洲，因而整個印度「有可能因為愚蠢的屈服於偏離常軌的歐洲物質主義而喪失自己的靈魂」。但在十九世紀下半葉，孟加拉人不情不願的推崇物質主義西方的某些實用技能且試圖予以仿效時，他們也對物質主義西方發出了全然負面的看法。辨喜（Swami

Vivekananda，一八六三～一九〇二）是印度最早、最有名的精神領袖，在他眼中，歐洲人是毗婁遮那（Virochana，印度神話中的大魔王）之子，歐洲人認為人的自我（human self）只是肉體和更粗鄙的肉體欲求。辨喜寫到西方時說：「對這文明來說，劍是（達到已述目的的）工具，英雄主義是輔助工具，此世與下一世的享樂是人生唯一目的。」[5]

在短暫人生中常走訪歐美的辨喜，認為西方社會和政治被有錢有勢者把持，其階層體系頗類似於印度的種姓制度；他最後一次遊英時告訴其英國友人，「你們的富人是婆羅門，窮人是首陀羅。」[6]布德夫·穆霍帕德雅（Bhudev Mukhopadhyay）可能是十九世紀批判西方最為全面的孟加拉人，而在他看來，人追求愛的固有能力，在歐洲，已隨著民族國家的誕生而中止——民族國家的誕生是歐洲史和歐洲無盡衝突的終點。愛的能力已被執縛於金錢和過度關注財產權之類的奇怪事物上——那是種極端個人主義，使人卸除掉對社會之一般義務，且聯同機器和對市場、壟斷的追求，促成無盡的戰爭與征服、暴力。最令穆霍帕德雅反感者，乃是歐洲人似乎從不覺得個人私欲和道德要求間有何矛盾。寫到歐洲人時，他說：「凡是符合他們自身利益的事，他們都覺得那未違背他們眼中的正道公理，他們未能理解到他們個人的幸福不可能是所有人福惠的來源。」[7]

奧羅賓多·果斯也怒斥英國的中產階級，認為他們以冠冕堂皇的宣言和意向包裝他們的帝國主義，作風與過去的統治階層不同。他說英格蘭用「無所顧忌的狡詐」和「無情的屠殺」這些老方法征服愛爾蘭，然後以「強權即公理」這原則統治它。但在民主民族主義掛帥的時代，帝國主義需要更有力的理由來自圓其說：

任何形態的專制統治都違反人道這一觀念，已化為本能的想法，現代道德觀和看法反對一國對另一國、一階級對另一階級、一人對另一人的奴役。帝國主義必須替自己辯解，以迎合這一現代看法，而要在這點上如願，唯一辦法就是佯稱自己是自由的受託人，受上天委託前來開化未開化者，訓練未受訓練者，直到完成這仁慈的征服而能慷慨的功成身退為止。英格蘭就是以如此說法，合理化其對蒙兀兒遺產的篡奪，使我們眩目於其正直、慷慨的光輝而默然接受其奴役。她就是用這藉口掩飾其對埃及的併吞。英國帝國主義特別需要這些虛偽的說詞，因為在英格蘭，清教徒中產階級已掌權，已將道貌岸然的偽善灌輸到英格蘭人的脾性裡，而這種偽善心態宣稱不願從事不公義、自私的掠奪，但披上道德、仁慈、無私利人的外衣時例外。[8]

有些印度人相信歐洲人對民主、自由主義之類的較優越主張，而在奧羅賓多看來，那些人其實在欺騙自己。因為英國人認為，「在受征服的國家，白人的專制無上地位，必須以捨棄所有原則和道德規範為代價予以維持，一如最初以如此代價取得該無上地位」，而上述崇高理想「不適合於」這種國家。奧羅賓多因所受的東方教育，對印度產生強烈的新自豪，漸漸轉變成好戰的民族主義者，深信「歐洲人不可能尊敬亞洲人，他們之間除了主人對奴隸的『同情』，不可能有其他同情，除了靠亞洲之劍贏得並維繫的和平，不可能有和平。」[9]

一如奧羅賓多，泰戈爾深受賦予印度古典歷史的東方主義學影響，而且他吸收了孟加拉人對現代西方的一部分懷疑。一八八一年，他初展開文學創作生涯時，就宣告他在政治立場上與其從商的祖父——鴉片貿易的重要中間人——不同路。但他本身的求知、精神探索旅程，以保守的貴族背景和西式教育為起點，將他帶到與其孟加拉同胞所至之地大不相同的地方。

他在孟加拉鄉間的長期居留（一八九一至一九〇一），在這方面有關鍵影響。與印度鄉村生活的近距離接觸，協助促成他的世界觀有別於加爾各答中產階級知識分子的世界觀。那使他愛上自然風景，尊重日常的、國內的、片斷的事物，且使他對鄉間窮人的困苦有深刻了解。此後至死，他一直深信前工業時代文明的道德優於機械化現代文明的道德；他也開始認定印度的自我重生得從村子裡開始。

一九〇一年，他在孟加拉西南部鄉間創辦一所實驗學校。這所人稱桑蒂尼蓋登（Santiniketan）的學校，日後會擴大為國際性大學，培育出印度某些頂尖藝術家和思想家，包括電影製片薩雅吉·雷伊（Satyajit Ray）、經濟學家阿馬蒂亞·森（Amartya Sen）。同年，在〈東西文明〉一文中，泰戈爾首度闡述其鄉村和諧與城市侵略性的二元對立，以村子為中心的社會和民族國家的二元對立論點。東方追求社會和諧和精神解脫，相對的，他主張西方專注於強化國家主權和政治自由。西方

> 「看重科學甚於人」，像某種生長力甚強的雜草迅速占領全世界……它有食肉、同類相食的傾向，靠掠奪其他民族的資源來填飽肚子，且努力吞下其他民族的整個未來……它強而有力，因為集中其所有力量在一個目標上，就像百萬富翁以自己靈魂為代價賺錢。[10]

南非的帝國主義戰爭和鎮壓中國拳亂，都把印度士兵捲進其中，並證實泰戈爾的懷疑為真。一九〇〇年十二月三十一日，他寫成〈世紀的日落〉一詩：「本世紀的太陽已落入出血的雲中。／那裡，在暴力的歡宴中／從一個又一個武器，響起瘋狂的死亡音樂。」[11]在這首詩的末尾，泰戈爾嘲弄了勸美國在菲律賓接下白人負擔的吉卜林之類帝國主義詩人：「喚起恐懼，詩人群體四處嗥叫／在火熱的土地上，爭吵之惡狗的叫聲。」

從一九〇五至一九〇八年，泰戈爾非常關注愛用國貨運動（Swadeshi Movement）。這一運動的領導者是抵制英國貨、追求經濟自給自足的孟加拉年輕狂熱分子。一九〇五年柯曾勛爵將孟加拉分治引發各地抗議後，泰戈爾寫了兩首歌，後來分別成為印度、孟加拉的國歌。一如大部分亞洲知識分子，泰戈爾為一九〇五年日本戰勝俄國而歡欣鼓舞，臨時起意帶領其在桑蒂尼蓋登的學生勝利遊行。但在一九〇二年，即在那場喚醒亞洲政壇的劃時代事件發生的三年前，他就已希望亞洲勿流於盲目模仿西方：

我們與外國人的衝突愈是猛烈，就愈是熱切於了解自己，找到自己。我們可以看出不只我們有這情形。與歐洲的衝突，正喚醒整個文明亞洲。今日亞洲已準備好實現自我……她必須理解，了解自己——那是通往自由之路。模仿別人是自取滅亡。[12]

泰戈爾認為亞洲人沒理由相信「按照歐洲模式建造國家，是唯一的文明種類，人類唯一的目標」。[13]短暫傾心於愛用國貨運動的好戰分子之後，他不再接受由查特吉之類思想家喚起的印度好戰民族主義，特別是二十世紀頭十年期間孟加拉年輕民族主義者發動的一連串恐怖主義攻擊。他在《戈拉》（*Gora*，一九一〇）、《家與世界》（*Ghare Baire*，一九一六）等小說中，斥責中產階級著迷於暴力政治。但一九一七年起，他在文章和演說中有系統的評論民族主義。同年，他在美國告訴聽眾，民族國家是「製造出一捆捆打包得很整齊之人的商業、政治機器」。[14]「當民族這個在今日已普獲接受的概念，試圖把自私崇拜冒充為道德義務時……它不只蹂躪了人性，也攻擊了人性的要害。」[15]一如康有為，他早早就有系統的闡述了非民族主義的亞洲世界主義理想，且從未背離那理想。「印度從未有真正的民族主義意識……我深信藉由打擊灌輸國家重於人性理想這觀念的教育，我的同胞會真正得到他們的印度。」[16]

泰戈爾深深憂心現代歐洲文明的發展和過度熱衷追隨該文明的東方人，而有此憂心的印度人，不只他一人。一九〇九年十一月搭船從倫敦前往南非途中，四十歲的甘地以九天時間寫下激動人心的反現代宣言《印度自治》（*Hind Swaraj*），文中概括說明了當時盛行於知識界的許多反西方論點，且搶先一步道出日後他人將提出的其他許多反西方論點。一如與他長期交好且彼此亦師亦友的泰戈爾，甘地於一九〇九年與他那些把全盤仿效西式國家、社會視為救國之道的激進、革命同輩，展開一場激烈爭辯。其中許多人是印度教徒民族主義分子，在意識形態上服膺班基姆．昌德拉．查特吉，後來投入一宗教─文化性運動，而該運動從義大利、德國的法西斯政黨得到啓發，旨在透過從十九世紀英─印聯合改造印度教中產生的印度教徒民族主義一統印度。甘地認為這些民族主義者將只會以一批對印度認識不清的統治者，取代原有的同樣對印度認識不清的統治者：他在《印度自治》中寫道：「沒有英國人的英國統治。」

甘地本身的理念源於他對剛全球化世界的廣泛體驗。他於一八六九年生於印度某個落後的鎮，在一個物質上和知識上都可悲臣服於西方的大陸上長大成人。對許多失根的亞洲人來說，尊嚴，乃至救亡圖存，繫於用心模仿征服他們的西方人。出身於半農村背景且受過西式教育的甘地，最初想比英國人更英國。他在倫敦攻讀法律，一八九一年返回印度後，最初想開業當律師，後來想當學校老師。但接下來十年期間一連串的種族歧視羞辱，使他意識到自己在世間的真正處境。

一八九三年前往南非以為印度某商行工作時，他見識西方現代工具所帶來的劇烈轉變：印刷機、汽輪、鐵路、機槍。在非洲和亞洲，全球人口的大部分正被納入國際資本主義經濟裡，且受到該經濟的支配。甘地敏銳察覺到舊方式、舊生活被消滅的全球性現象對道德、心理的衝擊，以及西方文化準則、經濟準則、政治準則的稱霸。

誠如甘地後來在《南非的非暴力反抗》（*Satyagraha in South Africa*）中所寫的，「未增加本身物質需求的國家注定滅亡。西方諸國殖民南非，征服人數大大超過他們的非洲較優秀種族，就在實行這些原則。」[17] 列寧和羅薩．盧森堡（Rosa Luxemburg）把資本主義視為帝國主義的肇因；甘地也深信靠印度本土人士而得以實現的殖民經濟政策，意在造福外國投資人，且使印度廣大人民陷入貧困。但他更進一步將整個現代文明和該文明的執著於經濟成長和政治主權（後者不可避免透過暴力來達成），視為帝國主義的肇因。

甘地承認西方現代性有許多好處，例如公民自由、婦女解放、法治。但他認為若不對精神自由和社會和諧有更廣的認知，光有上述東西還不夠。有此想法者當然不只他一人。二十世紀初期時，阿富汗尼、梁啓超之類的現代中國、穆斯林知識分子，也已開始揚棄歐洲的啓蒙運動普世主義理想——認為那些理想是不合理種族階層體系的道德遮羞布——轉而在翻新過的伊斯蘭、儒家思想裡尋求力量與尊嚴。甘地寫下《印度自治》那一年，奧羅賓多．果斯以嘲諷口吻問道：

> 那麼，他的精神自殺，這一靈魂悄悄僵化為物質的現象，是人類文明漫漫長路的終點？演化所努力邁向的最高成熟階段是成功商人？畢竟，如果科學觀點無誤，為何不該是如此？始於細胞質而在紅毛猩猩、黑猩猩身上開花結果的演化，很有可能滿足於創造出西式帽子、大衣、長褲、英國貴族、美國資本家、巴黎流氓。因為我深信這些是令我們俯首稱臣的歐洲啓蒙運動的最大成就。18

但甘地的評論用語，一如在《印度自治》中所見的極具新意。他說現代文明已推出一套全新且極不祥的生活觀，推翻了過去所有的政治觀、宗教觀、道德觀、科學觀、經濟觀。據他所說，工業革命把人力化為權力、利潤、資本的來源，從而已使經濟繁榮成為政治的最重要目標，使機器凌駕於人之上，把宗教、道德打入冷宮。誠如甘地所認為的，西方政治哲學乖乖為工業資本主義世界背書。如果說自由主義在國內為經濟成長的執著背書，自由帝國主義在國外則使英國的統治印度看來有益於印度人——許多印度人自己信服的觀點。自視為世上唯一文明民族的歐洲人，把印度的傳統價值觀——樸素、耐心、關注來世——貶為落後之物。

甘地始終努力欲推翻西方現代性的這些偏見。從政初期，他就開始一身印度農民的簡單打扮，拒絕所有標榜現代知識分子或政治人物身分的外在表徵。他主張真正的文明追求道德自知和精神力量，而非肉體安適、物質享受或偉大藝術與建築。他看重自給自足的農村甚於武器精良的中央集權民族國家，看重家庭手工業甚於大工廠，看重體力勞動甚於機器。他也鼓勵其政治行動主義者——非暴力反抗者——為政治對手設身處地著想，絕不對英國人施暴。因為不管英國人的文明主張為何，英國人也是人類貪婪、暴戾之力的受害者。這股貪婪、暴戾之力亙古長存，且已在現代世界的政治、科學、經濟制度裡得到前所未有的道德背書。非暴力反抗或許也會令英國人體會到工業文明的嚴重弊病。

一如泰戈爾，甘地反對暴力，拒斥民族主義和民族主義化身——官僚組織的、建制化的、軍國主義化的國家。就是這立場觸怒一名主張建立侵略性武裝之獨立印度的印度教徒民族主義分子，激使他於一九四八年暗殺甘地。泰戈爾與甘地都認為國家的重生取決於個人的重生。兩人就共同的信念和歧異之處展開豐富的交談，直到一九四一年泰戈爾去世才戛然而止。但一九〇九年甘地寫《印度自治》時，他在南非境外仍沒沒無聞；他這本著作直到十年後才得到注意。泰戈爾則是最出名、最有影響力的印度人。

一九一三年拿到諾貝爾文學獎後不久，泰戈爾已是國際文壇名人和東方代言人。在只有少數來自亞洲的聲音得到傾聽的時代，這從許多方面來說都是他獨有的殊榮。誠如一九二七年魯迅所指出的，「我們試想現在沒有聲音的民族是哪幾種民族。我們可聽到埃及人的聲音？可聽到安南、朝鮮的聲音？印度除了泰戈爾，可還有別的聲音？」泰戈爾的長長白鬍子和深邃的眼神，使他看去像是來自東方的某種先知。一九六八年領取諾貝爾文學獎後，日本小說家川端康成憶起：

這位賢者般的詩人的五官和面容，有著濃密的長髮、長長的鬍鬚，一身飄垂的印度袍服，身姿挺拔，眼神深邃而銳利。他的白髮輕輕垂披在額頭兩側；太陽穴下的頭髮也像兩道鬍鬚，與臉頰上的毛髮相連，直延伸到他的鬍鬚裡，使當時還是男孩的我覺得他像古代的東方巫師。20

從日本到阿根廷，世界各地都有座無虛席的演講廳等著泰戈爾大駕光臨。一九三〇年泰戈爾訪美時，得到總統胡佛於白宮接見，《紐約時報》刊出二十一篇有關這位印度詩人的報導，包括兩篇專訪。由於泰戈爾將以來自東方的如下預言，送給招待他的西方人，他受到如此熱情款待就顯得特別不尋常：西方現代文明建立在對金錢、權力的崇拜上，天生具有破壞性，需要靠東方的精神智慧予以調和。但在東方旅行，表達其對西方文明的疑慮，勸亞洲人勿放棄自己的傳統文化時，卻遭到激烈反對。

一九一六年泰戈爾第一次去日本，但在那之前，他老早就仰慕這個國家。一九〇五年日本戰勝俄國，已使他有感而發，寫下一首詩，把佛教從印度傳到日本和印度有必要向日本人學新技術拿來比較：

一身金黃袍，宗教大師（「法」）
前去你們國家說法。
如今我們以弟子身分登門，
向你們學習行動之道（「業」）。[21]

第一次去日本時，泰戈爾似乎認定他的亞洲民族合作主張會得到傾聽。許多日本重要民族主義者已嘗試過泛亞洲主義。岡倉天心（一八六二～一九一三），日本最重要的民族主義知識分子之一，已為泰戈爾所熟識。在一九〇三年著作《東洋的理想》中，岡倉一開始就發出有力的宣示，「亞洲是一體的。喜馬拉雅山脈把講孔子之集體主義的中國文明和講吠陀之個人主義的印度文明隔開，卻更突顯這兩大文明。」岡倉表示，「阿拉伯騎士精神、波斯詩歌、中國倫理道德、印度思想，全都在講一個亞洲和平，在這亞洲和平裡，孕育出共同的生活，雖然在不同地區開出不同特色的花，但絕無法從中劃出明確的分界線。」[22]

這時，岡倉天心已因為其美國老師歐內斯特．費諾洛沙（Ernest Fenollosa）的緣故，注意到日本的文化遺產。費諾洛沙是藝術史家和哲學家，深信使現代西方變得崇高純潔，乃是亞洲的使命。一如西方有關印度的東方學，形塑了泰戈爾對亞洲、西方的觀點，費諾洛沙的親日心態也充斥於岡倉理想化的亞洲一體觀中。岡倉於一九〇一至一九〇二年在印度待了一年，其中有段時間住在泰戈爾家族位於加爾各答的大宅，並在那裡起草了《東洋的理想》，影響了一些印度藝術家。後來，岡倉送來一批批日本訪客到泰戈爾位於桑蒂尼蓋登的鄉間住所，得到泰戈爾一一接待；岡倉本人於一九一一年前往波士頓途中再度造訪印度，那時他是波士頓美術館的中國、日本美術部門主任。岡倉將對美國建築師法蘭克·萊特（Frank Wright）、英國詩人艾略特（T. S. Eliot）、美國詩人華勒斯·史蒂芬斯（Wallace Stevens）、美國詩人埃茲拉·龐德（Ezra Pound），乃至德國哲學家海德格（Martin Heidegger）等不同領域的人物產生重要影響。但在泰戈爾身上，他找到旅行的同好，找到也樂於支持亞洲一體觀、探究西方道德主張者。岡倉寫道：「西方的心虛往往催生出黃禍的幽靈，使東方靜止的目光轉向白禍。」[23]泰戈爾同意此說，至少局部同意。與甘地一樣的，兩人都藉由部分拒斥西方穿著來宣達他們的亞洲性。走訪印度的阿旃陀石窟時，岡倉穿印度男人的纏腰布；泰戈爾訪華時會戴上道士帽。這兩位作家也都致力於為整個亞洲建立文化基礎，強調過去的海上往來、藝術和共有的遺產（例如印、中、日的佛教）。

泰戈爾提倡人性的基本一致性時，曾比較佛教、鴉片兩者傳到東方的差異：

> 佛陀在博大的一體綜合（synthesis of unity）中領悟到人性，他的中心思想被當作汲取自不老泉的泉水傳去中國。但尋求建立帝國的現代商人，在貪欲驅動下，不願聽命於這一體真理，把這要命的鴉片毒物送到中國，絲毫不覺良心不安。[24]

泰戈爾一再於著作中把現代文明比喻為機器：「機器得達成結果才算圓滿，而在追求成功時，它把道德內疚斥為愚蠢不合時宜。」[25]泰戈爾寫道，日本能進一步進行這些「實驗……藉此，東方將改變現代文明的面貌，在如同機器的現代文明裡注入生命，以人的心靈取代冰冷的自私考量。」

一九一六年泰戈爾抵日之前，已有較好戰型的印度人以日本為家。這些印度人是湧至日本學習日本現代化秘訣的外僑的一部分。東京與紐約、倫敦同為「印度屋」（India Houses）組織之國際網絡的一環，流亡國外的印度行動主義者和自稱革命人士的印度人群聚於此。印度穆斯林大毛拉巴卡圖拉（Maulavi Barkatullah，一八五四～一九二七），在東京編輯了《印度社會學家》雜誌，對外發行。一九一〇年，他重新發行《伊斯蘭兄弟會》，即阿卜杜雷希德所創辦，後來日本人屈服於英國壓力禁止發行的英語月刊。巴卡圖拉把它轉型為旗幟鮮明的反英論壇。他也替具影響力的日本泛亞洲主義思想家大川周明撰文。這時，大川已開始概述日本版的亞洲門羅主義（一九四六年他會以日本擴張主義的民間主要理論家身分，遭東京戰爭罪法庭起訴）。

在日本，孟加拉民族主義的革命特質，在拉什．貝哈里．博斯（Rash Behari Bose，一八八六～一九四五）身上也得到充分體現。他也是與大川周明過從甚密的印度人，二十六歲時朝坐在大象上進入德里的英國總督丟擲手榴彈，結果失手。然後他逃出印度，最後於一九一五年落腳日本，一九四五年一月在日本死於自然原因。在這期間，他靠泛亞洲主義情感的支撐和許多日本菁英人士的資助，才得以免於窮途潦倒。一九一五年十一月，印度革命人士心目中的英雄拉拉．拉吉帕特．拉伊（Lala Lajpat Rai）來日本時，大川周明與博斯組織了歡迎會。在歡迎會上講話時，拉伊敦促日本人為解放亞洲而奮鬥。隔天，迫於英國壓力，日本當局下令將博斯遣送出境，但印度民族主義分子和大川周明說服當時最有影響力的泛亞洲主義者頭山滿為博斯說情。泰戈爾訪日之後，大川周明會寫下他第一本談印度民族主義的書，有所選擇地引用泰戈爾的文句，以支持他「統一並領導亞洲」是日本「使命」的主張。一九一七年，他也會鼓勵孟加拉革命人士塔拉克納特・達斯（Taraknath Das），寫下宣稱白種人、黃種人衝突勢不可免的書。

但與甘地一樣的，泰戈爾不大喜歡好戰的民族主義分子，一九一六年時看到日本的民族自信正驚人成長，帝國主義擴張腳步正驚人加快，且準備與舊敵人、新朋友再打仗，他赫然心驚。前一年，一九一五年，日本已併吞中國山東。一九〇五年，日本宣布朝鮮為其受保護國，一九一〇年迫使朝鮮交出主權。那時，美國支持日本的行動；據說西奧多・羅斯福表示，「我樂見日本占有朝鮮。」[26]但由於美國大舉進入太平洋和占領夏威夷，日本與美國的關係自一八九〇年代起逐步惡化。美國對待日本移民的作法，令德富蘇峰之類日本民族主義者大為憤怒。

德富蘇峰也擔心第一次世界大戰，他眼中西歐列強為稱霸全球而展開的自相殘殺鬥爭，不管最後誰贏，都會給日本所在地區帶來麻煩。他寫道，日本在東亞得先發制人，以遏制歐美在東亞的影響力，此說呼應了大川周明的亞洲門羅主義。這些具有極端民族主義思想的泛亞洲主義者，開始夢想建立一個擺脫主子束縛而由日本予以振興的亞洲，且認為在推動親日本的全亞洲自由運動上，泰戈爾可能與他們合作。

但泰戈爾注定令他們失望。還在印度時，他就已對日本的進步有些許疑慮。他於一九一五年六月寫信給某英國友人，說：「我幾乎可以確信，日本覬覦印度」，「她餓得很，現在正津津有味的咀嚼朝鮮，牙齒已咬住中國，等日本有機會時，印度就會遭殃。」[27]這趟漫長旅程帶他循著他賣鴉片祖父走過的路線，途經仰光、檳榔城、新加坡，而沿途所見使他心情變差。這些港口城市的聲色和造成污染的煙囪，使他強烈反感於「以貪婪撕裂世界」的「貿易怪物」。[28]在香港，他見到一名錫克人毆打一名中國工人，大為驚駭。

看著中國工人在這個港口城市辛勤幹活，他對未來國際關係的均勢發出了很有先見之明的預言：「如今擁有世界資源的那些國家擔心中國站起來，希望讓它晚一點站起來。」[29]但對於將有國家以現代西方所定的那種方式興起，泰戈爾似乎絲毫不覺欣慰。他到東京後，受到日本官方以歡迎會接待，與會者包括日本總理等要人，而在歡迎會上他嚴正表示「新日本只是西方的翻版」。這句話對在場觀眾而言不是很中聽，在他們眼中，日本是強國和新興帝國，印度是可憐的歐洲殖民地。

訪日之前，泰戈爾對日本的印象，大部分得自岡倉天心，但一九〇〇至一九一六年間日本已迅速改變。在《喚醒日本》（一九〇四）、《茶書》（一九〇六）之類著作中，岡倉已開始提倡較強勢自信的日本認同。他在《茶書》中忿忿問道：「西方何時會了解東方，或何時會試著去了解東方？」：

> 我們亞洲人常驚駭於外人所編織，以事實、幻想構成，關於我們的奇怪之網。我們即使不被說成是靠老鼠、蟑螂過活，也被說成是靠蓮花香氣過活。若非無濟於事的狂熱，就是離譜追求感官享樂。印度的精神追求被嘲笑為無知，中國的節制有度被嘲笑為愚蠢，日本的愛國心被嘲笑為宿命

論的產物。已有人說由於我們神經組織的麻木，我們較無感於疼痛和創傷！[30]

在大部分論點上，泰戈爾同意岡倉的看法。但愛國熱令他心頭為之一沉。泰戈爾寫了論西方民族主義的演講稿，打算在美國發表。寫完之後，他論斷：

> 我已在日本看到整個民族主動接受政府修改他們的思想，削減他們的自由……這個民族愉悅且驕傲的接受這一無所不在的精神奴役，因為他們緊張的希望讓自己成為名叫「國家」的權力機器，在集體追逐名利中趕上其他機器。[31]

在某封長長的家書中，泰戈爾以尖刻口吻提到把他的勸誡斥為「落敗民族之詩」的日本人是如何的「對」：「日本已在現代學校上過如何變強的課。課已上完，她肯定喜歡她上過那些課的成果。」[32]

一九二四年的中國，乃是因內戰而分崩離析且飽受軍閥荼毒的中國。泰戈爾在這樣的中國高舉亞洲精神傳統，絕不可能大受歡迎。一九一九年後，五四運動日益壯大。從柏林、巴黎、倫敦、紐約、莫斯科留學歸國的年輕人，引介、討論各種思想和理論。他們一致拒斥儒家傳統。誠如陳獨秀所寫道：「吾寧忍過去國粹之消亡，而不忍現在及將來之民族，不適世界之生存而歸削滅也。」[33]

對五四這一代人來說，法、俄革命的平等主義理想和作為西方工業強大力量支柱的科學精神，優於頌揚傳統、看輕創新、使中國落後、衰弱的僵化中國文化，乃是不證自明的事。他們希望中國利用西方方法成為強大、自信的國家，他們推崇羅素、杜威之類來華訪問的外國人。在他們眼中，羅素、杜威等人對科學、民主的信念，帶領中國走上得救之路。一九二四年，只有少數的五四一代人，願意聽一位來自印度而看來充滿來世關懷的詩人，大談現代西方文明的問題和古老亞洲的優點。

一九二三年，泰戈爾訪華消息一宣布，中國知識界即爆發一場論戰。小說家茅盾之類的激進派，憂心他可能對中國青年帶來不利影響。已翻譯過泰戈爾著作的茅盾寫道：「我們決定不歡迎大聲歌頌東方文明的泰戈爾……對於受國內軍閥主義和國外帝國主義壓迫的我們來說，沒有時間去做夢了。」34 邀請泰戈爾訪華的梁啓超，已受到年輕激進分子的攻擊，那些激進分子也繼續對泰戈爾在華的翻譯，浪漫派詩人徐志摩，連番辱罵。

在上海和杭州，泰戈爾向大批聚集的學生講話。一如以往，他一身袍服，留著長白鬍子，令人印象深刻。他參加了花園派對和音樂會，往往有梁啓超和張君勱陪同。在南京，他見了江蘇督軍齊燮元，懇請他不要再打仗。齊燮元請來客喝香檳，向泰戈爾保證他完全同意他的和平主張（幾個月後，他出兵攻打浙江督軍盧永祥）。

在北京演說時，泰戈爾重談他最喜歡的主題：

西方因為成為剝削者，因為嚐到剝削的美味，正漸漸淪喪道德。我們得用我們對人類道德、精神力量的信念來戰鬥。我們東方人從未尊崇要人喪命的將軍，也從未尊崇說謊的外交官，但尊崇精神領袖。透過他們，我們將得救，不然，將無法得救。赤裸裸的力量最終不是世上最強的力量……你們是世上最悠久的種族，因為你們擁有數世紀的智慧，而那智慧靠你們對善的信念，而非對單純力量的信念，孕育出來。[35]

隨著泰戈爾頌揚佛教、儒家「在以對靈魂的信念為基礎的社會生活裡」孕育出文明，中國激進分子的憂懼加深。共產黨和陳獨秀已決定利用該黨各種雜誌有計畫的反制泰戈爾。陳獨秀擔心中國青年易受泰戈爾影響，提醒他們勿讓自己印度化，除非，他們希望如印度人那般，死後埋在殖民強權統治下的土地裡。[36]

這場宣傳運動似乎奏效。在漢口的某場集會上，有人以口號「回去，亡國奴！我們不要哲學，我們要物質主義！」歡迎泰戈爾。幸虧有人動手阻攔起鬨鬧場者，泰戈爾才未受到人身攻擊。但在北京，中國年輕激進分子的集中地，泰戈爾感受到有組織性的敵視，碰到事先備好難堪問題的提問者和噓聲、叫罵。在某場集會上，他抨擊現代民主本身，聲稱那「只讓有多種偽裝的寡頭統治者」受益。而就在這場集會上，有人散發痛批他的傳單：「我們已受夠了中國古老文化。」[37]他們接著抨擊歡迎泰戈爾訪華的梁啓超、張君勱，說他們「用他的才幹來向中國的青年灌輸他們保守和反動的傾向。」[38]共產主義詩人瞿秋白寫道：「泰戈爾先生，謝謝你，我們國內的孔孟多著呢！」一語道盡中國人對泰戈爾來訪的普遍看法。[39]

事後來看，從中國、日本的知識界及政治界主流中忿忿縮手的泰戈爾，似乎誤判了中、日的大環境。他或許也受到印度模式的影響。在印度模式裡，英國人掌管軍事、政治，印度人能專注於精神領導。中國人和日本人得從頭打造自己國家，從他們的角度看，不憂心於自己的政治屈服，反倒大談精神解放的民族，的確是非常「迷惘」。

此時把泰戈爾視為堅定不移的西方知識敵人，將嚴重誤解他的世界觀。晚至一九二一年，他仍在寫給某友人的信中貶抑甘地的自由運動：「我們現今努力欲使我們的熱情與心智疏遠西方，此舉乃是精神自殺。」[40]泰戈爾也不是來自已亡之國而不關心政治的神秘主義者。他很清楚中國人的恥辱感受，一九一六年前往日本途經香港時，他即痛斥使錫克人毆打中國工人的「奴隸宗教」。談到與帝國主義者狼狽為奸的那些印度人時，他哀嘆道，英國人從中國手中搶走香港時，是那些印度人動手打「中國……他們接下侮辱中國的任務。」[41]對於圓明園遭毀，他傷痛之深絲毫不下於中國民族主義者，他記得「歐洲帝國主義者如何將（它）夷為平地……他們如何將（它）拆光、燒掉、摧毀、奪走古老藝術品。這類東西不會有人再創造出來。」

他密切注意英格蘭、愛爾蘭間的僵局，稱英格蘭是「不願將奮力掙脫以過自己生活的活生生動物吐出來的巨蟒」。[42]一九三二年訪問波斯、伊拉克期間，他受到權貴接待，但仍關注以倒楣村民為試驗對象的新戰爭形態：

> 在那裡遇害的男女小孩，被來自英國帝國主義同溫層的命令賜死——英國帝國主義發覺如此製造

大量死亡輕而易舉，因為那與個別受害者有段距離。那些不善於現代殺人技藝者，在那些得意於這類本事的人眼中，何等模糊、微不足道！[43]

此外，與中國激進分子對他的冷嘲熱諷不同，泰戈爾願意給俄國革命之類的新社會、政治實驗正確評價。泰戈爾離華數年後，魯迅坦承「以前我沒看清楚，現在知道他也是反對帝國主義的愛國者。」[44]他的弟弟周作人斥責批評泰戈爾者，說他們「認為他們是科學思想家和西化派，但他們缺乏懷疑與容忍精神」。但一九二四年，年輕激進分子已成功使他們的錯誤見解為大眾所接受；泰戈爾震驚於他所受到的攻擊，於是取消了剩下的演講行程。最後一次公開露面時，他談到他的來訪所引發的爭議。他承認年輕人傾心於西方，但他擔心「思想的交流」是單向的，催生出「政治、商業賭窟，軍事瘋狂領域激烈的自殺競爭」。泰戈爾主張，「為將我們救離薄弱思想的混亂狀態，我們如今得站起來，評斷西方」；「我們得找到自己的聲音，以便向西方表達：『你們可以將你們的東西強行塞進我們家裡，可以擋住我們人生的前景，但我們評斷你！』」[45]

一九二四年六月離華赴日，泰戈爾有了另一個機會來嚴厲評斷西方。經過數年的非正式限制，美國終於完全禁止日本人移民美國。此舉引發一波反美浪潮，而那是接下來二十年期間將一再席捲日本的最早期反美浪潮之一。對於美國這項決定，泰戈爾和日本人同感憤慨。在東京大學向廣大聽眾演講時，泰戈爾說「西方的物質主義文明，與西方強有力民族主義攜手，已達到不講道理的高度。」[46]他說上次來訪時，日本人民嘲笑他對民族主義的評論，但世界各地對一次大戰浩劫的許多急切反思，已證實他的評論為對。他說：「如今，戰爭已結束，你們沒聽到各處都在譴責民族的這一精神，人民的這一集體利己主義，即是使他們普遍變得鐵石心腸的東西？」[47]

他談到西方那些「以嘲笑口吻」說「我們東方人不相信民主」，且自認道德較高尚的人。他斷言：「未聲言民主的我們，承認我們的人類義務，相信我們的榮譽準則。」「但」，他問道：「你們也要讓自己受惑於這個相信自己天生優越的歪風，掛上民主的假名？」[48]

泰戈爾或許被他言語所得到的掌聲誤導。一九二四年時，日本國內的民族主義氣氛，已遠比一九一六年他初訪時濃厚（事實上，泰戈爾每次訪日，都誤判日本的氣氛，只有一九二九年最後一次來訪例外。那一次他察覺到日本真正的氣氛，縮了回去）。但整個來講，泰戈爾覺得一九二四年這第二次訪日，日本冷靜的氣氛較合他的意。

他見到黑龍會的極端民族主義會長，致力於將日本勢力伸入亞洲大陸的頭山滿，且重談他由亞洲帶頭展開精神復興的主張。泰戈爾不知道這些提倡泛亞洲主義的日本人，侵略性遠超過一般所謂的泛亞洲主義者。一九二九年途經日本前往加拿大時，他示警道，日本人「正在走西方的模式」，迷失在「西方文明的泥淖」中，同時再談「亞洲的希望」。

同年更晚，泰戈爾再度踏上日本土地，開始理解日本正漸漸成為不折不扣的「西方模式」帝國主義強權。來自朝鮮的學生向他描述日本人在朝鮮的殘暴，中國的第一手報導讓他看到日本對這個在一九二九年時已幾乎是一蹶不振之國的侵略野心。這一次訪日，見到頭山滿時，泰戈爾長篇大論怒斥日本的不是：「你們已感染歐洲帝國主義的病毒。」頭山滿想平息他的怒氣，但泰戈爾嚴正表示他不會再踏上日本。一九三一年日本入侵滿洲和一九三七年進一步入侵中國，使他更堅定這一決心。日本這兩項行動，乃是其征服亞洲的初步舉動，不久後日本軍國主義者將以建立「大東亞共榮圈」作為其征服亞洲的目標。

一九三五年他的日本老友，詩人野口米次郎，以日本對華戰爭是「在亞洲大陸建立偉大新世界」的手段，是場為「亞洲人的亞洲」打的戰爭為理由，寫信請他支持日本侵華。泰戈爾回道，他認為野口眼中的亞洲將「樹立在顱骨塔上」，還說「沒錯，沒有更好的標準盛行於其他任何地方，西方所謂的文明民族正表現出同樣的野蠻。」[49]但「如果你把我歸為他們一類，那我就沒什麼好說了。」野口不死心，指出中國境內共產主義的威脅。泰戈爾回以「願我所摯愛的日本人民不要成功，而是懊悔。」[50]

重振亞洲精神文明的夢想，就此化為泡影。的確，事實已表明，「精神性」是個太含糊的字眼；它既可輕易用來指稱婆羅門的自制，也可輕易用來指稱日本武士的戰鬥精神。至於靠佛教或中華文化從其發源國輸出到亞洲最邊陲地區所建立起來的久遠文化聯繫，將亞洲諸國結為一體這觀念，也有模糊不清之處。

一九三八年，人生快走到盡頭時，泰戈爾絕望說道：「我們是群時運不濟之人，我們要引頸盼向哪裡？凝望日本的日子已經結束。」[51]三年後，他與世長辭。邀他訪華的梁啓超，已於一九二九年過世，享年五十六，遠不如他長壽。更早四年，康有為去世，梁啓超在其喪禮上致詞，稱讚他的老恩師是改革先驅。越南人潘佩珠差點被法國人處死，然後被法國人廢掉政治影響力，一九四〇年死於古都順化。這些早期提倡國內自強救國者，到了晚年，大部分已不願支持激進的政治意識形態，在自己國內政壇處境孤立。在其他地方——埃及、土耳其、伊朗——看破時局的伊斯蘭現代主義者，正被走強硬路線的共產主義者、民族主義者、基本教義派推到一旁。在大學、神學院、官方工會，還有在亞洲各地的秘密會社和組織（以及巴黎、柏林、倫敦的咖啡館裡），新一類好戰民族主義者和反帝國主義者正在崛起。其中許多人正是泰戈爾在其晚年某篇散文裡所提醒世人提防的那種過度熱衷的「東方學童」：

經人細心培育但有毒的民族利己主義植物，正在世界各地撒播其種子，使我們稚嫩的東方學童歡欣鼓舞，因為這些種子的產物——會不斷周而復始自我更新的敵意之產物——具有聽來很了不起的西方名字。過去，西方和東方都有興盛一時的偉大文明，因為它們時時為人類心靈提供了糧食……這些偉大文明最後被我們現代早慧學童那類人驅策至死。那類人聰明，愛做膚淺的批評，崇拜自我，在追求利潤與權力的市場上精於討價還價，在處理短暫事務上很有效率……最後，在自殺式熱情的驅動下，往鄰家放火，使自己身陷火海。52

一九三八年時，這番話或許讓人覺得誇張。但對於以日本入侵亞洲大陸為起點，仍將在亞洲各地釋放的暴力仇恨，泰戈爾始終保有不可思議的警惕和憂心。一九三〇年在紐約一場晚宴上致詞時，泰戈爾坦承：「因為你們的科學，屬於西方的時代與人類必須感謝你們。」在場聆聽者包括富蘭克林・羅斯福、亨利・摩根索、辛克萊・劉易斯（Sinclair Lewis）。但他還說：「你們剝削了無助之人，羞辱了不幸有此天賦之人。」[53]誠如接下來十年的情勢所表明的，對許多亞洲人來說，解放將代表著主客易位，給他們的西方主子極端的羞辱。這一不尋常的情勢反轉，將來得比任何人所預期的還要快，且比泰戈爾所憂心的還要殘暴。而日本將是促成此一反轉的主要力量。

第六章

亞洲再造

「岸英同志，我代表祖國人民來看望你。祖國現在強大了，人民幸福了。你安息吧。」

二〇〇九年十月，中華人民共和國建國六十週年後不久，中國總理溫家寶對著毛岸英（毛澤東愛子）的石像講話。

出人意表的結局：泛亞洲主義與軍事去殖民化

一九三〇年，在紐約卡內基廳對著座無虛席的聽眾演講時，泰戈爾說美國人漠視英國支配印度，且只因日本「能和你們一樣證明她會使自己變得可惡」，才憂心日本的作為。[1]這是他向西方發出的最後一番評言，而據《紐約時報》報導，這番話招來「不少的大笑和鼓掌」。一九〇五年日俄戰爭後，岡倉天心也在筆下嘲笑「一般西方人」「在日本埋頭於需要耐心的和平活動時，常說日本野蠻：自她開始於滿洲戰場上大肆屠殺時，則說她文明。」[2]當然，泰戈爾清楚日本的「可惡」本身，乃是對民族主義、帝國主義西方和其「不講道理」的反動。德富蘇峰，日本最重要的記者和宣傳家之一，其求知歷程充分說明了日本的悲劇政治發展軌跡。

德富蘇峰一八六三年生於富農之家，以典型的自由主義角度，理解日本的進步。由像他那一類農民出身的資產階級所構成的建國中產階級的漸漸問世，就是日本的進步之一，而德富深信，對於有心建造強大國家的這一新社會階層，自由與民主乃是不可或缺。他閱讀西方哲學、文學著作，從中深受影響，因而甚至曾短期皈依基督教。

一八八〇年代晚期，他在暢銷著作裡主張，日本能透過經濟生產、工業生產成為富強之國。但一八九〇年代西方帝國主義最盛時，德富開始揚棄其民主改良主義想法。特別值得一提的，歐洲人堅持要日本退回一八九五年甲午戰爭後從中國得到的部分戰利品一事，惹惱了德富。一九一三、一九二〇年美國所施行歧視日本工人的移民法，使德富與曾啓發他的西方自由主義思想更為疏遠。到了一九三〇年代，他已和許多日本人一樣變得痛恨西方。一九三〇年代初期日本入侵滿洲，招來歐美的普遍譴責，使他怒不可遏。日本只是在做西方帝國主義者已做了數百年的事，卻招來西方的反對，在他看來，西方的反應偽善至極。

他在一九三一年寫道：「今日是白種人支配的時代……他們認為世界是白種人的禁臠。他們控制其他民族的土地，取走他們的資源，化為製成品，再送回去，以高價出售。」他還說：「白種人之所以能橫行霸道不受約束，乃是因為除了白種人，沒有強有力的民族。藉由打破這狀況，我們能為全人類帶來正面貢獻。」一九三三年論日本決定退出國聯一事時，德富蘇峰寫道：「這讓歐美人知道，世界不是他們所能獨占的地方，也讓亞洲人了解他們能擺脫歐美人的支配。」[3]

泛亞洲主義、泛伊斯蘭主義的行動主義者阿卜杜雷希德·易卜拉欣，發覺阿塔圖克治下的世俗土耳其不合己意之後，就已返回東京。他支持德富蘇峰，說國聯是西方人的詭計，意在阻止日本解放亞洲。德富認為對日本有利之事，對亞洲也有利，因而在替日本一九三七年的全面侵華一事辯解時，不覺有什麼不妥。一如當時日本許多知識分子，他深信日本得壓下往外擴張的蘇聯共產主義在中國境內的勢力。美國石油禁運，揚言使日本經濟一蹶不振，卻也正坐實日本人眼中無法打消的西方敵意。他說：「美國人一副他們是裁判世界其他地方的最高權威的模樣，他們的作為正說明了最強烈的傲慢。」[4]

日本被困於中國且受到西方列強懲罰性的包圍，欲免於崩潰，只有奪取亞洲大陸、爪哇的大宗商品一途。攻擊珍珠港前夕，德富撰文為先發制人的攻擊辯解：「日本不能呆呆坐著，屈從受困的命運，讓人掐死。我們身為國家，為了活命而自由行動，乃是完全正當的事。」[5]論日本所列出作為向英美宣戰理由的種種不滿時，德富稱這場戰爭是一場「由正派、寬厚的日本所領導」，驅逐「不道德的西方」的正義戰爭。

日本作家普遍拿西方的墮落與日本的無私相比較。受美國教育、一九三〇年代與友人泰戈爾失和的詩人野口米次郎，一九四四年發表一首詩，詩中將他過去的服膺西方理想斥為大錯特錯：

過去英美於我是正義之國：
美國是惠特曼之國，
英國是布朗寧之國：
但如今它們是墮入財富深淵的放蕩之國，
不道德之國，追求不可原諒的夢想。[6]

德富蘇峰扼要道出了許多日本人打從心底相信的更大宣戰理由：「我們得讓東亞諸種族知道，東亞的秩序、平靜、和平、幸福、滿足，只有透過根除盎格魯撒克遜人在東亞侵犯、強索的惡例，才能得到。」[7]

日本展開這一根除大業，且順利的程度遠超乎軍國主義者的想像。從一九四一年十二月八日起，只約九十天，日本就占領英、美、荷蘭在東亞和東南亞的屬地，拿下菲律賓、新加坡、馬來亞、香港、荷屬東印度群島，拿下暹羅與法屬印度支那的大部，拿下緬甸，以令人不知所措的速度，在一九四二年初期就陳兵於印度邊界。以如此短的時間，令既有的強權一一丟盔棄甲，這種事在歷史上並不多見。

隨著戰事的進行，這場戰爭也在殘酷上立下新標竿。從一九三一年滿洲里境內的小衝突開始，這場戰爭比二戰的歐洲戰場打了更久許多，且死傷更慘重，奪走兩千四百萬條人命，包括一九四三年死於饑荒的三百五十萬印度人。這場戰爭也有其令人髮指之處，例如殺死南京數十萬平民的大屠殺；奴工、折磨、集體強暴這些暴行，司空見慣於廣大地區。

報復數十年的種族歧視，成為許多日本人上場殺敵的動機。在亞洲戰爭開戰前夕，有份發給部隊的小冊子〈只要讀讀這個，就能打贏〉寫道：「這些白人或許打從離開母親子宮那一刻，就認為會配發到十二個左右的土著當他們的奴隸。這真是上帝的意思？」[8]

日本將軍粗暴要求新加坡英軍司令投降的照片廣為流傳。日本無意再遵行它於一九一四年前對華、對俄戰爭中給予它所擊敗之敵人的那種禮遇，而上述的粗暴對待，正是日本此一意向的表徵之一。誠如某日本上校所說的，「日俄戰爭時我們崇拜西方，但如今我們要照日本的方式行事。」[9]

日本人在其所占領的幾乎亞洲所有地區成立了親日政權，作為他們大東亞共榮圈之行動計畫的一部分，這些國家的政治地位各不相同，日本則是這些國家的中心。標舉大東亞共榮圈，往往意在掩飾在當地合作者協助下剝削當地資源的舊式帝國主義行徑。一心實現戰爭目標的軍事指揮官，對待當地人極為殘暴，使「亞洲人的亞洲」這句流行的口號成為笑談。隨著戰事的進行，原似乎是良性帝國主義的行徑轉為不折不扣的掠奪，日本的處境變壞。在緬甸，當年受日本扶持，趕走英國殖民者的當地人，反過頭來造反，挑戰日本對緬甸的控制。

但許多日本軍官真心且決心解放亞洲，除了在印度之類國家鼓動反西方情緒，還積極推動緬甸和印尼境內的民族主義運動。在印度，反英印度國民軍（Indian National Army）的最高指揮官蘇巴斯·昌德拉·博斯（Subhas Chandra Bose），得到日本的支持，成為印度境內最得民心的反帝國主義象徵人物（儘管為時不久）。日本帝國參謀本部的幕僚鈴木敬司上校，在外語學校培育日本年輕外語人才，是亞洲自由鬥士在日本的最重要聯絡人。他發自肺腑欲推動他所謂「有色人種反歐洲主子的種族運動」。鈴木常被稱為日本的阿拉伯的勞倫斯，在第二次世界大戰於亞洲爆發之前，就鼓勵翁山（翁山蘇姬父親）之類年輕激進民族主義者推翻殖民統治者。

日本人在海南島培訓第一代後殖民時代的緬甸領袖。在馬來亞，民族主義記者依卜拉欣耶谷（Ibrahim bin Haji Yaacob，一九一一～一九七九），在日本人協助下，成立了馬來青年聯盟，然後助日本入侵英國控制的馬來半島。在爪哇，日本人扶持蘇卡諾（一九〇一～一九七〇，後來出任印尼第一任總統）之類年輕民族主義者。早在一九〇四年，埃及民族主義者穆斯塔法·卡米勒就預言日本人往荷蘭殖民地擴張時，將受到爪哇境內同屬「東方人」的當地人熱情歡迎。[10]事實果然如此：在先前受荷蘭人牢牢統治的印尼許多地區，日本人最初受到熱情歡迎。

一如在越南時日本人承認越語，阻止使用法語，在通行馬來語地區，日本人正式承認馬來語。在一九四二至一九四五年的占領期間，馬來亞、緬甸、印尼境內由鬥志高昂且充滿浪漫情懷的年輕民族主義者組成的團體，開始清楚表達民族共同體意識，且往往得到日本人支持。戰前，這一過程在緬甸、印尼之類地區受到抑制。例如，在印尼，民族主義政治得不到當地許多資產階級成員支持，荷蘭人藉由將初出茅廬的反殖民群眾運動領袖流放境外或入獄，輕易就阻止了這類運動的坐大。從這個角度來看，日本人的入侵，使新興的當地菁英爬上有權有勢的高位，從而使東亞各地的民族主義有了影響深遠的轉折。

一九四三年四月，「解放亞洲」成為日本官方揭櫫的戰爭目標；同年更晚，東京召開大東亞會議，顯示泛亞洲主義有可能實現，並非只是日本人的幻想。[11]尼赫魯已常提到「我們身為亞洲人，有一共同的聯結將我們團結起來一起反抗歐洲侵略。」[12]一九四〇年，即印度脫離殖民統治七年前，尼赫魯就在英國人的監獄中寫道：「我憧憬的未來是個包括中國與印度、緬甸與錫蘭、阿富汗，可能還有其他國家的一個聯邦。」[13]

在東京，蘇巴斯．昌德拉．博斯為仰慕他的印度學生所圍繞，稱大東亞會議是個「家庭聚會」，所有與會賓客都是亞洲人。[14]菲律賓駐日大使稱：「菲律賓人是該揚棄盎格魯撒克遜文明和其使人衰弱無力之影響了……是該找回他們身為東方人的魅力和原始優點了。」[15]緬甸領袖巴莫（Ba Maw，一八九三～一九七七）感受到「亞洲血液的召喚」。[16]他後來憶道：「我們是重新發現亞洲的亞洲人。」[17]

一九五五年，亞洲一些偉大領袖參與了萬隆會議，接著成立不結盟運動。而巴莫說，一九四三年的大東亞會議，正創造出後來體現於該會議的一股精神。一九四〇年代給予這股精神最有力激勵者，是歐洲弱點的發現。阿富汗尼、梁啟超和亞洲各地其他第一代知識分子、行動主義者，其緩慢且令人氣餒的努力，還有那許多流通量甚小的刊物和黯淡房間裡的深夜長談，終於開始開花結果。日本人已讓世人知道，反西方心態的根扎得有多深，亞洲人可如何迅速從折磨他們的歐洲人手中奪回大權。

一九四二年初新加坡落入日本人之手前不久，荷蘭流亡總理皮耶特・海布蘭迪（Pieter Gerbrandy）告訴邱吉爾等同盟國領袖：

> 我們的東方人民大部分仍未擺脫種族本能和自卑感。日本人的口號「亞洲人的亞洲」，或許輕易就會打掉我們文化綜合體精心構築的基礎……日本長期占領「太平洋領地」的重要地區，未必使西方列強的最後勝利轉為名勝實敗，但至少會為遠東的真正和平構成難以克服的障礙。日本人對白人的傷害和侮辱——可惡的亞洲匈人已在幹這些事——將對白人的威信帶來無法修復的傷害，除非短期內就讓這些事受到嚴懲。[18]

很有先見之明的預言。經過漫長且艱苦的奮戰，日本人終於「受懲」，終於在火焰炸彈和原子彈轟炸下屈服，泰戈爾於一九一六年在日本發出的不祥預告——「持續不斷培養道德盲目和愛國崇拜的國家，會在猝然暴死中消失於世」——隨之成真。[19]但在日本人所占領的大部分國家，日本人深深掏空了原使當地人乖乖臣服的歐洲統治地位。

歐洲人在震驚和不解中回到他們的前殖民地；而他們的第一個念頭是嚴防當地人造反。在越南，一九四四年參與過巴黎解放之役的法軍駐越司令菲力普．勒克雷克（Philippe Leclerc）警告道：「任何顯示衰弱或（同盟國間）意見不一的跡象，都會中了日本人的計，大大危害白種人在亞洲的前途。」[20]在印度士兵協助下，英國將領試圖恢復法國對越南的統治，幫返回印尼的荷蘭殖民者保住印尼。而這些英國將領也非常看重白人的團結和文化的團結。

但在漫長二戰期間，歐洲人不在殖民地或淪為戰俘營奴工時，殖民地裡誕生新的族群認同，戰後，歐洲人回殖民地時，到處都遭遇這新認同的挑戰。日本打敗歐洲列強，已使許多受過西方教育的亞洲人對時勢有了敏銳的政治認識。一九〇五年日俄戰爭後不久，尼赫魯就說那場戰爭已減輕他許多同胞心中的自卑感。日本於一九四五年戰敗二十年後，新加坡總理李光耀憶起戰後那一代亞洲人所新學到的類似教訓：

> 我的同僚和我屬於年輕時經歷過二次大戰和日本占領的那一代，而那段經歷使那一代人體認到，不管是日本人，還是英國人，任何人都無權欺負我們。我們認定我們能在國家裡管好自己，養育小孩，而且在那國家裡，我們能自豪於有自己選出的代表替自己發聲。一九四五年戰爭結束時，舊式英國殖民體制絕無機會東山再起。我們已看清真相，親自了解到本地人能治理國家。[21]

就連日本人都在一九四三年給予緬甸某種程度自治時，被迫接受這一立場，即使那一自治的給予只是大體上做做樣子。在一九四五年八月的印尼，日本人大動作接受日本向盟軍投降兩天後蘇卡諾所發出的獨立宣言。習慣於本地人乖乖聽話的歐洲列強，大部分低估了日本人在無意間釋放或刻意釋放的戰後民族主義威力。他們也誤判了他們在始終敵視他們的人民裡保住統治地位的能力。這導致許多徒勞無功、慘敗收場的平亂行動和全面戰爭，其中許多行動和戰爭為亞洲數個國家留下至今未平復的創傷。

但去殖民化的腳步快得驚人。日本征服亞洲，已動搖了英國繼續保住印度的意志；引發人道浩劫的南亞次大陸分治，為一九四七年英國近乎倉皇的離開印度揭開序幕。經過對白人施予許多傷害和侮辱後，緬甸於一九四八年獲得自由。在印尼，荷蘭人仍不放手，但由蘇卡諾領導的印尼民族主義分子，最終還是在一九四九年將他們趕走。戰後混亂使馬來亞、新加坡陷入長期叛亂，但英國人撤走已是勢所難免。

一九五一年，穆罕默德·摩薩台在聯合國陳述伊朗的英國石油產業應收歸國有的理由時，說到二次大戰已如何改變「世界地圖」。他說：「在我國所在的地區，數億亞洲人，經過數百年的殖民剝削，如今已得到獨立和自由。」談到「爭取在自由、平等的條件下進入國際大家庭之權利」的那些國家時，這位伊朗總理主張「伊朗要求那權利」。他的發言得到眾多與會代表的鼓掌支持。就連靠美國之力走後門進入聯合國的台灣，都感動得提醒英國人，「可以和外國公司一起控制伊朗石油業的日子已經過去了」。[22]

這場演說至今仍為伊朗人民所牢記在心，而在這演說兩年後，摩薩台遭英美主導的政變推翻。伊朗將和其他許多亞洲國家一樣，得等更久，得經過更努力的奮鬥，才得以在平等條件下進入聯合國。在美國支持下，法國殖民當局執意與胡志明所領導且得民心的越盟打游擊戰。法國人苦撐九年，在這期間失去柬埔寨、寮國這兩個受保護國。一九五四年法國人在奠邊府的大敗，把世上最強的國家，美國，拉進印度支那。但此舉只是使必然到來的結局較晚降臨，且讓許多生靈為此塗炭。美國繼續維持在菲律賓、日本的基地，以強大軍力鎮住整個太平洋區。但在亞洲，西方最後一個頑強不退的錯覺——靠著殘暴的蠻力能使本地人乖乖聽話這信念——隨著一九七五年美國人從西貢美國大使館屋頂倉皇撤走，遭到打破。四年後，伊朗人推翻親美的專制君主，衝進德黑蘭的美國大使館，將館內之人擄為人質，再一次象徵性的表明西方勢力無法控制伊朗。

這時候，在美國保護傘下經濟得到復興的日本，放掉其泛亞洲野心已許久。亞洲境內冷戰的新對峙情勢，模糊了日本已使亞洲許多地方——政治上和經濟上——永遠改觀這一事實。著名的馬來民族主義者穆斯塔法・侯賽因（Mustapha Hussain）說：「日本占領被說成是極艱苦、殘酷的遭遇，但還是留下正面的東西，留下只有在投降後才能摘取享用的甜美果實。」[23]他這番話說出許多人的心聲。從這角度看，泛亞洲主義的重要，不在它為日本做了什麼，而在它使其他人得以做什麼，以及在從一九〇五年打敗俄國起日本的種種作為所無意帶來的結果上面。

知識去殖民化：新傳統派的興起

二次大戰亞洲戰事結束後，勉為其難自我批判的德富蘇峰，在筆下將西方列強比擬為「潛入水中大小魚通抓的鸕鶿」。他還說，日本如法炮製，「但沒抓到魚，反倒溺死」。德富將日本的愚蠢歸因於：

> 十九世紀下半葉到二十世紀上半葉的日本歷史，不是她自己獨力打造的歷史，而是與世界歷史緊密交織的歷史。這段歷史顯示，日本不斷在仿效老牌強權的作法，但比起其他強權，她的手法可能笨拙。有句日本俗話說：「一味仿效比自己更厲害者，毀了自己。」24

但這句俗語也適用於仿效英、法的歐洲國家。十九世紀為奪取資源、土地對外擴張的想法，在二十世紀導致新的對立。尼赫魯、西蒙娜・韋伊（Simone Weil）、漢娜・鄂蘭（Hannah Arendt）等背景各異的思想家，都論及加諸亞非洲本土居民的野蠻暴行——集中營、毒氣攻擊、有組織的殺人——一九三〇年代時已被如何移植到歐洲心臟地帶，在納粹德國尋求「生存空間」期間，施加在歐洲自己人身上。泰戈爾提醒世人勿陷入「現代對西方進步與蠻力的特殊追求」，那是種必然導致對西方帝國主義之可悲模仿的現代化。這可以說是泰戈爾最有先見之明的示警：

一百多年來，我們被繁榮西方的馬車拖著走，被煙塵嗆，被噪音吵得聽不見別的聲音，被我們自己的無助弄得抬不起頭，被速度弄得不知所措。我們願意承認這輛車在往前進，承認前進是文明。如果我們曾大膽提問「往什麼前進，還有……為誰前進？」那被認為是東方特有的……（但）最近，已有股聲音出來，要我們不只考慮到這輛馬車的科學完美，還要考慮到橫陳在它路徑上水溝的深度。[25]

許多受過西方教育的知識分子，在承認政治、經濟挫敗的同時，試圖為自己民族在道德上優越於他們的殖民主子找根據，而泰戈爾或許是這些知識分子之一。一九〇四年，岡倉天心就勸誡亞洲同胞，「一定得完全打破白人威信的魔咒，才能了解到我們自己的發展可能和資源……撰寫歷史時得呈現我們過去的榮光和現今的苦難，以讓每個學生滿懷報復與拯救的渴望。」[26]這意味著受自西方的羞辱愈大，欲提出理想化東方形象的念頭就愈強。亞洲知識分子早早就傾向於將西方政治、經濟、科學、文化模式視為無人性的功利主義模式，且這傾向至今仍未消失，而泰戈爾和梁啓超正是這一傾向的早期代表人物。

梁漱溟對西方文化兩股趨勢的評論，極具代表性。這兩股趨勢，一是利己之心，一是浮士德式意志和對自然知識的渴求。梁漱溟稱利己之心乃是自由民主主義和共產主義都具有的東西。後一趨勢產生現代科學，但也創造出「機械」，而梁漱溟效法他所景仰的甘地，把「機械」稱作「近世世界的惡魔」。[27]

對現代性的這一評論，為亞洲許多人——除了傳統派，還有自由主義知識分子、伊斯蘭現代主義者、馬克思主義革命分子——所認同。這一評論源於共有的受西方支配經驗，不只回應了西方文化、政治、經濟準則稱霸全球所帶來的一組共有的難題，還以另一種措辭提出數百年來西方哲學家所提出的數個疑問：何謂美好生活？何謂權威的本質、公正與平等的本質？什麼東西將個人與社會連在一塊？這一重新表述把這些疑問放到更為廣闊的人類視角來觀照。誠如泰戈爾所寫道：

當有組織的國家自私、種族反感、商業私利追求，開始赤裸裸展現它們醜陋畸形的面貌時，人就該了解得救不在政治組織和廣泛的貿易關係裡，不在對社會制度的任何機械性重組裡，而在生活的更深層轉型裡，在愛之意識的解放裡，在上帝體現於人裡。[28]

泰戈爾、梁漱溟、阿富汗尼在世時常遭到不屑的漠視，卻創造了下一個百年裡許多亞洲人藉以表達其抱負與挫折的語彙。

從政治上看，在這些批判西方現代性且改造傳統的人士中，最重要者當屬甘地。甘地能看出前所未見的現代道德災難——西方在亞非洲競逐殖民地、敵對國家間與敵對帝國間的兩次世界大戰、集權主義的興起——如何製造出純粹世俗性、物質主義觀點的虛無主義邏輯：爭奪世間權力的戰鬥毫無神聖之處，具有以個人欲念的無限增殖為核心建立起來之經濟的民族國家，很有可能發動破壞性最大的戰爭，以維持他們受上帝垂愛的生活方式。

中國產生了熱衷於保住並傳揚本國悠久儒家傳統之部分準則與理想的思想家。許多亞洲人最初是西式自由主義者，後來立場出現一百八十度的反轉，嚴復就是其中之一。一九一六年，嚴復在請求以儒教為國教的請願書上簽了名：

西國文明，自今番歐戰，掃地遂盡……往聞吾國腐儒議論謂：「孔子之道必有大行人類之時。」心竊以為妄語，乃今聽歐美通人議論，漸復同此……覺彼族三百年之進化，只做到「利己殺人、寡廉鮮恥」八個字。回觀孔孟之道，真量同天地，澤被寰區。29

梁啓超本人始終對現代西方心存懷疑，對中國傳統保持尊重。五四激進分子的痛斥儒家，未使儒家在中國的知識威望、道德威信就此掃地。一九二七至一九三七年國民黨統治期間，為使浮躁難馴的國家重新一統，蔣介石曾試圖恢復儒家制度。他為讓中國重生而展開的新生活運動，以儒家的禮義廉恥為基本綱領。

梁啓超死於一九二九年，儘管迭遭較年輕一輩知識分子抨擊，他至死相信儒家的價值。一九二〇、三〇年代最有名的儒家學者是梁漱溟，他構想在中國各地廣建甘地式的自給自足、合乎道德的村落，並在山東省落實他的構想。他在山東推動了旨在將中國鄉村儒家化的農村重建計畫。一九三八年，毛澤東，另一位農村行動主義者，拜訪梁漱溟，兩人就梁漱溟的工作有過數場長談。毛澤東本人雖然公開惡毒批評儒家思想，卻似乎從未甩掉他早期的儒家道德觀。他的烏托邦式社會主義帶有濃濃的康有為大同世界幻想。一九四九年毛澤東表示，他深信「西方資產階級的文明，資產階級的民主主義，資產階級共和國的方案，在中國人民的心中，一齊破了產」，並斷言「人民共和國」將從此「達到階級的消滅和世界的大同」，而當年「康有為寫了《大同書》，他沒有也不可能找到一條到達大同的路。」一九五八年，共黨幹部著手於全國設立「人民公社」時，奉命學習康有為的《大同書》。

一如梁啓超等儒學者（和胡志明），毛澤東深信個人道德、精神的改造和合乎道德的集體行動，乃是社會、政治更大改變的先決條件。最後，毛澤東實現了梁啓超所未能辦到的，以一共同的倫理道德為核心，重振並統一中國。中國共產黨當權頭三十年，試圖將儒家思想從中國根除，將其斥責為「封建」和反動。但隨著共產主義較難打動人心，共黨官員回頭支持儒家思想。毛澤東堅持「中國文化應有自己的形式，這就是民族形式。」[30] 而當中國政府在世界各地廣設孔子學院——法語聯盟（Alliance Française）、歌德學院（Goethe-Institut）的翻版——以宣揚中國文化時，中國政府似乎在以全然意想不到的方式往這方向邁進。中國領導人也喜歡用「和諧社會」之類字眼，擦亮他們曾緩和社會、經濟不平等的舊政績。

伊斯蘭世界的反現代

最奮力高舉傳統派理想，以抵禦現代性入侵的地區，乃是穆斯林世界。自伊斯蘭世界與西方相遇，然後遭西方勢力打入以來，該世界就陷入動盪不安的危機中。白人所擅自把持的歷史進程，似乎打破了由真主一手形塑世界秩序的穆斯林觀念。最有見識、最敏於時局變化的穆斯林為此惴惴不安；哲馬魯丁·阿富汗尼從對伊斯蘭的自由主義詮釋，轉向民族主義，再轉到泛伊斯蘭主義時，最慷慨激昂表達的東西，正是這種隱憂。

「伊斯蘭」與「西方」：阿富汗尼所創的二元概念。它們表明的並非單純的水火不容，而是根本上的權力失衡。內部衰弱的伊斯蘭世界，受到外來威脅。但伊斯蘭世界認為由神指導的社會和規定的社會公益觀念有其存在價值，且在遭遇以利己主義為基礎的社會—經濟秩序衝擊後，上述信念並未消失。

穆斯林世界某些最睿智、最無宗教、民族畛域之見的人士，臣服於對舊伊斯蘭世界的懷念之下。印度穆斯林詩人穆罕默德·伊克巴勒，巴基斯坦的知識、精神之父，就是其一。伊克巴勒於一八七六年生於文盲家庭，受到反英詩人阿克巴·伊拉哈巴迪影響。一九〇五年赴歐，在英國、德國攻讀哲學。伊克巴勒佩服歐洲的多重成就，卻不安於歐洲的種族歧視文化和過度競爭文化。一九〇八年，他就比泰戈爾、梁啓超和其他戰後批評西方物質主義文化的人士更早一步，提出如下警告：

喚西方城市的居民
這一上帝的住所不是店，
你們眼中的真幣，

最終將表明只是個偽幣。
你們的文明將自殺
用自己的劍。[31]

伊克巴勒最初和阿克巴·伊拉哈巴迪一樣是個印度民族主義者。但在歐洲時，他對伊斯蘭歷史有了新的體悟。一九〇八年返回印度時，他從船上遠遠見到西西里海岸——西西里曾見證伊斯蘭在歐洲拿下的偉大勝利——令他有感而發，以詩哀悼這時已是「穆斯林文化之墓」的西西里：

你們的廢墟中藏了誰的故事？
你們無聲的腳步在表達某種情思。
告訴我你們的哀傷——我也滿懷苦痛；
我是欲走向你們的那個旅行隊的塵土。
替這幅畫再著色，展示在我眼前；
說說古代的故事，讓我痛苦。
我要帶著你們的禮物到印度；
我要讓別人哭泣，如我在此哭泣。[32]

在歐洲時，伊克巴勒也開始仰慕尼采，明確的說，欣賞尼采的超人說，欣賞尼采的自我創造和自我肯定——就在他高度自覺到自己的穆斯林身分，且日益深信印度穆斯林的進步之道，不在模仿歐洲，而在改革、重振他們生來所屬的宗教族群之際。為此，他開始在著作中頌揚尼采式陽剛活力和伊斯蘭的光榮過往。一如許多回頭擁抱傳統伊斯蘭的伊斯蘭現代主義者，伊克巴勒開始批評蘇菲主義和伊斯蘭內部提倡拒斥自我的神秘主義傳統、民間傳統，甚至批評艾哈邁底亞派（Ahmadi）之類的伊斯蘭教派。他深信歐洲將因為走火入魔的物質主義而毀掉自己；含有真正個人主義之原則的伊斯蘭，則會接著以人類救世主的姿態現身。

伊克巴勒將大大影響為一九七九年伊斯蘭革命締造知識基礎的伊朗一代思想家。在以這位印度思想家為主題的著作《我們與伊克巴勒》中，阿里·沙里亞蒂把他與阿富汗尼、泰戈爾相提並論：「他為穆斯林國家的解放而與殖民主義作戰，如賽義德·哲馬魯所為。他為拯救文明，使免於淪入功利性理性悲劇，使免遭野心毒害，而奮鬥，一如泰戈爾曾為此而奮鬥。」[33]沙里亞蒂說，伊克巴勒為阿富汗尼所開啓的伊斯蘭運動「賦予了意識形態上的一致性」。[34]一九八六年在德黑蘭一場以伊克巴勒為題的會議上，伊朗最高領袖賽義德·阿里·何梅尼更進一步表示，伊朗伊斯蘭共和國「體現了伊克巴勒的夢想」，還說「我們在走伊克巴勒所指給我們的路」。[35]

從某個角度說，沙里亞蒂與何梅尼都說得沒錯，儘管現代伊斯蘭意識形態與伊斯蘭國家的強制性儀式和形式，與伊克巴勒所認知的精神自由、伊斯蘭共和體沒什麼共通之處。到了晚年，伊克巴勒主張「純正」伊斯蘭，愈來愈注重於維持伊斯蘭教法，愈來愈鄙視西方政治制度和意識形態，因而，對於伊斯蘭復興主義者，特別是對於那些剛開始主張伊斯蘭與非伊斯蘭必然衝突者，他的思想有許多可取之處。在個人巨著，散發但丁風格的詩集《永恆之書》（*Jawid Nama*）中，伊克巴勒虛構了與名人的一連串對話。其中一位對談者是阿富汗尼；兩人縱談資本主義、社會主義意識形態和賢明神君的觀念。對該詩中的阿富汗尼來說——還有對伊克巴勒來說——西方民主是有錢人逼窮人服用的鴉片製劑：

> 西方的共和制同樣是老樂器，
> 除了獨裁統治，彈不出別的音。
> 剝削的惡魔披著共和外衣跳舞，
> 你以為那是自由仙人。
> 立憲政體、改革、特權、權利，
> 是嚐來可口的西方安眠藥。[36]

這場與阿富汗尼的對話，以呼籲蘇聯共產黨拋棄《資本論》，以可蘭經作為他們社會主義的靈感來源作結。「何謂可蘭經？對資本主義者而言，死亡的通告；／無產奴隸的主保聖人。」

這一以伊斯蘭為中心的想法，使伊克巴勒得到年輕作家阿卜勒．阿拉．毛杜迪（Abul Ala Mawdudi，一九〇三～一九七九）的欣賞。伊克巴勒於一九三八年去世三年後，毛杜迪創建了伊斯蘭大會黨（Jamaat-e-Islami），伊斯蘭世界第一個列寧式革命先鋒政黨。反對社會主義、資本主義，也反對民族主義的毛杜迪，為以真主為最高統治者的「伊斯蘭」國，創立了第一份內容協調一致的綱領。毛杜迪最初在巴基斯坦政壇闖蕩失敗，使人忽略了他準神學式意識形態，對形形色色穆斯林思想家和行動主義者，包括把這位南亞作家的許多著作譯成波斯文的伊朗人何梅尼，影響的巨大。毛杜迪以將巴基斯坦轉化為伊斯蘭國為職志，其理念將於他死後的一九八〇年代，得到巴基斯坦殘暴軍事獨裁者齊亞哈克（Zia-ul-Haq）的落實。

沒有伊斯蘭領袖提出完全世俗性的烏托邦。印尼共黨從一九二一年至一九六五年遭武力肅清這期間，在穆斯林占大部分的印尼，的確得到廣泛支持。但毛澤東之類的激進無神論者，在伊斯蘭社會沒什麼機會壯大。就像伊拉克、敘利亞境內復興黨（Baath）之類的世俗民族主義政黨，都無法忽視伊斯蘭的動員力。在印尼，蘇卡諾的最高意識形態（nasikom），是民族主義、伊斯蘭、共產主義的綜合體。穆斯林國家裡成功的革命，以伊斯蘭之名，而非以馬克思或潘恩之名發動。最廣義的自由主義，在穆斯林世界成不了氣候。

穆斯林最初以西式自由主義創造了人道文明——至少在歐洲創造了人道文明——而推崇該自由主義。但十九世紀最後二十五年期間，這一威望開始衰落；自由主義因與帝國主義明顯狼狽為奸，因未能支持穆斯林社會裡的自由民族主義分子，而受到唾棄。歐洲境內的自由主義未能澤被殖民地。在某些人眼中，它簡直是某種講究種族隔離的自由主義。穆罕默德．阿卜杜（Muhammad Abduh）遭遇一連串挫折後，一八九五年坦承，「我們埃及人一度相信英國自由主義，相信英國人同情我們；但如今我們不再相信，因為事實勝於言語。我們看得很清楚，你們的自由主義就只對你們自己講，你們對我們的同情，乃是狼對牠打算吃掉的羔羊的同情。」[37]

但事實表明，就連本土的、改良主義的自由主義，也扎不了深根。印度教育家賽義德・艾哈邁德汗爵士、在巴黎受過教育的埃及自由主義者（阿卜杜弟子）塔哈・侯賽因（Taha Husayn），或青年奧圖曼黨思想家納米克・凱末爾之類人士，完成了使穆斯林的全副心思擺在不只由伊斯蘭的上帝一人作主的世界這個重大任務。但他們在自己社會裡仍處於邊陲，社會未能給他們可長可久的發揮空間。誠如在塔哈・侯賽因身上所見，他們能主張「我是要懇請大家有所選擇的看待歐洲文化，而非主張不加揀選的全盤借用。」[38]但西方知識分子認為他們不夠世俗，而傳統派懷疑他們以日益西化的人道主義、理性主義意識形態，進一步掏空穆斯林社會。在最好的情況下，自由主義憲政原則，都誠如阿富汗尼所主張的，有時是用以強化穆斯林社會以對抗西方的工具。但像甘冒大不韙質疑伊斯蘭基本信條的賽義德爵士之類的自由主義穆斯林，招來阿富汗尼的怒目相向。

在從西方引進且後來用來對付西方的諸多意識形態中，民族主義比較受青睞，尤以在二十世紀上半葉舊帝國崩解而自決說蔚然成風時為然。伊克巴勒最初對民族主義心存懷疑，斥之為「西方自殺的禍根，立場上較傾向於阿富汗尼的泛伊斯蘭主義。而像伊克巴勒之類的人，後來都屈從於民族主義的政治邏輯。他於一九三〇年代初期坦承，「眼下，每個穆斯林國家都得進入更深層的自我，暫時把目光單單專注於自己，直到每個國家都強大到足以組成一個共和國大家庭時為止。」[39]阿富汗尼本人對本地民族主義的鼓勵，在這點上，很有先見之明；事實表明，民族主義比他的泛伊斯蘭主義更切合實際。誠如注定失敗收場的哈里發職位恢復運動所證明的，他的泛伊斯蘭主義只是浪漫的憧憬。試圖推翻英國人的埃及人、印度穆斯林、反抗法國人的敘利亞人、阻止英俄對伊朗野心的伊朗人、反抗荷蘭人的印尼人，乃至一九二二年將希臘人趕出安納托利亞的土耳其人，都向西方的思想、建制取經。這些民族主義運動的領袖，有許多人——穆斯塔法．卡米勒、薩德．扎格盧勒、真納（Jinnah）、阿塔圖克、納塞、蘇卡諾——在所屬國家裡屬於西化的少數派，而社會主義的左派理想在這些反帝國主義運動裡往往扮演吃重角色。但穆斯林群眾投身反帝國主義政治活動，不可避免使這些民族主義帶上伊斯蘭色彩。

去殖民化和西方影響力漸漸衰退，未削弱通俗伊斯蘭的威力。在巴基斯坦，以伊斯蘭界定民族共同體這一觀念，最終使巴國建國者真納的世俗意圖較難實現——且使其被打了折扣。在伊拉克、敘利亞、伊朗、埃及之類國家，靠準社會主義的民族主義領袖動用暴力，才壓下以反西方主義的民族主義激勵士氣的穆斯林團體（例如埃及的穆斯林兄弟會）。但不管是追求現代化的伊朗國王，還是伊拉克的海珊，都無法拋棄通俗伊斯蘭的形象和象徵。就連意識形態上走世俗路線的阿塔圖克，都一邊推行由國家贊助的伊斯蘭，一邊與伊斯蘭領袖小心商談。

二十世紀下半葉穆斯林世界最引人注目之處，乃是在遜尼派和什葉派地區都有深度政治化之伊斯蘭的爆發，且往往是狂熱的爆發。在這期間，巴基斯坦的伊斯蘭大會黨和埃及的穆斯林兄弟會，從所處社會的政治邊陲移到主流位置。伊朗境內爆發伊斯蘭革命，且其餘波遠及馬來半島和爪哇，使這些地區的政治改頭換面。三年後的一九八一年，一名伊斯蘭好戰分子暗殺了埃及總統沙達特。不到十年後，跨國性好戰團體宣布對突尼西亞、埃及、阿爾及利亞、敘利亞、利比亞的專制阿拉伯政權發動聖戰，而這些團體往往擁護強硬薩拉斐教派版的伊斯蘭。

這些伊斯蘭主義團體，政治背景各異，但都把伊斯蘭視為不只是革命意識形態和身分認同，還視為道德改革的準則。他們把對手視為壓迫性的本土政權和本地菁英，名叫「西方」的遙遠、具威脅性的更大實體的一部分。在伊斯蘭主義者的世界觀裡，不只自由主義、民族主義、社會主義已經敗下陣，這些意識形態的創始者，即西方本身，也已敗下陣來。誠如最有影響力的現代伊斯蘭主義思想家賽義德·庫特卜（一九〇六～一九六六）所寫的——呼應了甘地對現代文明的嚴厲指責：

> 這一次，各地已響起吶喊，已對在沒有信仰、心靈空虛的物質主義文明——白人文明——束縛下的人類命運發出警訊。警訊不止一種；有時它們警告全人類會墮入深淵；還有些警訊警告全人類會墮入馬克思主義；另有些警訊為如何防止這多重危險提出多種建議。但這些舉動全是徒勞，因為它們未處理問題的根本，未攻擊這問題埋在歐洲土壤底下四處蔓生的根。這些吶喊和這些解決之道都只是讓我們清楚看到歐洲心態和其眼界的缺陷與短視。[40]

西方深入追求物質好處，但在精神事務上淺薄，西方既不再是惡事的根源，也不再是好事的根源；必須將它全然拒於門外。數十年來，這一信念在許多穆斯林心中日益增長。兩場毀滅性的世界大戰和三〇年代的經濟大蕭條，已曝露西方政治、經濟模式裡的嚴重結構性缺陷。去殖民化進一步削弱西方諸國的政治支配力；而欲重拾政治支配力的絕望努力——在蘇伊士（一九五六）和在阿爾及利亞、越南——完全摧毀了僅存的政治及道德權威。一九四八年猶太人在巴勒斯坦人土地建國，則給了西方名聲又一次毀滅性的打擊。此事進一步證實了西方在一九一六年簽署賽克斯—皮科（Sykes-Picot）秘密協定時就已表露的表裡不一。布爾什維克革命後，列寧公布這項協定，世人才得悉此事。英、法打算藉由這項協定，在一次大戰後瓜分諸阿拉伯語國家。而在巴黎和會上曝露的種族傲慢，則似乎因為歐洲人強行讓猶太人在中東建國，而得到確立。

發生於遙遠異地的事情，或許只影響穆斯林國家裡菁英對西方的認知。但內部的改變使更多的人民受苦於政治動亂，使他們忿忿意識到不公不義。穆斯林國家的人口於二十世紀下半葉暴增，迫使許多人離開鄉村，進入擁擠的城鎮；穆斯林城居人口占總人口比例，一九五〇至一九九〇年劇升。接觸新通訊媒體，見到菁英階層的炫耀性消費和到處的不公之後，許多穆斯林以新熱情擁抱伊斯蘭。清真寺、經學院在新發展出的城區裡四處冒出。廉價書籍雜誌使更多人能吸收伊斯蘭教教義，受歡迎的穆斯林記者和傳道士（其中受過傳統烏里瑪教育者不多），開始向被拔離傳統社會結構者，提供不假手他人的新伊斯蘭。阿富汗尼、阿卜杜、其他許多非神職人員的穆斯林知識分子，開始推動伊斯蘭權威的多元化，而在二十世紀下半葉，這一多元化的腳步加速最快。

現代建國計畫的意識形態邏輯，也為此新伊斯蘭加持。在土耳其、埃及等由專制統治者從上而下強行推動改革的國家，現代化變成將伊斯蘭移離公共生活中心、廢除伊斯蘭教育與法律、伊斯蘭學者邊緣化的同義詞。誠如阿富汗尼於遊歷穆斯林世界期間就已觀察到的，西方列強所加諸的現代化、經濟成長要求，已在伊斯蘭社會裡產生新階層，重新分配那些社會裡的權力，從而徹底打斷那些社會過去的凝聚力。

新城市菁英從現代教育機構和官僚組織中冒出，且往往不大喜歡傳統權威來源。其中許多人靠著犧牲鄉村窮人的利益致富。民怨日深，特別是那些被這一過程邊緣化到最邊陲的人，例如神職人員、小鎮商人、地方官員和半農村出身者——圍在阿富汗尼身邊的那種人。

使反西方心態取得更廣大群眾基礎與知識根基者，乃是後殖民時代的穆斯林國家裡世俗民族主義計畫的失敗。在許多例子裡——埃及、突尼西亞、印尼、阿爾及利亞——後殖民的穆斯林國照殖民國的政策走，特別是在懷疑通俗伊斯蘭上蕭規曹隨，且試圖即使不是完全廢除通俗伊斯蘭在公共生活裡的角色，也要予以限制。但穆斯林國家的大部分人民對伊斯蘭的信仰一直未消。他們也未能習於將伊斯蘭視為與經濟、政治、法律和集體生活的其他層面無干的純宗教現象。

西化且世俗的後殖民時代菁英，把伊斯蘭視為完成世俗發展、經濟強化這一國家任務的障礙；他們往往殘暴鎮壓伊斯蘭團體。但在許多例子裡，這類現代化努力注定失敗收場，而當這類努力失敗或讓廣大人民受苦時，伊斯蘭的威望相應進一步提升。不只如此：在因現代化、世俗化失敗而受害的人民眼中，這些失敗削弱了穆斯林國家裡本土菁英和其現代化意識形態的公信力和權威。

賽義德．庫特卜目睹了西式自由主義和社會主義在埃及的嚴重弊害；他也是早早就批評民族主義，認為民族主義是埃及所蒙受之知識殖民主義的一部分。庫特卜的一生和理念，正生動體現了從世俗西方意識形態退縮，轉投入伊斯蘭主義懷抱的普遍轉變，而他接下來成為埃及、沙烏地阿拉伯、敘利亞、伊拉克、土耳其境內數代激進伊斯蘭主義者的鼓舞來源，也就不足為奇。

庫特卜生於原本富裕，後因世道衰微而家道中落的農村家庭（亞洲各地許多激進分子共有的背景），在埃及長大成人，而當時的埃及，由於一九一九年後薩德．扎格盧勒的民族主義政黨（華夫脫黨）的民族主義激勵，充滿活力。他讀過開羅一所世俗學院；他的第一位人生導師是一位具有相當傳統之自由主義傾向的記者。庫特卜也在埃及的現代教育體系裡當了多年的老師。事實上，庫特卜早期仰慕埃及最偉大小說家納吉布．馬哈福茲（Naguib Mahfouz），寫過對他作品的文學批評，因而站在當時宗教性較濃厚之作家的對立面。

但隨著華夫脫黨在反親英埃及國王上毫無進展，隨著西式自由主義在英國靠炮艇侵略埃及主權的背景烘托下盡顯其無能，庫特卜開始改變立場。他日後會成為薩拉斐派的重要發言人，但在這時，薩拉斐派在埃及世俗民族主義主流裡，仍是個小流派。拉希德．里達已透過其雜誌《燈塔》，將阿富汗尼的泛伊斯蘭主義轉化為不容小覷的國際力量，而哈桑．班納（Hasan al-Banna）受了他的影響，將於一九二八年組成穆斯林兄弟會，賦予薩拉斐派組織基礎。但在二十世紀頭三十年，在信基督教、猶太教阿拉伯人協助下，領導反英國帝國主義行動，反覆灌輸阿拉伯民族主義意識者，乃是薩德．扎格盧勒、穆斯塔法．卡米勒之類人。

薩德．扎格盧勒的華夫脫黨遭英國阻撓，無法在一九一九年巴黎和會表達埃及人心聲，隨後該黨帶頭發動了反英國統治的大暴動。世俗象徵是這場叛亂的特色。一名科普特基督教會教士要求不受艾資哈爾清真寺的管轄。大批農民參與叛亂。英國人於一九二二年單方面宣布埃及為主權國，似乎讓步於叛亂者的要求，其實並非真心。英國人繼續抓著他們在埃及的特權不放，使贏得一九二四年埃及第一波選舉而執政的華夫脫黨政府無法放手施為。英國最大的合作夥伴，埃及國王，在一九二五年埃及國會開議第一天解散國會，助英國一臂之力。英國人把持了埃及幾乎所有部會。埃及人只有在非民選的立法會（Legislative Council），才得以表達政治心聲，而該機構純粹是橡皮圖章式的機構，對英國人的決定均毫無異議通過。英國占領部隊掌握埃及實權，一九二六年展現其實力，以一艘炮艇將華夫脫黨政府拉下台。

阿拉伯世界與西方關係最令人憂心的時期，乃是一次大戰結束到二次大戰爆發前那段期間。強調民族主義、世俗主義、民主主義這些西方意識形態的穆斯林知識分子，因歐洲拒絕支持他們國家獨立的渴望，感到被殘酷的出賣。奧圖曼帝國較無疆界區隔的舊「伊斯蘭地區」，這時被歐式國界明確分割，成為穆斯林遠行的障礙，即使對那些前往麥加朝覲者亦然。英法偷偷摸摸合作，已將他們於一次大戰後搶得的奧圖曼土地自行瓜分，創造出伊拉克、約旦、黎巴嫩這些恣意劃地而成的新國家，且承諾讓歐洲猶太人在英國治下的巴勒斯坦建立自己的家園。由於歐洲境內反猶的推波助瀾，兩次大戰之間那些年，埃及人忙於處理國內政治問題而無暇他顧時，猶太人移民巴勒斯坦的人數變多。

各地阿拉伯人抗議巴勒斯坦人土地遭強占時，歐洲企業家刮取埃及的資源，將埃及原住民貶為廉價勞工。華夫脫黨繼續囊括過半數選票，但就是無法執政，因為英國人把它視為「極端民主、反外的革命政權」。[41]誠如從印度觀察埃及情勢的尼赫魯，一九三五年以尖銳口吻所論道：「對東方國家來說，民主似乎只意味著一件事：執行帝國主義統治者的吩咐，別碰它的利益。只要遵守這條但書，民主自由就能不受約束的發展。」[42]

強有力的反帝國主義抗議和暴動，終於在一九三六年削弱英國人對埃及、蘇丹的控制，使英國的直接控制區侷限於蘇伊士運河區。持續不斷的政治動盪無助於經濟重建，在人口日增和農地壓力加劇貧窮的鄉村，這現象尤其明顯。在許多埃及人眼中，過度西化的統治菁英，以殖民者的忞態對待廣大貧窮、不識字人民；這些不滿於當局的埃及人將於不久後成為伊斯蘭主義穆斯林兄弟會的主力。

一九三〇年代，賽義德．庫特卜開始公開批評英國干涉、埃及境內日益懸殊的不平等、埃及未能支持巴勒斯坦阿拉伯人對抗猶太復國主義移民。他與自由主義恩師決裂，而隨著印度、越南、馬來亞、印尼、肯亞境內的反殖民運動壯大，庫特卜絕望於埃及的「本土通敵者」。[43]一九四八年以色列國的建立，使他更為心痛。納粹有計畫的殺害六百萬猶太人一事，使許多西方國家認為基於道德，必得讓猶太人建國。猶太人建國後爆發中東戰爭，猶太復國主義者擊敗阿拉伯聯軍，將數十萬阿拉伯居民逐出巴勒斯坦，宣告獨立建國。對埃及這個最現代的阿拉伯國家來說，這場戰敗尤其是奇恥大辱，以色列自此成為阿拉伯人無力反抗西方強權的象徵，迄今未變。

一九四八年以色列的戰勝和埃及的軍事大敗，一如同年更晚他走訪美國——當時是戰後現代性的具體象徵——之行，都是促成庫特卜思想轉變的重大事件。就是在美國，庫特卜首度開始開展其對西方文明的更大評論：有害的執著於物質進步和科技進步，而傷害到道德自由和社會正義。

一如梁啓超，庫特卜覺得美國的政治、社會模式沒什麼可供國內取法。在他眼中，民主不可行，而那不是因為民主主義認定存有受過教育且有見識的全體公民，而是因為民主主義以人，而非上帝，為主權的最根源。此外，生活的好壞要以經濟福祉的高低來界定一說，令庫特卜極為反感，也讓他覺得抹黑了馬克思主義。美國的社會自由主義和個人主義表現，特別是性自由，令他更為驚駭。至於種族歧視，他除了遇到傳統版的種族歧視，也遇到反阿拉伯人版的種族歧視。在庫特卜看來，種族歧視是美國物質充足的基本特徵之一，而物質充足是一「牽強附會的想法」——這是「白人的天賦」所產生。[44]此後，他把「白人」這兩個字當蔑語盡情使用：「我們務必要讓學童認清白人的專橫、白人的文明、白人的獸性飢渴。」[45]

這時，庫特卜已受到巴基斯坦思想家阿卜勒·阿拉·毛杜迪所提出之建立先鋒伊斯蘭主義政黨、伊斯蘭國的構想啓發。一九五〇年從美返國後不久，他就加入穆斯林兄弟會，開始積極支持伊斯蘭主義的政治觀、社會觀、經濟觀，勸穆斯林推倒世俗政權，代之以伊斯蘭教法中揭櫫的神聖法律。一如他之前的阿富汗尼、阿卜杜，庫特卜對伊斯蘭的解經傳統不感興趣，較看重可蘭經和先知的言論。但與阿富汗尼不同的，庫特卜覺得沒必要調和伊斯蘭與理性或科學。誠如他所說的，「覺得有需要去辯護、合理化、道歉者，沒資格代表伊斯蘭。」他痛斥以下現象：許多接觸過現代西方的穆斯林，覺得「伊斯蘭像受審的犯人，站在被告席，需要替自己辯解。」[46]庫特卜先前將非穆斯林亞洲納入其廣大反帝國主義陣線。他在一九四三年寫道：「東方文明和其精神寶藏似乎是陷入當今危機之世界的庇護所。」[47]但如今，他把焦點放在「代表穆斯林東方的尊嚴且因巴基斯坦、印尼這兩個新國家誕生而實力更強的伊斯蘭集團」。[48]

庫特卜深信現代世俗生活解決的問題不如其帶來的問題多，開始痛批在英國帝國主義支持下，已幾乎照搬西方路線的埃及政治、社會的發展。一九五二年，埃及反帝國主義陸軍軍官，在納塞領導下，發動政變以推翻埃及國王時，庫特卜有了實踐其理念的機會。納塞邀庫特卜提出其對公正政體的看法，但世俗、社會主義傾向的陸軍，不接受庫特卜的伊斯蘭國建國藍圖。對庫特卜來說，這清楚表示納塞的政權，雖然旗幟鮮明反猶太復國主義，支持泛阿拉伯主義，卻只是西方不信神的帝國主義者的翻版。穆斯林兄弟會與軍方的關係迅速惡化，最後該組織遭到查禁；不久，庫特卜入獄，遭折磨。他被控陰謀發動革命，被捕了三次，接下來十年大半時間在牢裡度過，而在這期間他多種病痛纏身。他深具影響力的著作《里程碑》（*Milestones*）問世，使他於一九六四年最後一次入獄。

庫特卜於一九六六年遭草草審問，然後吊死，埋在未立碑的墓地裡。他影響甚大且至今未消，只是他相對較短暫的一生，掩蓋了這一事實。他死後只一年，以色列於六日戰爭中大敗阿拉伯軍隊，納塞所支持的世俗阿拉伯民族主義，經此羞辱，終於名聲掃地。庫特卜的理念雖然遭納塞之後統治埃及的世俗主義獨裁者逼入地下，這時卻傳遍穆斯林世界。

庫特卜的影響力能擴及這麼廣，乃是因為他除了在政治上挑戰西方和追求西化的菁英，還駁斥他們的認識論的、形而上的世界觀。誠如他在《里程碑》中所說：

> 人類如今站在深淵邊緣，不是因為有毀滅性的威脅懸在頭上——因為這只是病徵，而非疾病本身——而是因為人類在「價值觀」——那些促進人類真正進步與發展的價值觀——領域已經破產。這對西方世界來說，再清楚不過，因為西方不再能提供人類（興旺繁榮）所需的價值觀。[49]

庫特卜把對腐敗中東政權和失敗之現代化的傳統批評，擴大為對將宗教與道德規範逐出政治領域，並把人的理性看得比上帝還高的西方所有意識形態——無論是民族主義、自由主義或社會主義皆然——的控訴。

「說宗教與政治毫無關係的那些人，不知宗教的意涵」，甘地在其自傳末尾如此寫道。因泰戈爾強調精神性而非常推崇泰戈爾的庫特卜，若得知此說，肯定會大表贊同。庫特卜的意識形態接班人，即最近幾十年試圖推翻埃及、敘利亞、阿爾及利亞之世俗獨裁政權的遜尼派伊斯蘭激進分子，其動機也是欲將伊斯蘭重新置於人類生活的中心。

但庫特卜對西方世俗主義的評論所帶來的激進化影響，在什葉派伊朗表現得最為清楚。誠如何梅尼以似乎借自庫特卜的字眼（或有所修正的借用梁啓超、泰戈爾的文字）所寫道：

> 因為欲解決社會問題，解除人的苦難，需要以信仰和道德為基礎；光是取得物質力量和財富，征服自然和空間，在這方面毫無用處。必須以伊斯蘭的信仰、信念、道德規範予以補強、平衡，以

真正造福人類，而非危及人類……因此……我們不該急於拋棄我們的宗教和其法律。我們的宗教法律規範人的生活，提供人在此世和來世的幸福。[50]

在這段文字中，何梅尼的矛頭，指向自十九世紀穆罕默德．阿里的埃及改革以來，最具雄心的迎頭趕上西方的計畫，即一九六三年伊朗國王的「白色革命」。不足為奇的，米歇爾．傅柯（Michel Foucault）所謂的「反全球體系的第一場大叛亂，最現代、最瘋狂的那種叛亂」，也是在伊朗上演。據傅柯的說法，「伊斯蘭不只是個宗教，還是一完整的生活方式，是對某個歷史的堅信，是個文明。伊斯蘭大有可能成為一座足以讓數億人喪命的大火藥桶。」[51]要看看在民主政治付之闕如的情況下，穆斯林可如何用運用伊斯蘭的犧牲、殉教思想，挑戰在國內和在西方都以現代化者、世俗化者姿態聲稱具有正當性的專制、腐敗統治者，伊朗伊斯蘭革命是最好的例子。

富藏石油的伊朗，從未淪為歐洲人的殖民地，但自十九世紀起就受到英、俄帝國主義者的支配。阿富汗尼在一八九一年已目睹第一場大型反帝國主義運動。一次大戰後，還會爆發這類運動。時任英國外相的柯曾勛爵，強占奧圖曼帝國大片土地後還不滿足，擬了併吞伊朗的計畫，深信，如早期替他立傳的哈羅德．尼可遜（Harold Nicolson）所說的：「上帝已親自選定英國上層階級來執行神意。」在如此赤裸裸的外國干涉背景下，伊朗民族主義於整個二十世紀上半葉變強。一九五三年，美國中情局與英國情報官員聯手，推翻穆罕默德．摩薩台所領導，揚言要將西方石油利益集團國有化的民選民族主義政府，扶立國王巴勒維重新上台，伊朗的民族主義情緒因此受激高漲。在西方支持的專制君主統治下，伊朗似乎要在去殖民化時代走回頭路，巴勒維順應西方支持者的要求，打擊國內所有民族主義、社會主義、自由主義組織，結果，如後來發展所表明的，反倒為一旗幟鮮明的伊斯蘭運動創造了有利條件。

當時，在大部分後殖民國家，民主、共和理想不只鼓舞知識分子，也鼓舞群眾，而巴勒維治下的伊朗，這時似乎積極致力於使公民不關心政治。巴勒維政權提出新意識形態，取代建國意識形態，而新意識形態混合了波斯沙文主義、國王崇拜、粉飾過的伊斯蘭誕生前的伊朗歷史。但新意識形態既未能吸引傳統派群眾，也未能打動日益壯大的中產階級。巴勒維對農民占大部分的伊朗人民，強行推動浮誇的土地改革、工業化、都市化計畫，使民怨日深。這一欲將伊朗推入二十世紀的舉動，創造出小撮中產階級，卻也將數百萬人拔離他們世居的鄉村家園，使他們淪落都市，生活潦倒。隨著小撮都市菁英發達起來，取得象徵現代消費性經濟的東西，不平等現象加劇。

一九六〇年代初期，伊朗知識分子開始重新出版附了新導論的阿富汗尼著作；一九七〇年代，他是德黑蘭大學伊斯蘭激進分子心目中的英雄，伊斯蘭世界裡與左傾學生所崇拜的馬克思、毛澤東、切·格瓦拉分庭抗禮的人物——誠如阿里·沙里亞蒂於一九七〇年所說的：「在沉睡的東方發出覺悟之聲的第一人。」[52]以阿富汗尼之類人士本能般的反西方心態為基礎，伊朗知識分子於一九七〇年代晚期，已對西方諸革命所創造出，且在過去兩百年被西方帝國主義者傳播到全世界的政治、經濟制度和意識形態——工業資本主義、官僚組織制民族國家、馬克思主義——發展出有系統的評論。

這些知識分子中最重要的人物，乃是賈拉勒．艾哈邁德（Jalal Al-e Ahmad，一九二三～一九六九）。他所使用的新詞gharbzadegi（「迷醉西方」，或較直譯的話，「西方病」，兼具蠱惑與患病之意），一九六二年透過一本讀來往往讓人覺得是甘地《印度自治》之伊朗版的著作，流行開來，成為盲目模仿西方這一病症的同義詞。據賈拉勒．艾哈邁德所述，那是無根的徵狀：「沒有賴以支持的傳統、沒有歷史的連續性、沒有梯度變化的一個民族，其生活、文化、文明、思維模式中之事件的集合體。」[53]賈拉勒．艾哈邁德最初是共產主義者和世俗民族主義者，（比馬克思主義者所提出，將於一九七〇年代變得眾所皆知的一個評論還早一步的）聲稱全球經濟制度旨在讓西方受益，使世界其他人處於低度開發狀態，永遠不得翻身。過去，東西方平起平坐、彼此交流，如今，世局已變成由富裕、工業化、輸出成品和文化的國家，支配仍大體上貧窮、農業型、生產原物料、無法抗拒的消費西方文化和西方產品的國家。而即使伊朗、印度之類亞洲國家達成奇蹟似的發展，發展只會走上乏味、悲慘至極的西方消費主義型社會。

在這同時，控制伊朗石油的西方石油公司，正使該國的經濟完全倚賴西方。西方要伊朗拿油元買拖拉機，逼農業機械化；結果是造成龐大農村人口一發不可收拾的移居城市。西方和伊朗境內的西方代理人所支持的工業化，也毀掉本土手工業，造成龐大人口失業。賈拉勒．艾哈邁德呼應阿富汗尼的看法，哀嘆伊朗人透過路透社之類不可靠的媒體，接受經它們過濾過的世界消息，哀嘆西化或回歸西方的失根一代伊朗人，已成為西方勢力的馬前卒。

最初，賈拉勒．艾哈邁德認為，藉由將伊朗學生送到日本、印度，而非送到西方，可反制「迷醉西方」現象：患東方病的伊朗人，將可平衡患西方病的伊朗人。這一構想完全未倚重伊斯蘭。但一九六二年去了一趟當時還是新民族國家的以色列，令他對以共有之宗教為基礎建立的政治團結的威力印象深刻：「身為東方人，就與西方打交道的模式來說，我（中意）以色列模式，甚於其他所有模式」，他在日記裡如此寫道。[54]與土耳其不同的，以色列已轉變為現代獨立國家，且仍保有其宗教認同、文化認同。賈拉勒．艾哈邁德開始相信，找出解決伊朗經濟、政治問題的本土之道，非常重要。他認為什葉派伊斯蘭正是對治「迷醉西方」病的正確疫苗，認為烏里瑪是施用此疫苗的適切大夫。誠如他所認為的，神職人員是伊朗境內唯一未迷醉於西方的群體，因而有可能成為世俗知識分子的盟友。他們大部分是下層階級出身，有學問，且講群眾的語言，因而受群眾信賴。賈拉勒．艾哈邁德當然記得阿富汗尼所曾參與的那場菸草叛亂。在那場叛亂中，阿富汗尼對神職人員與民族主義知識分子結盟，動員伊朗群眾參與人民運動，有所貢獻。

馬赫迪．巴札爾干（Mehdi Bazargan，一九〇七～一九九五）這位傑出科學家，一九六〇年代初期遭伊朗國王關入監獄，一九七九年被何梅尼指派擔任革命後伊朗的第一任總理。他寫了一本介紹印度自由運動史的著作，尊崇阿富汗尼和穆罕默德．伊克巴勒，但特別關注民間宗教虔信（popular religiosity）在甘地反英群眾運動中的作用。他寫道，它最初「藉由一個精神上、思想上的革命和信念，以一股純精神性的力量，打進受教育階層的心坎與腦子」，創造出「領袖與同情者。」[55]印度這時得了和伊朗一樣嚴重的西方病，但在巴札爾干眼中，印度有甘地這位既打動知識分子，也打動群眾的克里斯瑪型領袖，而印度在他領導下擺脫西方統治一事，正為渴盼透過宗教達成革命性改變的伊朗人，提供了一個令人振奮的榜樣。

在巴黎受過教育的阿里．沙里亞蒂，則在使什葉派伊斯蘭成為動員群眾之意識形態上走得更遠。沙里亞蒂的知識分子性格不如賈拉勒．艾哈邁德來得濃厚，以更情緒性的字眼描述西方對伊朗的支配：

> 朋友，在我所置身的社會，我面對一個控制半個世界，或許還控制了整個世界的制度。人類正被趕進一個牢固的新奴隸制裡。我們身體上未遭奴役，但我們的下場其實注定會比你們慘！我們的思想、情感、意志力都受奴役。有人以社會學、教育、藝術、性自由、金融自由、熱愛開發、熱愛個人之名，把對目標的相信、對人道責任的信念、對自己思想學派的相信，全從我們心中拿走！這一制度已把我們改造成不管往裡面倒進什麼，都來者不拒的空罐子。56

沙里亞蒂非常敬佩阿富汗尼在政治上坐而言且起而行的作風，但指摘他太倚賴保守統治階層，未能看到年輕群眾的革命潛力。沙里亞蒂翻譯過法蘭茨．法農和切．格瓦拉的著作，卻把他們的傳統反帝國主義評論，擴大到涵蓋西方的世俗性拯救意識形態：社會主義、共產主義。他受到多位伊斯蘭思想家的啓發，其中包括個人著作在一九五〇年代就開始被譯為波斯文的賽義德．庫特卜、伊克巴勒、阿布勒．阿拉．毛杜迪。他寫道，馬克思主義想否定西方，但「馬克思主義本身正完全是這個西方之歷史、社會組織、文化觀點的產物。」57

沙里亞蒂結合西方的歷史決定論傳統和什葉派的千禧年傳統，以支持把伊斯蘭視為解放性意識形態的主張。沙里亞蒂、莫爾特札・莫塔哈里（Morteza Motahhari，一九二〇～一九七九，博學的神職人員和行動主義者）之類思想家，主張什葉派伊瑪目的歷史，提供了從特定「政治策略」到「黨的行動與組織之傳統」的種種東西。他們的主張為一九七九年的伊朗伊斯蘭革命奠定了知識基礎。[58]

誠如後來的發展所表明的，大部分伊朗人透過他們的信仰來尋求政治救贖，把腐敗、壓迫的伊朗國王視為美國利益的工具。匱乏、孤單、社會道德淪喪的經驗，已使許多住在城市的穆斯林轉而靠近伊斯蘭，而非遠離伊斯蘭。伊朗國王巴勒維採行由美國社會科學家撒繆爾・杭亭頓（Samuel Huntington）所提出而當時當紅的理論，試圖以殘酷手段打造獨裁政權，結果使他們背離巴勒維。根據該理論，在正現代化的第三世界國家，過早實行民主，帶來混亂，而非政治穩定，削弱法治，不利經濟、社會的發展。

一九七〇年代晚期，那場叛亂終於在伊朗爆發時，政府之外的重要社會—政治組織——除了宗教激進分子，還有世俗共產主義者、民族主義者——全加入叛亂一方。數百萬示威者、罷工者因痛恨有美國撐腰的國王而似乎團結在一塊。但巧妙使用什葉派伊斯蘭——和反帝國主義——語彙，藉此成為抗議場合最搶眼的面孔者，乃是仍流亡在外的神職人員何梅尼，一九六〇年代巴札爾干所憧憬的克里斯瑪型人物。他說：「伊斯蘭是堅信真理與正義之好戰個人的宗教，是追求自由與獨立者的宗教，是反抗帝國主義者的學校。」[59]

一九七九年他得意返回伊朗幾個星期後辦了公民投票，結果一面倒支持何梅尼；九成九的伊朗人投票支持伊朗成為伊斯蘭共和國。一九六〇年代，阿里・沙里亞蒂以別種方式表達了法蘭茨・法農的觀點：「來吧，朋友！放棄歐洲吧；不要再令人作嘔、裝模作樣的模仿歐洲。拋下這個老把人道掛在嘴上，卻只要一發現人，就把人毀了的歐洲。」[60]革命伊朗似乎正在實現沙里亞蒂之類反西方的激進分子最異想天開的夢想。這些神職人員使用宗教性明確的語彙來拉攏伊朗群眾，卻不只談宗教問題。在二十世紀穆斯林歷史的某個慘澹時期，穆罕默德．伊克巴勒〈撒旦的議會〉（Iblees Ki Majlis-e-Shura）一詩中的魔鬼嘆道：

我知道這個社群不再看重可蘭經
知道資本主義如今也是信士的信仰。
我還知道在東方的黑夜裡
信仰的捍衛者不再擁有穆薩那隻照亮的手
但當今必須做的事，令我憂心
先知之道可能還未呈現於世人眼前。[61]

而今，先知之道似乎出現了。伊朗神職人員運用具鮮明伊斯蘭特色的語彙，且提出左派綱領：提議修正財產所有制，沒收資產階級的財產，擺脫外國經濟、軍事支配，限制庸俗消費，承諾讓窮人享有社會福利（兩大左傾知識分子，賈拉勒．艾哈邁德和阿里．沙里亞蒂都是神職人員之子，絕非偶然）。

結果，何梅尼把前國王的威權政治體制差不多原封不動保存下來。他未表達崇高的政治思想和信念，反倒安排神職人員出任要職，開始用前國王的方法——秘密警察、折磨、處決——整肅真正與他為敵者和他認定與他為敵者，且整肅規模大於前國王之所為（馬赫迪·巴札爾干反對漸漸浮現的神職人員專制統治，先是辭去官職，然後勇敢批評伊朗政權）。一九八〇年，受西方支持的伊拉克總統海珊揮兵入侵伊朗，爆發長達八年的兩伊戰爭。這場戰爭使宗教激進分子對國家權力工具的掌控更為牢固。

伊朗伊斯蘭革命的猛勁，如今已大不如革命初期時。這個政權的正當性，倚賴由石油收益和群眾識字運動促成的發展，更甚於倚賴恐怖統治。而且這政權內已出現改良主義趨勢。知識分子阿卜杜勒卡里姆·索魯什（Abdolkarim Soroush）反對阿里·沙里亞蒂將伊斯蘭視為意識形態的說法，並主張「伊斯蘭世俗主義」；他對伊朗親民主的「綠色運動」影響甚大。一九九〇年代、二〇〇〇年代兩度選上總統的賽義德·穆罕默德·哈塔米（Sayyid Muhammad Khatami），為伊朗伊斯蘭內部的世代轉移下了最有力的註腳。但就連強調「文明之間對話」，坦承西方有許多可取之處的哈塔米，都認為西方文明已「疲累不堪，老態畢露」，正試圖透過「改造新殖民主義以因應」新時代來保住其支配地位。[62]第一批穆斯林西化菁英的基本原則——發展導致伊斯蘭價值觀式微，西方價值觀抬頭——如今在從突尼西亞到新疆諸地都遭到唾棄，伊斯蘭仍是穆斯林世界反抗威權統治政權的焦點，而這大體上得歸因於伊朗的伊斯蘭革命。

在哈塔米之後接任總統的馬哈茂德・艾哈邁迪內賈德（Mahmoud Ahmadinejad），公開發表更不加掩飾的個人觀點，引導民粹民族主義槓上以色列這個過去就令中東地區關心政治的穆斯林大為反感的國家。他支持中東各地的反西方勢力，而他執意發展核武一事，受到伊朗境內所有政治派系（包括反對伊斯蘭政權者）的支持，巧妙操縱了伊朗民族主義的充沛情感。他的民粹主義代表穆斯林國家反西方心態的大眾化。

那股厭惡情緒如今也已全球化，體現在過去二十年蓋達和其附屬組織引人注目的暴力行徑。從摩洛哥到蘇門答臘，從新疆到莫三比克，各地的伊斯蘭好戰分子，都在阿富汗受到賓至如歸的接待，絕非偶然。阿富汗也是個遭西化菁英以暴力手段強迫大部分人民接受他們理念的國家。一九七〇年代，蘇聯在阿富汗扶植的共產政權，試圖以殘暴手段將他們眼中的封建、落後社會迅速現代化，將人民拔離傳統文化，逼他們住進西化城市，從事西式職業。許多人不從，短短幾個月，光是喀布爾一地，就有一萬兩千名被視為反共者遭殺害，其中許多人屬於該國受過教育的菁英階層；還有數千人遇害於鄉間。

這段阿富汗被毀的駭人歷史，接下來的過程則更為人知。激進伊斯蘭主義者對阿國共產政權的激烈反抗，得到美國支持，且在巴基斯坦伊斯蘭主義獨裁者齊亞哈克將軍和沙烏地阿拉伯協助下，轉變成伊斯蘭漫長歷史上第一場全球聖戰。只要是有穆斯林的地方，沙烏地阿拉伯都以油元資助建立瓦哈比派清真寺、經學院、神職人員。打敗蘇聯共產主義——不講道德之西方的無神論意識形態——使激進伊斯蘭主義者信心大增，擴大了他們的反西方行動目標。

在巴基斯坦、埃及、阿爾及利亞、突尼西亞和其他許多國家，伊斯蘭主義者往往清楚抒發了人民反西方帝國主義者的立場，然後在以民族主義者和社會主義者自居的後殖民時代菁英走上腐化、專制時，得到更多民意支持。伊斯蘭主義者也搬出巴勒斯坦難民的不幸和以色列存在於中東一事對穆斯林的長期羞辱，來支持自己的主張。但將伊斯蘭主義者牢牢組成一國際族群者，乃是在阿富汗長達十年的反蘇聖戰期間，他們一起受訓、作戰的經歷。這段經歷使他們敵人——得到共產主義者、資本主義者助紂為虐的西方物質主義、帝國主義文明——的身影，比以往任何時候更為清楚浮現他們腦海，且激起他們建立全球伊斯蘭帝國的憧憬。一九九〇年代，這些在阿富汗受過訓練的伊斯蘭主義者，宣布向各自母國裡的西化和追求西化的菁英發動聖戰，遭到殘酷壓下。

在這場向本國暴君和其西方盟友發動的聯合叛亂中，冒出許多股勢力和趨勢。後來因為領導伊拉克蓋達組織時的殘暴行徑而惡名昭彰的阿布·穆薩卜·札卡威（Abu Musab al-Zarqawi），因陰謀推翻君主制，代以哈里發政權，在約旦牢裡蹲了五年。奧薩瑪·賓拉登憤慨於沙烏地阿拉伯支持一九九一年由美國領導的侵拉克戰爭。以賓拉登為代表的極端主義瓦哈比派，與以艾曼·札瓦希里（Ayman al-Zawahiri）為代表的賽義德·庫特卜的埃及伊斯蘭主義派合流。札瓦希里受迫於受西方支持且長期執政的埃及世俗獨裁政權而流亡國外，成為賓拉登副手。這些人都是庫特卜的意識形態接班人，都聲稱他們發動聖戰之舉受了庫特卜的啓發（由於他們的「先鋒」革命運動觀，他們也受毛杜迪影響）。庫特卜其實早就預見了伊斯蘭與西方的全球爭鬥，勸穆斯林勿再消極被動，要自動自發實現真主的意旨。但他的狂熱追隨者以平民（包括穆斯林）為攻擊對象，大大背離了他們恩師的主張。由於未能如願推翻本國政權，加上得悉以色列、印度、俄羅斯之類親西方的國家，在巴勒斯坦、喀什米爾、車臣殘暴對付穆斯林，他們決意教訓他們眼中的幕後指使者美國，引發穆斯林與西方間的全球性衝突。經過一連串失敗後，這些好戰分子終於在二〇〇一年九月十一日得手。

如今看來，這一攻擊由來自開羅的一名激進化年輕人領導，似乎是順理成章的事。穆罕默德·阿塔（Muhammed Atta，九一一事件劫機者的領袖）的一生，反映了最近幾十年穆斯林國家的所有大趨勢：人口急遽成長、都市化、「不假手他人」伊斯蘭的興起。這種伊斯蘭既是私人的、政治的，也是激進的。在許多國家，特別是在現代化無成或未以正確方式追求現代化的中東、南亞境內國家，數億穆斯林長期以來沉浸於充滿宗教－政治報復念頭的地獄幻想裡。他們想進入由西方界定的現代世界未能如願，最終不只使自己成為無根之人，還痛恨起西方——他們生活中如此多劇變與心理創傷的禍源。因此，九一一事件殺害眾多平民的惡徒竟得到數百萬人默默支持，也就不足為奇。莫赫辛·哈米德（Mohsin Hamid）小說《拉合爾茶館的陌生人》（*The Reluctant Fundamentalist*）中的穆斯林敘事者，憶起世貿中心雙塔倒下時，說「我笑了。沒錯，我最初的反應或許讓人覺得可鄙，但真的特別開心」，語中道出許多人共有的感受。

奧爾罕·帕穆克（Orhan Pamuk）論及伊斯坦堡土耳其人類似的快意心情時，主張「西方世界幾乎不了解世界大部分人口心中這股莫大的羞辱心情。」他寫道：「西方該解決的問題，不只在找出恐怖分子正於哪個帳篷、哪個山洞或哪個城市的哪條街上製造炸彈，還在了解不屬於西方世界的貧窮、受嘲、『為非作歹』的大多數人。」[63]

大大失算的「全球反恐戰爭」，激起更大的怒火，如帕穆克所擔心的，激化「伊斯蘭國家和世上深受貧窮之苦的地區裡，數百萬人民——生活在令他們生起受辱、自卑之感的處境裡的人民——對西方的敵意。」[64]二〇〇二年，小布希政府承諾把「民主、發展、自由市場、自由貿易（帶）到世界每個角落」，不知自己在仿效過去西方在亞洲的許多干涉行徑。美國政府這一使命，未記取歷史教訓，且不令人感到意外的，不久就招來當地人的激烈反抗和全球辱罵。特別是二〇〇三年英美揮兵入侵伊拉克，奪走數十萬人性命，使廣大地區的穆斯林因此激進化。全球反恐戰爭在非洲、歐洲、東亞開闢新戰場，似乎要開啓一場不折不扣的「文明的衝突。」佩尤（Pew）研究中心的民意調查發現，「二〇〇六年，在穆斯林居多數的國家」，許多人「對美國和其他國家反感，常認為他們具有『暴力』、『自私』之類特質。」

相較於那時，如今對西方的怒火已減退，西方干預伊拉克、阿富汗之行動的意識形態性質也已減弱。這時，西方的干預已比較像是為了保住面子，而非意在散播自由與民主。但今日許多穆斯林相信，西方對伊斯蘭發動的多場侵略戰爭失敗收場，且在這過程中使自己破了產。這一信念提振了宣揚全球伊斯蘭者的信心，他們的意識形態透過電視傳道者、YouTube影片、網站、錄音傳播出去，在歐洲的穆斯林移民社群裡，一如在他們的母國裡，得到同樣多人的接受。事實上，千禧年伊斯蘭特別打動西方境內深信自己所僑居的國家在政治和道德上都垮掉，如今在他們的世俗環境裡向伊斯蘭尋求道德權威、宗教權威之新來源的穆斯林。

經濟全球化至今只讓少數穆斯林受惠，但弔詭的是，由於縮短了時間和空間，它提振了伊斯蘭過去的整合理想。此外，民族主義的失敗已意味著，對穆斯林國家的許多人來說，跨國網絡凌駕了效忠國家。瓦哈比伊斯蘭繼續在馬來西亞、印尼之類遙遠地方開疆拓土。禁絕欲求的簡樸版阿拉伯伊斯蘭，透過其新電子媒體，繼續在巴基斯坦的中下層民眾裡壯大勢力。革命伊朗——和整個政治伊斯蘭——在伊拉克、黎巴嫩的內政裡扮演吃重角色。埃及、突尼西亞之類阿拉伯國家，年輕人占人口多數，如今正試圖打造代議制民主。失敗將引發再一場世代轉移，轉向強硬取向的伊斯蘭主義觀點和組織，而失敗不無可能。伊斯蘭仍是個隨時可能爆炸的大火藥桶。

民族國家的勝利：病夫土耳其重振雄風

土耳其發展成強大現代國家，在以極端主義和混亂為主要走向的穆斯林世界，似乎是個異數，甚至似乎已預先制止了大部分那些走向。面對西方侵犯領土和主權，土耳其於十九世紀初期施行坦志麥特改革，經歷了現代化的劇痛。然後它似乎幸運的丟掉多民族帝國的沉重包袱，把自己打造成精瘦結實的民族國家，在由西方主導的全球秩序裡保住命脈和尊嚴。

土耳其靠著受過教育、世俗主義掛帥且充滿幹勁的新統治階層，而非靠心態較傳統的蘇丹、大臣，完成這一自我更生。最重要的人物是陸軍軍官「阿塔圖克」穆斯塔法·凱末爾，一次大戰期間和戰後反抗歐洲列強的土耳其英雄。他生於奧圖曼帝國歐洲區的某省，接觸到他那一代受過教育的土耳其人所普遍抱持而且過度簡單化的民族主義觀念、科學觀念。誠如他在一九一八年所寫道，阿塔圖克想「以突如其來的政變一般，在我們的社會生活裡來場社會革命」。[65]他直到快四十歲才在安納托利亞——土耳其保守伊斯蘭的心臟地帶——立足，而這倒有助於他日後施展抱負。一九二二年抓穩權力後，他迅即行動，手法又狠又猛。一九二四年，他廢除哈里發之位，象徵性的伊斯蘭最高統治者之位；隔年關閉宗教組織和學校；一九二六年以西方法典取代伊斯蘭教法；一九二八年修憲，以廢除伊斯蘭的國教地位。在如此猛烈打擊傳統作法之後，他廢阿拉伯字母，代之以拉丁字母，改用土耳其語，而非阿拉伯語，召喚禮拜，且禁止戴非斯帽、面紗和其他象徵伊斯蘭文化的東西。

哈里發之職是最近幾十年奧圖曼蘇丹已予以重振聲威的聖職，阿塔圖克廢掉該職，令全世界穆斯林大為驚駭。他們原希望土耳其統治者帶他們打敗外國異教徒。但原本願意用泛伊斯蘭主義來鞏固脆弱的土耳其民族國家以對抗西方的阿塔圖克，這時卻不願照他們的意思走。誠如他所認為，要土耳其作為全體穆斯林的精神領袖，根本背離現實。怎麼指望只有數百萬穆斯林的土耳其，決定仍受西方統治的印度、馬來半島這兩地的內部事務？他採取如此斷然的措施，一部分也是源於青年土耳其黨愈來愈不耐於神職人員拒絕奧圖曼統治者改革，不耐於蘇丹阿卜杜勒哈米德搞馬馬虎虎泛伊斯蘭主義而白忙一場。阿塔圖克曾脫口而出說：「伊斯蘭，不道德貝都因人的可笑神學，是毒害我們生活的腐屍。」

阿塔圖克把現代化與全盤世俗化、全盤西化劃上等號，離譜的提倡西方衣著和「改革」土耳其音樂。他那位一身軍服炸庫德族叛軍的養女，被標舉成「共和國」模範婦女。他天真的以為科學終會征服宗教，以為民族主義會伸出援手，提供新認同給土耳其穆斯林。但土耳其人與阿拉伯人殊若天壤，後者執迷於伊斯蘭的光榮過去，懇求真主再度眷顧，以自滿心態將自己的不幸怪罪於西方。不足為奇的，阿塔圖克雖然受到穆罕默德·伊克巴勒之類新傳統派批評，卻受到穆斯林世界許多追求現代化者熱情的推崇：納塞、伊朗國王、真納、蘇卡諾都以他為榜樣。

在相信目的論式歷史的西方人圈子裡，他則有更具影響力的信徒。這些西方人相信，非西方除了利用世俗化、立憲民主之類西方發明的技術，主動（或被推著）與西方合流，別無他路可走。以研究現代土耳其揚名的史學家伯納德·劉易斯（Bernard Lewis），異想天開的認為伊拉克可像土耳其那樣，以強制手段改造為現代民主國家，因此成為小布希的白宮座上賓。

這一傳統的西方看法，認為土耳其快刀斬亂麻解決伊斯蘭問題後迅即躋身現代國家，但這看法隱瞞了一些讓人不舒服的事實。阿塔圖克和土耳其其他革命人士，構成一小撮大部分吃過洋奶水的資產階級菁英，而他們以軍事手段將土耳其社會現代化、世俗化，使另外一批世俗軍事、資產階級菁英擁有權力。土耳其大部分人民不排斥伊斯蘭，其中過半是集中於安納托利亞的農民（儘管有國家支持的強勢世俗化計畫，突尼西亞、阿爾及利亞、乃至伊朗境內的大部分人民也不排斥伊斯蘭）。事後來看，就連這些追求現代化者似乎都未拋棄伊斯蘭，而是在土耳其獨特歷史走到新階段後啓動伊斯蘭。

他們揚棄了伊斯蘭的許多保守、累贅的舊東西，例如使連追求現代化的坦志麥特改革者都受其強力掣肘的烏里瑪。宗教情感未因此減退。彷彿屈服於這一事實似的，一九四〇年代晚期土耳其政府重新推行宗教教育，土耳其人再度獲准赴麥加朝覲，獲准參訪蘇丹祠、聖人祠。一九六一年後頻仍的軍事政變，使土耳其一再落入軍事政權統治，而這些軍事政權對土耳其人民的伊斯蘭本質做了更多讓步，尤以一九八〇年軍事政變後為然。民主化的深化，必然讓安納托利亞的傳統派群眾掌握權力，使雖然世俗但獨裁的舊統治階層邊緣化——一九九〇年代中期伊斯蘭正義與發展黨（Islamic Justice and Development Party, AKP）崛起後，就是這樣的情形。

對於這一發展，西方人常憂心且輕蔑視之為土耳其的「再伊斯蘭化」。較淡然處之者，則會說長久以來在由上而下的土國轉型中扮演被動角色的該國那一部分人口，如今終於能表達自己主張。這些人往往是虔誠信徒，傾向於擁抱遭阿塔圖克禁止的伊斯蘭象徵物（例如頭巾），同時繼續參與全球經濟。而土耳其在全球經濟裡是重要角色。

印度詩人伊克巴勒深信「晨間微風仍在尋覓花園／東方的靈魂，不安穩的住在阿塔圖克裡，仍在尋找身體」，[66]並在筆下表達了許多人對一九三〇年代初期土耳其實驗的樂觀：

> 只有她（土耳其）索求她所應得的知識自由權；只有她從理想變為真實——那轉變帶來尖銳的知識鬥爭、道德鬥爭。對她來說，流動、日益寬廣之生活的日益複雜，必然帶來新情勢，而新情勢意味著新觀點，必須對原則有新的詮釋。[67]

這些希望有一部分已經實現。土耳其是第一個不只不倚賴西方原創現代性，且似乎還發展出與它相抗衡的本土現代性模式的穆斯林國家。此外，這一伊斯蘭現代主義根植於活生生的經驗，而非如在其他地方所見，根植於純粹的想像。西方思想仍然重要，但這時被根據效用來評估是否予以吸納，而非一股腦全盤吸收。自卑於西方的心態，已被重新燃起對土耳其特質的自豪所取代。內吉梅丁·埃爾巴坎（Necmettin Erbakan）是土耳其第一位公開表明穆斯林身分的總理，也是伊斯蘭正義與發展黨諸領袖的早期恩師。誠如他於一九七〇年嘲弄土耳其國模仿西方數十年一事時所寫道：

> 於是，歐洲人藉由使我們盲目、不加理解的模仿他，把我們困在這個猴子籠裡，進而迫使我們放棄自己的個性與高貴。也就是說，他能在這方面得逞，乃是因為他用了從內部找來而自卑、厭惡自己的人替他辦事，使幾百年來頂住十字軍攻擊和外來打擊的土耳其人屈服於他膝下。68

對其他地方的穆斯林來說，土耳其的成功證實了「伊斯蘭」辦法的確能解決適應西方現代性這個難題，而這一絕無僅有的成就，在地緣政治上帶來巨大影響。土耳其自認已徹底回答了縈繞坦志麥特改革者腦海中的那個問題：穆斯林國家能把自己現代化到被視為西方文明一員的程度嗎？阿塔圖克的孤立主義式民族主義，反映了欲讓土耳其躋身這唯一重要之俱樂部的這個決心。土耳其與其穆斯林鄰國保持距離，同時繼續標榜自己是北大西洋公約組織的可靠夥伴。加入其他反共冷戰聯盟後，他也與受全球穆斯林抵制的以色列交好。

但土耳其，一如之前的明治日本，雖想成為西方俱樂部的正式會員，最終卻可能遭明顯出於種族偏見考量的西方反對而無法如願。隨著欲加入歐盟一事屢遭駁回，隨著歐洲境內的反穆斯林移民的情緒上漲，土耳其已開始思索，儘管現代化後的伊斯蘭似乎已改造自己來適應西方，西方會不會仍不願把伊斯蘭納入其自我知覺（self-perception）裡。

土耳其懷抱最久的地緣政治企圖遭遇如此挫折的同時，該國也開始做一件它早該做的事，即評估它的地緣政治遭遇，或者說它身為中東統治者的悠久歷史。日益加深的經濟關係，把土耳其與阿拉伯中東和伊朗綁在一塊。土耳其民心開始支持巴勒斯坦，已導致該國和以色列外交對立。二〇〇三年伊拉克戰爭期間，美國表示只要讓美軍利用土國領土，願給予豐厚回報，遭土國拒絕。土國也反對西方對伊朗的制裁措施。結果，繼納塞、海珊、真主黨（Hezbollah）的哈桑・納斯拉拉（Hassan Nasrallah）之後，伊斯蘭正義與發展黨領袖，土國總理熱傑甫・塔伊甫・埃爾多安（Recep Tayyip Erdoğan），成為阿拉伯街頭強烈反西方者寄望的英雄，且受看重程度更甚於前面三人。經過將近百年的西式現代化後，土耳其在伊斯蘭領袖帶領下，再度舉起泛伊斯蘭主義的大旗；而這還不是情勢變化的全貌。

阿拉伯世界各地的選舉，使數百萬人首度擁有投票權，且使高舉伊斯蘭大旗的政黨執政。阿拉伯之春爆發前，就已有許多穆斯林國家出現非世俗、非菁英背景出身的領袖，從而在意識形態上、政治上有了新局面。在印尼，世上最大的穆斯林國家，阿卜杜拉赫曼・瓦希德（Abdurrahman Wahid），世上最大伊斯蘭組織之一的領袖，協助將其國家由獨裁統治轉變為代議制政體。對欲重建遭數十年專制統治殘害之政治制度的阿拉伯人來說，最清楚的借鏡莫過於附近的土耳其。在土國，許多原本在政治上未得到充分代表的人，靠伊斯蘭正義與發展黨，已得到政治權力。

將近一百年前，阿塔圖克以西方為榜樣，熱火朝天的改造土耳其時，他似乎是穆斯林世界最有遠見者。他大規模世俗化的作為——基本上創造了一小撮威權統治菁英——後來受到許多穆斯林國家統治者的讚賞和仿效，遭罷黜的巴基斯坦獨裁者佩爾韋茲·穆沙拉夫（Pervez Musharraf），就是其中最晚近的一位。但土耳其自己向世人表明，阿塔圖克的政治、文化實驗只局部成功，向西方現代性有所選擇的借用，無法將伊斯蘭貶入私領域——更別提使大部分人民得到社會、經濟正義。結果，許多穆斯林在吃過世俗、盜賊統治型的專制統治苦頭後，決意試行較伊斯蘭的政體。未來，會有更多關心政治的穆斯林，渴望建立可究責政府，以保障民權和某種程度的平等主義，而且他們表達自己的渴求時，會透過信士道德社群的舊理想，多於透過世俗的西方意識形態。

「中國人站起來了」

比起土耳其，中國發展成強大中央集權民族國家的過程，混亂得多，且付出更多死傷，使數千萬人早夭，更多人遭迫害、流離失所。但中國如願成為這樣的國家，乃是它今日如此強勢自信的主要原因。二十世紀初期中國所遭受的壓力，大於衰敗的奧圖曼帝國所遭受者。清朝覆滅、日本侵華、漫長的國共內戰，使即使從社會達爾文主義以外的觀點來看，中國都必須往強大的民族國家方向邁進，以免亡國。在這方面，中國的成就之大，乃是其建國者做夢也想不到，而一如在土耳其所見，有所選擇的否定過去和運用世俗民族主義、共產主義之類的西方意識形態，乃是中國如此成功的關鍵因素。

外人連番羞辱，塑造了中國的民族主義。如今，中國的學校教育仍向學童鉅細靡遺說明鴉片戰爭期間西方列強惡意破壞中國文物的行徑，而且在中共掌權之前許久，就已開始這樣的思想灌輸：一九二〇年代晚期的某本歷史教科書嚴正寫道：「鴉片戰爭把帝國主義的鐵蹄烙在我們人民的身上。」[69] 一九三一年出版的一本談鴉片戰爭的書，公開表示要在其中國讀者心裡激起「同仇敵愾」之心。毛澤東把這場衝突重新界定為「推翻帝國主義的民族革命」；[70] 他也用這場衝突來說明為何不管是革命，還是建國，都不是請客吃飯。他在一九三九年（編按：原書誤作一九五一年）嚴正說道：「在這樣的敵人面前，中國革命的長期性和殘酷性就發生了。」[71]

一九九〇年，即中國軍隊在天安門廣場附近殺害手無寸鐵的抗議者一年後，共黨當局辦了一場以邪惡外國人為主題的紀念座談會，會中有人把鴉片戰爭稱作「奴役我們人民，盜取我們財富，把屹立數千年的一個大國變成半封建半殖民地」的陰謀。當時許多中國人期待一九九七年的到來——英國於鴉片戰爭後向中國租借的香港，在此年租約到期——認為「百年屈辱」或許可以就此得到慰藉；而凡是看來欲阻擋香港回歸者——英國首相柴契爾夫人或香港末代英國總督彭定康——或似乎表露出英國過去那種倨傲、優越態度者，都遭到抨擊，且往往是惡毒的抨擊。在中國人眼中（和歡喜的中國人心中），最能表露英國國勢之衰弱者，莫過於一張廣為流傳的照片。照片中，柴契爾夫人被鄧小平直言不諱的斥責後，走出北京的人民大會堂，結果在下石階時跌倒，跪在地上。

一九九七年香港順利移交。英國人撤走；香港回歸中國。但中國的民族主義，在一九九九年北約誤炸中國駐貝爾格勒大使館和來自西方其他真有其事、出於想像的輕視之刺激而重新燃起後，至今仍是一股強大力量。圓明園遺址公園的某個入口，如今仍有標語寫著：「勿忘國恥，振興中華。」

對頭幾代中國領袖來說，這當然是說來容易做來難。重振中國往日榮光，乃是中國菁英和群眾都念茲在茲的目標，而對從嚴復、梁啓超到毛澤東的各種思想家來說，最佳辦法似乎是拋棄古老帝制和其政治被動的子民，代之以中央集權的民族國家。但要動員積極且有效率的公民為民族國家形態的中國效力，需要新且公共的建制：學校、法律、兵役。而經過幾場失敗的實驗，最終由共產主義意識形態協助創造了創建現代民族國家所必需的政治社群。

從許多方面來看，巴黎和會受辱和接下來頌揚西方思想、粗暴否定儒家思想的五四運動，使馬列主義躋身為中國思想家、革命人士意識形態的主流。俄國革命、列寧主動宣布放棄俄國在中國的領土和特權、歐洲境內東山再起的共產主義運動，全都有助於使中國行動主義者相信共產主義的確可取，相信最終必會是共產主義的天下。

列寧具影響力的帝國主義理論，主張在遭帝國主義勢力壓迫的國家展開解放運動，因而馬列主義似乎可以補強五四那一代激烈的民族主義。列寧主張建立革命志士的先鋒隊，此說不只打動了陳獨秀或毛澤東之類人，也打動了孫中山。孫中山按照列寧主義原則重組國民黨，在蘇聯協助下創建了著名的黃埔軍校，後來有多位中國領袖人物是黃埔出身。一九二四年死前不久，孫中山強調了中國需要革命來團結人民：

> 中國人為什麼是一片散沙呢？由於什麼東西弄成一片散沙呢？就是因為各人的自由太多。由於中國人自由太多，所以中國要革命。中國革命的目的與外國不同，所用方法也不能相同。到底中國

為什麼要革命呢？直接了當說，是和歐洲革命的目的相反。歐洲從前因為太沒有自由，所以革命要去爭自由。我們是因為自由太多，沒有團體，沒有抵抗力，成一片散沙。因為是一片散沙，所以受外國帝國主義的侵略，受列強經濟商戰的壓迫，我們現在便不能抵抗。要將來能夠抵抗外國的壓迫，就要打破各人的自由，結成很堅固的團體，像把水和士敏土摻加到散沙裡頭，結成一塊堅固石頭一樣。[72]

孫中山認知到中國的問題在於如何動員群眾投入革命運動。為達成這目的，他甚至與共產黨結盟。到了一九二四年，孫中山也已認識到他的政治計畫必須克服中國的經濟難題，特別是農業危機，才得以實現。但他死得太早，他的接班人蔣介石自封為戰術家，卻對土地改革興趣不大。他與地主、城市金融家、商人結盟，未繼續孫中山的激進改革計畫，而由毛澤東、共產黨接下孫的棒子。

毛澤東說：「誰能贏得農民的支持，誰就會贏得中國，而誰能解決土地問題，誰就可以贏得農民。」[73]後來的發展果如他所言。毛澤東強調農村動員，最初遭到黨內空談理論的馬克思主義者反對。但最後，透過一連串農民革命——土地重新分配、農民治理家鄉——共產黨在毛澤東領導下將中國農民鑄造為革命軍，使共產黨得以在一九四九年拿下大陸江山。

事後來看，充斥西方歷史論點的理論，套在中國上根本是場災難。梁啓超對最早期社會主義階級鬥爭論的評論，極有先見之明。他主張，在西方，因為存在某些社會、經濟衝突，社會主義必然應運而生，而中國沒有那些衝突。但中國共產黨堅守正統馬克思主義，將中國的過去視為「封建」，因而走上歧途：骨子裡偏重城市工業成長且對農民生活存有偏見，導致以高高在上的姿態看待中國農民群眾；誠如毛澤東所說，他們「一窮二白」。而一九三〇、四〇年代，共黨被國民黨、日本人逼進偏遠鄉村地區後，為了尋找階級敵人，他們發動運動，整死許多人。

但從組織上看，共產主義比國民黨的回鍋儒家思想厲害得多。最後，共產主義助毛澤東為中國共產黨在鄉間建立群眾基礎。與其對手不同的，毛澤東本人向中國群眾提供了動人的中國論述。誠如他於一九四〇年〈新民主主義論〉一文中所寫道：

> 自外國資本主義侵略中國，中國社會又逐漸地生長了資本主義因素以來，中國已逐漸地變成了一個殖民地、半殖民地、半封建的社會。現在的中國，在日本占領區，是殖民地社會；在國民黨統治區，基本上也還是一個半殖民地社會；而不論在日本占領區和國民黨統治區，都是封建半封建制度占優勢的社會……這些統治的政治、經濟和文化形態，就是我們革命的對象。74

說起對毛澤東打天下的助益，日本侵華的貢獻，和國民黨的腐敗、殘酷的貢獻一樣大；共產黨直接利用中國人民的反帝國主義心態來壯大自己，即使在中國打敗日本上，共黨其實貢獻不大，卻讓人自然而然覺得他們領導中國抗日。階級鬥爭是他們所偏愛用來促成中國社會重組的另一個工具。就在一九四五年後他們正與國民黨打內戰時，他們實行土地改革和其他以階級為基礎的社會、經濟政策，且手段往往殘忍。此外，中共於一九四九年打敗國民黨，把對手趕到台灣後，同樣的組織本事助中共迅即重建政治、行政體系，且助中共於一九五一年領導新成立的民族國家，在朝鮮半島上與美國打了一場大戰。

中國與蘇聯、朝鮮共黨部隊合力打美國，到一九五三年時打成僵局，付出將近五十萬中國人的性命。對新成立的中華人民共和國來說，韓戰是加入冷戰的流血入會儀式，而美國成功孤立中國，武裝國府台灣，把中國的聯合國席位給了這個小島，正坐實了中國對西方列強長達百年的猜忌。

但馬列主義繼續顯露其在知識上無力處理中國現實問題的困境。源自五四激進分子的見解——中國人已受到其落後過去無可回復的污染，亟需先鋒的指導——從無意在中國鼓勵政治民主化。隨著中國致力於經濟的飛速成長，把過大的權力交給看來賢明的「先鋒」這一問題，變得愈來愈顯著。

毛澤東希望中國盡快趕上西方，因此設下異想天開的目標：例如，一九五〇年代中期，他要同胞以十五年時間趕上英國的工業產值。這些大錯造成一連串災難，使中國自己垮掉。糧食不足造成饑荒，一九五九至一九六一年間三千多萬人因此喪命。毛澤東的文化大革命，旨在一九六〇年代時重新展開中國革命，至少一開始時以此為目的，結果卻惡化為內戰。

一九七六年毛澤東去世，才使中國得以打破現狀，重新開始。而接下來所依據的治國原則，雖被說成純粹出於務實考量，得自正統共產主義之處，卻似乎少於得自孟子兼具自由貿易與公有制的經濟理想之處。事後來看，共產主義在中國似乎愈來愈成為動員、團結中國廣大人民的有效意識形態。二十世紀初期中國行動主義者想創造統一的民族國家，以便中國在現代世界中向富強邁進，未能如願。

結果是共產主義者成功創造出把都市工人和農民都納入，而根基甚廣的參與式民族主義。他們創造出新軍隊，讓意志消沉的農民有了新的目標和衝勁，接著建造出強有力的國家官僚組織。這一官僚組織結合黨和行政官員，控制的觸角往下伸進每個城中街坊和村落。

共產主義誤判中國現實狀況，帶來災難，已失去其知識魅力，但為何中國共產黨似乎不大可能走上東歐、俄羅斯共黨的下場，這是原因之一。中共事實上已不再堅持教條正統，試圖用儒家的「和諧社會」觀取代共產主義，但作為唯一保障中國穩定、安全、日益繁榮的角色，它在這方面仍未受到挑戰。

部分出於崇高理想，部分出於自大、不良居心、愚蠢，毛澤東讓其人民一再受苦受難。但他的接班人仍統治中國，儘管連番的悲劇和災難，仍有數百萬中國人相信北京遙遠統治者的善意和智慧。

一九四九年建立中華人民共和國時，毛澤東說：「中國人從來就是一個偉大的勇敢的勤勞的民族，只是在現代落伍了。這種落伍，完全是被外國帝國主義和本國反動政府所壓迫和剝削的結果。」他還宣告：「占人類總數四分之一的中國人從此站立起來了。」

這番話如今聽來像是則有力的預言，證實嚴復、梁啓超的富強大夢終於實現。「我們將不但有一個強大的陸軍，而且有一個強大的空軍和一個強大的海軍，」毛澤東於一九四九年承諾道。他還警告說：「我們的民族將再也不是一個被人侮辱的民族了。」不到六十年，歷史似乎已實現了毛澤東的希望。

但在中國鄉村，如今仍有眾多躁動不安的人民，被殘酷拒於新的都市繁榮之外，而這一繁榮的誕生，他們付出的勞力和稅居功甚大。社會不安、環境敗壞、腐敗等弊害，隨著中國前所未見的富裕而惡化。但中國，世上最大出口國和最大外匯儲備國，成為推動全球經濟日益吃重的推手，以其對資源和市場的渴求，提升全球各國的GDP成長率。西歐和美國除了討好中國，別無選擇；生產大宗商品的非洲、拉丁美洲小國，成為中國這個中心的新邊陲；過去與中國為敵的鄰國，日本、南韓、越南、蒙古，如今縮在它的陰影裡，尋求有利的貿易協議。

中共對國家權力的掌控仍牢不可破；它控制了關鍵產業；它高舉平等主義，在外交政策上維持一貫的意識形態，使中國以一致的面孔呈現於世人眼前。中國似乎無意擁抱自由民主主義；其一黨專政體制似乎已確保了撒繆爾·杭亭頓眼中第三世界社會走上現代化所不可或缺的政治穩定。

誠如前文所表明的，現代中國思想始終帶有集體主義傾向，即使在自由主義性質最濃的現代中國思想裡，個人權利觀念都從未深深扎根。中國為了救亡圖存，必須成為現代民族國家，而民主曾被視為現代民族國家所不可或缺。梁啓超寫道：「國之強弱悉推原於民主。」但對梁啓超認為，「民主者何，公而已矣」，相對的，「君主者何，私而已矣。」[75]

在這一民主觀裡，西方自由主義意識形態所奉為神聖不可侵略的個人權利，始終被擺在國家團結、強國這些更高的要求下面，特別是在二十世紀上半葉中國外患久久未消的情況下。儘管馬克思主義者預言「國家會逐漸萎縮」，對國家的崇拜和即使在梁啓超著作裡都鮮明可見的國民得忠於國家的看法，最終將由共產主義者予以發揚。

與激進派對手論戰時，梁啓超堅定表示，西式自由主義提倡個人利益和由某些個人組成之群體的利益，因此可能會削弱國家。他說，中國所極有可能需要的，乃是國家社會主義，國家社會主義控制經濟，致力於減少不平等，同時使國家在弱肉強食的國際競爭舞台上不致任人欺凌。他寫道：「吾之經濟政策以獎勵保護資本家併力外競為主，而其餘皆為輔。」梁啓超無心的預言，在當今中國身上應驗。今日西方日益嚴厲指控中國的經濟政策走重商主義路線。在當今中國，如果言論自由和其他民權被認為危害高經濟成長和政治穩定這些最重要的國家任務，擁有無上權力的國家迅即出手鎮壓，且往往手段殘暴。

「他者」的興起

托克維爾於一八五五年讚揚歐洲的活力和積極進取，還說「歐洲種族往往是最可惡的流氓，但至少他們是得到上帝給予意旨和權力的流氓，至少似乎是上帝所指定統領人類一段時間的流氓。整個地球上沒有東西會抗拒他們的影響。」[76]事實表明，這一說法在許多方面，比托克維爾所能預料的還要多的方面，完全貼切。

意識到自己負擔的白人，永遠改變了世界，使原本極多元紛然的世界臣服於白人的單一觀點，且在這過程中，把與其他民族、國家原本可能豐富多彩的遭遇，降為闡述現代西方的政治、經濟、文化毋庸置疑高人一等的獨腳戲。西方將其思想成功出口到世上最偏遠的角落，從而也摧毀了當地的自信，造成光靠現代性恐怕亦絕無法紓解的政治、經濟、社會荒蕪。

最後，西方欲將他們眼中落後的亞洲人現代化，不管是如何的真誠或如何無私，招來的痛恨都多於讚賞或感激。受委屈的本地人，遭逐離他們古老的社會、政治秩序，在由西方主宰的世界裡得不到尊嚴，始終都想學得西方的方法，然後青出於藍，讓西方俯首稱臣。在安德烈·馬爾羅（André Malraux）的預言小說《西方的誘惑》（一九二六）中，中國知識分子說出下面那番話時，就在表達上述觀點：「歐洲認為她已把如今一身歐式穿著的這些年輕人全征服，但他們恨她。他們在等一般人所謂的她的『秘訣』。」如今，亞洲人已掌握其中許多秘訣。

電視和網路，以及特別是虛擬社群的問世，已在全世界協助挑起強度前所未見的政治熱情。若說全球有數百萬，甚至很可能有數億，跟著本國遭歐美壓制的歷史一起成長過來的人——除了失業的埃及大學畢業生，還有中國軟體工程師和土耳其商業大亨——無比樂見於他們那些堅持認為自己有權利支配全球局勢的前主子和最高統治者受到羞辱，那絕非誇大之詞。從關達納摩灣監獄和阿卜·赫雷卜（Abu Ghraib）監獄傳出的虐囚照片、影像、西方嚴重的金融危機、西方在阿富汗、巴基斯坦殘暴但拙劣的軍事行動，都使人繼續深信西方的偽善、失敗、衰退。

西方道德形象的喪失和東方的強勢自信，或許讓人覺得是晚近的現象。但誠如本書已表明的，這個不如過去那麼失衡的全球秩序，早在十九世紀初期，就已被拒斥西方的種族、帝國主義階層體系、反對西方專擅國際政治規則之界定的亞洲知識分子概述於筆下或口中。在亞洲的政治生活裡，過去本國輝煌的宗教或政治遭歐洲帝國主義者踐踏的記憶仍未消失，而非西方社會的歷史怨恨和挫折，長期以來一直是亞洲政治生活最重要的元素，偶爾爆發出來，即令許多歐美人震驚。

這些因國而異的本國觀點、感受、欲求，如今聯手改造現代世界；不可能漠視它們。即使在有識之士心裡，西方稱雄當世的看法仍然根深蒂固；事實上，這些看法常支配歐美外交、經濟政策的制訂和報紙社論的撰寫。但對其他許多人來說，西方國家老早就浪擲了他們的大部分道德權威——早在第一次世界大戰時就如此——儘管他們保住主宰歷史進程的權力。但就連這個鮮少受到欽敬而大體上令人生畏的權力，都在冷戰時期的許多熱戰中一點一滴流失。西方的共產主義對手垮台，也未提升這一權力。它受到災難性的「反恐戰爭」摧殘，隨著「華盛頓共識」——西方受吹捧的不受約束金融資本主義模式——的垮掉而深受唾棄。

顯而易見的，全球化未促成以日益整合、標準化、破除地域、宗教、民族等畛域之見的開放心態為特色的平坦世界，儘管有某些評論家一廂情願的如此認為。全球化反倒強化個人對自己所屬族群的認同，加劇過去即有的反感，激生新的反感，同時釋放出種種相對立的主張。如今，在歐美——全球化的肇始者——內部，這種現象最清楚可見。隨著高流動性的企業，不斷在世界各地遷徙，以尋找廉價勞力和高利潤，以避稅，從而使日益老化的人口所亟需的福利體制投資資金外流，不公、失業的情況惡化。經濟挫敗、未來將長期每況愈下的黯淡前景、政治無能的感覺，挑起歐美人民的怒火和猜忌，且把矛頭大部分指向非白人的移民，特別是穆斯林。

西方退入褊狹的憂懼心態時，亞洲國家顯得更為外向、自信、樂觀。土耳其和日本著手離開他們廁身其下已數十年的西方保護傘。太平洋區宿敵——例如中國與其鄰邦——之間長期未解的領土紛爭依舊未決，讓美國在這地區有了許多軍事、外交路子可走。但經濟趨勢訴說了不同的局勢。與中國的貿易，繞過美國和歐盟，讓印尼與澳洲的經濟，還有巴西的經濟，都吃了定心丸。新貿易協定和地區集團（例如創造出世上最大聯合市場的中國、東協自由貿易區）、金磚五國和G20之類的非正式團體、對歐美在中東與北非之專制代理人的叛亂，這些發展全說明了欲將冷戰殘餘的對立關係解凍，欲創造出較不倚賴美國、西歐之國際秩序的普遍心聲。

特別是正現代化的中國，對西方構成棘手的挑戰，且這挑戰比大體上體現了在國際經濟體系裡老是屈居下風者之憤怒的激進伊斯蘭主義者所提出的挑戰，更嚴峻許多。一八八九年觀察中國這個受辱的國家時，吉卜林就思索，「當中國真的醒來，從上海築了鐵路到拉薩，有自己的鑄炮廠和兵工廠，會是什麼樣的情形？」而隨著咄咄逼人的民族主義中國迅速崛起，這一百餘年前的憂心如今有了堅實的根據，且由於土耳其、印度、埃及、伊朗全都在走自己要走的路，從十九世紀晚期就開始，對西方的漫長反叛，似乎正漸漸接近歷史的分水嶺。西方的稱霸看來已無疑只是漫長的帝國、文明史中另一個出奇短暫的階段而已。

結語

含糊不明的報復

今世，強弱優劣，至為明顯，故多而不均，富而不安，殆為今後必至之勢矣。

張君勱，一九二三

我們不要跟著西方走競爭、自私、殘暴之路。

泰戈爾，一九二四年在北京

十九世紀晚期和二十世紀初期歷史意識和國際主義意識的問世，如今看來著實令人驚愕。阿富汗尼駁斥英國人所謂已使印度文明開化的說法後才幾年，泰戈爾就在和日本人辯論民族主義之惡，梁啓超就在反思美國民主與資本主義的腐敗。從許多方面來看，亞洲思想家對當時他們所置身處境和更大的人類處境的深刻見解，如今仍在改變全球的知識面貌、政治面貌，仍在左右個人意識、集體意識。

透過教育與經驗，思想家對自己社會與整個世界有了更開闊的認識，但在每個國家，這些思想家都只占人口的極少數。因為那一教育和經驗，他們成為邊緣人，對改變特別敏感；雖然與廣大的平民同胞隔絕，他們是最早清楚表達同胞最深層困境、需求、渴求者。

經過許多個人領域與公共領域的動盪，經過多個地方的遊歷和漫長的知識探索，這些思想家才得以理解自己和自己所處的環境，進而理解他們費盡千辛萬苦所得到的知識往往充滿痛苦，未帶給人希望。他們似乎往往改變本有的觀點，自相矛盾。他們屬於最早與傳統決裂者，因而面臨了一無休無止的艱鉅任務，即得在現代世界中弄清自己的處境，然後轉換方向，著手了解個人認同、集體認同的新問題。他們意識到自己所屬的文明，不久前還很偉大且自給自足，但如今面對充滿幹勁且處處順遂的西方，漸漸無力招架。於是，為因應大體上令人心痛的新歷史情勢而做出多重改變，導致他們的言行明顯前後不一致：例如梁啓超之類人物先是維護中國傳統，然後全然拒斥傳統，接著又擁抱傳統；阿富汗尼走過痛斥伊斯蘭、然後熱情捍衛伊斯蘭的不同階段；賽義德．庫特卜先是狂熱的世俗民族主義者，然後搖身一變成為堅定不移的伊斯蘭主義者。就連亞洲最保守的知識分子、行動主義者——甘地、康有為、穆罕默德．阿卜杜——都不得不以激進手法詮釋他們自己的傳統——印度教、儒家、伊斯蘭的傳統。

他們感到個人的無力，困於希望與絕望之間，既充滿幹勁的投入，卻又感到徒勞無功。但在他們的看法之中仍可看到一明顯的一致之處，而這是因為這些思想家和行動主義者，身為傳統派或打破傳統的激進人士，都努力欲對同一個疑問提出令人滿意的答案：如何使自己和別人無奈接受本國文明因內部衰敗和西化而逐漸式微的事實，同時重新得到主宰世界的白人對他們平等看待和尊重。

這是第一代現代亞洲知識分子面臨的根本挑戰，而現代亞洲人所擁抱的許多意識形態——世俗民族主義、革命共產主義、國家社會主義、阿拉伯民族主義、泛伊斯蘭主義——也是為回應這個頑強的西方挑戰而問世。這個挑戰不只把穆斯林哲馬魯丁·阿富汗尼和中國人梁啓超連在一塊，也把阿富汗尼與奧薩瑪·賓拉登，把梁啓超與毛澤東，把奧圖曼帝國與今日土耳其，把共產黨當政前的中國與今日的資本主義中國連在一塊。

這些思想家裡，有許多人判定西式政治和經濟，骨子裡帶有暴力與破壞力。他們知道光是透過現代教育體系借用歐洲的技術性東西並不夠；隨著這些借用，全新的生活方式跟著進來。這些外來的東西要求建立一個以自立的個人為基本單元的有組織群眾社會，且這些個人追求自己的經濟利益，同時逐步擺脫行會規定、宗教義務等公共責任的束縛——亦即這是個可能破壞舊道德秩序的前提。這些思想家察覺到歐洲所開創的現代工業社會和社會自由，雖然令人無法抗拒且往往不可或缺，卻會如在歐洲境內所見，毀掉許多他們珍視的文化和傳統，留下混亂。一九二〇年代，接待泰戈爾訪華的梁啓超弟子張君勱，概括說明了許多人對兩種相對立之生活方式即將正面衝突的共同憂心：

我國立國之方策，在靜不在動；在精神之自足，不在物質之逸樂；在自給之農業，不在謀利之工商；在德化之大同，不在種族之分立……一言以蔽之，以農立國，乏工藝之智識，又無物質之需求，故立國雖久，尚可勉達寡而均、貧而安之一境而已。今而後則何如乎？

誠如張君勱之類人士所憂心的，現代化過程不管怎樣都會帶來劇烈衝突，會打斷農業、手工業、以物易物的舊經濟形式，把年輕人吸引到骯髒的新城市，割裂或鬆脫賦予他們人生意義的宗教忠誠和群體忠誠。而為了現代化付出上述代價，卻未直接把人帶往幸福與穩定——即使在西方境內亦然——且儘管產生大眾教育、廉價消費性商品、大眾報紙、群眾娛樂，卻只局部紓解了普遍深深感受到的失根、困惑、社會道德淪喪。

許多亞洲知識分子憂心或懷疑自己社會淪落至此，因而變成對現代性最有說服力——且最早——的批評者，運用他們對人類生活之意識與目標的傳統派認知，反制認為經濟自由主義、個人私利、工業化可以完全解決人類處境種種難題的假設。他們常利用伊斯蘭、印度教、儒家的哲學傳統、精神傳統，對科學、理性的「美麗新世界」提出精妙的懷疑，強調人類存在於世的非理性、非功利主義層面。他們抱持著超越傳統政治範疇與分類的反現代體悟，比因為一次大戰的屠戮而不得不重新檢討十九世紀對日趨理性世界之信念的歐洲自身思想家，更早了一步。

他們淵博的思想和想像，如今仍為遭逢現代性危機的社會所取用。但不可否認的，歷史的進程已把他們最熱切的一部分奢望打入冷宮。事實上，為了在未來似乎會碰上的物競天擇鬥爭中打敗西方

（或至少與西方不分高下），幾乎所有本土菁英都擁抱歐洲的民族主義、公民愛國原則。就連甘地這種精神取向、反政治、批評現代建國作為的人，都不免成為民族主義領袖；甚至在從政生涯初期短暫碰過泛伊斯蘭主義。中國知識分子急欲讓中國的傳統主義群眾轉向擁抱民族主義，因而覺得必須貶抑已存世兩千多年的儒家傳統。奧圖曼土耳其人則更有過之，完全廢除伊斯蘭的哈里發之位，放棄他們領導穆斯林烏瑪的地位，然後廢除伊斯蘭的國教地位，以將土耳其改造成現代民族國家。

在協助亞洲人竊取西方的某些財富和權力上，其他西方思想似乎也功不可沒。在根據理性原則、功利主義原則動員現代經濟上，自由民主主義——民選議會、獨立司法、媒體——的角色，最初似乎和科學、技術一樣重要。甚至，誠如日本、土耳其、中國、印度境內一個又一個本土西化派人士所坦承的，欲抵抗西方，就得速速根據西方對組織國家、社會的看法改變自己。無論如何，基於利害考量，要推翻看來已奄奄一息的東方帝國和王朝。

事實表明，有個西方理念，魅力之大，令穆斯林和反帝國主義的共產主義者都無法抗拒。這個理念有歐洲成功經驗的加持，因而受到亞洲幾乎任何地方的後殖民時代菁英擁抱。這一革命性的自強、自豪之道，不吝於給予解放的承諾，由民族國家的建制和習慣作為構成：明確的疆界、井然有序的政府、忠貞的官僚組織、保護公民的法典、透過工業資本主義或社會主義達成的快速經濟成長、群眾讀寫能力計畫、技術性知識、同民族內共同起源感的問世。

大大小小的一群新民族國家，若非滿足了這其中某些條件，就是滿足了其中最起碼的條件，從而填補了歐洲諸帝國瓦解後出現的廣大真空。戰後時期，許多亞洲國家脫離殖民統治而獨立；一九四五年後才二十年時間，就出現了五十多個具有新名字、新疆界、新貨幣的新國家。

形式上的去殖民化，始終不可能確保亞洲國家得到真正的主權和尊嚴。一九五〇年代，尼赫魯常強調像他那樣的後殖民時代領袖的當務之急：「歐洲在一百或一百五十年裡做了的事，我們得在十或十五年裡完成。」對一九五〇年代為了亞斯文大壩工程拚命尋求外援的埃及納塞來說，在經濟力、政治力上與西方並駕齊驅，乃是至關緊要的目標，對大躍進期間鼓勵中國人在十五年內趕上英國工業產能，卻在一九六〇年代初期使中國陷入饑荒浩劫的毛澤東來說，亦然。

為了順利建立新國家，建國者利用了共產主義、社會主義之類意識形態。赫赫有名的領袖——尼赫魯、毛澤東、胡志明、納塞、蘇卡諾——不只主持這些政治轉型工程，確立新國家的物質進步目標，還賦予新國家激進民族主義的象徵、團結反抗西方帝國主義的象徵。

但事實表明，從批評外國人統治、挑起群眾運動，過渡到為自決建立穩固的基礎，難上加難。碰到持續經濟成長和統一領土之類浩大的建國任務，叛亂、民族獨立背後的理想主義衝勁迅即消退。這些新國家踉踉蹌蹌走出數十年的殖民剝削，進入因冷戰而嚴重對立的世界，不得不為虛弱且往往還處於前工業時代的經濟體系，急急尋求援助和資本；制訂財政政策；實施土地改革；建立議會、選舉委員會、政黨之類的政治建制；使人民把公民的權利、義務看得比對民族性、宗教性、語言性、地區性族群的忠誠來得重要；制訂法典；使人人得享基礎教育和基本保健；打擊貧窮和犯罪；維護鐵公路。而彷彿這樣還不夠的，它們還得為國家建構職業軍隊和官僚組織，抑制人口成長，制訂規範它們與前帝國宗主國之關係，且確保從冷戰的主要較勁者身上得到最大利益的外交政策。

如此多重且艱鉅的任務，還有（不足為奇的）令人極心痛的失望、有利有弊的成功、悲慘的挫敗、水火不容的衝突，乃是一九四五年後的三十年裡，幾乎所有亞洲國家都經歷過的事。雷沙德・卡普欽斯基（Ryszard Kapuściński）曾描述每個正直、愛國的後殖民時代領袖，「在往權力頂峰踏出第一步、第二步、第三步時，個個碰上可怕的重要阻力」，藉此概括說明了這類領袖的悲慘處境：

> 個個都想有番作為，且開始這麼做，然後，一個月後，一年後，三年後，發現白忙一場，愈離愈遠，困在沙裡。到處都是阻力：數百年的落後、原始經濟、文盲、宗教狂熱心態、狹隘短視的部落心態、長期飢餓、貶低受征服者且使受征服者麻木的受殖民歷史、帝國主義者的勒索、腐敗者的貪婪、失業、赤字。在這樣的道路上，前進至為困難。政治人物開始催逼過甚，在獨裁統治裡找出路。然後獨裁統治引發反對。反對勢力發動政變。
>
> 然後這循環重新開始。[1]

外來的意識形態性冷戰激情，惡化許多國家（例如巴基斯坦、印尼）內部的政治緊張。分離主義運動在喀什米爾、亞齊、東巴基斯坦、西藏、斯里蘭卡爆發。鐵腕統治者——印尼的蘇哈托、巴基斯坦的阿尤卜汗（Ayub Khan）、印度的英迪拉・甘地（Indira Gandhi）——冒出頭，且在這過程中往往伴隨著嚴重暴力和混亂。至少曾有一段時期，第三世界——對後殖民世界大部分地區的不實稱呼——在西方人看來，注定敗亡，那裡是外界所不大了解之內戰的爆發地，是貧困移民的輸出地。

經過超過半世紀的改變，當冷戰的許多意識形態眼罩已不復存在，這幅景象變清楚得多，且呈現多種面向。道德理想主義，而非務實與效能，似乎已被認為是不結盟運動之類由性質各異的多種國家組成的跨國團體的特色。為了在冷戰的非黑即白對立之外另闢一條可行之道，幾乎所有後殖民時代的亞洲國家，都加入不結盟運動。如今我們可以看出，全盤採納西方意識形態（中國共產主義、日本帝國主義）的作法並不管用。嘗試綜合外來、本土的作法（印度的議會民主、穆斯林土耳其的世俗國家、中國的國家資本主義）比較成功，而以暴力手段拒斥西方——伊朗伊斯蘭革命和伊斯蘭主義運動——仍方興未艾。

許多新國家，例如巴基斯坦，從未從誕生的創痛中復原；他們的解放主義活力化為日益好戰的政治—宗教運動。還有些新國家，例如中國、印度、印尼這三個人口大國，雖遭逢嚴重挫折，仍取得經濟成長，保住主權，且如今它們國力之盛儼然已對西方構成嚴峻挑戰。

晚近的歷史告訴我們，還會有更多這類挑戰——政治、外交、經濟方面的挑戰——來自亞洲大部地區。去殖民化迄今超過半世紀，我們仍生活在美國作家厄文．豪（Irving Howe）所謂的「革命時代」裡。

革命衝勁已遭污染、腐化、貶低、失去信心……但那股革命衝勁背後的能量仍在。此刻在世上某個地區迸發，下一刻在另一個地區迸發。沒有東西能將它完全壓下。美國以外的每個地方，有數百萬人，無疑就是那些具有任何程度之政治口才者裡的大部分人，把某種社會改變當成人生目標……這些是我們今日的最大能量，誰控制它們，不管是正當形式或扭曲形式的它們，誰就會勝出。2

豪寫道，美國以自己的勢力取代歐洲的勢力，「由衷深信只有透過貫徹它的意志，世界才能得救。但世人抵抗這意志；即使世人願放棄自己的回應模式，也不可能放棄那模式。」在阿拉伯之春爆發和數個親西方獨裁政權垮台一年後，這段寫於一九五四年的文字，仍和當年一樣令人信服。混亂和不定的氣氛，或許還會籠罩阿拉伯世界的廣大地區數年。但西方稱霸的魔咒已終於遭打破。如果說被迫離開家園的穆斯林輕蔑的抗拒西方的支配，中國人等其他人則已採用西方的「秘訣」。壓在數代亞洲人心上的屈辱已大大減輕。造西方的反，從一百多年前開始，如今隨著亞洲的崛起和亞洲諸民族的強勢自信，終於完成；從許多方面來看，這是東方的報復。

但這一成就隱藏了知識領域的一個重大失敗，那是對今日世界和不久後的世界都將有深遠影響的失敗。

簡單的說：如今，儘管西方的政治思想、經濟思想，在世界大部分地區，似乎愈來愈受質疑，似乎不適用而可能帶來危害，卻未出現對這些思想放諸四海而皆準的回應。對它們批評最烈的甘地，如今在印度已遭遺忘。馬列主義受到唾棄，而儘管中國的統治者日益擺出傾向儒家和諧觀的姿態，中國的倫理政治觀、社會—經濟理論的遺產，如今大體上仍乏人聞問。而且儘管土耳其的伊斯蘭現代性可輸出到其他穆斯林國家，它仍未指出可供選擇的另一種社會—經濟秩序。

「華盛頓共識」或許已破產，北京的共產政權嘲笑西方宣稱打贏冷戰和自由民主主義為最終歸趨的說法——純粹藉由堅持它一直堅持走的路來嘲笑。但比起華盛頓共識，「北京共識」普世應用的程度較低；那恐怕只是為替缺乏政治自由辯護而提出的挖苦性經濟主張。

亞洲最早期那些現代知識分子，受惠於歐洲思想。他們在由歐洲人作為所形塑出的世界裡，或在「被現代史的沙塵暴遮蔽」（泰戈爾語）的世界裡奮鬥，自然而然將民族國家當作獲致現代性的先決條件。在今剛得到主權地位的國家感到危險重重的地緣政治情勢裡，這些種「派生性」、綜合性民族主義有某些用處，但如今，它們的侷限和問題卻更清楚可見。

印度、印尼之類內部多元的社會，欲在不引發暴力、混亂的情況下，找到一社會性、政治性、文化性的認同，絕非易事。歐洲本身花了數百年才發展出主權民族國家概念並予以落實，卻在接下來陷入兩場使民族性、宗教性少數族群死傷慘重的世界大戰。由單一民族組成的歐洲民族國家模式，在歐洲自己境內用得都不理想。喀什米爾穆斯林、西藏人、維吾爾人、馬來西亞華人、伊拉克遜尼派穆斯林、土耳其庫德人、斯里蘭卡塔米爾人的困境，已充分說明該模式特別不適用於多民族的亞洲社會。

擁有躁動不安之少數族群的國家，或許眼前看來無裂解之虞，但它們是在付出龐大人員死傷而後代子孫會覺得太不值得的代價下維持這局面。此外，民族國家基本上無法靠一己之力處理氣候變遷、環境退化、水資源不足之類跨國性問題。中國在發源於青藏高原的河川上築壩，且提議將那些河水改道，可能為南亞、東南亞帶來災難。

「新興」世界的大部分地區，如今很有可能重複西方那種受苦且往往可悲的現代「發展」經驗，且是以令人覺得不妙的更大規模重複那經驗。在印度和中國，不計代價追求經濟成長已造就出一批庸俗的菁英，但也拉大已然令人憂心的社會、經濟不平等。事實擺在眼前，不管是殖民主子所達成，還是主權民族國家所達成的發展，都未讓某個領土內的人民雨露均霑，更別提讓更大數個地區的人民雨露均霑。

中國與印度的新中產階級，的確得益於施行二十年的資本主義，這兩國的統治菁英的確能以前所未有的自信，在世界舞台上昂首闊步。但這一看似反殖民革命之圓滿結局的成就，與一場由全球各地政、商菁英主導的貨真價實反革命同時發生：公用事業的民營化和縮減、解散工會、城市勞動階層的分裂和降為最下層勞動階級、對農村窮人的殘酷鎮壓。誠如中國總理溫家寶所囑咐的，毛澤東兒子毛岸英的確該在北韓安息了，因為他父親重振中華的夢想已經實現。但毋庸置疑的，不只毛澤東，還有中國革命的所有領導人，若得知他們的偉大冒險，竟以這樣奇怪的結局收場——部分中國人站了起來，大部分其他人卻被逼得更落魄，以及享有特權的少數中國人渴望享有和西方消費者一樣的生活便利設施和新奇玩意——大概都無法接受。

有著穩定且形式上民主之建制和過程的印度，在獨立六十年後，似乎離後殖民時代第一批菁英的民族主義計畫的實現之日一樣遙遠。印度民族國家已非昔日阿蒙，在國際舞台上有了發言權。印度得到西方企業和投機資本日益青睞。印度菁英，一如日本菁英，仍甘心當美國的小老弟，間接表明戰後的國際秩序不會消失。

這些受惠於全球化的亞洲國家，予人同心協力追求物質滿足和國際稱雄，且自信、了解自己特性的民族形象。但在印度，經濟全球化所導致的奇怪斷裂，比在中國所見更為顯著：藉由促進某些經濟領域的快速成長，經濟全球化在各地燃起期待，但它只讓部分人受惠於全球化，從而使幻滅、沮喪者增加，往往使他們易受走民粹主義路線、主張一族獨大的政客操弄。在這同時，全球化的最大受惠者在印度教民族主義之類侵略性意識形態中找到棲身之所。

無望、絕望之感，特別是無地農民的這種心情，已催生出規模、氣勢前所未見的好戰共產主義運動——印度總理稱它們是印度獨立後所面臨的內部最大國安威脅。這些受毛澤東思想啓發的共產主義者，有自己的收稅、司法體系，如今控制中印度、北印度的數大片地區，特別是安得拉省、賈坎德省、比哈爾省、恰蒂斯加爾省、奧里薩省境內地區。他們未正式宣告的分離主義心態，在印度的富人圈裡也可見到。印度城市和郊區出現門禁式社區。菁英階層似已在造反，其成員退入嚴禁閒雜人等進入的封閉式住宅區，讓他們得以和他們所置身之國家的社會、政治問題絕緣。由於有高達三分之一的印度人生活在極貧窮、匱乏的情況裡，這一現象令人深以為憂。印度五歲以下孩童，超過一半營養不良；作物歉收和債務攀升使過去十年裡有十多萬農民自殺。

偶爾見諸西方媒體的那些災難——過去十五年已奪走八萬多條人命的喀什米爾暴力活動；中國境內的環境破壞和將近兩億人離開農村老家——用歐洲歷史裡所見的那個發展邏輯來解釋，已不再說得通。由於中國渴求能源和資源，推高大宗商品價格，由於中國廉價出口品削弱歐洲本來強勁的經濟，使美國境內工人失業，西方本身已開始感受到新興世界向現代性過渡所帶來的痛苦衝擊。

當然，誠如亞洲某些知識分子所指出的，歐洲本身過渡到現今穩定、富裕狀態的過程，不只是帶來痛苦。這過程涉及到帝國主義征服、種族清洗和使數千萬人喪命、流離失所的兩場大戰、許多場較小型戰爭。隨著有著龐大消費主義中產階級的印度、中國，在能源有限的世界裡崛起，不難想見本世紀也將逃不過令上個世紀暴力充斥的那種經濟對立、軍事衝突荼毒。

反恐戰爭已使二十一紀頭十年滿目瘡痍。但事後來看，那或許只是為爭奪現代化經濟體和正現代化經濟體都需要的珍貴資源、大宗商品所展開的更大規模、更慘烈衝突的前奏而已。使人追求無休無止經濟成長的那個希望——希望中、印數十億消費者總有一天會過著和歐美人一樣舒適的物質生活——乃是和蓋達組織的夢想一樣荒謬且危險的幻想。這個希望肯定會使全球環境早早就不支倒地，且看來注定會在數億窮人心裡激發出愈積愈深的虛無主義怒火和失望——這是西方現代性橫掃全球的苦果，使東方的報復變成令人隱隱覺得不妙的東西，使西方的所有勝利變成不折不扣的慘勝。

參考書目淺談

我是在二〇〇五年讀威廉・法夫（William Pfaff）與愛德華・史蒂爾曼（Edward Stilman）合著的《歇斯底里政治學》（*The Politics of Hysteria*）時，有了撰寫此書的念頭。《歇斯底里政治學》寫於一九六二年，也就是美國正努力輸出「自由世界」的意識形態和為擊退共產主義而奮鬥之時。法夫與史蒂爾曼在此書中搬出歐洲帝國主義荼毒亞洲的痛苦歷史來支持他們的論點，且示警道：「（亞洲）生活與社會方面徹底且大破大立式的改造——西方四百年入侵對亞洲人人生觀帶來的挑戰——受到西方決策者和觀察家的漠視或根本不理解。」法夫與史蒂爾曼雖未於此書中言明，但大概會認為這一無知也普見於亞洲人身上，特別是那些像我一樣自小在建國史的教育灌輸下長大的那些人。從小所受的教育，讓我了解印度脫離西方統治成為自由民族國家的歷史，激動人心的歷史，但對於其他亞洲國家過去的遭遇，對於曾抒發過類似想法與抱負的作家、領袖、行動主義者，我幾乎一無所知。

本書的誕生源於我的隨興閱讀，閱讀之初我並無撰寫此書的念頭。我讀了一本又一本，愈讀愈了解自己所知的淺薄，而急切於閱讀更多書以減少自己的無知。在這過程中，有幸運的發現，並令我眼界大開的書，其中包括兩本不凡之作：Cemil Aydin的*The Politics of Anti-Westernism: Visions of World Order in Pan-Islamic and pan-Asian Thought*，和Erez Manela的*The Wilsonian Moment: Self-Determination and the International Origins of Anticolonial Nationalism.*

建構此書的基本材料，除了上述權威性的概述性著作和許多國別史著作，還有關注範圍較窄的專題性著作。將這些著作一一列出會占去太多篇幅，使讀者同樣無所適從，不知該從哪裡切入探索這些仍然朦朧不明的現代史領域，因此我決定不全盤列出，而只提出一般讀者可能覺得有用者。

前言

日俄戰爭是世界史層級的重要事件，但專門探討這場戰爭的英語專書卻相對較少。這場戰爭爆發前的外交折衝，可見於Ian Hill Nish的*The Origins of the Russo-Japanese War* (London, 1986)。Geoffrey Jukes的*The Russo-Japanese War 1904–1905* (Oxford, 2002)，對這場戰爭的幾場主要戰役，有簡短的敘述。Constantine Pleshakov在*The Tsar's Last Armada: The Epic Voyage to the Battle of Tsushima* (New York, 2003)一書，對俄國在對馬海戰中注定失敗的調度，有引人入勝的描述。Vladimir Nabokov在其回憶錄*Speak, Memory* (New York, 1966)的頭幾頁，寫下這場戰爭的衝擊，而甘地、尼赫魯、阿塔圖克、孫中山、毛澤東諸人的傳記和回憶錄，也大多有類似的記載。在這場戰役的國際影響方面，參閱Rotem Kowner的*The Impact of the Russo-Japanese War* (London, 2009)、Cemil Aydin的*The Politics of Anti-Westernism* (New York, 2007).

第一章　亞洲臣服

Juan Cole的*Napoleon's Egypt: Invading the Middle East* (New York, 2007)，乃是晚近描述這位法國狂人在埃及如何鎩羽而歸的最佳著作。Irene Bierman所編的*Napoleon in Egypt* (Reading, 2003)，收錄有論法國入侵、占領埃及之特定層面的學者文章，而*Napoleon in Egypt: Al-Jabarti's Chronicle of the French Occupation, 1798* (Princeton, 1993)一書，則是記錄穆斯林對法國人入侵之反應的權威之作。

九一一事件後，論伊斯蘭、伊斯蘭史的著作大增。可供揀擇的資料浩瀚如海，但Marshall Hodgson的三卷本著作，*The Venture of Islam* (Chicago, 1974)，仍是最發人深省的全面性著作。他的*Rethinking World History: Essays on Europe, Islam and World History* (Cambridge, 1993)，思考較不以西方為中心的歷史，同樣令人耳目一新。*Travels of Ibn Battutah* (London, 2003)這本十四世紀的遊記，為穆斯林世界的地理範圍和文化影響，提供了最清楚的說明。*Westward Bound: Travels of Mirza Abu Taleb* (Delhi, 2005)一書，記錄十八、十

九世紀之交一位目睹歐洲占上風的穆斯林遠遊的見聞，堪稱是與前者性質極類似又饒富興味的著作。K. M. Panikkar的*Asia and Western Dominance: A Survey of the Vasco da Gama Epoch of Asian History, 1498–1945* (London, 1953)，描述西方緩緩打入亞洲的歷史，涵蓋面廣，雖然有點過時，仍引人入勝。有些學者，例如Sanjay Subrahmanyam，對這領域有傑出貢獻，只是未受到應有重視。他的*The Portuguese Empire in Asia, 1500–1700: A Political and Economic History* (Oxford, 2012)和*Three Ways to Be Alien: Travails and Encounters in the Early Modern World* (Brandeis, 2011)，都是必讀之書。

Julia Lovell的*The Opium Wars* (London, 2011)，取代了Maurice Collis和Arthur Waley在這主題方面的經典著作；在中國民族主義分子幾十年來如何運用鴉片戰爭來鼓動民心上，這本書的研究尤其出色。史景遷（Jonathan Spence）在其傑作*The Search for Modern China* (New York, 1999)中，以一貫優美筆法描述了鴉片問題和其他許多方面，費正清（John K. Fairbank）對漢學的早期貢獻，*Trade and Diplomacy on the China Coast* (Palo Alto, Calif., 1953)，讀來仍有驚奇之處。中國人初萌的外在世界觀，可見於Rebecca Karl的*Staging the World: Chinese Nationalism at the Turn of the Twentieth Century* (Durham, N.C., 2002)，以及Theodore Huters的*Bringing the World Home: Appropriating the West in Late Qing and Early Republican China* (Hawaii, 2005).

印軍譁變事件的軍事層面，可見於Saul David的*The Indian Mutiny* (London, 2003)和Christopher Hibbert的*The Great Mutiny: India 1857* (London, 1982)。關於這一事件在意識形態、社會、政治方面的緣由，參閱Eric Stokes的*English Utilitarians and India* (London, 1959)和*The Peasant Armed: The Indian Rebellion of 1857* (New York, 1986)，以及Rudrangshu Mukherjee的*Awadh in Revolt, 1857–1858: A Study in Popular Resistance* (Delhi, 1984)。Ranajit Guha的大作*Elementary Aspects of Peasant Insurgency in Colonial India* (Durham, N.C., 1999)，從更多面向描述了農村的反英暴動。Ayesha Jalal的*Partisans of Allah: Jihad in South Asia* (Cambridge, Mass., 2008)，為了解印軍譁變事件提供了重要的意識形態背景，也提供了有關伊斯蘭聖戰之膚淺偏見的軼事，特

別是在'The Martyrs of Balakot'一章中。至於印度人對印軍譁變的觀點，參閱Amaresh Misra的*Lucknow: Fire Of Grace – The Story of its Renaissance, Revolution and the Aftermath* (Delhi, 1998)和Mahmood Farooqui所編的*Besieged: Voices from Delhi 1857* (Delhi, 2010)。Abdul Halim Sharar的*Lucknow: The Last Phase of an Oriental Culture* (Delhi, 1975)，生動重現了一座沒落的城市。Satyajit Ray以Premchand的短篇小說*The Chess Players*為本編寫的劇本和拍攝的影片，生動呈現了一八五〇年代奧德一地的文化。關於十九世紀的德里，參閱Mushirul Hasan的*A Moral Reckoning: Muslim Intellectuals in Nineteenth-Century Delhi* (Delhi, 2007), William Dalrymple的*The Last Mughal* (New York, 2007), Pavan K. Varma為德里最偉大詩人寫的傳記*Ghalib: The Man, The Times* (Delhi, 1989) , Ralph Russell與Khurshidul Islam合編的*Ghalib 1797–1869: Life and Letters* (Delhi, 1997)。印度穆斯林的困境，在M. Mujeeb的*Indian Muslims* (Delhi, 1962)和Rajmohan Gandhi的*Understanding the Muslim Mind* (Delhi, 1988)兩書中，有貼切的描述。

反駁西方「優越」於亞洲之論述的著作與日俱增。Christopher Bayly的*The Birth of the Modern World 1780–1914. Global Connections and Comparisons* (Oxford, 2003)，陳述晚近有關這一主題的學術研究成果，是這方面的權威之作。Andre Gunder Frank的*Reorient: Global Economy in an Asian Age* (Berkeley, 1998), Janet L. Abu-Lughod的*Before European Hegemony: The World System A.D. 1250–1350* (New York, 1989)，以及Kenneth Pomeranz的*The Great Divergence: China, Europe, and the Making of the Modern World Economy* (Princeton, 2001)，乃是今日公認在其各自所屬領域的經典之作。Prasannan Parthasarthi的*Why Europe Grew Rich and Asia Did Not: Global Economic Divergence, 1600–1850* (Cambridge, 2011)，使這段歷史更顯繽紛多彩。濱下武志（Hamashita Takeshi）的*China, East Asia and the Global Economy: Regional and Historical Perspectives* (New York, 2008)，把中國放在一遼闊歐亞貿易、朝貢關係網的中心。對一般讀者來說，Stewart Gordon的*When Asia was the World: Traveling Merchants, Scholars, Warriors, and Monks Who Created the 'Riches of the East'* (Philadelphia, 2009), Jerry Brotton的*The Renaissance*

Bazaar: From the Silk Road to Michelangelo (New York, 2003)，以及 Jack Goody的*The East in the West* (Cambridge, 1996)，或許較為淺顯易懂。John Darwin的*After Tamarlene: The Global History of Empire*，俐落完成了替世界史重定方向的必要任務。V. G. Kiernan的*The Lords of Human Kind: European Attitudes Towards the Outside World in the Imperial Age* (London, 1969)，與Edward Said複雜的抨擊性著作*Orientalism* (New York, 1978)，探討同樣的主題，但前者提供了更多有用的知識。關於「白人文化認同」如何成為一種意識形態和與「其他文化認同」相抗衡的一種政治團結形式，參閱Marilyn Lake與Henry Reynolds合著的*Drawing the Global Colour Line: White Men's Countries and the International Challenge of Racial Equality* (Cambridge, 2008)，以及Bill Schwarz的*The White Man's World* (New York, 2012)。Schwarz很有可能以此為主題，寫出一套三卷本的傑作，並以此書為第一卷。

第二章　哲馬魯丁·阿富汗尼的奇異旅程

Nikki Keddie的*Sayyid Jamal Ad-Din 'Al-Afghani': A Political Biography* (Berkeley, 1972)，仍是有關阿富汗尼生平、理念的最權威資訊來源。Elie Kedourie的*Afghani and 'Abduh: An Essay on Religious Unbelief and Political Activism in Modern Islam* (London, 1966)，有陰謀論思想作祟，但仍有可取之處。Ibrahim Abu-Lughod的*The Arab Discovery of Europe: A Study in Cultural Encounters* (Princeton, 1963)，描述初識西方稱霸之奧秘的第一代穆斯林。Albert Hourani的*Arabic Thought in the Liberal Age 1798–1939* (Oxford, 1962)，涵蓋更廣的地域，且有精彩的一章專論阿富汗尼。

Caroline Finkel的*Osman's Dream: The History of the Ottoman Empire* (New York, 2007)和Carter Vaughn Findley的*The Turks in World History* (New York, 2004)，乃是了解一個重大主題的有用入門書。M. Şükrü Hanioğlu的*A Brief History of the Late Ottoman Empire* (Princeton, 2008)，介紹十九世紀土耳其，非常易懂，Şerif Mardin的*The Genesis of Young Ottoman Thought: A Study in the Modernization of Turkish Political Ideas* (Princeton, 2000)，描述十九世紀土

耳其的知識潮流，而Philip Mansel的*Constantinople: City of the World's Desire, 1453–1924* (London, 1995)和*Sultans in Splendour* (London, 2002)，精彩重現奧圖曼蘇丹所打造的世界。.

Juan Cole的*Colonialism and Revolution in the Middle East: Social and Cultural Origins of Egypt's Urabi Movement* (Cairo, 1999)，乃是論一八七〇年代阿富汗尼所熟悉的這個動盪國家的最佳著作。關於更廣泛的十九世紀埃及政治史，參閱K. Fahmy的*All the Pasha's Men: Mehmed Ali, His Army and the Making of Modern Egypt* (Cairo, 2002). David Landes的*Bankers and Pashas: International Finance and Economic Imperialism in Egypt* (Cambridge, Mass., 1980)，探討菁英分子的古怪好笑行徑，Michael Ezekiel Gasper則在*The Power of Representation: Publics, Peasants, and Islam in Egypt* (Stanford, 2009)一書中，提供來自市井小民的觀點。Max Rodenbeck的*Cairo: The City Victorious* (London, 2000)和Trevor Mostyn的*Egypt's Belle Epoque: Cairo and the Age of the Hedonists* (London, 2006)，貼切重現了那個時代的開羅。

David Lelyveld的*Aligarh's First Generation: Muslim Solidarity in British India* (Delhi, 2003) 是有用的專題性著作，對賽義德．艾哈邁德此人的有趣解讀，參閱 Faisal Devji所寫的一章'Apologetic Modernity'，收錄於Shruti Kapila所編的*An Intellectual History for India* (Cambridge, 2010)。Jacob M. Landau的*The Politics of Pan-Islam: Ideology and Organization* (Oxford, 1990)是權威性著作，Cemil Aydin 則在*The Politics of Anti-Westernism*一書裡，對泛伊斯蘭主義的原始動機，有引人入勝的探討。

第三章　梁啓超的中國和亞洲的命運

關於奧圖曼土耳其人和阿拉伯人對日本的著迷，參閱Renée Worringer所編的*The Islamic Middle East and Japan: Perceptions, Aspirations,and the Birth of Intra-Asian Modernity* (Princeton, 2007)。介紹日本近代史最出色的大書、小書，分別是Marius B. Jansen的*The Making of Modern Japan* (Cambridge,

Mass., 2000)和Ian Buruma的*Inventing Japan* (New York, 2003)。美國人的日本觀和太平洋觀，在較晚近出版的Bruce Cumings的*Dominion from Sea to Sea: Pacific Ascendancy and American Power* (New Haven, Conn., 2010)一書中有所描述。

關於梁啓超的思想，已有三本專題著作予以充分探討，分別是Joseph R. Levenson的*Liang Ch'i-ch'ao and the Mind of Modern China* (Cambridge, Mass., 1959)，張灝（Hao Chang）的*Liang Ch'i-ch'ao and Intellectual Transition in China,1890–1907* (Cambridge, Mass., 1971)，以及唐小兵（Xiaobing Tang）的*Global Space and the Nationalist Discourse of Modernity: The Historical Thinking of Liang Qichao* (Stanford, 1996)。史景遷（Jonathan Spence）在*The Gate of Heavenly Peace: The Chinese and their Revolution, 1895–1980* (New York, 1982)一書中，以生花妙筆描述了梁啓超、康有為各自的生平。關於嚴復，參閱Benjamin Schwartz的*In Search of Wealth and Power: Yen Fu and the West* (Cambridge, Mass., 1964).

對中國知識界的更多面向描述，可見於張灝（Hao Chang）的*Chinese Intellectuals in Crisis: Search for Order and Meaning (1890–1911)* (Berkeley, 1987)和Merle Goldman與李歐梵合編的*The Intellectual History of Modern China* (Cambridge, 2002)。Rana Mitter的*A Bitter Revolution: China's Struggle with the Modern World* (Oxford, 2005)，精彩陳述五四運動前後的論戰和爭議。一九一〇、二〇年代的世代間衝突，也在Vera Schwarcz的*The Chinese Enlightenment: Intellectuals and the Legacy of the May Fourth Movement* (Berkeley, 1986)一書中得到精彩描述。關於這一主題的通論性傑作，包括T. C. Wang的*Chinese Intellectuals and the West 1872–1949* (Chapel Hill, 1966)，Paul Cohen的*Discovering History in China* (New York, 1984)，特別是'China's Response to the West'一章中的深刻見解，以及Jerome B. Greider的*Intellectuals and the State in Modern China: A Narrative History* (New York, 1981)。有兩篇論梁漱溟、章太炎的出色文章，參見Charlotte Furth所編的*The Limits of Change* (Cambridge, Mass., 1976)。汪暉（Wang Hui）即將出版

的*The Rise of Modern Chinese Thought*一書，有數篇文章論中國大作家、大哲學家。Joseph W. Esherick的*The Origins of the Boxer Uprising (Berkeley, 1988)*，陳述義和團的動機，是這方面的扛鼎之作。

在*Pan-Asianism and Japan's War 1931–1945* (New York, 2007)一書中，Eri Hotta明晰且詳細的描述了日本境內百花齊放的泛亞洲主義傳統。也參見Prasenjit Duara所寫發人深思的文章，'The Discourse of Civilization and Pan-Asianism'，刊於*Journal of World History*, Vol. 12, No. 1(Spring, 2001)。Marius B. Jansen的*The Japanese and Sun Yat-sen* (Princeton, 1970)，生動呈現中國流亡分子在日本的危險處境。關於梁啓超所撰文探討的歐洲境內政治、知識危機，最簡明扼要的介紹是 Mark Mazower的*Dark Continent: Europe's Twentieth Century* (London, 2000).

第四章　一九一九年，「改變世界史」

巴黎和會是學者和作家密切關注的主題。David Fromkin的*A Peace to End all Peace: The Fall of the Ottoman Empire and the Creation of the Modern Middle East* (New York, 1989)，以持平立場陳述奧圖曼帝國的瓦解和中東的誕生。Margaret MacMillan的*Paris 1919: Six Months That Changed the World* (New York, 2002)，介紹這場會議的實際過程。但把一九一九年重新界定為亞洲各大國爭取獨立的重大年份者，乃是Erez Manela的*The Wilsonian Moment: Self-Determination and the International Origins of Anticolonial Nationalism* (New York, 2009)。倫敦Haus Publishing出版社晚近推出的叢書，'Makers of the Modern World'，包含以巴黎和會主要與會國為主題的專題性著作，內容發人所未發。Walter A. McDougall的*Promised Land, Crusader State: The American Encounter with the World since 1776* (New York, 1997)，簡短闡述美國外交決策史，是這方面最出色的著作。共產國際的歷史，在Peter Hopkirk的*Setting the East Ablaze: Lenin's Dream of an Empire in Asia* (New York, 1985)一書中，得到引人入勝的介紹。中國、印度、越南諸國共產黨的官修黨史不難取得，但深入陳述亞洲民族主義與共產主義形成的著作尚未問世，只零星可見於專

家的專題性著作：Michael Williams的'Sneevliet and the Birth of Asian Communism'一文，刊於*New Left Review* I/123, September-October 1980，含有有用的資訊。Suchetana Chattopadhyay的*Early Communist: Muzaffar Ahmad in Calcutta 1913–1929* (Delhi, 2011)，描述印度某位早期共產黨員的生平，提供了此前不為人知的歷史。Kris Manjapra的*M. N. Roy: Marxism and Colonial Cosmopolitanism* (Delhi, 2010)，亦然。

第五章　泰戈爾，亡國之民在東亞

欲了解泰戈爾的世界觀，最好透過他本人明晰的散文，而他大部分散文可在多種來源的英語書籍裡取得。以英語寫成的最出色泰戈爾傳記，乃是Krishna Dutta與Andrew Robinson合著的*Rabindranath Tagore: The Myriad-Minded Man* (London, 1995)。Amit Chaudhuri論泰戈爾美學的著作，也是少有人能及的佳作；參見他為*The Essential Tagore* (Cambridge, Mass., 2011)一書寫的導論和收錄於*On Tagore* (Delhi, 2012)一書中的文章。Nirad C. Chaudhuri在*Autobiography of an Unknown Indian* (London, 1951)一書中，以罕見的虔敬寫泰戈爾。Amartya Sen論泰戈爾的文章，收錄於*The Argumentative Indian: Writings on Indian History, Culture and Identity* (Delhi, 2005)一書，該文讓我首度注意到他的政治思想，儘管我在求學時就乖乖讀過有關它的東西。Sabyasachi Bhattacharya的*Rabindranath Tagore: An Interpretation* (Delhi, 2011)是很能了解泰戈爾且具有思想深度的傳記。

以泰戈爾政治思想為題，最出色的學術性專題作品，乃是Michael Collins的*Empire, Nationalism and the Postcolonial World: Rabindranath Tagore's Writings on History, Politics and Society* (New York, 2011)。至於泰戈爾與甘地的爭執，見Sabyasachi Bhattacharya所編的*The Mahatma and the Poet: Letters and Debates Between Gandhi and Tagore, 1915–1941* (Delhi, 1997)，也參見Sugata Bose的*A Hundred Horizons: The Indian Ocean in the Age of Global Empire* (Delhi, 2006)和Ramachandra Guha為*Tagore's Nationalism* (Delhi, 2010)一書寫的導論。David Kopf的*British Orientalism and the Bengal Renaissance: The*

Dynamics of Indian Modernization, 1773–1835 (Berkeley, 1969)，描述了泰戈爾的知識背景，也參見Tapan Raychaudhuri在*Europe Reconsidered: Perceptions of the West in Nineteenth-century Bengal* (Delhi, 2002)一書中的數篇文章，參見同一作者的*Perceptions, Emotions, Sensibilities: Essays on India's Colonial and Post-colonial Experiences* (Delhi, 1999)，以及Sudipta Kaviraj的*The Unhappy Consciousness: Bankimchandra Chattopadhyay and the Formation of Nationalist Discourse in India* (Delhi, 1995).

關於印度與中國的關連，參見Madhavi Thampi所編的*Indians in China,1800–1949* (Delhi, 2010)和Kalidas Nag的*Discovery of Asia* (Calcutta, 1993)。泰戈爾訪問東亞之行，在Stephen N. Hay的*Asian Ideas of East and West: Tagore and his Critics in Japan, China, and India* (Cambridge, Mass., 1970)一書中，首度得到詳盡的描述。晚近由Amiya Dev與譚中（Tan Chung）合編出版的*Tagore and China* (Delhi, 2011)，含有印度和中國兩方的觀點。奧羅賓多・果斯這位重要人物，一直以來受到印度民族主義者大加詆毀，他的散文未受到學界細加審視，只有Peter Heehs的著作例外，尤其是他替奧羅賓多寫的傳記，*The Lives of Sri Aurobindo* (New York, 2008)。在*The Intimate Enemy: Loss and Recovery of Self Under Colonialism* (New Delhi, 1988) 一書中，Ashis Nandy以他一貫對人的洞悉寫奧羅賓多的際遇。也參見Sugata Bose所寫的'The Spirit and Form of an Ethical Policy: A Meditation on Aurobindo's Thought'一文，收於Shruti Kapila所編的*An IntellectualHistory for India* (Delhi, 2010)。Aurobindo Ashram的網站上，有他所有散文作品，且全可用PDF格式輕易下載。B. Parekh的*Colonialism, Tradition and Reform* (London, 1989)和Dennis Dalton的*Mahatma Gandhi: Non-Violent Power in Action* (New York, 2000)，在多如牛毛的這一主題著作中，仍非常搶眼。

第六章 亞洲再造

John D. Pierson的*Tokutomi Sohō, 1863–1957: A Journalist for Modern Japan*，乃是了解十九世紀末期、二十世紀初期日本地緣政治發展過程的絕佳入門

書。Shogo Suzuki的*Civilization and Empire: China and Japan's Encounter with European International Society* (New York, 2009)，分析日本打入歐洲國家之林的行動，如何避不了動用暴力。John Keay的*Last Post: The End of Empire in the Far East* (London, 1997)，一如這位未得到應有肯定的作者的大部分作品，乃是引人入勝的專題性著作，探討歐洲諸帝國在亞洲崩解的那段歷史。日本占領亞洲一事，在Nicholas Tarling的*A Sudden Rampage: The Japanese Occupation of Southeast Asia, 1941–1945* (Hawaii, 2001)，在William Newell所編的*Japan in Asia, 1942–45* (Singapore, 1981)，在Shigeru Satō的*War, Nationalism, and Peasants: Java under the Japanese Occupation, 1942–1945* (Armonk, 1994)三書中，有充分的介紹。Christopher Bayly與Tim Harper合著的*Forgotten Armies: The Fall of British Asia, 1941–1945* (London, 2007)與*Forgotten Wars: Freedom and Revolution in Southeast Asia* (London, 2007)二書，為歷史書的撰寫立下新標竿。

Vijay Prashad的*The Darker Nations: A People's History of the Third World* (New York, 2007)，乃是此類主題的唯一著作。對萬隆會議有興趣的讀者，從Christopher Lee所編的論文集*Making a World After Empire: The Bandung Moment and Its Political Afterlives* (Athens, Ohio, 2010)中，可得到最透澈的了解，尤其不可錯過Dipesh Chakraborty所寫的'The Legacies of Bandung'一文。也參見Prasenjit Duara所編的*Decolonization: Perspectives from Now and Then* (New York, 2004).

伊克巴爾著作的英語譯本一直不理想，唯一例外是V. G. Kiernan的*Poems from Iqbal* (Karachi, 2005)。Iqbal Singh的*The Ardent Pilgrim: An Introduction to the Life and Work of Iqbal* (Delhi, 1997)，仍是介紹他生平與著作的最佳英語著作。在*Self and Sovereignty: Individual and Community in South Asian Islam since 1850* (New York, 2000)一書中，Ayesha Jalal談這位詩人和思想家，觀點令人耳目一新。毛杜迪的著作和影響，在Vali Nasr的*Mawdudi and the Makingof Islamic Revivalism* (New York, 1996)一書中，得到全面的剖析。阿里·沙里亞蒂在英語世界的名聲，得益於Ali Rahnema這位出色的傳記作家

替他寫的傳記，*An Islamic Utopian: A Political Biography of Ali Shariati* (London, 1998)。Hamid Algar在*On the Sociology of Islam* (Berkeley, 1979)和*Marxism and Other Western Fallacies: An Islamic Critique* (Berkeley, 1980)二書中，翻譯並引介了沙里亞蒂的兩部文集。也參見Nikki Keddie的*Iran: Roots of Revolution* (New Haven, Conn., 1981)一書，特別是Yann Richard論沙里亞蒂那一章。

John Calvert的*Sayyid Qutb and the Origins of Radical Islamism* (London, 2010)，釐清九一一事件後外界對賽義德·庫特卜的種種人云亦云的錯誤看法。Roy Mottahedeh的*The Mantle of the Prophet: Religion and Politics in Iran* (London, 1985)，行文雅暢，是了解一九七九年前宗教在伊朗社會之地位的最通俗易懂入門書。Ervand Abrahmanian的*Iran Between Two Revolutions* (Princeton, 1982)，凡是想了解一九七九年之前的伊朗政治者，都不可錯過。而同一作者所寫的*Khomeinism: Essays on the Islamic Republic* (Berkeley, 1993)，乃是了解何梅尼主義的最佳書籍。Hamid Dabashi的*Theology of Discontent: The Ideological Foundation of the Islamic Revolution in Iran* (New Brunswick, N.J., 2006)，仍令人覺得耳目一新，眼界大開。也參見他所寫的*Shi'ism: A Religion of Protest* (Cambridge, Mass., 2011)。Jalal Al-e Ahmad的*Occidentosis: A Plague from the West* (Berkeley, 1984)，比當代許多評論現代資本主義的文章更早一步提出同樣的見解。

在Mansoor Moaddel的*Islamic Modernism, Nationalism, and Fundamentalism: Episode and Discourse* (Chicago, 2005)和Roxanne Euben的*Enemy in the Mirror: Islamic Fundamentalism and the Limits of Modern Rationalism: A Work of Comparative Political Theory* (Princeton, 1999)二書中，可找到對伊斯蘭現代主義不帶偏見且富啓發性的見解。阿塔圖克的世俗主義世界觀，在M. Şükrü Hanioğlu的*Atatürk: An Intellectual Biography* (Princeton, 2011)一書中有詳細的說明。Bernard Lewis日後荒謬的政治行徑，無損於他早期作品*The Emergence of Modern Turkey* (Oxford, 1968)的出色，但Carter Vaughn Findley的*Turkey, Islam, Nationalism, and Modernity: A History* (New Haven, Conn.,

2011)，對同一主題有更耐人尋味的探討。

Stuart Schram所編的數卷本毛澤東著作集，乃是了解他思想上、政治上的演變過程和他所造成之災難的最佳指南。Timothy Cheek所編的*A Critical Introduction to Mao* (Cambridge, 2010)，得益於學者的貢獻，使他得以免於落入譁眾取寵的傳記作家之流。Thomas A. Metzger的*Escape from Predicament: Neo-Confucianism and China's Evolving Political Culture* (New York, 1986)，探討共產中國的儒家基礎，觀點引發討論。關於儒家復興，參閱Daniel Bell的*China's New Confucianism: Politics and Everyday Life in a Changing Society* (Princeton, 2008)

中英對照

人名

大毛拉巴卡爾 Maulvi Baqar
大毛拉巴拉卡圖拉 Maulvi Barakatullah
內吉梅丁・埃爾巴坎 Necmettin Erbakan
厄文・豪 Irving Howe
孔狄亞克 Condillac
巴拉堡 Bala Hisar
巴莫 Ba Maw
比卡內爾 Bikaner
毛拉巴卡圖拉 Maulavi Barkatullah
毛拉哈迪 Mullah Hadi
毛拉納穆罕默德・阿里 Maulana Muhammad Ali
加利卜 Ghalib
加里波利 Gallipoli
古拉姆・侯賽因・汗・塔巴塔巴伊 Ghulam Hussain Khan Tabatabai
史丹利・連普爾 Stanley Lane-Pool
布特魯斯・布斯塔尼 Butrus al-Bustani
布德夫・穆霍帕德雅 Bhudev Mukhopadhyay
皮耶・洛蒂 Pierre Loti
皮耶特・海布蘭迪 Pieter Gerbrandy
伊本・白圖泰 Ibn Battuta
伊本・西納 Ibn Sina

伊本・赫勒敦 Ibn Khaldun
吉卜林 Rudyard Kipling
安德烈・馬爾羅 André Malraux
米哈伊爾・卡特科夫 Mikhail Nikiforovich Katkov
米歇爾・傅柯 Michel Foucault
米爾札阿布・塔利卜 Mirza Abu Talib
米爾札納斯拉拉・伊斯法哈尼 Mirza Nasrallah Isfahani
艾米莉・伊登 Emily Eden
艾哈邁德・沙里夫・薩努西 Ahmad al-Sharif al-Sanusi
艾哈邁德・里札 Ahmed Riza
艾哈邁德・法茲利 Ahmad Fadzli
艾哈邁德・維菲克 Ahmed Vefik
艾哈邁德・歐拉比 Ahmad Urabi
艾哈邁德・魯希 Ahmad Ruhi
艾曼・札瓦希里 Ayman al-Zawahiri
西蒙娜・韋伊 Simone Weil
亨利・亞當斯 Henry Adams
佛朗索瓦・基佐 François Guizot
何梅尼 Ruhollah Khomeini
伯納德・劉易斯 Bernard Lewis
利雅得帕夏 Riyad Pasha
希瓦吉 Shivaji
杜勒斯 Allen Welsh Dulles
杜博伊茲 W. E. B. Dubois
沙卡威謝赫 Sheikh al-Sharqawi
沙迦汗 Shah Jahan
狄更生 G. Lowes Dickinson
貝爾福勛爵 Lord Balfour
貝諾伊・庫瑪爾・薩卡爾 Benoy Kumar Sarkar
里法・巴達維・拉斐・塔哈塔維 Rifa'a Badawi Rafi al-Tahtawi

亞歷山大・赫爾岑 Alexander Herzen
佩爾韋茲・穆沙拉夫 Pervez Musharraf
帕特里斯・盧蒙巴 Patrice Lumumba
帕麥斯頓勛爵 Lord Palmerston
派翠克・亨利 Patrick Henry
拉什・貝哈里・博斯 Rash Behari Bose
拉夫卡迪歐・赫恩 Lafcadio Hearn
拉希德・里達 Rashid Rida
拉姆・莫渾・羅伊 Ram Mohun Roy
拉拉・拉吉帕特・拉伊 Lala Lajpat Rai
易卜拉欣・穆韋利希 Ibrahim al-Muwaylihi
易斯瑪儀 Ismail
波多野春房 Hasan U. Hatano
法蘭克・拉塞勒斯 Frank Lascelles
法蘭克・萊特 Frank Wright
法蘭茨・法農 Frantz Fanon
法蘭茨・約瑟夫 Franz Joseph
阿卜・赫雷卜 Abu Ghraib
阿卜杜・加迪爾・馬格里比 Abu al-Qadir al-Maghribi
阿卜杜拉・納迪姆 Abdallah al-Nadim
阿卜杜拉・傑夫戴特 Adbullah Cevdet
阿卜杜拉赫曼・瓦希德 Abdurrahman Wahid
阿卜杜勒・拉赫曼・賈巴爾蒂 Abd al-Rahman al-Jabarti
阿卜杜勒・哈利姆・沙拉爾 Abdul Halim Sharar
阿卜杜勒卡里姆・索魯什 Abdolkarim Soroush
阿卜杜勒阿齊茲 Abdulaziz
阿卜杜勒哈米德二世 Abdulhamid II
阿卜杜雷希德・易卜拉欣 Abdurreshid Ibrahim
阿卜勒・阿拉・毛杜迪 Abul Ala Mawdudi
阿尤卜汗 Ayub Khan

阿布・穆薩卜・札卡威 Abu Musab al-Zarqawi
阿列克西・德・托克維爾 Alexis de Tocqueville
阿西姆 Asim
阿克巴・伊拉哈巴迪 Akbar Illahabadi
阿里・沙里亞蒂 Ali Shariati
阿里・蘇阿維 Ali Suavi
阿亞圖拉何梅尼 Ayatollah Khomeini
阿威羅伊 Averroes
阿迪卜・伊夏克 Adib Ishaq
阿馬蒂亞・森 Amartya Sen
阿塔圖克 Atatürk
阿爾塔夫・侯賽因・哈利 Altaf Husain Hali
阿爾蒂爾・戈比諾 Arthur Gobineau
阿薩達巴德 Asadabad
侯賽因・卡希德 Hüseyin Cahid
保羅・瓦列里 Paul Valéry
哈吉穆斯塔法 Haji Mustapha
哈利卜 Khalib
哈桑・班納 Hasan al-Banna
哈桑・納斯拉拉 Hassan Nasrallah
哈桑・設拉吉 Hasan Shirazi
哈莉德・艾迪普 Halide Edip
哈羅德・尼可遜 Harold Nicolson
威佛里德・布蘭特 Wilfrid Scawen Blunt
威廉・博拉 William Borah
威廉・羅素 William Howard Russell
柯曾勛爵 Lord Curzon
查爾斯・克連 Charles Crane
英迪拉・甘地 Indira Gandhi
哲馬魯丁・阿富汗尼 Jamal al-Din al-Afghani

埃茲拉・龐德 Ezra Pound
埃德加・斯諾 Edgar Snow
夏爾・莫里斯・德・塔里蘭 Charles Maurice de Talleyrand
庫特阿瑪拉 Kut al-Amara
桑蒂尼蓋登 Santiniketan
海約翰 John Hay
海爾丁・突尼西 Khayr al-Din Tunisi
烏・奧塔瑪 U Ottama
班基姆・昌德拉・查特吉 Bankim Chnadra Chatterji
納吉布・馬哈福茲 Naguib Mahfouz
納吉爾・艾哈邁德 Nazir Ahmed
納米克・凱末爾 Namik Kemal
納塞爾丁 Naser al-Din
納綏爾丁・圖西 Nasir al-din Tusi
馬利克・穆塔卡利敏 Malik al-Mutakallimin
馬哈茂德・艾哈邁德迪內賈德 Mahmoud Ahmadinejad
馬哈茂德・塔爾吉 Mahmud Tarzi
馬哈茂德二世 Mahmud II
馬赫迪・巴札爾干 Mehdi Bazargan
基拉法特 Khilafat
莫爾特札・莫塔哈里 Morteza Motahhari
莫赫辛・哈米德 Mohsin Hamid
陳馬六甲 Tan Malaka
陶菲克 Tawfiq
麥考利勛爵 Lord Macaulay
傑其博 Jamsetjee Jejeebhoy
提普蘇丹 Tipu Sultan
湯瑪斯・羅 Thomas Roe
菲力普・勒克雷克 Philippe Leclerc
華勒斯・史蒂芬斯 Wallace Stevens

塞西爾・羅德斯 Cecil Rhodes
塔拉克納特・達斯 Taraknath Das
塔哈・侯賽因 Taha Husayn
奧爾罕・帕穆克 Orhan Pamuk
奧羅賓多・果斯 Aurobindo Ghose
愛德蒙・勃克 Edmund Burke
詹姆斯・薩努亞 James Sanua
賈汗季 Jahangir
賈拉勒・艾哈邁德 Jalal Al-e Ahmad
路透男爵 Baron Reuter
道拉吉爾 Dawlaghir
達夫・戈登夫人 Lady Duff Gordon
達利普・辛格 Dalip Singh
達耶難陀・娑羅室伐底 Dayananda Saraswati
雷札・克馬尼 Reza Kermani
雷沙德・卡普欽斯基 Ryszard Kapuściński
嘎德哈達爾・辛格 Gadhadar Singh
漢娜・鄂蘭 Hannah Arendt
福阿德帕夏 Fuad Pasha
蓋西姆・阿敏 Qasim Amin
赫曼・布洛赫 Hermann Broch
齊亞哈克 Zia-ul-Haq
德奔德拉納特・泰戈爾 Debendranath Tagore
歐內斯特・沃克朗 Ernest Vauquelin
歐內斯特・勒南 Ernest Renan
歐內斯特・費諾洛沙 Ernest Fenollosa
歐瑪爾・穆赫塔爾 'Umar al-Mukhtar
熱傑甫・塔伊甫・埃爾多安 Recep Tayyip Erdoğan
黎薩 Jose Rizal
穆罕默德・伊克巴勒 Muhammad Iqbal

穆罕默德·阿卜杜 Mohammed Abduh
穆罕默德·阿里 Muhammad Ali
穆罕默德·阿塔 Muhammed Atta
穆罕默德·海卡勒 Muhammad Haykal
穆罕默德·摩薩台 Mohammad Mossadegh
穆斯塔法·卡米勒 Mustafa Kamil
穆斯塔法·侯賽因 Mustapha Hussain
穆斯塔法·凱末爾 Mustafa Kemal
穆斯塔法三世 Mustafa III
辨喜 Swami Vivekananda
濟亞·格卡爾普 Ziya Gökalp
濟亞帕夏 Ziya Pasha
謝爾·阿里 Sher Ali
賽義德·艾哈邁德汗 Sayyid Ahmed Khan
賽義德·庫特卜 Sayyid Qutb
賽義德·穆罕默德·哈塔米 Sayyid Muhammad Khatami
薩利姆·納克什 Salim al-Naqqsh
薩利赫·馬格迪 Salih Magdi
薩雅吉·雷伊 Satyajit Ray
薩德·扎格盧勒 Saad Zaghlul
額爾金勛爵 Lord Elgin
羅伯特·芬恩 Robert Finn
羅伯特·穆齊爾 Robert Musil
羅伯特·蘭辛 Robert Lansing
羅易 M. N. Roy
羅薩·盧森堡 Rosa Luxemburg
藻克 Zauq
蘇丹阿卜杜勒梅濟德 Abdulmejid
蘇巴斯·昌德拉·博斯 Subhas Chandra Bose
蘭道夫·邱吉爾 Randolph Churchill

地名

丁舍瓦伊 Dinshawai
卡爾巴拉 Karblala
伊斯蘭地區 Dar al-Islam
托普卡珀宮 Topkapi
朵爾瑪巴切 Dolmabahçe
艾資哈爾清真寺 al-Azhar Mosque
克汗哈利利 Khan-ei-Khalili
依卜拉欣耶谷 Ibrahim bin Haji Yaacob
阿姆利則 Amritsar
阿茲巴基亞湖 Azbakiya Lake
阿塔巴廣場 ‘Attaba Square
哈馬丹 Hamadan
特拉布宗 Trebizond
納傑夫 Najaf
馬什哈德 Mashhad
馬塔提亞咖啡館 Matatiya Café
馬爾馬拉海 Sea of Marmara
奧德 Awadh
聖雷莫 San Remo
戰爭地區 Dar al-Harb
盧梅利堡 Rumeli Hisari

機構組織名

一神會 Brahmo Sabha
巴布教派 Babism
布什爾 Bushehr
瓦哈比派 Wahhabis

伊斯蘭大會黨 Jamaat-e-Islami
伊斯蘭正義與發展黨 Islamic Justice and Development Party, AKP
伊斯蘭聯盟 Sarekat Islam
印度國民軍 Indian National Army
艾哈邁底亞派 Ahmadi
東方各民族代表大會 Congress of the Peoples of the East
東印度共產主義聯盟 Perserikatan Kommunist di India
阿里格爾學院 Aligarh College
青年土耳其 Young Turk
青年奧圖曼黨 Young Ottomans
迦拉塔薩雷帝國學校 Lycée Imperial de Galataseray
埃及研究院 Institut d'Égypte
真主黨 Hezbollah
馬赫迪派 Mahdist
馬龍派 Maronites
梵社 Brahmo Samaj
奧圖曼大學 Darulfunun-i Osmani
新芬黨 Sinn Féin
督政府 Directoire
德爾維希道堂 dervish convent
穆斯林兄弟會 Ikhwan al-Muslimun
薩拉斐派 Salafism

專有名詞

「迷醉西方」，或較直譯的話，「西方病」Gharbzadegi
「華夫脫」Wafd
大穆夫提 Grand Mufti
巴拉科特之役 Battle of Balakot
史坦布林 stambouline

外僑權利特許令 Capitulation
伊斯蘭民族 milla
印度屋 India Houses
米利特 millet
帕西人 Parsi
法特瓦 fatwa，伊斯蘭教令
阿凡提 effendi
非斯帽 fez
毗婁遮那 Virochana
迪萬 Divan
烏瑪 umma
祖國 watan
馬木魯克 Mamluk
費格赫（伊斯蘭教法學）fiqh
愛用國貨運動 Swadeshi Movement
詩歌朗誦會 mushaira
赫迪夫 Khedive
穆斯林一體 Muslim Unity
薩法維 Safavid

著作名

〈死亡買賣〉Death Traffic
〈西方政治在東方的道德破產〉La Faillite morale de la politique occidentale en Orient
〈訴苦〉Shikwa
〈最堅固紐帶〉al-‘Urwa al-wuthqa
〈撒旦的議會〉Iblees Ki Majlis-e-Shura
《戈拉》*Gora*
《永恆之書》*Jawid Nama*

《伊斯蘭之屋》*The House of Islam*
《伊斯蘭兄弟會》*Islamic Fraternity*
《全世界受苦者》*The Wretched of the Earth*
《印度自治》*Hind Swaraj*
《拉合爾茶館的陌生人》*The Reluctant Fundamentalist*
《金字塔報》*al-Ahram*
《南非的非暴力反抗》*Satyagraha in South Africa*
《美國人史》*History of the American People*
《埃及》*Misr*
《家與世界》*Ghare Baire*
《累卵的亞洲》*Asia in Danger*
《莫斯科報》*Moscow Gazette*
《新時代報》*Novoe Vremya*
《當代評論》*Contemporary Review*
《蓓爾美街報》*Pall Mall Gazette*
《德里烏爾都語消息報》*Delhi Urdu Akhbar*
《賤民》*Le Paria*
《歷史緒論》*Muqaddima*
《燈塔》*al-Manar*
《穆賽德斯：伊斯蘭的起落》*Musaddas: The Flow and Ebb of Islam*
《薄伽梵歌》*Bhagavadgita*
《藍眼鏡男》*Abu-Naddara Zarqa*
《辯論週刊》*Journal des Débats*

註釋

前言

1. Quoted in Rotem Kowner (ed.), *The Impact of the Russo-Japanese War* (London, 2006), p. 20.
2. Gandhi, *The Collected Works of Mahatma Gandhi,* vol.4, http://www.gandhiserve.org/cwmg/VOL004.PDF, p. 470.
3. Jawaharlal Nehru, *Autobiography* (1936; repr. edn New Delhi, 1989), p. 16.
4. Ibid., p.18.
5. Marius B. Jansen, *The Japanese and Sun Yat-sen* (Princeton, 1970), p. 117.
6. John D. Pierson, *Tokutomi Sohō 1863–1957: A Journalist for Modern Japan* (Princeton, 1980), p. 143.
7. Ibid., p. 279.
8. Benoy Kumar Sarkar, "The futurism of young Asia," *International Journal of Ethics* 28:4 (July 1918), p. 536.
9. Quoted in Cemil Aydin, *The Politics of Anti-Westernism: Visions of World Order in Pan-Islamic and Pan-Asian Thought* (New York, 2007), p. 76.
10. Quoted in Kowner (ed.), *Impact of the Russo-Japanese War*, p. 242.
11. Philip Short, *Mao: A Life* (London, 2004), p. 37.
12. Ibid., p. 38.
13. Kowner (ed.), *Impact of the Russo-Japanese War*, p. 230.
14. Sun Yat-sen, "Pan-Asianism," *China and Japan: Natural Friends- Unnatural Enemies* (Shanghai, 1941), p. 143.
15. Gandhi, *Collected Works*, vol. 4, p. 471.

第一章 亞洲臣服

1. Quoted in Juan Cole, *Napoleon's Egypt: Invading the Middle East* (New York, 2007), p. 17.
2. Ibid., p. 11.
3. Ibid., p. 128.
4. Ibid.
5. Trevor Mostyn, *Egypt's Belle Epoque: Cairo and the Age of the Hedonists* (London, 2006), p. 18.
6. Ibid., p. 14.
7. Bernard Lewis, *A Middle East Mosaic: Fragments of Life, Letters and History* (New York, 2000), p. 41.
8. Shmuel Moreh (trans.), *Napoleon in Egypt: Al-Jabarti's Chronicle Of The French Occupation, 1798* (Princeton, 1993), p. 71.
9. Ibid., pp. 28–9.
10. Ibid., p. 28.
11. Ibid., p. 31.
12. Ibid., pp. 109–10.
13. Lewis, *A Middle East Mosaic*, p. 42.
14. Quoted in Bernard S. Cohn, *Colonialism and its Forms of Knowledge: The British in India* (Princeton, 1996), p. 112.
15. K. M. Panikkar, *Asia and Western Dominance: A Survey of the Vasco da Gama Epoch of Asian History, 1498–1945* (London, 1953), p. 74.
16. Tapan Raychaudhuri, *Europe Reconsidered: Perceptions of the West in Nineteenth-century Bengal* (Delhi, 2002), p. 185.
17. Edmund Burke, *Selected Writings and Speeches* (New Brunswick, 2009), p. 453.
18. Nicholas B. Dirks, *The Scandal of Empire: India and the Creation of Imperial Britain* (Cambridge, Mass., 2006), p. 292.
19. Nirad C. Chaudhuri, *Autobiography of an Unknown Indian* (London, 1951),

p. 408.

20. Christopher Hibbert, *The Dragon Wakes: China and the West, 1793–1911* (London, 1984), p. 32.
21. Ibid., p. 53.
22. Julia Lovell, *The Opium War* (London, 2011), p. 89.
23. Jonathan Spence, *The Search for Modern China* (London, 1990), p. 123.
24. Ibid., p. 129.
25. Lovell, *The Opium War*, p. 52.
26. William Theodore De Bary, Richard John Lufrano, Wing-tsit Chan and Joseph Adler (eds.), *Sources of Chinese Tradition, From 1600 Through the Twentieth Century*, vol. 2 (New York, 2000), p. 203.
27. Ibid., p. 204.
28. John K. Fairbank, *Trade and Diplomacy on the China Coast: The Opening of the Treaty Ports, 1842–1854* (Palo Alto, Calif., 1953), p. 173.
29. Madhavi Thampi (ed.), *Indians in China, 1800–1949* (Delhi, 2010), p. 89.
30. Lovell, *The Opium War*, p. 227.
31. Patricia Buckley Ebrey, *The Cambridge Illustrated History of China* (Cambridge, 1996), p. 240.
32. Hibbert, *The Dragon Wakes*, p. 264.
33. Ibid., p. 226.
34. Ibid., p. 265.
35. Rebecca E. Karl, *Staging the World: Chinese Nationalism at the Turn of the Twentieth Century* (Durham, N.C., 2002), p. 12.
36. Ibid., p. 14.
37. Theodore Huters, *Bringing the World Home: Appropriating the West in Late Qing and Early Republican China* (Hawaii, 2005), p. 65.
38. Krishna Dutta and Andrew Robinson, *Rabindranath Tagore: The Myriad-Minded Man* (London, 1995), p. 81.
39. Raychaudhuri, *Europe Reconsidered*, p. 73.
40. Rudrangshu Mukherjee, *Awadh in Revolt, 1857–1858: A Study of Popular*

Resistance (Delhi, 1984), p. 32.

41. William Dalrymple, *The Last Mughal: The Fall of Delhi 1857* (London, 2009), p. 96.
42. Emily Eden, *Up the Country: Letters Written to Her Sister from the Upper Provinces of India* (Cambridge, 1866), p. 139.
43. Dalrymple, *The Last Mughal*, p. 104.
44. Raychaudhuri, *Europe Reconsidered*, p. 38.
45. Karl Marx, *Early Writings* (Harmondsworth, 1975), p. viii.
46. Mahmood Farooqui (ed. and trans.), *Besieged: Voices from Delhi 1857* (Delhi, 2010), p. 352.
47. Ibid., pp. 382–3.
48. Mukherjee, *Awadh in Revolt*, p. 81.
49. Ibid., p. 148.
50. Narayani Gupta, *Delhi Between Two Empires, 1803–1930: Society, Government and Urban Growth* (Delhi, 1981), p. 21.
51. Lovell, *The Opium War*, p. 260.
52. Abdul Halim Sharar, *Lucknow: The Last Phase of an Oriental Culture*, trans. E. S. Harcourt and Fakhir Husain (Delhi, 1975), p. 66.
53. Ibid., p. 62.
54. Benoy Kumar Sarkar, "The futurism of young Asia," *International Journal of Ethics* 28:4 (July 1918), p. 532.
55. John D. Pierson, *Tokutomi Sohō, 1863–1957: A Journalist for Modern Japan* (Princeton, 1980), p. 130.
56. Alan Macfarlane, *The Making of the Modern World: Visions from the West and East* (London, 2002), p. 35.
57. Alexis de Tocqueville, *"The European Revolution" and Correspondence with Gobineau* (New York, 1959), p. 268.
58. Raychaudhuri, *Europe Reconsidered*, p. 90.
59. Macfarlane, *The Making of the Modern World*, p. 36.
60. Stephen N. Hay, *Asian Ideas of East and West: Tagore and his Critics in*

Japan, China, and India (Cambridge, Mass., 1970), p. 82.

61. Amiya Dev and Tan Chung (eds.), *Tagore and China* (Delhi, 2011), p. 170.
62. Joseph R. Levenson, *Liang Ch'i-ch'ao and the Mind of Modern China* (Cambridge, Mass., 1959), p. 155.

第二章　哲馬魯丁・阿富汗尼的奇異旅程

1. Ali Rahnema,Ali, *An Islamic Utopian. A Political Biography of Ali Shariati* (London, 1998), p. 98.
2. Nikki R. Keddie, "The Pan-Islamic appeal: Afghani and Abdülhamid," *Middle Eastern Studies* 3:1 (Oct. 1966), p. 66.
3. Ali Shariati and Sayyid Ali Khamenei, *Iqbal: Manifestations of the Islamic Spirit*, trans. Laleh Bakhtiar (Ontario, 1991), p. 38.
4. Janet Afary and Kevin B. Anderson, *Foucault and the Iranian Revolution: Gender and the Seductions of Islamism* (Chicago, 2005), p. 99.
5. Shariati and Khamenei, *Iqbal: Manifestations of the Islamic Spirit*, p. 38.
6. Nikki R. Keddie, *Sayyid Jamal Ad-Din "Al-Afghani": A Political Biography* (Berkeley, 1972), p. 138.
7. Ibrahim Abu-Lughod, *The Arab Discovery of Europe: A Study in Cultural Encounters* (Princeton, 1963), p. 102.
8. Ibid., p. 120.
9. Bernard Lewis,The Emergence of Modern Turkey (Oxford, 1968), p. 146.
10. Keddie, *Sayyid Jamal Ad-Din "Al-Afghani"*, p. 45.
11. Ibid., p. 104.
12. Ibid., p. 46.
13. Ibid., p. 54.
14. Aziz Ahmad, "Sayyid Ahmad Khān, Jamāl al-dīn al-Afghānī and Muslim India," *Studia Islamica*, (1960), p. 66.
15. Narayani Gupta, *Delhi Between Two Empires, 1803–1930: Society, Government and Urban Growth* (Delhi, 1981), p. 22.

16. William Dalrymple, *The Last Mughal: The Fall of Delhi 1857* (London, 2009), p. 9.
17. Ibid., p. 24.
18. Ralph Russell and Khurshidul Islam, "The satirical verse of Akbar Ilāhābādī (1846–1921)," *Modern Asian Studies* 8:1 (1974), p. 8.
19. Ibid., p. 9.
20. Christopher Shackle and Javed Majed (trans.), *Hali's Musaddas: The Flow and Ebb of Islam* (Delhi, 1997), p. 103.
21. Gail Minault, "Urdu political poetry during the Khilafat Movement," *Modern Asian Studies* 8:4 (1984), pp. 459–71.
22. Keddie, *Sayyid Jamal Ad-Din "Al-Afghani"*, p. 250.
23. Rajmohan Gandhi, *Understanding the Muslim Mind* (Delhi, 1988), p. 23.
24. Ibid., p. 25.
25. Ralph Russell (ed.), *Hidden in the Lute: An Anthology of Two Centuries of Urdu Literature* (Delhi, 1995), pp. 185–6.
26. Keddie, *Sayyid Jamal Ad-Din "Al-Afghani"*, p. 107.
27. Russell (ed.), *Hidden in the Lute*, p. 202.
28. Keddie, *Sayyid Jamal Ad-Din "Al-Afghani"*, p.103.
29. Ibid., p. 105.
30. Jawaharlal Nehru, *Autobiography* (1936; repr. edn New Delhi, 1989), p. 435.
31. Philip Mansel, *Constantinople: City of the World's Desire, 1453–1924* (London, 1995), p. 291.
32. Ibid., p. 288.
33. Ibid., p. 277.
34. M. Şükrü Hanioğlu, *A Brief History of the Late Ottoman Empire* (Princeton, 2008), p. 6.
35. Mansel, *Constantinople: City of the World's Desire*, p. 248.
36. Ibid., p. 265.
37. Feroz Ahmad, *From Empire to Republic: Essays on the Late Ottoman Empire and Modern Turkey* (Istanbul, 2008), p. 43.

38. Şerif Mardin, *The Genesis of Young Ottoman Thought: A Study in the Modernization of Turkish Political Ideas* (Princeton, 2000), p. 79.
39. Ibid., p. 115.
40. Lewis, *The Emergence of Modern Turkey*, p. 139.
41. Mardin, *The Genesis of Young Ottoman Thought*, p. 167.
42. Cemil Aydin, *The Politics of Anti-Westernism: Visions of World Order in Pan-Islamic and Pan-Asian Thought* (New York, 2007), p. 36.
43. Mansel, *Constantinople: City of the World's Desire*, p. 11.
44. Keddie, *Sayyid Jamal Ad-Din "Al-Afghani"*, p. 64.
45. Ibid., p. 69.
46. Juan R. I. Cole, *Colonialism and Revolution in the Middle East: Social and Cultural Origins of Egypt's Urabi Movement* (Cairo, 1999), p. 195.
47. Gustave Flaubert, *Flaubert in Egypt: A Sensibility on Tour, trans. Francis Steegmuller* (Harmondsworth, 1996), p. 28.
48. Stanley Lane Poole, *The Story of Cairo* (London, 1902), p. 27.
49. Trevor Mostyn, *Egypt's Belle Epoque: Cairo and the Age of the Hedonists* (London, 2006), p. 126.
50. Mansel, *Constantinople: City of the World's Desire*, p. 9.
51. Ibid., p. 73.
52. Mostyn, *Egypt's Belle Epoque*, p. 127.
53. Lady Duff Gordon, *Letters from Egypt* (London, 1865), p. 59.
54. Ibid., p. 309.
55. Mostyn, *Egypt's Belle Epoque*, p. 46.
56. Cole, *Colonialism and Revolution in the Middle East*, p. 193.
57. Lucie Duff Gordon, *Last Letters from Egypt: To Which Are Added Letters from the Cape* (Cambridge, 2010), p. 108.
58. Cole, *Colonialism and Revolution in the Middle East*, p. 46.
59. Elie Kedourie, *Afghani and 'Abduh: An Essay on Religious Unbelief and Political Activism in Modern Islam* (London, 1966), p. 25.
60. Flaubert, *Flaubert in Egypt*, p. 79.

61. Keddie, *Sayyid Jamal Ad-Din "Al-Afghani"*, p. 90.
62. Ibid., pp. 116–17.
63. Ibid., p. 94.
64. Michael Gaspe, *The Power of Representation: Publics, Peasants, and Islam in Egypt* (Stanford, 2009), p. 101.
65. Keddie, *Sayyid Jamal Ad-Din "Al-Afghani"*, p. 94.
66. Ibid., p. 95.
67. Cole, *Colonialism and Revolution in the Middle East*, p. 146.
68. Duff Gordon, *Letters from Egypt*, p. 105.
69. Keddie, *Sayyid Jamal Ad-Din "Al-Afghani"*, p. 104.
70. Ibid., p. 106.
71. Ibid., p. 110.
72. Ibid., p. 111.
73. Kedourie, *Afghani and 'Abduh*, p. 29.
74. Keddie, *Sayyid Jamal Ad-Din "Al-Afghani"*, pp. 121–2.
75. Ibid., p. 118.
76. Ibid., p. 125.
77. Flaubert, *Flaubert in Egypt*, p. 81.
78. Keddie, *Sayyid Jamal Ad-Din "Al-Afghani"*, p. 133.
79. Rajmohan Gandhi, *Understanding the Muslim Mind* (Delhi, 1988), p. 26.
80. Mardin, *The Genesis of Young Ottoman Thought*, p. 60.
81. Ibid.
82. Kedourie, *Afghani and 'Abduh*, pp. 50–51.
83. Ahmad, "Sayyid Ahmad Khān, Jamāl al-dīn al-Afghānī and Muslim India," p. 59.
84. Keddie, *Sayyid Jamal Ad-Din "Al-Afghani"*, pp. 164–5.
85. Ahmad, "Sayyid Ahmad Khān, Jamāl al-dīn al-Afghānī and Muslim India," p. 66.
86. Nehru, *Autobiography*, p. 478.
87. Ahmad, "Sayyid Ahmad Khān, Jamāl al-dīn al-Afghānī and Muslim India,"

p. 65.

88. Russell (ed.), *Hidden in the Lute*, p. 205.
89. Ibid., p. 203.
90. Russell and Islam (trans.), "The satirical verse of Akbar Ilāhābādī," p. 11.
91. Russell (ed.), *Hidden in the Lute*, p. 205.
92. Keddie, *Sayyid Jamal Ad-Din "Al-Afghani"*, p. 167.
93. Ibid., p. 135.
94. Russell and Islam (trans.), "The satirical verse of Akbar Ilāhābādī," p. 56.
95. Keddie, *Sayyid Jamal Ad-Din "Al-Afghani"*, p. 160.
96. Russell (ed.), *Hidden in the Lute*, p. 207.
97. Keddie, *Sayyid Jamal Ad-Din "Al-Afghani"*, p. 183.
98. Mark Sedgwick, *Muhammad Abduh: A Biography* (Cairo, 2009), p. 51.
99. Stéphane A. Dudoignon, Hisao Komatsu and Yasushi Kosugi (eds.), *Intellectuals in the Modern Islamic world: Transmission, Transformation, Communication* (New York, 2006), p. 9.
100. Keddie, *Sayyid Jamal Ad-Din "Al-Afghani"*, pp. 202–3.
101. Ibid., p. 202.
102. W. S. Blunt, *Gordon at Khartoum, Being a Personal Narrative of Events in Continuation of "A Secret History of the English Occupation of Egypt"* (London, 1911), pp. 208–9.
103. Keddie, *Sayyid Jamal Ad-Din "Al-Afghani"*, p. 208.
104. Kedourie, *Afghani and 'Abduh*, p. 43.
105. Keddie, *Sayyid Jamal Ad-Din "Al-Afghani"*, p. 191.
106. Ibid., p. 196.
107. Sedgwick, *Muhammad Abduh*, p. 39.
108. Keddie, *Sayyid Jamal Ad-Din "Al-Afghani"*, p. 250.
109. Ibid.
110. Ibid., p. 263.
111. Ibid., p. 285.
112. Ibid., p. 286.

113. Ibid., p. 304
114. Ibid.
115. Ibid., p. 317.
116. Renée Worringer (ed.), *The Islamic Middle East and Japan: Perceptions, Aspirations, and the Birth of Intra-Asian Modernity* (Princeton, 2007), p. 16.
117. George Nathaniel Curzon, *Persia and the Persian Question*, vol. 1 (London, 1966), p. 480.
118. Keddie, *Sayyid Jamal Ad-Din "Al-Afghani"*, p. 324.
119. Ibid.
120. Ibid., p. 339.
121. Ibid., p. 343.
122. Ibid., p. 363.
123. Ibid., p. 362.
124. Ibid., p. 400.
125. Ibid., p. 382.
126. Ibid., p. 391.
127. Sayid Jamāl al-Dīn al-Afghānī and Abdul-Hādī Hā'irī, "Afghānī on the decline of Islam," *Die Welt des Islams*, New Series, 13, 1/2 (1971), pp. 124–5.
128. Christopher De Bellaigue, *Patriot of Persia: Muhammad Mossadegh and a Very British Coup* (London, 2012), p. 17.
129. Keddie, *Sayyid Jamal Ad-Din "Al-Afghani"*, p. 411.
130. Ibid., p. 420.
131. Charles Crane, "Unpublished Memoirs," Institute of Current World Affairs, pp. 288–9.
132. http://www.martinkramer.org/sandbox/2010/02/america-and-afghani/
133. Charles Kurzman (ed.), *Modernist Islam, 1840–1940: A Sourcebook* (New York, 2002), p. 78.
134. Ruhollah Khomeini, *Islamic Government* (Washington, D.C., 1979), p. 35.
135. Wilfred Cantwell Smith, *Islam in Modern History* (Princeton, 1977), p 49.

136. Keddie, *Sayyid Jamal Ad-Din "Al-Afghani"*, p. 419.
137. Ibid.

第三章 梁啓超的中國和亞洲的命運

1. Renée Worringer (ed.), *The Islamic Middle East and Japan: Perceptions, Aspirations, and the Birth of Intra-Asian Modernity* (Princeton, 2007), p. 34.
2. William Theodore De Bary (ed.), *Sources of East Asian Tradition: The Modern Period* (New York, 2008), p. 545.
3. Ibid., p. 46.
4. Ibid., p. 47.
5. Renée Worringer, "'Sick Man of Europe' or 'Japan of the near East'? Constructing Ottoman Modernity in the Hamidian and Young Turk Eras," *International Journal of Middle East Studies* 36:2 (May 2004), p. 207.
6. Ibid.
7. Marius B. Jansen, *The Making of Modern Japan* (Cambridge, Mass., 2000), p. 274.
8. Bruce Cumings, *Dominion from Sea to Sea: Pacific Ascendancy and American Power* (New Haven, Conn., 2010), p. 85.
9. John D. Pierson, *Tokutomi Sohō, 1863–1957: A Journalist for Modern Japan* (Princeton, 1980), p. 233.
10. Ian Buruma, *Inventing Japan* (New York, 2004), p. 50.
11. Pierson, *Tokutomi Sohō*, p. 235.
12. William Theodore De Bary, Carol Gluck and Arthur E. Tiedemann (eds.), *Sources of Japanese Tradition, 1600–2000*, vol. 2 (New York, 2006), p. 133.
13. Pierson, *Tokutomi Sohō*, p. 237.
14. Ibid., p. 239.
15. Ibid., p. 241.
16. Joseph R. Levenson, *Liang Ch'i-ch'ao and the Mind of Modern China* (Cambridge, Mass., 1959), p. 112.

17. Ibid., p. 117.
18. William Theodore De Bary, Richard John Lufrano, Wing-tsit Chan and Joseph Adler (eds.), *Sources of Chinese Tradition, From 1600 Through the Twentieth Century*, vol. 2 (New York, 2000), p. 205.
19. Levenson, *Liang Ch'i-ch'ao and the Mind of Modern China*, p. 49.
20. Rudyard Kipling, *From Sea to Sea: Letters of Travel* (New York, 1920), p. 274.
21. Levenson, *Liang Ch'i-ch'ao and the Mind of Modern China*, p. 297.
22. Hao Chang, *Liang Ch'i-ch'ao and Intellectual Transition in China, 1890–1907* (Cambridge, Mass., 1971), p. 60.
23. Levenson, *Liang Ch'i-ch'ao and the Mind of Modern China*, p. 49.
24. Ibid., p. 45.
25. Ibid., p. 44.
26. Theodore Huters, *Bringing the World Home: Appropriating the West in Late Qing and Early Republican China* (Hawaii, 2005), p. 50.
27. Levenson, *Liang Ch'i-ch'ao and the Mind of Modern China*, p. 37.
28. Julia Lovell, *The Opium War* (London, 2011), p. 298.
29. Benjamin Schwartz, *In Search of Wealth and Power: Yen Fu and the West* (Cambridge, Mass., 1964), p. 55.
30. Lovell, *The Opium War*, p. 298.
31. Levenson, *Liang Ch'i-ch'ao and the Mind of Modern China*, p. 30.
32. Ibid., p. 33.
33. Ibid., p. 116.
34. Ibid., p. 83.
35. Ibid., p. 117.
36. Pierson, *Tokutomi Sohō*, p. 241.
37. Sven Saaler and Christopher W. A. Szpilman (eds.), *Pan Asianism: A Documentary History, Vol. 1,1850–1920* (Lanham, Md., 2011), p. 166.
38. Pierson, *Tokutomi Sohō*, p. 241.
39. Prasenjit Duara, "Asia Redux: conceptualizing a region for our times,"

Journal of Asian Studies 69:4 (November 2010), p. 971.

40. Rebecca E. Karl, "Creating Asia: China in the world at the beginning of the twentieth century," *American Historical Review* 103:4 (Oct. 1998), pp. 1115–16.
41. Ibid., p. 1107
42. Ibid., p. 1108.
43. Rebecca E. Karl, *Staging the World: Chinese Nationalism at the Turn of the Twentieth Century* (Durham, N.C., 2002), p. 141.
44. Ibid., p. 89.
45. Hao Chang, *Liang Ch'i-ch'ao and Intellectual Transition in China*, p. 164.
46. Levenson, *Liang Ch'i-ch'ao and the Mind of Modern China*, p. 117.
47. Madhavi Thampi (ed.), *Indians in China, 1800–1949* (Delhi, 2010), p. 160.
48. Robert Bickers and R. G. Tiedemann (eds.), *The Boxers, China and the World* (Lanham, Md., 2007), p. 57.
49. Jasper Becker, *City of Heavenly Tranquility: Beijing in the History of China* (Oxford, 2008), p. 115.
50. Aurobindo Ghose, *Bande Mataram, Early Political Writings*, vol. 1 (Pondicherry, 1972), p. 312.
51. Edgar Snow, *Red Star Over China* (Harmondsworth, 1972), p. 159.
52. Tsou Jung, *The Revolutionary Army: A Chinese Nationalist Tract of 1903*, trans. John Lust (Paris, 1968), pp. 58–9.
53. De Bary, Lufrano, Wing-tsit Chan and Adler (eds.), *Sources of Chinese Tradition*, vol. 2, p. 312.
54. Hao Chang, *Chinese Intellectuals in Crisis: Search for Order and Meaning (1890–1911)* (Berkeley, 1987), p. 113.
55. De Bary, Lufrano, Wing-tsit Chan and Adler (eds.), *Sources of Chinese Tradition*, vol. 2, p. 313.
56. Zhang Yongle, "The future of the past: on Wang Hui's rise of modern Chinese thought," *New Left Review* 62 (2008), p. 81.
57. Jonathan Spence, *The Gate of Heavenly Peace: The Chinese and their*

Revolution, 1895–1980 (New York, 1982), p. 74.

58. Levenson, *Liang Ch'i-ch'ao and the Mind of Modern China*, p. 121.
59. Ibid., p. 116.
60. David G. Marr, *Vietnamese Anticolonialism, 1885–1925* (Berkeley, 1971), p. 121.
61. Lu Xun, *Diary of a Madman and Other Stories, trans. William A. Lyell* (Hawaii, 1990), p. 23.
62. Stéphane A. Dudoignon, Hisao Komatsu and Yasushi Kosugi (eds.), *Intellectuals in the Modern Islamic World: Transmission, Transformation, Communication* (New York, 2006), p. 278.
63. Ibid., p. 277.
64. Marr, *Vietnamese Anticolonialism*, p. 137.
65. Ibid., p. 114.
66. William Appleman Williams, *The Tragedy of American Diplomacy* (New York, 1972), p. 72.
67. R. David Arkush and Leo O. Lee (eds.), *Land Without Ghosts: Chinese Impressions of America from the Mid-Nineteenth Century to the Present* (Berkeley, 1989), p. 87.
68. Ibid., p. 89.
69. Ibid., p. 90.
70. Hao Chang, *Liang Ch'i-ch'ao and Intellectual Transition in China*, p. 245.
71. Arkush and Lee (eds.), *Land Without Ghosts*, p. 91.
72. Ibid.
73. Benoy Kumar Sarkar, "Americanization from the viewpoint of young Asia," *The Journal of International Relations* 10:1 (July 1919), p. 42.
74. Arkush and Lee (eds.), *Land Without Ghosts*, pp. 61–2, 65.
75. Ibid., p. 92.
76. Ibid., p. 83.
77. Ibid., p. 93.
78. Jerome B. Greider, *Intellectuals and the State in Modern China: A Narrative*

History (New York, 1981), p. 167.

79. Pierson, *Tokutomi Sohō*, p. 267.
80. Hao Chang, *Liang Ch'i-ch'ao and Intellectual Transition in China*, p. 269.
81. Ibid., p. 270.
82. Huters, *Bringing the World Home*, p. 20.
83. Philip Short, *Mao: A Life* (London, 2004), p. 79.
84. Spence, *The Gate of Heavenly Peace*, p. 144.
85. Peter Zarrow, *China in War and Revolution, 1895–1949* (New York, 2005), p. 135.
86. Spence, *The Gate of Heavenly Peace*, p. 142.

第四章　一九一九年，「改變世界史」

1. http://www.firstworldwar.com/source/wilson1917inauguration.htm.
2. Erez Manela, *The Wilsonian Moment: Self-Determination and the International Origins of Anticolonial Nationalism* (New York, 2009), p. 21.
3. Walter A. McDougall, *Promised Land, Crusader State: The American Encounter with the World since 1776* (New York, 1997), p.136.
4. Manela, *The Wilsonian Moment*, p. 45.
5. Ibid., p. 71.
6. Stéphane A. Dudoignon, Hisao Komatsu and Yasushi Kosugi (eds.), *Intellectuals in the Modern Islamic World: Transmission, Transformation, Communication* (New York, 2006), p. 190.
7. Iqbal Husain, "Akbar Allahabadi and national politics," *Social Scientist* 16:5 (May 1988), p. 38.
8. Iqbal Singh, *The Ardent Pilgrim: An Introduction to the Life and Work of Mohammed Iqbal* (Karachi, 1997), p. 39.
9. Amiya Dev and Tan Chung (eds.), *Tagore and China* (Delhi, 2011), p. 190.
10. Manela, *The Wilsonian Moment*, pp. 91–2.
11. Jean Lacoutre, *Ho Chi Minh* (Harmondsworth, 1967), p. 35.

12. Sven Saaler and Christopher W. A. Szpilman (eds.), *Pan Asianism: A Documentary History, Vol. 1,1850–1920* (Lanham, Md., 2011), p. 136.
13. Benoy Kumar Sarkar, "The international fetters of young China," *The Journal of International Relations* 11:3 (Jan. 1921), p. 355.
14. Geoffrey Barraclough, *An Introduction to Contemporary History* (Harmondsworth, 1967), p. 215.
15. Ibid., p. 176.
16. Sarkar, "The international fetters of young China," p. 355.
17. William Appleman Williams, *The Tragedy of American Diplomacy* (New York, 1972), p. 72.
18. Benoy Kumar Sarkar, "Americanization from the viewpoint of young Asia," *The Journal of International Relations* 10:1 (July 1919), p. 47.
19. Ibid.
20. Manela, *The Wilsonian Moment*, p. 29.
21. McDougall, *Promised Land, Crusader State*, p.127.
22. Ibid.
23. David Fromkin, *In the Time of the Americans: FDR, Truman, Eisenhower, Marshall, MacArthur – The Generation That Changed America's Role in the World* (New York, 1996), p.143.
24. Manela, *The Wilsonian Moment*, p. 137.
25. Jonathan Clements, *Prince Saionji* (London, 2008), p. 120.
26. Ibid., p. 32.
27. Manela, *The Wilsonian Moment*, p. 75.
28. Hugh Purcell, *The Maharaja of Bikaner* (London, 2010), p. 27.
29. Manela, *The Wilsonian Moment*, p. 194.
30. Ibid., p. 149.
31. Christopher De Bellaigue, *Patriot of Persia: Muhammad Mossadegh and a Very British Coup* (London, 2012), p. 53.
32. Lacoutre, *Ho Chi Minh*, p. 32.
33. Krishna Dutta and Andrew Robinson, *Rabindranath Tagore: The Myriad-*

Minded Man (London, 1995), p. 216.

34. Kedar Nath Mukherjee, *Political Philosophy of Rabindranath Tagore* (Delhi, 1982), p. 43.
35. Manela, *The Wilsonian Moment*, p. 217.
36. Dudoignon, Komatsu and Kosugi (eds.), *Intellectuals in the Modern Islamic World*, p. 62.
37. M. Şükrü Hanioğlu, *Atatürk: An Intellectual Biography* (Princeton, 2011), p. 91.
38. Cemil Aydin, *The Politics of Anti-Westernism: Visions of World Order in Pan-Islamic and Pan-Asian Thought* (New York, 2007), p. 134.
39. Hanioğlu, *Atatürk*, p. 57.
40. Charles Kurzman (ed.), *Modernist Islam, 1840–1940: A Sourcebook* (New York, 2002), p. 8.
41. Jonathan Spence, *The Gate of Heavenly Peace: The Chinese and their Revolution, 1895–1980* (New York, 1982), p. 172.
42. Jonathan Clements, *Wellington Koo* (London, 2008), p. 95.
43. Guoqi Xu, *China and the Great War: China's Pursuit of a New National Identity and Internationalization* (Cambridge, 2005), p. 271.
44. Ibid., p. 273.
45. Tse-tsung Chow, *The May Fourth Movement: Intellectual Revolution in Modern China* (Cambridge, Mass., 1967), p. 127.
46. Deng Maomao, *Deng Xiaoping: My Father* (New York, 1995), p. 81.
47. Ibid., p. 61.
48. John Fitzgerald, *Awakening China: Politics, Culture, and Class in the Nationalist Revolution* (Stanford, 1996), p. 93.
49. Manela, *The Wilsonian Moment*, p. 190.
50. Ibid.
51. Clements, *Wellington Koo*, p. 96.
52. Stuart R. Schram (ed.), *Mao's Road to Power: Revolutionary Writings 1912–1949. Vol. 1, The Pre-Marxist Period, 1912–1920* (New York, 1992), p. 389.

53. Paul Valéry, *The Outlook for Intelligence* (New York, 1963), p. 115.
54. Xiaobing Tang, *Global Space and the Nationalist Discourse of Modernity: The Historical Thinking of Liang Qichao* (Stanford, 1996), p. 177.
55. Spence, *The Gate of Heavenly Peace*, p. 152.
56. Jerome B. Greider, *Intellectuals and the State in Modern China: A Narrative History* (New York, 1981), p. 252.
57. Dev and Tan (eds.), *Tagore and China* (Delhi, 2011), p. 79.
58. Aurobindo Ghose, *Bande Mataram, Early Political Writings*, vol. 1 (Pondicherry, 1972), p. 561.
59. Ibid., p. 422.
60. Muhammad Iqbal, *A Message From the East [Payam-e-Mashriq], trans. M. Hadi Hussain* (first published 1924; Lahore, 1977), pp. 90–91.
61. Joseph R. Levenson, *Liang Ch'i-ch'ao and the Mind of Modern China* (Cambridge, Mass., 1959), p. 203.
62. Ibid., p. 200.
63. W. Franke, *China and the West* (Oxford, 1967), p. 124.
64. Levenson, *Liang Ch'i-ch'ao and the Mind of Modern China*, p. 207.
65. Ibid., p. 201.
66. Greider, *Intellectuals and the State in Modern China*, p. 254.
67. Levenson, *Liang Ch'i-ch'ao and the Mind of Modern China*, p. 203.
68. Kakuzo Okakura, *The Book of Tea* (New York, 1906), p. 4.
69. Greider, *Intellectuals and the State in Modern China*, p. 23.
70. Bertrand Russell, *The Problem of China* (London, 1922), p. 194.
71. Greider, *Intellectuals and the State in Modern China*, p. 263.
72. William Theodore De Bary, Richard John Lufrano, Wing-tsit Chan and Joseph Adler (eds.), *Sources of Chinese Tradition, From 1600 Through the Twentieth Century*, vol. 2 (New York, 2000), p. 322.
73. Sven Saaler and Christopher W. A. Szpilman (eds.), *Pan Asianism: A Documentary History, Vol. 2, 1920–Present* (Lanham, Md., 2011), p. 81.
74. Ibid., pp. 188–90.

第五章　泰戈爾，亡國之民在東亞

1. Rebecca E. Karl, "China in the world at the beginning of the twentieth century," *American Historical Review* 103:4 (Oct. 1998), p. 1110.
2. Rabindranath Tagore, *Letters to a Friend* (Delhi, 2002), p. 110.
3. Aurobindo Ghose, *Bande Mataram, Early Political Writings*, vol. 1 (Pondicherry, 1972), p. 820.
4. Ibid., p. 931.
5. Tapan Raychaudhuri, *Europe Reconsidered: Perceptions of the West in Nineteenth-century Bengal* (Delhi, 2002), p. 275.
6. Tapan Raychaudhuri, *Perceptions, Emotions, Sensibilities: Essays on India's Colonial and Post-colonial Experiences* (Delhi, 1999), p. 36.
7. Raychaudhuri, *Europe Reconsidered*, p. 77.
8. Ghose, *Bande Mataram*, vol.1, p. 362.
9. Ibid., p. 550.
10. Amiya Dev and Tan Chung (eds.), *Tagore and China* (Delhi, 2011), p. 242.
11. Robert Bickers and R. G. Tiedemann (eds.), *The Boxers, China and the World* (Lanham, Md., 2007), p. 148.
12. Dev and Tan (eds.), *Tagore and China*, p. 170.
13. Stephen N. Hay, *Asian Ideas of East and West: Tagore and his Critics in Japan, China, and India* (Cambridge, Mass., 1970), p. 32.
14. Mohit Kumar Ray (ed.), *The English Writings of Rabindranath Tagore*, vol. 4 (Delhi, 2007), p. 443.
15. Ibid., p. 631.
16. Ibid., p. 496.
17. Gandhi, *Hind Swaraj and Other Writings*, ed. Anthony Parel (Cambridge, 1997), p. xxii.
18. Aurobindo Ghose, *Early Cultural Writings*, vol. 1 (Pondicherry, 2003), p. 545.
19. Dev and Tan (eds.), *Tagore and China*, p. 35.

20. Krishna Dutta and Andrew Robinson, *Rabindranath Tagore: The Myriad-Minded Man* (London, 1995) p. 202.
21. Hay, *Asian Ideas of East and West*, p. 43.
22. Sven Saaler and Christopher W. A. Szpilman (eds.), *Pan Asianism: A Documentary History, Vol. 1,1850–1920* (Lanham, Md., 2011), p. 96.
23. Ibid., p. 98.
24. Dev and Tan (eds.), *Tagore and China*, p. 349.
25. Ibid., p. 343.
26. David Wolff and John W. Steinberg (eds.), *The Russo-Japanese War in Global Perspective: World War Zero* (Leiden, 2007), p. 478.
27. Dutta and Robinson, *Rabindranath Tagore*, p. 200.
28. Hay, *Asian Ideas of East and West*, p. 61.
29. Sugata Bose and Kris Manjapra (eds.), *Cosmopolitan Thought Zones: South Asia and the Global Circulation of Ideas* (New York, 2010), p. 103.
30. Kakuzo Okakura, *The Book of Tea* (New York, 1906), p. 4.
31. Hay, *Asian Ideas of East and West*, p. 73.
32. Ibid., pp. 78–9.
33. Ibid., p. 136.
34. Ibid., p. 200.
35. Dev and Tan (eds.), *Tagore and China*, p. 30.
36. Hay, *Asian Ideas of East and West*, p. 227.
37. Ibid., p. 168.
38. Ibid., p. 170.
39. Jonathan Spence, *The Gate of Heavenly Peace: The Chinese and their Revolution, 1895–1980* (New York, 1982), p. 216.
40. Tagore, *Letters to a Friend*, p. 110.
41. Dev and Tan (eds.), *Tagore and China*, p. 79.
42. Tagore, *Letters to a Friend*, p. 118.
43. Krishna Dutta and Andrew Robinson (eds.), *Rabindranath Tagore: An Anthology* (New York, 1997), p. 127.

44. Dev and Tan (eds.),*Tagore and China*, p. 37.
45. Hay, *Asian Ideas of East and West*, p. 172.
46. Ibid., p. 316.
47. Dutta and Robinson, *Rabindranath Tagore*, p. 252.
48. Ibid.
49. Ibid., p. 347.
50. Hay, *Asian Ideas of East and West*, p. 320.
51. Dev and Tan (eds.), *Tagore and China*, p. 76.
52. Rabindranth Tagore, *Crisis in Civilization* (Delhi, 2002), p. 260.
53. Dutta and Robinson, *Rabindranath Tagore*, pp. 300–301.

第六章　亞洲再造

1. Krishna Dutta and Andrew Robinson, *Rabindranath Tagore: The Myriad-Minded Man* (London, 1995), p. 301.
2. Kakuzo Okakura, *The Book of Tea* (New York, 1906), p. 2.
3. John D. Pierson, *Tokutomi Sohō* 1863–1957: A Journalist for Modern Japan (Princeton, 1980), p. 371.
4. Ibid., p. 375.
5. William Theodore De Bary, Carol Gluck and Arthur E. Tiedemann (eds.), *Sources of Japanese Tradition, 1600–2000*, vol. 2 (New York, 2006), p. 136.
6. Donald Keene (ed.), *So Lovely a Country Will Never Perish: Wartime Diaries of Japanese Writers* (New York, 2010), p. 14.
7. De Bary, Gluck and Tiedemann (eds.), *Sources of Japanese Tradition*, vol. 2, p. 137.
8. Christopher Bayly and Tim Harper, *Forgotten Armies: The Fall of British Asia, 1941–1945* (London, 2007), p. 7.
9. Keene (ed.), *So Lovely a Country*, p. 30.
10. Rotem Kowner (ed.), *The Impact of the Russo-Japanese War* (London, 2006), p. 230.

11. Keene (ed.), *So Lovely a Country*, p. 41.
12. Jawaharlal Nehru, *Autobiography* (1936; repr. edn New Delhi, 1989), p. 488.
13. Ibid., p. 632.
14. Keene (ed.), *So Lovely a Country*, p. 40.
15. Ibid., p. 43.
16. Bayly and Harper, *Forgotten Armies*, p. 356.
17. Keene (ed.), *So Lovely a Country*, p. 41.
18. Eri Hotta, *Pan-Asianism and Japan's War 1931–1945* (New York, 2007), p. 217.
19. Stephen N. Hay, *Asian Ideas of East and West: Tagore and his Critics in Japan, China, and India* (Cambridge, Mass., 1970), p. 70.
20. Christopher Bayly and Tim Harper, *Forgotten Wars: Freedom and Revolution in Southeast Asia* (London, 2007), p. 149.
21. Hotta, *Pan-Asianism and Japan's War*, p. 218.
22. Christopher De Bellaigue, *Patriot of Persia: Muhammad Mossadegh and a Very British Coup* (London, 2012), p. 179.
23. Bayly and Harper, Forgotten Wars, p. 18.
24. De Bary, Gluck and Tiedemann (eds.), *Sources of Japanese Tradition*, vol. 2, p. 138.
25. Mohit Kumar Ray (ed.), *The English Writings of Rabindranath Tagore*, vol. 7 (Delhi, 2007), p. 970.
26. Sven Saaler and Christopher W. A. Szpilman (eds.), *Pan Asianism: A Documentary History, Vol. 1,1850–1920* (Lanham, Md., 2011), p. 98.
27. Charlotte Furth and Guy Alitto, *The Limits of Change: Essays on Conservative Alternatives in Republican China* (Cambridge, Mass., 1976), p. 229.
28. Michael Collins,Empire, *Nationalism and the Postcolonial World: Rabindranath Tagore's Writings on History, Politics and Society* (New York, 2011), p. 67.
29. Herlee G. Creel, *Chinese Thought: From Confucius to Mao Tse Tung*

(Chicago, 1971), p. 237.

30. Furth and Alitto, *The Limits of Change*, p. 197.
31. Ayesha Jalal, *Self and Sovereignty: Individual and Community in SouthAsian Islam since 1850* (New York, 2000), p. 170.
32. Muhammad Iqbal, *The Call of the Caravan Bell*, trans. Umrao Singh Sher Gil, http://www.disna.us/files/The_Call_of_The_Caravan_Bell.pdf, p. 47.
33. Ali Shariati and Sayyid Ali Khamenei, *Iqbal: Manifestations of theIslamic Spirit*, trans. Laleh Bakhtiar (Ontario, 1991), p. 31.
34. Ibid., p. 75.
35. Javeed Majeed, *Muhammad Iqbal: Islam, Aesthetics and Postcolonialism* (Delhi, 2009), p. xxiii.
36. Wilfred Cantwell Smith, *Modern Islam in India* (Lahore, 1943), p. 111.
37. Reza Aslan, *No God but God: The Origins, Evolution, and Future of Islam* (New York, 2005), p. 232.
38. Taha Hussein, *The Future of Culture in Egypt* (Washington, D.C., 1955), p. 17.
39. Muhammad Iqbal, *The Reconstruction of Religious Thought in Islam* (Lahore, 1944), p. 159.
40. Roxanne Euben, *Enemy in the Mirror. Islamic Fundamentalism and the Limits of Modern Rationalism: A Work of Comparative Political Theory* (Princeton, 1999), p. 49.
41. Nehru, *Autobiography*, p. 519.
42. Ibid., p. 520.
43. John Calvert, *Sayyid Qutb and the Origins of Radical Islamism* (London, 2010), p. 117.
44. Ibid., p. 154.
45. Ibid., p. 149.
46. Euben, *Enemy in the Mirror*, p. 68.
47. Calvert, *Sayyid Qutb*, p. 105.
48. Ibid., p. 161.

49. Sayyid Qutb, *Milestones* (Delhi 1973), p. 3.
50. Said Amir Arjomand, "Iran's Islamic Revolution in comparative perspective," *World Politics* 38:3 (Apr. 1986), p. 407.
51. Janet Afary and Kevin B. Anderson, *Foucault and the Iranian Revolution: Gender and the Seductions of Islamism* (Chicago, 2005), p. 4.
52. Shariati and Khamenei, *Iqbal: Manifestations of the Islamic Spirit*, p. 38.
53. Jalal Al-e Ahmad, *Occidentosis: A Plague from the West*, ed. Hamid Algar (Berkeley, 1984), p. 34.
54. Ali Mirsepassi, *Intellectual Discourse and the Politics of Modernization: Negotiating Modernity in Iran* (Cambridge, 2000), p. 113.
55. Hamid Dabashi, *Theology of Discontent: The Ideological Foundation of the Islamic Revolution in Iran* (New Brunswick, N.J., 2006), p. 355.
56. Ali Shariati, *Reflections of a Concerned Muslim: On the Plight of Oppressed Peoples*, trans. Ali A. Behzadnia and Najpa Denny (Houston, Tex., 1979), pp. 9–10.
57. Ali Shariati, *Marxism and Other Western Fallacies: An Islamic Critique, trans. R. Campbell* (Berkeley, 1980), p. 49.
58. Ali Gheissari, *Iranian Intellectuals in the Twentieth Century* (Austin, Tex., 1998), p.101.
59. Hamid Algar (trans.), *Islam and Revolution: Writings and Declarations of Imam Khomeini* (Berkeley, 1981), p. 28.
60. Ali Shariati, *On the Sociology of Islam*, trans. Hamid Algar (Berkeley, 2000), p. 23.
61. Translated from the Urdu by Ali Mir (unpublished).
62. Daniel Brumberg, *Reinventing Khomeini: The Struggle for Reform in Iran* (Chicago, 2001), p. 198.
63. Orhan Pamuk, "The anger of the damned," *New York Review of Books* 15 (November 2001).
64. Ibid.
65. M. Şükrü Hanioğlu, *Atatürk: An Intellectual Biography* (Princeton, 2011), p.

205.

66. Rajmohan Gandhi, *Understanding the Muslim Mind* (Delhi, 1988), p. 62.
67. Muhammad Iqbal, *The Reconstruction of Religious Thought in Islam* (Lahore, 1944), p. 162.
68. Feroz Ahmad, *From Empire to Republic: Essays on the Late OttomanEmpire and Modern Turkey* (Istanbul, 2008), p. 323.
69. Julia Lovell, *The Opium War* (London, 2011), p. 321.
70. Ibid., p. 330.
71. Ibid., p. 331.
72. Timothy Cheek (ed.), *A Critical Introduction to Mao* (Cambridge, 2010), p. 31.
73. Shao Chuan Leng and Norman D. Palmer, *Sun Yat-sen and Communism* (New York, 1961), p.157.
74. Stuart R. Schram (ed.), *Mao's Road to Power: Revolutionary Writings 1912–1949. Vol. 7 New Democracy,1939–1941* (New York, 2005), pp. 330–69.
75. Peter Zarrow, *China in War and Revolution, 1895–1949* (New York, 2005), p.15.
76. Alexis de Tocqueville, *"The European Revolution" and Correspondence with Gobineau* (New York, 1959), p. 268.
77. André Malraux, *The Temptation of the West, trans. Robert Hollander* (New York, 1974), p. 104.

結語

1. Ryszard KapuŚciński, *The Soccer War* (London, 1990), p. 106.
2. Nicolaus Mills and Michael Walzer (eds.), *50 Years of Dissent* (New York, 2004), p. 35.

Pankaj Mishra作品集

從帝國廢墟中崛起：從梁啟超到泰戈爾，喚醒亞洲與改變世界

2013年8月初版
2016年3月初版第六刷
2019年10月二版

定價：新臺幣460元

著　　者　Pankaj Mishra
譯　　者　黃中憲
叢書編輯　梅心怡
校　　對　陳佩伶
封面設計　許晉維
編輯主任　陳逸華

出　版　者　聯經出版事業股份有限公司
地　　　址　新北市汐止區大同路一段369號1樓
編輯部地址　新北市汐止區大同路一段369號1樓
叢書主編電話　(02)86925588轉5322
台北聯經書房　台北市新生南路三段94號
電話　(02)23620308
台中分公司　台中市北區崇德路一段198號
暨門市電話　(04)22312023
台中電子信箱　e-mail：linking2@ms42.hinet.net
郵政劃撥帳戶第0100559-3號
郵撥電話　(02)23620308
印　刷　者　文聯彩色製版印刷有限公司
總　經　銷　聯合發行股份有限公司
發　行　所　新北市新店區寶橋路235巷6弄6號2F
電話　(02)29178022

總編輯　胡金倫
總經理　陳芝宇
社　長　羅國俊
發行人　林載爵

行政院新聞局出版事業登記證局版臺業字第0130號

本書如有缺頁，破損，倒裝請寄回台北聯經書房更換。　ISBN 978-957-08-5397-1 (平裝)
聯經網址 http://www.linkingbooks.com.tw
電子信箱 e-mail:linking@udngroup.com

內文圖片說明：

p. 26　拿破侖與埃及人面獅身像（1789）
p. 62　土耳其獨立戰爭中之希土戰爭（1919-22）
p. 158　第二次鴉片戰爭英法聯軍掠奪圓明園（1860）
p. 220　民國8年5月4日北京學界遊街大會被拘留之北京高師學生7日返校合影（1919）
p. 256　泰戈爾與甘地於印度西孟加拉的桑蒂尼蓋登會面（1940）
p. 286　伊朗伊斯蘭革命（1979）

國家圖書館出版品預行編目資料

從帝國廢墟中崛起：從梁啟超到泰戈爾，喚醒亞洲與改變世界/ Pankaj Mishra著．黃中憲譯．
二版．新北市．聯經．2019.10．
416面．14.8×21公分（Pankaj Mishra作品集）
譯自：From the Ruins of Empire: The Revolt Against the West and the Remaking of Asia
ISBN 978-957-08-5397-1（平裝））
[2019年10月二版]

1. 亞洲史

730.1 108015906